한국 현대사 산책 **2000년대 편 5권**

한국 현대사 산책 2000년대 편(전5권)
노무현 시대의 명암 · 5권
ⓒ 강준만, 2011

초판 1쇄 2011년 8월 22일 펴냄
초판 4쇄 2017년 9월 13일 펴냄

지은이 | 강준만
펴낸이 | 강준우
기획 · 편집 | 박상문, 박효주, 김예진, 김환표
디자인 | 최진영, 최원영
마케팅 | 이태준
관리 | 최수향
인쇄 · 제본 | 제일프린테크

펴낸곳 | 인물과사상사
출판등록 | 제17-204호 1998년 3월 11일

주소 | 04037 서울시 마포구 서교동 392-4 삼양E&R빌딩 2층
전화 | 02-325-6364
팩스 | 02-474-1413

www.inmul.co.kr | insa@inmul.co.kr

ISBN 978-89-5906-195-2 04900   ISBN 978-89-5906-190-7 (세트)

값 16,000원

노무현 시대의 명암 **2000년대 편 5**권

한국 현대사 산책

강준만 저

인물과
사상사

| 차례 |

제9장
2008년: 이명박 시대의 개막

영어 잘하면 군대 안 간다 오렌지와 아린지 파동 … 12

잘릴지 모른다는 불안감 때문에? 나훈아 기자회견 파동 … 23

숭례문 화재 생방송 충격 국보 1호 숭례문 화재 사건 … 31

고소영·강부자가 대한민국을 접수했다 이명박의 대통령 취임 … 43

대중은 욕망에 투항했나 4·9 총선과 뉴타운 논쟁 … 59

우리는 공부하는 기계가 아니다 학교 자율화 논란 … 84

미국산 쇠고기, 과연 광우병에서 안전한가 촛불시위의 점화 … 93

6·10 100만 촛불대행진 촛불의 폭발과 몰락 … 128

베이징의 '인간 승리'를 보며 국민은 행복했다 베이징올림픽의 정치학 … 156

노건평은 '시골의 별 볼 일 없는 사람'이었나? 노무현 형의 비리 사건 … 167

인터넷 경제 대통령의 출현 미네르바 신드롬 … 182

우리 국회는 세계 최악인가? 'MB악법' 저지 투쟁 … 200

"한국에선 영어가 '종교'나 다름없죠" '영어 망국론' 논쟁 … 213

제10장
2009년: 노무현의 몰락과 부활

재개발의 사각 동맹 용산 철거민 참사 ⋯ 224

국회의원에게 월급주지 말자 김수환 추기경 신드롬 ⋯ 233

한국은 '룸살롱 공화국'인가? 연예계 성 상납 사건 ⋯ 241

'반칙·특권 없는 세상'이 이런 거였나? 박연차 게이트 ⋯ 250

노무현은 MB와 강부자의 프락치 굿바이 노무현 ⋯ 262

노무현은 진보가 보수에 주는 선물 노무현의 검찰 소환 ⋯ 297

'소용돌이 영웅'의 탄생 노무현 서거 ⋯ 313

민주당의 기회주의인가? 노무현 정신 계승을 외친 민주당 ⋯ 336

조문 정국은 오래가는 숯불인가? 한국은 '휩쓸리는 사회' ⋯ 356

족벌 신문 특혜법인가, 미디어 선진화인가? 미디어법 논란 ⋯ 375

민주당은 'DJ 틀'에 갇혔나? 김대중 서거와 이명박 상승세 ⋯ 386

정운찬의 재발견 세종시 백지화 논란 ⋯ 398

노무현 정신으로 돌아가자 친노 국민참여당의 창당 ⋯ 414

맺는말: '밥그릇 싸움'과 '승자 독식주의'를 넘어서 ⋯ 424

2000년대 편 1권

머리말: 노무현은 한국인의 숨은 얼굴이었다

제1장 2000년: 남남 갈등과 지역주의 전쟁

시민단체들은 '홍위병' 인가? 낙천·낙선운동 논쟁
'지역주의 축제' 였나? 제16대 총선의 정치학
'386' 정치인은 위선자들인가? 5·18 전야 광주 룸살롱 사건
김대중·김정일의 6·15 선언 남북 정상회담의 정치학
사회적 '전환 비용' 인가? 남북 정상회담 이후의 남남 갈등
대구 부산엔 추석이 없다? 언론의 '지역감정 부추기기' 경쟁
김대중의 노벨 평화상 수상 영남의 싸늘한 민심
한국 정치는 반감(反感)으로 움직이는가? 'YS 신드롬'과 지역주의
세상이 엉망진창이 됐다 경제 위기 논쟁
우리는 부패의 사명을 띠고 이 땅에 태어났다 부정부패 공화국
무덤까지 간다 당신의 학벌! 학벌 논쟁
다른 집 아이에 뒤떨어지는 건 참을 수 없다 영어 열풍
중앙 일간지 주식 투자 밝혀라 언론 개혁 논쟁

제2장 2001년: 한미 갈등과 언론 전쟁

나만이 이회창 이긴다 노무현의 대권 선언
당신의 햇볕정책은 형편없다 북한을 둘러싼 한미 갈등
여론은 언론이 생산한다 언론 개혁 논쟁
정권의 언론 장악 음모인가? 언론사 5056억 원 세금 추징
이제 우리는 모두 미국이다! 9·11 테러
DJ는 왜 지역갈등 해소에 실패했는가? 알몸 대한민국 빈손 김대중
술단지와 잔을 끌어당기며 이문열·복거일 논란
우리가 교육 정책의 모르모트입니까 '이해찬 세대' 의 분노
요람에서 무덤까지 '영어 스트레스' 영어 자본-영어 권력 시대
왜 한국 문화가 인기를 끄는가? 한류 열풍
억울하면 고쳐라 성형수술 붐
한국은 '접대부 공화국' 인가? 미시촌과 '아방궁' 룸살롱
담배는 죽음이다. 속지 말자 흡연 논쟁

2000년대 편 **2**권

제3장 2002년: 노무현 바람과 월드컵 신드롬

북한은 '악의 축' 북한을 둘러싼 남남 갈등
노무현의 부상 민주당 대통령 후보 경선
제2의 6월 항쟁인가? 노무현 바람
한나라당의 대승 6 · 13 지방선거
한국의 '월드컵 4강' 진출 월드컵 신드롬
'우리 안의 폭력'을 어떻게 볼 것인가? 문부식과 '동의대 사건' 논쟁
역사는 룸살롱에서 이뤄지는가? 룸살롱 비리 사건
김대중은 간첩 · 이적 행위 · 반역자 · 내통자? 보수 우익의 이념 공세
충청권을 노린 정략인가? 노무현의 행정 수도 이전론
지방 살면 뒤떨어진다 80.5% '내부 식민지'의 완성
'줄서기'는 생존 전략이다 대선은 이합집산의 시즌
노무현의 대통령 당선 제16대 대통령 선거

제4장 2003년: 민주당 분당, 열린우리당 창당

평화와 번영과 도약의 시대로 노무현의 제16대 대통령 취임
대통령직 못해먹겠다 노무현과 월드컵 신드롬의 퇴조
당장 대통령을 때려치우시오! '실패한 100일'인가?
신당 논의 정말 신물 난다 민주당의 골육상쟁
'개혁파' 의원 5명 한나라당 탈당 국민통합추진회의의 부활
'희망돼지'는 어디로 갔나 노무현의 대선 자금 논란
'국민참여 통합신당'의 출범 민주당 분당
노무현의 '신당 띄우기' 열린우리당의 창당
시민혁명은 계속된다 노사모와 한강 다리
접대를 할수록 매출은 올라간다 룸살롱 접대비 1조 원 시대
환경미화원 공채 응시 27%가 대졸자 '사오정 · 오륙도 · 육이오 · 삼팔선'의 시대
적의 숨소리가 등 뒤에서 들리고 있다 신용카드 망국론
우리를 슬프게 하는 것들 '기러기 아빠'와 '원정 출산' 붐

2000년대 편 3권

제5장 2004년: 대통령 탄핵과 행정 수도 파동

탄핵은 '의회 쿠데타'였나? 노무현 탄핵
'눈물의 정치'를 찾아서 '박근혜의 힘'과 '촛불의 힘'
'탄핵 정국' 최종 승자는 포털업체? 열린우리당의 행복한 고민
열린우리당의 압승 제17대 총선
'17대 초선 만세'와 '창조적 배신' 청와대에 울린 '산 자여 따르라'
10배 남는 장사도 있다 아파트 분양 원가 공개 논란
'개혁 물신주의'인가? 과거사 청산과 국가보안법 갈등
헌법재판소의 행정 수도 위헌 결정 행정 수도 파동
인사 이렇게 하고도 개혁인가? 이해찬 파동과 정실·보은 인사 논란
뉴 라이트, 침묵에서 행동으로 보수파의 인터넷 반격
국회는 오늘로써 사망선고를 받았다? 4대 개혁 입법 파동
근본주의의 범람인가? 성매매 특별법 논쟁
천만 관객 블록버스터의 탄생 〈실미도〉와 〈태극기 휘날리며〉
일본은 한국에 미쳤다 한류와 '욘사마 신드롬'
한국 경제는 '셀룰러 이코노미' 휴대전화 열풍

제6장 2005년: 영남 민주화 세력의 한

노무현의 정치철학을 다시 묻는다 민주당 파괴공작 논란
권력 있는 곳에 PK 출신 있다 참여정부 '100대 요직 인사' 대해부
고관들의 '부동산 퇴진' 언제 끝나려나 '배부른 진보' 논쟁
일본 패권주의 뿌리를 뽑겠다 노무현의 3·23 포퓰리즘
김대중의 끝나지 않은 이야기 김대중·노무현의 매트릭스
유시민은 '코카콜라'인가? 유시민-386 논쟁
축! 열린철새당 4·30 재보선 논란
'빽바지'와 '난닝구'의 전쟁 인터넷 정치의 축복과 저주
'강남 불패' 신화의 부활 부동산 투기 광풍
정권을 한나라당에 넘겨줄 수도 있다 노무현의 대연정 파동
영남 민주화 세력의 한 대연정 제안의 비밀
타살인가, 자살인가? 노무현 정권의 지리멸렬
노사모가 노무현을 신격화했다 노무현의 댓글 정치
황우석의 '마술'에 '감전'된 노무현 황우석 파동
영혼이라도 팔아 취직하고 싶었다 '청백전 시대'의 개막
노래방 도우미의 36.8%가 가정주부 사교육 광풍
발산의 문화 때문인가? 찜질방은 '방의 디즈니랜드'

2000년대 편 4권

제7장 2006년: 열린우리당의 몰락

노무현 탈당 언급, 반년 새 다섯 번 1·2 개각과 기간 당원제 파탄
2대 8 가르마의 정치학 유시민 청문회 드라마
지방 권력 교체하자 여권의 '지방 권력 교체론'
늦게 배운 도둑질 날 새는 줄 모른다? 이해찬의 3·1절 골프 파문
청맥회는 제2의 하나회? PK 인사 편중 논란
시네마 폴리티카의 시대? 강금실-오세훈의 이미지 정치 논쟁
한미 FTA는 전형적인 한건주의? 한미 FTA 논란
개포동·압구정동 평당 3000만 원 돌파 부동산 투기 광풍
열린우리당의 몰락 5·31 지방선거
"내가 임기 중에 뭘 잘못했는지 꼽아보라" 노무현 지지율 10%대
보은·낙하산 인사에 망가지는 참여정부? '코드인사' 논란
침몰하는 배의 갑판 풍경 열린우리당 재·보선 성적표 '0대 40'
노 정권이 한국 개혁 다 죽였다 '8.3% 정당' 열린우리당
청와대는 부산 신당이냐 노무현과 열린우리당의 이전투구
10분만 더 공부하면 마누라가 바뀐다 학력·학벌 전쟁
영어가 권력이다 2006, 대한민국 영어 보고서
'뉴욕 라이프 스타일 배우기' 강좌 미드 열풍과 된장녀 신드롬
휴대전화는 신흥종교 휴대전화 4000만 시대

제8장 2007년: '노무현'에서 '이명박'으로

노무현의 마지막 카드인가 '대통령 4년 연임제 개헌' 논쟁
걸어 다니는 시한폭탄 이명박 논쟁
대통령이 잘못해서 개혁 민주 다 팔아먹었다 열린우리당 탈당 사태
개헌 홍보 전쟁 노무현의 개헌 집착
노무현은 검투사 한미 FTA 타결과 노무현의 개헌 철회
미국에 사죄하는 한국 조승희 사건
'닫힌우리당'의 '살모사 정치' 노무현 vs 정동영·김근태
20·30대 최다 사망 원인 '자살' 88만 원 세대의 탄생
3년 9개월 만에 사라진 '100년 정당' 열린우리당의 소멸
민주주의는 양당제? 김대중과 민주당의 충돌
이명박과 박근혜의 이전투구 한나라당 경선
손학규-정동영-이해찬의 이전투구 대통합민주신당 경선
'권력형 비리'로 판명 난 '깜도 안되는 의혹' 신정아 사건
10·4 선언의 역사적 의미와 갈등 제2차 남북 정상회담
『오마이뉴스』의 문국현 띄우기 문국현의 창조한국당 창당
"국민이 노망든 게 아닌가" BBK 주가조작 의혹
이명박 48.7%, 정동영 26.1% 제17대 대통령 선거

2008년: 이명박 시대의 개막

영어 잘하면 군대 안 간다
오렌지와 아린지 파동

드라마의 비극

2008년 1월 10일 대통합민주신당은 중앙위원 회의를 열어 손학규 전 경기지사를 새 대표로 선출했다. 손 대표는 당선 뒤 "우리의 과제는 반성과 쇄신과 변화다. 대선에서 국민이 준 엄중한 질책과 채찍을 낮은 자세로 받아들여야 한다"라고 말했다. 손 대표는 "국민이, 사람이 주인이 되는 새로운 진보의 세상을 만들어가는 것은 우리의 몫"이라고도 했다.

분열의 신호탄은 손 대표가 선출된 직후 터져 나왔다. 당내 친노(親盧) 세력의 좌장 격인 이해찬 전(前) 총리가 탈당을 전격 선언한 것이다. 이 전 총리는 "손 대표가 정당 생활을 한 신한국당과 한나라당의 정치적 지향은 내가 추구할 수 있는 가치가 아니다"라고 밝혔다. 민주 세력을 대표하는 정치 세력이 손 대표와 '동거'할 수는 없다며 확실히 선을 그은 것이다.

1월 24일 『한겨레』는 창조한국당의 존립 위기를 전했다. 50명 규모인

당직자 중 김갑수 대변인 등 15~20명 정도가 이미 당을 떠났고, 유일한 현역 국회의원인 김영춘 의원과 지난 대선 때 선거대책본부장을 지낸 정범구 전 의원도 당에 잔류할 것인지를 심각하게 고민 중이라는 이야기였다. 지난 대선 때 정무특보를 지낸 김헌태 전 한국사회여론연구소장은 사실상 발길을 끊었고, 고원 전 전략기획단장도 2월 말까지 휴가를 내고 지방에 내려가 있다고 했다. 정범구 전 의원은 "정치는 여러 가지 가능성을 열어놓고 해야 하는데, 문 대표는 자기와 다른 의견은 잘 받아들이지를 않는다"며 "공당을 하자고 당을 만들었는데, 여전히 '문국현 사당'을 못 벗어나고 있다"고 비판했다.[1]

1월 24일 김대중 전 대통령은 손학규 대통합민주신당 대표를 만난 자리에서 차기 정부가 통일부를 폐지하고 그 기능을 외교통상부로 이관하려는 데 대해 "통일부를 없애지 않으면 나라가 망하는가"라고 반문하면서 불편한 심기를 내비쳤다. 이에 『동아일보』는 「그럼, 통일부 없애면 나라 망하는가」라는 사설에서 다음과 같이 주장했다.

"새 정부가 통일부를 외교통상부에 합치려는 것도 잘못된 햇볕정책으로 경도된 남북 관계를 바로잡자는 취지에서다. 허울뿐인 '민족'보다 한미 동맹을 비롯한 주변 4강과의 총체적 관계 속에서 북한 문제를 실질적으로 풀어보자는 것이다. 그러려면 남북문제를 '외교'라는 큰 틀에서 봐야 한다는 것이다. 일리가 없지 않다. 지난 10년간 대북 정책이 너무 앞서 가는 바람에 한미 공조는 공조대로 깨지고 대북 정책의 실효성은 오히려 떨어지지 않았는가."[2]

---

1) 강희철, 「창조한국당 '위태위태' : 김영춘·정범구 탈당 고민」, 『한겨레』, 2008년 1월 24일.
2) 「그럼, 통일부 없애면 나라 망하는가(사설)」, 『동아일보』, 2008년 1월 25일.

1월 31일 대통합민주신당 의원 김부겸은 국회 대정부 질문에서 "노대통령의 비극은 한편의 드라마처럼 대통령이 됐기 때문"이라며 "민주당 경선 돌풍, 정몽준 후보와의 단일화, 대통령 탄핵 역시 드라마틱하기 이를 데 없었다. 사람이 평생 한 번 겪을까 말까 한 행운을 세 번 연속 겪게 되면 어떤 변화가 일어나겠는가. 아마도 그것은 엄청난 자기 확신일 것"이라고 진단했다. 이어 "노 대통령 비극의 교훈은 이 당선인에게도 그대로 적용된다"며 "이 당선인 역시 엄청난 행운의 연속으로 대통령이 됐다"고 평가했다. 그는 "이미 저는 이 당선인에게서 엄청난 자기 확신의 기세를 느낀다"며 "하지만 이 당선인은 부디 '나의 행운이 곧 나의 옳음을 입증하는 하늘의 뜻'이라는 착각만은 말아달라"고 주문했다.

영어 잘하면 군대 안 간다

대통령직 인수위원회는 '영어몰입교육', '국가영어능력평가시험' 도입 등 엄청난 파장을 불러일으킬 만한 혁신안들을 연일 쏟아냈다. 2008년 1월 25일 전국교직원노동조합은 서울 삼청동 대통령직 인수위원회 앞에서 기자회견을 열고 "영어몰입교육으로 사교육을 절반으로 줄인다는 말을 믿을 국민이 얼마나 되겠느냐"며 "새 정부의 영어 교육정책은 학생에겐 심리적 압박을, 학부모들에겐 사교육 부담을 가중하는 역설적 상황을 초래할 것"이라고 비난했다. 전교조는 "교육은 실험 대상이 아니며 국민적 합의에 의해 이뤄져야 한다"며 "시장주의적 교육정책 기조를 재검토하라"고 촉구했다. 참교육을 위한 전국 학부모회도 이날 인수위 앞에서 "영어 사교육으로 학생과 학부모를 고통스럽게 하고, 조기 유

학과 어학연수 열풍은 더 거세질 것"이라며 이경숙 인수위원장의 '기러기 아빠 축소론'을 비판했다.[3]

그럼에도 대통령직 인수위원회는 군에 가야 할 젊은이 중 영어를 잘하는 사람은 군대 대신 학교에서 영어를 가르치도록 하는 방안을 추진하는 등 파격을 넘어 거의 엽기 수준으로 치달았다.[4] 이에 대해 『한겨레』 권태선 편집인은 "그러지 않아도 기회만 되면 병역을 피해보려는 일부 부유층의 특례를 위한 외국 유학을 부추기고, 이것이 사회적 갈등의 골을 깊게 만들 것임은 불을 보듯 뻔하다. 영어 격차를 걱정하는 사람들이 어떻게 이토록 사회적 격차에는 둔감한지 이해하기 어렵다"고 비판했다.[5]

1월 30일 한글학회와 한글문화연대 등 국어 관련 단체 18곳과 흥사단 등 14개 시민·사회단체는 서울 중구 정동 세실레스토랑에서 기자회견을 열고 "대한민국 정부의 영어 숭배 정책을 당장 폐기하라"고 주장했다. 이들은 "이명박 당선인이 도입하겠다는 영어 교육정책은 사교육 증가를 빚고 교육 양극화를 강화해 결국 국어를 파괴하고 폭넓은 교양을 갖춘 인재를 길러내는 데 실패할 것"이라고 비판했을 뿐만 아니라, '저스티스 코리아'(법무부), '씽크 페어'(공정거래위원회) 등 부처 홍보 문구와 '로드맵', '클러스터', '메니페스토' 등 행정 용어를 정부의 대표적인 영어 남용 사례로 들었다. 이들은 전국 2,166개 동사무소를 동주민센터로 바꾸는 정책 철회, 정부 사용 용어에서 영어 남용 중단, 대통령 직속

3) 김이삭·이현정, 「[새 정부 대입 자율화 긴급 점검] 3 영어 교육 강화 방안의 허와 실」, 『한국일보』, 2008년 1월 26일.
4) 강홍준·배노필, 「"영어 잘하면 군대 안 간다"」, 『중앙일보』, 2008년 1월 29일.
5) 권태선, 「영어는 만능이 아니다」, 『한겨레』, 2008년 1월 30일.

언어위원회 신설 등을 요구했다.[6]

『한겨레』는 "인수위가 잇따라 영어 교육에 대해 논란의 불을 지피는 동안 학부모들의 불안 심리는 가중되고 영어 사교육 시장은 더욱 들썩거리고 있다"며 다음과 같이 말했다. "영어 전문학원들은 말하기 · 듣기 교육을 강화하기 위해 원어민 강사 채용을 확대하거나, 국가 공인 영어 시험에 대비하기 위해 말하기 · 쓰기 중심의 인터넷 기반 토플(iBT) 등을 필수 과정에 반영하려는 움직임을 보이고 있다. 이미 미국 교과서를 교재로 사회, 과학, 수학 등을 가르치며 '영어몰입교육'을 해왔던 학원들은 역사와 문화로까지 영어 수업을 확대하는 등 더 다양한 서비스를 준비하고 있다."[7]

오렌지와 아린지 파동

이경숙 대통령직 인수위원장의 외래어표기법 개정 주장은 더 큰 논란을 불러일으켰다. 이 위원장은 1월 30일 "영어 표기법이 획기적으로 바뀌지 않으면 원어민처럼 발음하기 어렵다"면서 "내가 미국에서 '오렌지(orange)'라고 했더니 아무도 못 알아듣다가 '오린지'라고 하니 알아듣더라"고 말했다. 이에 대해 한글학회 김승곤 회장은 "영어와 국어의 음소가 많이 다르다는 것을 이 위원장이 모르는 것 같다"며 "영어 교육을 어떻게 시킬 것인지 고민하기 전에 집에서 국어 공부부터 했으면 좋겠다"고 꼬집었다. 한글문화연대 이건범 총무위원은 "바나나(banana)는

---

6) 노현웅, 「"영어 숭배 정책 당장 폐기하라": 14개 사회단체, 인수위에 촉구」, 『한겨레』, 2008년 1월 31일.
7) 최원형, 「학부모 영어반 '맘스터디'까지…사교육 강박증」, 『한겨레』, 2008년 1월 31일.

버내너로, 프렌드(friend)는 후렌드로 쓰자는 얘기냐"고 어이가 없다는 듯 반문했으며, 충남대 국어국문학과 한영목 교수는 "외래어표기법 수정 운운하는 주장은 학회 등이 신중하게 검토한 뒤에 나와야 한다"고 충고했다.

영어 전문가들조차 황당하다는 반응을 보였다. 이화여대 통역번역대학원 배유정 교수는 "한국인과 영어가

이경숙 대통령직 인수위원장의 외래어표기법 개정 주장은 네티즌들로 하여금 재미있는 패러디물을 쏟아내게 했다.

모국어인 사람은 구강 구조 자체가 다르기 때문에 표기법을 바꾼다고 해서 발음이 달라지는 것이 아니다"며 "'f' 나 'r'의 정확한 발음은 아예 한글로 표기하는 것 자체가 힘들다"고 지적했다. 인터넷에서는 "그렇게 따지면 '오렌지'도 아니고 '아륀지'라고 표기해야 맞다" 등의 비난 글들이 쇄도했다.[8]

모든 논란의 초점이 순식간에 '오렌지와 아륀지'로 이동하는 상황이 벌어졌다. 김홍숙 시인은 "일생 동안 영어로 밥벌이를 해왔는데 요즘은 영어가 지긋지긋하다. 영어가 정치가 되어서다. 대통령직 인수위원회가 쏟아내는 정책들을 보면 그곳이 정상적인 사고를 하는 사람들의 모임인

---

8) 박지훈, 「'너무 나간' 인수위원장」, 『국민일보』, 2008년 2월 1일.

지 의심스럽다"며 다음과 같이 말했다.

"이경숙 인수위원장을 보고 있으면 언젠가 영어로 말미암아 트라우마, 곧 정신적 외상을 입은 게 아닐까 하는 생각마저 든다. 엊그제 공청회에서 예로 든 '오렌지' 때문에 상처를 받은 건지도 모른다. '영어 표기법이 획기적으로 바뀌지 않으면 원어민처럼 발음하기 어렵다'는 말은 무슨 뜻일까? 영어 표기법이란 우리의 편의를 위해 영어를 우리말 발음으로 옮겨 적는 원칙을 말하는데, 그게 바뀌어야 원어민처럼 발음할 수 있다니? 그럼 이 위원장은 'orange'를 그냥 영어식으로 발음하지 않고, 먼저 '오렌지' 혹은 '아린지'라고 한글로 적은 다음 그걸 보고 발음한다는 말인가? 게다가 영어를 쓰는 사람들이라 해도 런던 · 마닐라 · 보스턴 · 멜버른 등, 사는 곳에 따라 발음이 다른데 이 위원장이 말하는 원어민 발음이란 어떤 것일까? 외국에 사는 친구 하나는 그곳의 외국인들이 '너희 나라, 왜 그렇게 영어 가지고 난리야?'라고 묻는 바람에 창피해 죽겠다고 한다. 미국도 영국도 아니고, 영어를 쓰는 나라의 식민지도 아닌데, 왜 온 국민이 '고등학교만 나와도 영어로 소통할 수' 있어야 하는지, 참으로 알 수 없는 일이다."[9]

『영어발음 웃기고 있네』의 저자인 김일승은 "영어 발음의 우리말 표기법 하나로 우리의 영어 발음이 개선된다면, 이경숙 위원장은 대한민국 영어 발음 교육에 한 획을 그을 족적을 남기게 될 것이다. 그러나 이런 표기법만으로 한 획을 기대하기엔 무리다. '패션'을 '훼션'으로, '댕큐'를 '생큐'로 우리말 표기법을 바꾸어서 대한민국 국민의 영어 발음

---

9) 김홍숙, 「삶의창」영어, 영어, 영어!」, 『한겨레』, 2008년 2월 2일.

'오뤤지'면 영어발음 문제 해결되나?

김일승 〈영어발음웃기고있네〉 저자

요즘 대통령직 인수위원회의 영어공교육 개혁 '드라이브'로 온 국민이 들썩이고 있다. 이유야 어쨌든 우리나라의 영어 공교육을 바로잡아 보고자 하는 인수위의 노력에 박수를 보낸다. 지금은 여러 시행착오를 겪고 있지만, 새 정부가 들어설 즈음엔 완성도 있는 계획이 꾸려지길 바라며, 그 시행의 결과가 부디 대한민국에서 영어를 공부하는 모든 이들에게 충분히 와닿을 수 있는 것이었으면 한다.

그러나 이번 공청회에서 이경숙 인수위원장의 이른바 '오뤤지 발언'은 나의 머리를 갸우뚱하게 하기에 충분했다. 미국에서 '오렌지'를 달라고 했더니 못 알아들었지만 '오뤤지'라고 하니 알아들었다는 것이다. 그리고 'Press-friendly' 했더니 '프레스 프렌들리'라고 적더라는 것이다. 물론 'l' 발음과 'r' 발음, 'p' 발음과 'f' 발음 구분의 중요성을 말하는 것임은 알겠다. 하지만 이런 것을 '영어

표기법' 문제로 결론짓은 점은, 국립국어원의 외래어표기법을 수정·보완하는 준비가 필요하다는 발언은 말 그대로 '어폐' 그 자체일 뿐이다.

영어 발음의 우리말 표기법 하나로 우리의 영어 발음이 개선된다면, 이경숙 위원장은 대한민국 영어 발음 교육에 한 획을 그을 족적을 남기게 될 것이다. 그러나 이런 표기법만으로 '한 획'을 기대하기엔 무리다. '패션'을 '풰션'으로, '티처'를 '티쳘'로, '탱큐'를 '쌩큐'로 우리말 표기법을 바꾸어서 대한민국 국민의 영어 발음에 일대 혁신을 가져올 수 있다면 얼마나 좋을까. 그러나 그런 한글 표기법과 영어 발음과는 사실 아무런 관계가 없다.

알파벳으로 구성된 영어에서 발음 원천은 다름 아닌 '영어 발음기호'다. 미국인이 발화하는 각각의 영어 발음기호를 얼마나 그와 유사하게 익혔느냐에 따라 영어 발음의 좋고 나쁨이 사실상 판가름 나는 것이다. 제아무리 뛰어난 표기법이라고 하더라도 그것이 '한글'인 이상, 결국 우리 입에서는 '우리말'이 바탕

에 깔린 영어 발음이 만들어질 수밖에 없는 것이다. '오렌지'를 '오뤤지'로 발음했더니 미국인이 알아먹었다고 해서 동영상으로 그 '오뤤지' 발음을 직접 들어 보았는데, 이경숙 인수위원장은 역시 'l' 모음을 끝에 붙여서 발음하고 있었다. 미국인이 잘 알아듣지 못했던 이유는 '오렌지'를 '오렌지'로 발음했기 때문이아닐 것이다. [ɔːrindʒ]로 발음해야 할 것을, 단어 끝에 우리나라 사람이 즐겨 쓰는 한국식 모음발음(l)을 붙여[ɔːrindʒi]로 발음했기 때문일 것이다. '자음+모음' 시스템에 익숙한 우리나라 사람들이 영어 발음기호엔 없는 모음을 끝에 붙여 발음을 마무리하려는 습관에서 비롯된 것이다.

우리나라 영어교육에서 어쩌면 가장 개혁하기 어려운 부분이 '영어 발음' 분야일 것이다. 대한민국의 영어 발음 교육에 대해 서로 머리를 맞대고 심도있게 연구할 필요가 있다. 이번이 우리나라의 영어 발음 공교육 문제도 짚고 넘어갈 수 있는 계기가 되길 바란다. 간단히 '영어 표기법'의 문제로 결론짓는 것은 인수위의 큰 오류다.

"우리말 표기법을 바꾸어서 대한민국 국민의 영어 발음에 일대 혁신을 가져올 수 있다면 얼마나 좋을까. 그러나 그런 한글 표기법과 영어 발음과는 사실 아무런 관계가 없다."(『한겨레』 2008년 2월 6일)

에 일대 혁신을 가져올 수 있다면 얼마나 좋을까. 그러나 그런 한글 표기법과 영어 발음과는 사실 아무런 관계가 없다"라고 말했다. 그의 말을 더 들어보자.

"알파벳으로 구성된 영어에서 발음 원천은 다름 아닌 '영어 발음기호'다. 미국인이 발화하는 각각의 영어 발음기호를 얼마나 그와 유사하게 익혔느냐에 따라 영어 발음의 좋고 나쁨이 사실상 판가름 나는 것이다. 제아무리 뛰어난 표기법이라고 하더라도 그것이 '한글'인 이상, 결국 우리 입에서는 '우리말'이 바탕에 깔린 영어 발음이 만들어질 수밖에 없는 것이다. '오렌지'를 '오뤤지'로 발음했더니 미국인이 알아먹었다고 해서 동영상으로 그 '오뤤지' 발음을 직접 들어보았는데, 이경숙 인수위원장은 역시 'l' 모음을 끝에 붙여서 발음하고 있었다. 미국인

이 잘 알아듣지 못했던 이유는 '오륀지'를 '오렌지'로 발음했기 때문이
아닐 것이다."[10]

신해철인가, 박진영인가

반면 보수 논객들은 이명박 정권의 영어 정책에 지지를 보냈다. 2월 1일
『동아일보』 김순덕 편집국 부국장은 "세상은 바뀌었고 국민은 새 정권
을 선택했다. 학생이 공부를 하든 말든, 사회에 나가 제 밥벌이를 할 수
있든 없든, 어른이 돼서도 영어 때문에 고통을 받든 말든 태평하기 그지
없었던 학교도 이젠 뼈를 깎아야 할 때가 됐다"며 다음과 같이 주장했다.

  "논란이 불거질 때마다 단골로 등장하는 '총론 찬성 각론 반대' 주장
은 효과적 발목 잡기로 변질될 우려가 크다. 공부엔 왕도가 없는 판에 영
어 교육에 대왕의 교수법이 있을 리 없다. 영어 교사가 영어를 영어로 가
르치는 것조차 완벽하게 준비를 마친 뒤 해야 한다는 주장은 모든 부모
가 자식을 키울 준비가 완벽해질 때까지 임신을 미루라는 것과 마찬가
지다. …… 사람과 기업이 국경 없이 경쟁해야 하는 세계화 시대, 영어는
세계무대로 연결해주는 글로벌 사다리다. 세계화와 상관없이 살고 싶은
사람이야 어쩔 수 없지만(그래서 학교 선택권은 확대돼야 한다) 올라타기
싫다고 걷어차진 말아야 한다. 아무리 공교육이 뛰어나대도 여유 있는
계층의 사교육은 사라지지 않는다. 영어 공교육 강화를 늦출수록 손해
보는 쪽은 좌파가 그렇게도 끔찍이 위한다고 외쳤던 소외된 계층일 뿐

---

10) 김일승, 「'오륀지'면 영어 발음 문제 해결되나?」, 『한겨레』, 2008년 2월 6일.

이다."[11]

2월 11일 『조선일보』 김대중 고문은 "언어문화의 전문가도 아닌 가수 신해철 씨는 대통령직 인수위가 '영어 공교육 완성 프로젝트'를 발표하자 비아냥조로 미국의 '51개 주(州)' 운운하며 정책을 비판했다. 우리가 우리의 필요에 의해 외국어를 배운다고 우리가 그 나라의 '속국'이 되는 것처럼 말하는 것은 너무나도 시대착오적이다. 영어가 필요 없는 사람까지 '강제적'으로, 또 '몰입적'으로 배울 필요가 있느냐고 볼멘소리를 하는 사람도 있겠지만 우리가 배우고 시험 보고 있는 모든 과목들이 반드시 실생활에 필요해서 배우는 것이 아니다. 우리가 우리말을 지우고 없애면서 영어를 배우는 것이 아니라면 언어의 국수주의는 지극히 해악적이다"며 다음과 같이 주장했다.

"어떤 학부모들은 영어 공교육 강화로 인해 입시 과목이 영향을 받고 따라서 과외가 늘어날 것을 걱정하고 있다. 그런 현상은 다분히 있을 것이다. 과외는 우리 사회에 지울 수 없는 그늘이 된 지 오래다. 그러나 이렇게 생각해볼 수는 없는 것일까? 과외의 비용에 견주어 가장 효율적이며 실용적인 것이 언어, 특히 영어에 대한 투자일 것이라는 생각이다. 물론 부작용들은 줄여나가야 할 것이다. 그러나 큰 바다로 나가 많은 고기를 잡기 위해서는 우리가 지불해야 할 것들이 있다는 생각을 가질 필요가 있다. 다소의 부작용과 과불급이 있겠지만 큰 덩어리를 보고 가야 한다. …… 가수 박진영 씨를 보라. 그가 언어에 발이 묶여 한국을 벗어나지 못했다면 그의 재능과 끼는 지금 어디쯤에 묻혀 있을까? 그가 뉴욕으

---

11) 김순덕, 「영어라는 이름의 '글로벌 사다리'」, 『동아일보』, 2008년 2월 1일.

로 나가 세계인들의 음악과 교류할 수 있었기에 그는 한국의 대중음악을 업그레이드하는 데 기여하고 있는 것이다. 음악적으로 누가 낫다든가 하는 비교를 하자는 게 절대 아니다. '박진영'으로 갈 것인가 아니면 '신해철'로 갈 것인가. 이것이 이 나라 모든 어버이들이 선택할 문제이며 동시에 한국이 선택할 길이다."[12]

과연 영어 문제가 신해철인가, 박진영인가의 이분법으로 볼 일이었을까? 바로 이런 이분법에 문제가 있었던 건 아닐까? 영어는 국제 경쟁을 위해 필요하지만 그 이전에 내부 경쟁에서 일어나는 구별 짓기가 더 큰 문제로 부각되는, 본말이 전도된 상황에 대해 좀 더 슬기롭게 대처하려는 노력이 필요했던 게 아닐까? 이 문제는 나중에 213쪽 「"한국에선 영어가 '종교'나 다름없죠": 영어 망국론 논쟁」이라는 글에서 자세히 살펴보기로 하자.

---

12) 김대중, 「'신해철'인가, '박진영'인가」, 『조선일보』, 2008년 2월 11일.

잘릴지 모른다는 불안감 때문에?
나훈아 기자회견 파동

이런 카리스마는 없었다

2008년 1월 25일 가수 나훈아가 자신을 둘러싼 괴소문과 관련해 기자회견을 열었다. 기자 600여 명이 모이고 와이티엔(YTN)이 생중계를 한 기자회견에서 그는 '여배우와의 루머'와 관련하여 "난 이 자리에 해명하러 나온 것이 절대 아니다. 언론의 펜대로 불거진 루머로 많은 사람들이 힘들어한다"며 "이니셜로 피해를 입고 있는 처자들의 억울함을 풀어주길 바란다"는 뜻을 밝혔다. 이어 나훈아는 자신의 남성이 잘렸다는 헛소문을 반박하기 위해 단상 위에 뛰어올라 허리띠를 풀었다. 그는 바지 지퍼를 부여잡고 "내가 5분 동안 직접 보여줘야겠느냐, 아니면 믿겠는가"라고 소리 지르기도 했다. 결국 그는 바지를 내리진 않았지만, 이는 두고두고 뜨거운 화제가 되었다. 이와 관련해 『매거진t』의 백은하 편집장과 차우진 기자가 함께 나눈 이야기를 들어보자.

기자회견 중 책상에 뛰어오른 나훈아. 소설가 정이현은 나훈아를 표현할 단어 하나를 고르라면 '수컷'을 선택하겠다고 했다.

차우진: 동료들하고 같이 기자회견 중계를 봤는데, 농담 삼아 "그냥 바지를 벗지" 말할 때 정말로 허리띠를 푸는데 완전히 허걱 했다. 그 나이에, 그 연륜에 그런 행동까지 할 줄은 상상을 못 한 거다. 그가 한 말의 진실 여부를 떠나 어떤 쇼보다도 압도적인 쇼를 보여줬다. ······ 이런 카리스마는 어떤 지도자에게서도, 역대 대통령 선거에서도 찾아볼 수 없었다. 과연 교주님 이라 외칠 만하다.

백은하: 그 잇단 행동들을 보면서 소문이 사실인지 아닌지는 전혀 중요하지 않은 게 돼버렸다. 일개 셀러브리티가 아니라 스타로서 자신감과 쇼맨십을 가진 사람만이 할 수 있었던 행동이다. 그러면서 지난해 터졌던 모 여가수의 스캔들이 비교됐는데, 왜 그 여가수는 숨고 울기만 했을까. 그건 스

타가 아니라 그저 일개 셀러브리티이기 때문이다. 나훈아의 대처법을 보면서 단순히 연륜이나 나이의 문제가 아니라 자존감 있는 스타로 산 사람과 그저 유명인으로 살다가 잊혀진 사람과의 차이라는 게 느껴졌다. …… 동작 하나하나가 치밀하게 준비된 것처럼 제대로 각이 잡혀 있더라. 땅으로 내려왔던 셀러브리티가 그렇게 다시 하늘에서 빛나는 별로 올라갔다.

두 사람의 대담을 진행한 『한겨레』 김은형 기자는 "'이런 카리스마는 없었다.' 지난주 금요일 열린 나훈아 기자회견의 후기는 단 세 단어의 문장으로 정리할 수 있다. 나훈아의 기자회견은 스캔들이 연예인을 죽일 수도 있을 만큼 독하고 잔인해지는 시대에 대처하는 가장 드라마틱한 방법을 보여준 사례다"고 했다.[13]

잘릴지 모른다는 불안감

소설가 정이현은 "나이가 믿기지 않도록 잘 관리된 탄탄한 몸매, 윤기가 자르르 흐르는 블랙슈트 '빨', 좌중을 완벽히 장악하는 카리스마, 입장과 퇴장까지 꼼꼼히 계산했음이 분명한 쇼맨십까지 그가 보여준 모습은 가히 놀라웠다. 그를 표현할 단 하나의 단어가 필요하다면 나는 '수컷'을 고르겠다. 힘센 수컷이 되기를 열망하는 동시에, 저보다 힘센 수컷을 선망하고 두려워하며 질시하는 이 세상 보통 남자들의 환상이 투영된 존재가 나훈아인 것이다. 그 소문의 핵심이 페니스와 관련되어 있다는 건

---

13) 김은형, 「너 어제 그거 봤어?」, 『한겨레』, 2008년 2월 1일.

너무 노골적이라 차라리 슬픈 판타지다"며 다음과 같이 말했다.

"기자회견을 통해 새로이 밝혀진 것은 아무것도 없다. (하긴 한 개인의 신변에 무슨 일이 있든 본인이 그걸 남들 앞에서 밝힐 의무는 전혀 없고, 남들도 그걸 알고 싶어 할 권리란 절대로 없는 법이거늘!) 새삼 확인된 것은 나훈아가 대중의 심리를 정확히 꿰뚫어 보는 남자라는 것. 그는 이 루머의 주범으로 언론을 지목하고 준열히 꾸짖었다. 회견장에 모여든 새파란 기자들은 한마디 대꾸도 하지 못하고 얼어버렸으며, 이 광경을 지켜보던 대중들은 '고놈들, 까불더니 꼴좋네'라고 통쾌해했다. 수군대고 낄낄댔던 일은 까맣게 잊은 듯이. 그리고 남자는 다시 홀연히 사라졌다."[14]

1월 30일 박은주『조선일보』엔터테인먼트부장은「잘릴지 모른다는 불안감」이라는 칼럼에서 "머리가 희끗희끗한 가수가 격하게 바지춤을 내리는 장면이 온 나라에 생중계 되고, 외국에도 퍼졌다. '나훈아 괴소문' 사건은 '누가 누구 때문에 이혼했다더라'는 식의 연예인 루머와는 좀 다른 양상이다. 대부분이 그렇듯 이 루머도 증권사 정보지에서 출발해 젊은 네티즌들의 댓글을 타고 확산됐지만, 이걸 더 크게 만든 것은 '옆집 아줌마, 아저씨'들의 입소문이었다. (물론 그렇다고 이 사실을 확인 없이 보도한 일부 언론의 선정주의가 비난을 피할 수는 없다.)"며 다음과 같이 말했다.

"'대체 왜 나훈아일까' 하는 생각을 해봤다. 활동이 뜸한 것은 가수 현철도 마찬가지고, 대중적 인기로는 송대관이나 태진아, 설운도도 있을 텐데……. 그 의문은 그가 기자회견을 하는 모습을 보면서 풀렸다. 그

---

14) 정이현,「[정이현의 남자 남자 남자] 나훈아, 그 거대한 물음표」,『한겨레』, 2008년 2월 14일.

■ 태평로 ■

'잘릴지 모른다는 불안감'

팔팔한 중년男들의 루머 집착
사회적 존재위기의 반영 아닐까

박 은 주 엔터테인먼트부장

예전보다 팔팔해진 중년들이 TV 앞에 모여들면서 우리 문화도 달라지고 있다. 그중 하나는 더욱 거세진 사극 붐이다. '주몽' '대조영' '이산' 같은 사극은 주연배우의 폭풍 같은 인기는 없어도, 조용히 시청률 30%대를 넘겼다. 방송사들은 '철새' 같은 신세대 대신 꼬박꼬박 지켜봐 주는 중장년층을 믿고 사극을 열심히 만들고 있다. '또 드라마냐'는 호통이 무서워 "남편이 집에 있을 때는 뉴스를 본다"던 아줌마들도 이젠 마음 놓고 남편과 드라마 채널을 공유한다.

아저씨와 아줌마의 '문화 공유' 현상이 일어나면서 아저씨들이 새롭게 위력을 발휘하는 곳이 '루머' 분야다. 머리가 희끗희끗한 가수가 격하게 바지춤을 내리는 장면이 온 나라에 생중계되고, 외국에도 퍼졌다.

'나훈아 괴소문' 사건은 '누가 누구 때문에 이혼했다더라'는 식의 연예인 루머와는 좀 다른 양상이다. 대부분이 그렇듯이 루머도 증권사 정보지, 기자 블로그와 네티즌 댓글을 타고 확산됐지만, 이걸 더 크게 만든 것은 '옆집 아줌마, 아저씨'들의 입소문이었다. (물론 그렇다고 이 사실을 확인 없이 보도한 일부 언론의 선정주의가 비난을 피할 수는 없다.) "내 친구의 초등학교 동창이 부산에 사는데…" "내 친구 동서가 병원에 있다는데…" 하면서 사실확인을 요구하는 중장년들 말이다.

전통적으로 소문 전하는 것을 천한 것으로 여겨온 점잖은 남성들이 이번에는 뒤집어지고 있지만은 않았다. 소문에 휩싸였던 한 여배우는 며칠 전, "이번에는 아저씨들까지 소문에 가세했다는 얘기를 들었다. 그 아저씨들은 대체 어떤 사람들인지 모르겠더라"고 하소연을 하기도 했다.

'대체 왜 나훈아일까' 하는 생각을 해봤다. 활동이 뜸한 것은 가수 현철도 마찬가지고, 대중적 인기로는 송대관이나 태진아, 설운도 있을 텐데…. 그 의문은 그가 기자회견을 하는 모습을 보면서 풀렸다.

그는 한 마리 사자였다. 역설적으로, 그가 지치지 않는 남성성의 상징이었기에 소문이 더 커졌을지도 모른다는 생각이 들었다. 국내 최고 여배우들과 노년의 가수가 등장하는 루머는 같이 늙어가는 처지의 이들에게 그들 세대도 '테스토스테론(남성 호르몬) 신화' 속 주인공이 될 수 있다는 쾌감, 혹은 대리만족을 줬을지도 모른다. 이런 분위기는 어디서 본 것 같은 느낌을 준다. 지난해,

변양균-신정아 사건 때 많은 중년들은, 평범한 이들의 소문을 근거로 사건의 '후속기사'를 보도했고, 일부는 '나도 번씨처럼 살고 싶다'고 하기까지 했다.

그러나 그들에게는 '경박' 대신 슬픔의 냄새가 느껴진다. 그들은 그 화려한 루머가 '거세'로 끝난다는 사실에 더 집중했던 건 아닐까. "그래 봤자, 짤리는 걸 뭐" 하는 마음 말이다.

정신분석학자 프로이트는 남성들의 경우, 유아기부터 '거세 공포심'을 갖는다고 했다. 프로이트식으로 말하자면, 우리 시대 남자들은 '사회적 거세 공포'를 느낄 만하다. 여성에 대한 배려가 사회제도로 빠르게 정착되고 있지만, 반대로 남성들이 기댈 언덕은 점점 낮아진다. 게다가 그들은 여전히 팔팔한 몸인데도 퇴직을 해야 하는 상황에 처하고 있다. 어쩌면 이런 헛헛한 마음이 '한 가수의 거세극'이라는 소문을 전하는 희열, 혹은 불안감으로 대체됐던 건 아닐까.

중후한 아저씨들이 TV를 보고 수다를 떨게 된 것만을 두고 '바람직한 소프트랜딩(연착륙)'이라고 부를 수는 없다. 이제 팔팔해진 아저씨들이 좀 더 긍정적으로 에너지를 발산할 곳을 찾아줘야 한다. 그건 아이들 영어 공부 잘하는 것만큼이나, 아니 그보다 더 중요한 문제일지 모른다.

zeeny@chosun.com

"그는 한 마리 사자였다. 역설적으로, 그가 지치지 않는 남성성의 상징이었기에 소문이 더 커졌을지도 모른다는 생각이 들었다."(「조선일보」 2008년 1월 30일)

는 한 마리 사자였다. 역설적으로, 그가 지치지 않는 남성성의 상징이었기에 소문이 더 커졌을지도 모른다는 생각이 들었다. 국내 최고 여배우들과 노년의 가수가 등장하는 루머는 같이 늙어가는 처지의 이들에게 그들 세대도 '테스토스테론(남성 호르몬) 신화' 속 주인공이 될 수 있다는 쾌감, 혹은 대리 만족을 줬을지도 모른다. …… 최근 호주제가 폐지되고, 여성들의 법적인 권위가 높아지면서 우리 사회에는 일종의 심리적 '거세 공포'가 자리 잡은 것도 사실이다. 자신을 지켜주던 종이 한 장, 명함은 사라졌고, 연금은 보잘것없는 데다 '호주'라는 단어에 관한 독점적 지위도 상실하게 됐다. 세상이 모두가 남자들의 자리를 빼앗으려

는 무리로 보였을 것이고, 이런 불안감이 '한 가수의 거세극'이라는 소문을 전하는 희열, 혹은 불안감으로 대체된 건 아닐까."[15]

나훈아의 언론 비판

나훈아는 기자회견에서 무책임한 언론에 대해 맹공을 퍼부었다. 이 사건은 '나훈아 스캔들'이 아니라 '언론 스캔들'이라고 해도 좋을 정도였다. 그는 자신을 둘러싼 소문에 대해 "삼류 소설이라고도 볼 수 없는 이야기"라면서 기자들을 세 묶음으로 지목했다.

첫째, 인격 살인자. "그래요, 여러분이 펜으로 나를 죽이는 거다. 근데 옆에서들 이런저런 얘기 할 때 또 멋대로 하다니 …… 이제 죽은 사람이 눈 뜨고 다니는 내가 이상해졌다." 둘째, 인격 살인의 방조자. "'나는 다른 사람이 썼기 때문에 쓴 것뿐이야!' 방조자다." 셋째, 인격 살인의 방관자. "'나는 한 줄도 안 썼어!' 방관자다." 그러면서 그는 "적어도 말도 안 되는 억측을 써 내려갈 때는 대한민국 언론 중 한 곳이라도 '이것은 아니다. 이거 우리 신중해야 한다'는 말 한마디라도 나왔어야 한다"고 질타했다.

나훈아의 언론 비판을 이렇게 정리한 홍은택 엔에이치엔(NHN) 이사는 "나 씨의 시각은 기자회견 이후 황색 저널리즘과 소문을 확산한 인터넷 그리고 소문이 부풀려지기 전에 스스로 해명하지 않은 나훈아 씨에게 '나훈아 괴담' 확산의 책임을 돌린 언론 보도와 차이가 있다. 달리 말

---

15) 박은주, 「'잘릴지 모른다는 불안감'」, 『조선일보』, 2008년 1월 30일.

해 나훈아 씨는 기자 사회의 연대책임론 또는 공범론을 제기하고 있는 것이다. '나훈아 괴담'이 사회적 공익성이 없어서 보도 대상으로 여기지 않은 언론까지도 누명을 쓰는 것은 지나친 것 같다. 그리고 '나훈아 괴담'보다 사회에 의미 있는 사실을 한 줌이라도 더 밝혀내기 위해 밤낮으로 뛰고 있는 대다수 기자들은 더 억울할 수도 있겠다"며 다음과 같이 말했다.

"그럼에도 불구하고 나는 그의 말을 새겨들을 필요가 있다고 생각한다. 기자 그리고 언론에 대한 기대가 담겨 있기 때문이다. 사회 파수꾼으로서 언론이 갖는 본질적인 가치를 묻고 있는 것이다. 구체적으로는 소문이 사회의 의제로 등장하지 않도록 또는 등장했을 때 걸러줘야 할 역할을 주문하고 있다. 그게 부당하다고 느낄 수도 있겠지만 그런 책임을 껴안을 때 인터넷 시대에 언론의 사명과 존재 이유가 더욱 뚜렷해질 수 있다. …… 기자회견 후 한 달쯤 지난 지금 괴담이 떠돌지 않는 것을 보면 '인격 살인' 당한 나 씨는 스스로 부활하는 데 성공한 듯하다. 나 씨의 '사자' 같은 카리스마와 치밀한 연출력이 없어 지금도 펜대로 두들겨 맞아 내상을 입고 있는 사람이 없는지 언론이 잘 살펴줬으면 한다."[16]

김창룡 인제대 언론정치학부 교수는 "한국에서 나 씨가 소문의 진상을 밝히고 피해를 보상해달라는 식으로 검찰에 수사를 의뢰했다고 가정해보자. 일단 수사기관에서 인터넷 매체, 댓글 등을 중심으로 악성 루머 유포자들을 찾아낼 것이다. 그사이 나 씨는 자신의 주장에 대해 입증의 노력을 하게 될 것이다. 이런 행위 자체가 연일 뉴스감이 될 것이다"며

---

16) 홍은택, 「[세상읽기] 나훈아 기자회견 이후」, 『한겨레』, 2008년 2월 18일.

다음과 같이 말했다.

"법원으로 넘어가면 어떤 결과가 나올까. 나 씨의 주장이 모두 사실로 확인됐다 하더라도 그에 대한 피해 보상액이 최대 5000만 원도 넘기 어렵다. 우리나라는 여전히 인격권에 대한 법적 보호가 취약한 상황이다. 2005년 개정된 언론중재법에서 인격권을 강화했지만 선진국에 비해 현격히 낮은 수준이다. …… 매스컴이 취재가 어렵다는 이유로 소문을 그대로 보도한다는 것은 저널리즘의 수치다. 최소한의 윤리 강령을 지키지 않는 저널리즘, 저널리스트는 현대 정보사회의 적이다. 자율 통제가 무시되는 곳에 타율 통제가 강화되는 것은 불가피하다. 초라해지는 인격권에 대한 보호 법제가 더욱 강화돼야 할 것이다."[17]

나훈아 기자회견 파동은 '잘릴지 모른다는 불안감'으로 증폭된 사회학적 사건인 동시에 인터넷 시대의 언론 문제를 드라마틱하게 고발한 언론학적 사건이기도 했다. 인터넷이 언론을 닮아가는 게 아니라 언론이 인터넷을 닮아가는 현실, 이런 상황에 정치는 어떻게 대처해야 할 것인가? 아무도 답을 줄 수 없는 새로운 딜레마였다.

---

17) 김창룡, 「제2, 제3의 나훈아가 없으려면」, 『미디어오늘』, 2008년 1월 30일.

숭례문 화재 생방송 충격
국보 1호 숭례문 화재 사건

국보 1호가 불에 탔다

2008년 2월 10일 밤, 국보 1호 숭례문이 불에 탔다. 숭례문 누각이 무너지는 장면은 텔레비전 생방송으로 방송돼 전 국민에게 큰 충격을 안겨주었다. 왜 불이 났는가? 방화였다. 70세 노인이 정부가 자신의 진정을 받아주지 않아 억울하다는 이유만으로 불을 지른 것이다.

이 사건과 관련해 차준철 『경향신문』 전국부 차장은 칼럼 「너도나도 욱하는 사회」에서 "주위에 욱하는 성질을 못 이긴 탓에 빚어진 사고가 부쩍 늘어난 것 같다. 치밀어 오르는 울분을 못 참아서, 홧김에 울컥하고 일을 저지르는 경우다. 지난해 불량 휴대전화를 교환해주지 않는다고 벤츠로 이동통신사 건물에 돌진한 40대 남자, 얼마 전 학습 장애 의붓딸이 시계 볼 줄 모른다고 모질게 때려 전치 6주의 상처를 입힌 20대 계모가 그랬다"며 다음과 같이 말했다.

"앞뒤 가리지 않는다. 자제나 양보 따위는 안중에 없다. 오직 겉으로

2008년 2월 10일 밤 숭례문 누각이 불에 타 무너져 내리는 장면은 전 국민에게 큰 충격을 안겨주었다. 이 장면은 전국에 생방송으로 방송되었다.

내보이는 위력만이 자기주장을 관철하는 수단이다. 이런 풍조가 비단 그들 몇몇뿐 아니라 우리 사회 전반에 깔려 있는 게 사실이다. 그러면 왜 너도나도 욱하는 성미를 못 이기는 걸까. 의사·학자 등 전문가들은 악성 댓글이 판치는 인터넷 문화 탓에 '안티 정서'가 만연하고, 내가 남보다 못할 게 없다는 '평등 강박증'이 심해졌다는 점 등을 원인으로 꼽는다. 그런데 무엇보다 주요한 원인은 사회의 도덕규범이 무너졌다는 데 있다. 요즘 '법대로 하자'는 말이 여기저기서 넘쳐나는 것도 법률에 앞서는 도덕률의 부재를 반영하는 것이다. 사회 성원이 '이건 안 된다'고 교감하는 합당한 기준이 없으니 분노가 제동 없이 표출되기 쉽다. 여기에는 사회·정부 지도층의 책임이 크다. 그들의 행태를 보고 배울 것도, 따라할 것도 없다는 의식이 팽배해진 게 문제다. 그러니 냉소와 분노만 남을 수밖에."[18]

2월 12일 유홍준 문화재청장이 국보 1호 숭례문 소실에 대한 책임을 지고 사표를 냈다. 이에 『한국일보』는 "숭례문이 화염에 휩싸여 온 국민이 애를 태울 때 유 청장은 국내에 없었다. '조선 왕릉의 세계문화유산 등재 협의'를 위해 8박 9일(6~14일) 프랑스 출장을 갔다는 것인데, 문화재청 출장비와 별도로 대한항공으로부터 자신과 부인의 항공료, 파리 체재비를 지원받은 것으로 드러나 외유성 출장 논란이 겹쳤다. 그러나 이번 경우 말고도 문화재를 관리·감독하고 그 행정을 총괄하는 수장으로서 그의 행적은 많은 논란과 구설을 자초했다"며 다음과 같이 말했다.

"숭례문 참사는 '유홍준식의 무례하고 안이한 문화재 행정의 결과'일 수 있다. 그는 낙산사, 창경궁 문정전, 화성 서장대가 잇따라 불탔는데도 지난해 5월 경기 여주의 효종대왕릉 목조 재실 앞마당에서 엘피가스로 숯불고기 파티를 벌였다. 국보 1호를 숭례문이 아닌 다른 것으로 교체하자고 주장하는가 하면 낙산사 동종을 복원하면서 자신의 이름을 새겨 넣기도 했다. 이벤트성, 자기과시성 행사에 열심이었던 것과 달리 본연의 문화재 관리에는 그 정도의 신경을 쓰지 않았다. 문화재청이 만든 '화재 시 행동 요령'은 초등학교 민방위 대피 훈련 수준이며, 소방 당국과의 유기적 대응책도 없었다. …… 유 청장은 '문화재 지킴이'를 자처했지만, 숭례문 소실로 웃음거리가 되고 말았다."[19]

---

18) 차준철, 「너도나도 욱하는 사회」, 『경향신문』, 2008년 2월 19일.
19) 「'유홍준식 문화재 행정' 더는 없어야(사설)」, 『한국일보』, 2008년 2월 13일.

이명박 당선인 무릎 꿇고 사과하라

2008년 2월 12일 이명박 당선인은 삼청동 대통령직 인수위원회에서 열린 인수위 연석회의에서 "(숭례문은) 국민 모두에게 상징적인 문화유산으로 국민이 큰 충격을 받았다고 생각한다. 이른 시간 내에 복원을 해서 국민의 허전한 마음을 달래야 한다"고 조속한 복원을 대안으로 제시했다. 그는 "복원 예산이 1차 추정으로 200억 원이라고 하는데 이 복원을 정부 예산으로도 할 수 있다. 그러나 국민들이 십시일반 성금으로 하는게 어떠냐"며 국민 성금 모금을 제안했다. 이동관 인수위 대변인은 브리핑을 통해 "숭례문 복원과 관련해 인수위는 국민 성금으로 복원하는 게 바람직하다는 이 당선인의 뜻에 따라 새 정부 출범 후 국민 모금 운동을 전개해나가기로 했다"고 전했다. 그러나 이 당선인이 국민 모금을 제안한 데 대한 비판이 잇따랐다.[20]

2월 13일 통합민주당 강금실 최고위원은 숭례문 전소 사태와 관련, 이당선인을 정면으로 비판했다. 강 최고위원은 "이 당선인은 문화재청이 반대하는데 억지로 밀어붙여 숭례문을 개방한 장본인"이라며 "(방화) 원인 제공자로서 당장 국민 앞에 나서서 무릎 꿇고 사과하라"고 목소리를 높였다. 그는 인수위의 성금 모금에 대해서도 "전두환 대통령이냐, 평화의 댐이냐"고 되물은 뒤 "지금이 전시 행정하고 동원할 때냐"며 "이명박식 정치 재앙"이라고 몰아세웠다.[21]

화재 후 첫 주말인 2월 16일과 17일 이틀 동안 전국 각지에서 추모객 4

---

20) 최재영 · 강병한, 「숭례문 '성금 복원' 논란…李 당선인 제시에 인수위 "국민운동 전개"」, 『경향신문』, 2008년 2월 13일.
21) 남도영 · 조민영, 「강금실의 독심… "李 당선인 무릎 꿇고 사과하라" 한나라 겨냥 연일 강성발언」, 『국민일보』, 2008년 2월 14일.

만여 명이 숭례문 현장에 몰려들었다. 특히 어린 자녀 손을 잡고 가족 단위로 찾은 방문객이 많았다. 조민호 한양대 관광학과 교수는 "수치심에 '감춰야 한다'고만 생각하지 말고 소실과 복원 과정에 대한 정확한 정보를 공개하면 '역마케팅'이 가능한 관광 자원으로 재탄생할 수도 있다"고 밝혔다. 황상민 연세대 심리학과 교수는 "생방송을 지켜보던 국민은 엄청난 충격을 받았다"며 "현장을 직접 보는 것은 심리적 안정을 찾는 효과가 있다"고 밝혔다. 일향 한국미술사연구원 강우방 원장은 상복에 제사상도 모자라 만장까지 등장한 광경을 보며 "도대체 이게 무슨 짓인지 모르겠습니다. 지나친 감상주의는 결코 도움이 되지를 않는데……"라고 탄식했다.[22]

화재 현장 주변, 말을 잃고 서성이는 사람들 뒤쪽에서 노숙자로 보이는 두 남자가 술에 취해 쉴 새 없이 욕설을 내뱉고 있었다. 타버린 숭례문을 위해 굿을 벌이고 있는 사람들이 "꼴값하고 있다"는 것이었는데, 사람이 굶어 죽어가도 본체만체할 놈들이 무슨 불탄 대문을 놓고 굿을 하느냐는 이야기였다.[23]

노무현 귀향 준비 논란

숭례문 화재의 불똥이 노무현의 귀향 준비로까지 튀었다. 『동아일보』는

22) 천인성·이현택, 「불탄 숭례문에 '다크투어리즘' 인파」, 『중앙일보』, 2008년 2월 19일; 최수호 외, 「부모 손잡고… 국화꽃 들고… 숭례문 앞 '참회의 수업'」, 『조선일보』, 2008년 2월 19일; 김민호, 「[원로 미술사학자 강우방 원장 동행 인터뷰] "숭례문 현장 만장까지 등장 지나친 감상주의 도움 안 돼"」, 『국민일보』, 2008년 2월 19일.
23) 김기윤, 「역사 서술은 가늠할 수 없는 도덕적 힘을 발휘한다」, 『교수신문』, 2008년 3월 31일.

갈수록 가관인 노무현 귀향 쇼

노무현 대통령의 퇴임에 맞춰 그의 고향인 경남 김해시 진영읍 봉하마을에서 대대적인 환영행사가 벌어질 모양이다. 노사모를 비롯해 40여 개 지역·사회단체들로 환영추진위원회가 만들어졌고, 행사 참석자를 최대 1만 명까지 잡고 있다니 실로 진풍경이 예상된다. 국악 공연도 계획하고 있고, 행사 비용 마련을 위해 1억3000여만 원을 모금 중이라고 한다.

고향 사람들이 임기를 마치고 귀향하는 노 대통령을 따뜻한 마음으로 맞으며 조촐한 행사라도 하겠다면 다수 국민도 기꺼이 마음속으로 박수쳐 줄 준비가 돼 있을 것이다. 그런데 1만 명이 참석하고 억 단위의 돈을 들여 대대적으로 환영 행사를 치른다니 이것이 도대체 무슨 말인가. 조용한 퇴임을 바라는 국민을 상대로 어깃장이라도 놓겠다는 것인가.

봉하마을 주변에서 벌어지고 있는 각종 개발 사업만도 많은 국민의 눈살을 찌푸리게 하고 있다. 기획예산처 보고서

에 따르면 시민문화센터 건립 등 모두 14개 사업이 진행 중이고, 여기에 495억 원의 예산이 들어간다. 지역균형발전에 목을 매듯이 하더니, 대통령 고향마을만 초호화판으로 '불균형 특혜 발전'시키겠다는 것인가. 김해시가 무슨 재주로 이 많은 사업과 예산을 따냈는지, 사업 타당성을 충분히 따졌는지 철저한 감사가 필요하다.

이런 개발 사업과 환영행사가 본인의 뜻에 따른 것이 아니라면 노 대통령은 만류하고 사양하는 것이 정상이다. 실패한 대통령에 대한 국민의 따가운 시선도 그렇지만 그런 '귀향 쇼'가 오히려 퇴임 대통령의 첫 귀향이 갖는 의미마저 퇴색할 수 있기 때문이다. 숭례문 소실(燒失)로 온 국민이 상심한 이때 이런 소식을 접하는 것만으로도 비위가 상할 지경이다.

국민 사이에서 "그 돈을 숭례문 복원에나 쓰라"는 말이 나온다. 노 대통령과 노사모, 김해시와 지역 주민은 이 같은 민심을 알고나 있는가.

숭례문 화재는 엉뚱하게도 노무현 귀향에까지 영향을 끼쳤다. 귀향 행사 준비와 봉하마을 관련 예산에 불똥이 튄 것이다.

"노무현 대통령의 퇴임에 맞춰 그의 고향인 경남 김해시 진영읍 봉하마을에서 대대적인 환영 행사가 벌어질 모양이다. 노사모를 비롯해 40여 개 지역·사회단체들로 환영추진위원회가 만들어졌고, 행사 참석자를 최대 1만 명까지 잡고 있다니 실로 진풍경이 예상된다. 국악 공연도 계획하고 있고, 행사 비용 마련을 위해 1억 3000여만 원을 모금 중이라고 한다"며 다음과 같이 말했다.

"봉하마을 주변에서 벌어지고 있는 각종 개발 사업만도 많은 국민의 눈살을 찌푸리게 하고 있다. 기획예산처 보고서에 따르면, 시민문화센터 건립 등 모두 14개 사업이 진행 중이고, 여기에 495억 원의 예산이 들어간다. 지역 균형 발전에 목을 매듯이 하더니, 대통령 고향 마을만 초호화판으로 '불균형 특혜 발전' 시키겠다는 것인가. 김해시가 무슨 재주로 이 많은 사업과 예산을 따냈는지, 사업 타당성을 충분히 따졌는지 철저

한 감사가 필요하다. 이런 개발 사업과 환영 행사가 본인의 뜻에 따른 것이 아니라면 노 대통령은 만류하고 사양하는 것이 정상이다. 실패한 대통령에 대한 국민의 따가운 시선도 그렇지만 그런 '귀향 쇼'가 오히려 퇴임 대통령의 첫 귀향이 갖는 의미마저 퇴색할 수 있기 때문이다. 숭례문 소실(燒失)로 온 국민이 상심한 이때 이런 소식을 접하는 것만으로도 비위가 상할 지경이다. 국민 사이에서 '그 돈을 숭례문 복원에나 쓰라'는 말이 나온다. 노 대통령과 노사모, 김해시와 지역 주민은 이 같은 민심을 알고나 있는가."[24]

2월 16일 심상복 『중앙일보』 경제 부문 에디터는 "국보 1호를 태워 먹으면서 교훈조차 얻지 못한다면 정말 억울하다. '공공재산이란 자칫 관리를 소홀히 하면 이런 운명에 처한다.' 이것이 이번 불행에서 배울 가장 귀중한 교훈이다. 공공재산 가운데 대표적인 것이 세금이다. 세금은 내기 전까진 내 재산이지만 정부 금고 속으로 들어가면 공공재산이 된다. 그리고 그 순간부터 공원의 벤치 같은 대접을 받는다. 내 주머니에 있을 땐 귀한 대접을 받지만 정부 금고로 들어가면 눈먼 돈처럼 취급된다. 힘 있는 기관이나 먼저 보는 사람이 임자인 양 헤프게 쓰곤 한다. 그런 사례 가운데 하나가 봉하마을이 아닐까"라며 다음과 같이 말했다.

"노무현 대통령을 사랑하는 사람들이 제 돈을 들여 봉하마을로 내려오는 그를 환영하는 일까지 시비를 걸 생각은 없다. 하지만 퇴임할 대통령을 위해 새 집을 짓고, 그 주변을 꾸미는 데 수백억 원의 세금이 들어간다면 얘기가 달라진다. 늘 부족한 세금이 이 시점에 꼭 이런 일에 쓰여

---

24) 「갈수록 가관인 노무현 귀향 쇼(사설)」, 『동아일보』, 2008년 2월 14일.

야 하는지 의문이 들기 때문이다. 정부와 지자체의 봉하마을 지원 사업 보고서에 따르면, 봉하마을 개발에 75억 원, 봉화산 웰빙 숲 개발 30억 원, 화포천 생태 체험시설 60억 원, 진영시민문화센터 255억 원, 진영 공설 운동장 개·보수 40억 원 등 모두 495억 원이 투입된다고 한다. 국민의 의무 가운데 으뜸가는 게 납세 의무라고 한다. 하지만 대부분의 사람은 세금 내기를 싫어한다. 공공의 재산이 되는 순간 진정한 사랑을 받지 못한다고 생각하기 때문이다. 숭례문처럼."[25]

너도나도 욱하는 사회

이처럼 '요란한 귀향 쇼'라는 비판이 일자, 노무현 귀향 환영추진위원회는 행사 비용을 1억 3000만 원에서 6500만 원으로 줄이는 등 귀향 환영 행사를 당초 계획보다 축소하기로 했다. 그럼에도 비판은 그치지 않았다.

『동아일보』는 "이것조차 역대 대통령의 사저(私邸) 귀환 행사와 비교하면 지나치다. 마지못해 축소하는 듯한 제스처에 국민의 시선은 여전히 곱지 않다. 더욱이 총 495억 원이 드는 경호·경비 시설, 생태 공원, 웰빙 숲, 시민문화센터, 전통 테마 마을의 건립 및 조성, 공설 운동장 개·보수는 원래 계획대로 진행되고 있다. 이에 드는 예산 가운데 지방자치단체의 지방비를 제외한 국고 및 행정자치부 특별 교부세 지원 규모만도 211억 원에 이른다. 이 돈을 왜 국민이 세금에서 부담해야 하는

25) 심상복, 「공원 벤치와 숭례문 그리고 봉하마을」, 『중앙일보』, 2008년 2월 16일.

노무현 전 대통령의 귀향을 환영하는 여러 펼침막들이 마을 입구에 걸려 있다.

지 납득할 수 없다. 박정희기념관 건립을 사실상 무산시킨 정부의 최고 책임자인 노 대통령이 '내 논에만 물대기'를 하는 모양새다. 노 대통령 사저와 봉하마을에 대한 터무니없는 예산 지원에 대해 차기 정부가 특별 감사를 벌여 그 진상을 밝혀야 한다"며 다음과 같이 말했다.

"노 대통령이 퇴임 후 고향으로 돌아가 살겠다는 것 자체는 평가받을 만했다. 그러나 봉하마을 일대에 국비와 지방비를 퍼붓는 것을 보고 노 대통령의 생각이 순수하지 않았다고 생각하는 국민이 늘어나고 있다. 노사모의 성지(聖地)로 만들어 어떻게 하겠다는 것인지 참으로 알 수가 없다. 같은 경남 출신인 김영삼 전 대통령의 거제도 생가는 본채와 사랑채 2동으로 구성된 목조 기와집으로 초라한 규모다. 거제도 생가는 김 전 대통령이 거주하지 않고 기념물을 전시하는 공간이긴 하지만 서울 상도동에 있는 김 전 대통령의 사저와 비교하더라도 노 대통령 사저와 봉하마을 꾸미기는 도를 넘었다. 시민단체 회원들이 봉하마을에 찾아가 국고 211억 원을 차라리 숭례문 복원비로 쓰는 것이 낫겠다는 주장을 폈다. 봉하마을과 사저 꾸미기보다는 소실된 숭례문을 복구하는 데 쓰는 것이 훨씬 의미 있는 일이다." [26]

김두우 『중앙일보』 수석 논설위원은 2월 18일 "노무현 대통령은 국보 1호 숭례문 화재 현장에 아직 나타나지 않았다. 100만이 넘는 국민이 자원봉사를 갈 정도로 온 국민의 관심사였던 태안 앞바다 기름 유출 사고 때도 그랬다. 비판이 거세지자 느지막이 모습을 드러냈다. 여론에 떠밀려 마지못해 얼굴이나 내밀듯이 말이다. 새 정권의 정부 조직 개편안에 대해서는 거부권이라도 행사하겠다며 기자회견에서 결기를 보이더니 어떻게 된 일일까" 라면서 다음과 같이 말했다.

"일주일 후 청와대를 떠날 대통령에게 그리 가혹하게 비판할 것 있느냐고? 사실 잘못이 적지 않은 이라도 사퇴하거나 죽기라도 하면 굳이 그 잘못을 파헤치지 않는 게 한국적 정서인지도 모르겠다. 숭례문 방화 용의자가 몇 년 전 다른 문화재에 방화했을 때 법원조차 집행유예를 선고하면서 그의 '고령(高齡)' 을 이유로 드는 게 한국이니 말이다. 하기야 국민은 노 대통령이 숭례문을 찾지 않았다는 사실조차 입에 담지 않을 정도가 됐다. 이미 그는 국민의 머릿속에서 '잊힌 대통령' 이 된 지 오래다. 불타버린 숭례문의 마지막 모습이라도 보겠다며 멀리 지방에서 일부러 서울을 찾는 국민도 적지 않다고 한다. 그런데 현직 대통령은 왜 가보지도 않는 것일까. 현장을 찾는 게 '정치 쇼' 라고 생각해서? 촌음을 아껴

---

26) 「봉하마을에 퍼붓는 國庫, 숭례문에 돌려라(사설)」, 『동아일보』, 2008년 2월 18일.

서 문화재 보호 대책을 수립하느라고? 괜히 찾아갔다가 야유를 받거나 책임을 몽땅 뒤집어쓸 것 같아서? 설혹 그렇다 해도 대통령이 그래서는 안 된다. 대통령은 국민이 아파하는 곳에 함께 있어야 한다. 아마도 노 대통령이 심리적으로 크게 위축됐기 때문이리라."[27]

『국민일보』는 "규모를 줄이기로 했으나 노 대통령을 위한 봉하마을 귀향 환영 행사를 보는 시각은 여전히 싸늘하다. 국보 1호 숭례문이 불타고 정부 종합 청사에 화재가 발생해 어수선한 때에 무얼 잘했다고 돈을 처들여 요란하게 잔치를 벌이느냐는 민심이다"며 다음과 같이 말했다.

"국민이 낸 세금으로 연금을 제공하고 비서관 월급과 기념사업까지 지원하는 게 좀 아깝기는 하지만 노 대통령은 퇴임 후 사저에서 조용히 지내는 편이 국정 운영과 국민 정서 순화에 훨씬 도움이 될 것으로 생각된다. 국민을 짜증나게 해온 오기와 비아냥을 더 이상 보고 듣지 않도록 해주는 게 제일 큰 부조다. 국민의 시선을 끌지 못해 안달하는 분에게는 좀 가혹한 요구겠지만."[28]

앞서 인용한 『경향신문』 차준철 차장의 칼럼에 나오는 '너도나도 욱하는 사회'라는 말이 가슴에 와 닿는다. 노무현도 대통령 재임 시절 내내 욱했고, 방화범도 욱했고, 이젠 언론도 욱하고 있지 않은가. '욱'은 한국이 자랑하는 '빨리빨리 속도 전쟁'의 정수(精髓)가 아닌가. 한윤정 『경향신문』 문화1부 차장은 "속도는 특히 문화재의 적이다. 속도는 변화를 수반한다. 그런데 문화재는 그대로 있다. …… 밋밋하게 서 있던 숭례문은 잠시 화려한 조명을 받다가 화염에 휩싸여 2층 누각이 통째 무너

---

27) 김두우, 「잔뜩 위축된 대통령」, 『중앙일보』, 2008년 2월 18일.
28) 김성기 「퇴임 대통령의 扶助」, 『국민일보』, 2008년 2월 22일.

제9장 2008년: 이명박 시대의 개막 **41**

지는 스펙터클한 장면을 연출했다. 그러면서 화려한 외양으로 치닫는 우리 시대의 속도에 브레이크를 걸었다"고 했다.[29)]

얼마 후 '정도전 예언'이라는 괴소문이 유행한다. 조선의 개국 공신 정도전(1342~1398)이 "숭례문이 불타면 나라에 운이 다한 것이니 멀리 피난 가야 한다"고 예언했다는 것이다. 네티즌들은 숭례문 화재, 조류 인플루엔자 확산, 광우병 논란 등을 꼽으며 "예언이 맞아떨어졌다"고 주장한다.[30)] 있지도 않은 사실(史實) 기록들을 들먹이며 '숭례문이 전소 되면서 국운이 다해 독도를 일본에 내주고 신공안 정국이 온다'는 얘기 도 나돈다.[31)] 이렇듯 민심이 뒤숭숭할 때 이명박 정권은 무엇을 하고 있 었던가?

29) 한윤정, 「[문화속으로] '속도'는 환경ㆍ문화의 천적」, 『경향신문』, 2008년 2월 20일.
30) 천인성ㆍ한은화ㆍ박유미, 「"일왕에 상반신 굽혔다" 'MB 독도 포기' 증거로 바뀌어」, 『중앙일보』, 2008년 5월 6일.
31) 김홍진, 「[만물상] 유언비어」, 『조선일보』, 2008년 5월 6일.

고소영 · 강부자가 대한민국을 접수했다
이명박의 대통령 취임

고소영 · 강부자?

2008년 2월 14일 이명박 정부의 첫 내각이 모습을 드러냈지만, 장관 후보자 열다섯 명의 재산 현황에 서민들은 한숨을 내뱉었다. 이들이 소유한 부동산이 평균 25억 6000만 원, 금융자산은 11억 3000만 원을 넘었다. 재산이 10억 원 이하인 사람은 한 사람뿐이고, 열한 명은 25억 원이 넘는 자산가였다. 무엇보다 주거용 이외의 부동산을 보유하지 않은 사람이 한 명도 없었다. 집이 네다섯 채인 사람에, 부동산이 40여 곳인 후보자까지 있었다.

   인터넷을 떠도는 화제의 신조어는 단연 '고소영'이었다. 고소영은 '고려대 출신', '소망교회 신도', '영남 출신'의 맨 앞 글자를 따 만든 말이다. 이명박 대통령 당선인이 단행한 청와대와 내각 인사가 특정 인맥에 쏠린 것을 풍자한 것이다. "고소영이 대한민국을 접수했다"는 말까지 나왔다.

'고소영' 중 하나로 꼽힌 소망교회 모습. 이경숙 대통령직 인수위원장, 강만수 기획재정부 장관 후보자, 박미석 사회정책 수석 비서관 내정자 등이 소망교회 교인이었다.

　새 정부 내각에서는 정종환 국토해양부, 정운천 농림수산식품부 장관 후보자가, 청와대 수석 비서관 중에는 곽승준 국정기획 수석, 이종찬 민정 수석 내정자가 고려대 출신이었다. 서울대 출신(11명) 다음으로 많았다. 소망교회 인맥도 구설에 올랐다. 이경숙 대통령직 인수위원장, 강만수 기획재정부 장관 후보자, 박미석 사회정책 수석 내정자 등이 이 교회 신도였다. 영남세도 막강했다. 유우익 대통령실장을 비롯해 수석 · 장관 내정자 스물네 명 중 3분의 1에 육박하는 아홉 명이 영남 출신이었다.

　'고소영 에스(S) 라인' 이라는 묘한 명칭도 등장했다. S 라인은 강만수 기획재정부, 유인촌 문화부, 원세훈 행정안전부 장관 후보자 등 이 당선자가 서울시장일 때 함께 일한 인사들을 중용해 생긴 말이었다. 인터넷에서 고소영은 영어 약자로 'SKY'로 불리기도 했다. 소망교회의 S, 고려대의 K, 영남의 Y를 갖다 붙인 것이다. 영남(Y)을 빼고 테니스 모임을 뜻하는 T를 붙여 'SKT'라는 신조어도 등장했다. 이 당선인과 테니스를 즐기는 모임 인사로는 유우익 실장, 금융위원장 물망에 오른 백용호 인수위원 등이 꼽혔다. 서울시-소망교회, 경상도-고려대 출신을 뜻하는 '더블 S', '더블 K'라는 말도 선을 보였다. 통합민주당 우상호 대변인은 "우리나라가 거의 부족국가로 전락한 것 같다"며 "영남에서 태어나 고려대를 들어가서 소망교회를 다녀야만 명함을 내밀 수 있으니 답답하다"고 꼬집었다.[32]

2월 22일 통합민주당은 이명박 정부의 첫 내각이 평균 40억대 상위 1% 재산가에 강남 일대 부동산 소유자로 나타나자 맹공을 퍼부었다. 일부 장관 후보자의 교체를 요구하기도 했다. 이날 오후에 열린 최고위원 회의에서 손학규 대표는 "장관 내정자 명단을 보고 어떤 사람은 '부동산 투기 단속 명단 아니냐'는 얘기를 했다고 한다"며 "부자가 죄는 아니지만 오늘 아침 출근하는 국민의 마음 한구석이 뻥 뚫렸을 것"이라고 비판했다. 김효석 원내대표는 "항간에 '고소영'(고려대·소망교회·영남 출신) 전성시대라는 얘기가 있었는데 이제 '강부자'(강남땅 부자) 얘기마저 나올 정도로 문제가 심각하다"고 했고, 우상호 대변인은 "이명박 당선인이 땅 부자라고 아예 조각 콘셉트를 땅 부자로 잡은 거냐"고 했다.[33]

---

32) 최문선, 「'고소영 S라인'을 아시나요?: MB 인사 빗댄 신조어 속속」, 『한국일보』, 2008년 2월 22일.

이명박 정부, '1% 프렌들리'에서 벗어나라

『경향신문』은 「이명박 정부, '1% 프렌들리'에서 벗어나라」는 사설에서 "이 대통령은 자신의 모교인 고려대와 자신의 고향인 영남, 자신이 장로로 있는 서울 강남 소망교회 등의 사적 인연들을 떨쳐버리지 못한 인사를 강행해 느닷없는 '고소영(고려대·소망교회·영남 출신)' 열풍을 불러일으켰다. 또한 이 대통령은 전국 곳곳에 땅과 주택을 사거나, 소유주가 반드시 농사를 지어야 하는 절대농지까지 재산 증식의 수단으로 구입한 '강남땅·집 부자'들을 대거 중용함으로써 '강부자' 신드롬까지 낳았다"며 다음과 같이 말했다.

"우리는 이 대통령의 이 같은 행보에서 우리 사회의 극소수 상위 계층에만 친화성을 보이는 '1% 프렌들리'의 면모를 감지한다. 물론 이 대통령이 재벌 기업 최고경영자 출신이고, 수백억 원대 부동산을 소유한 재력가라는 것은 이미 모든 국민들이 알고 있다. 그런데 그가 앞으로 대변해야 할 계층은 비단 재벌 기업이나 부동산 부자뿐만이 아니다. 언제 해고의 칼날이 자신의 목을 향할지 전전긍긍하는 비정규직 노동자나, 강남땅 부자는커녕 지상에 사글세 단칸방도 마련하지 못하고 있는 수많은 무주택 서민 대중들, 88만원의 월급을 받기 위해 각고면려하는 청년 세대도 이 대통령은 껴안아야 한다. 우리는 대선 이후 오늘까지 이 대통령이 끼운 첫 단추는 분명히 잘못됐다고 판단한다. 그가 앞으로 끼울 두 번째, 세 번째 단추를 주목하려 한다."[34]

---

33) 정상원, 「"고소영 이어 강부자 정부": 민주, 이춘호·남주홍 청문회 거부 검토」, 『한국일보』, 2008년 2월 23일.
34) 「이명박 정부, '1% 프렌들리'에서 벗어나라(사설)」, 『경향신문』, 2008년 2월 25일.

이명박 정부, '1% 프렌들리'에서 벗어나라

이른바 1987년 체제 수립과 함께 대통령 직선제가 부활되면서 우리나라는 네 번에 걸쳐 국민들이 직접 뽑은 대통령과, 그 대통령이 구성한 정부를 지켜보았다. 오늘은 그 다섯번째 이명박 대통령이 취임한 날인 동시에 이명박정부가 출범하는 의미 깊은 날이다. 한나라당 당내 경선과 대선 본선에서의 숱한 어려움과 역경을 딛고 마침내 대한민국의 최고 통치자로 올라선 제17대 이명박 대통령의 취임을 축하하면서 그의 5년 재임기간 동안 이 나라의 운세가 융성하기를 축원한다.

돌이켜보건대 이명박 대통령의 탄생은 '믿고 또 믿었던' 노무현정부에 대한 국민적 기대가 실망과 환멸로 바뀐 데 기인한 것이었다. 듣도 보도 못한 외환위기라는 국가적 재난을 겪은 우리 국민들은 조금이라도 삶의 질이 나아지를 바라면서 '반칙과 특권의 철폐'를 부르짖는 노무현정부를 선택했다. 그러나 결과는 부동산 폭등, 중산층과 서민 및 자영업자의 몰락, 비정규직 노동자의 양산 등이었다. 이 같은 척박한 현실에 대한 불만이 '정권 심판론'으로 표출됐고, 그러한 질풍노도의 민의(民意)는 이명박 대통령의 헤아릴 수 없이 많은 도덕적 결함들을 단숨에 묻어버렸다.

우리가 이명박 대통령의 취임과 이명박정부의 출범에 의미를 부여하는 것도 바로 이 대목이다. 그런데 이대통령의 대선 승리 이후 오늘까지 2개월 1주일을 지켜보면서 우리가 내린 잠정적인 결론은 '아니다'이다. 대통령직인수위원회 시기 동안 이명박 예비정부는 노무현정부만큼, 또는 그 이상의 환멸과 실망을 안겨 주었다. 대학 총장 출신의 이경숙 인수위원장은 '오렌지'라고 해도 아무 탈 없는 것을 굳이 '아린지'라고 억지를 부려 '국민 개그 우먼'으로 등극했다. 또 군사독재정권 시절에나 가능한 것쯤으로 치부했던 '언론인 성향 분석' 등의 사찰·감시 활동을 버젓이 재개함으로써 국민적 지탄을 받았다. 전두환 정권 시절 '북괴의 금강산 댐에 맞서 세운다'는 '평화의 댐'에 대한 씁쓸한 기억이 아직도 많은 사람들의 뇌리에 남아 있는 상태에서 이대통령은 불에 타 무너진 숭례문을 복원하기 위해 '국민 성금'을 제안하기도 했다.

그러나 이 같은 사례들은 이명박정부의 내각과 청와대 수석 인선에 비춰보면 그야말로 '애교'에 지나지 않는다. 이대통령은 자신의 모교인 고려대와 자신의 고향인 영남, 자신이 장로로 있는 서울 강남 소망교회 등의 사적 인연들을 펼쳐버리지 못한 인사를 강행했다. 느닷없는 '고소영'(고려대·소망교회·영남)' 열풍을 불러일으켰다. 또한 이대통령은 전국 곳곳에 땅과 주택을 사거나, 소유주가 반드시 농사를 지어야 하는 절대농지까지 재산증식의 수단으로 구입한 '강남 땅·집부자'들을 대거 중용함으로써 '강부자' 신드롬까지 낳았다.

그뿐이 아니다. 노무현 정권 시절 한나라당은 논문 중복 게재와 관련해 김병준 교육부총리를 낙마시키면서 "논문 표절 행위의 당사자는 공직뿐만 아니라 교직에서도 영원히 퇴출돼야 한다"며 기염을 토한 바 있는데 정작 이명박 대통령은 그보다 훨씬 '죄질이 무거운' 논문 표절을 일삼은 대학교수 출신들을 보건복지부 장관과 청와대 사회정책 수석비서관으로 임명했다. 또한 이대통령은 취임 이전 자신의 또다른 친정이랄 수 있는 재벌기업에 대해서는 "언제든지 전화하라"고 지극한 친근감을 표시하면서도 한국노총과 함께 우리 노동계를 대표하는 민주노총에 대해서는 위원장의 경찰 출석 여부 등을 이유로 예정된 간담회까지 일방적으로 취소한 바 있다.

우리는 이대통령의 이 같은 행보에서 우리 사회의 극소수 상위계층에만 친화성을 보이는 '1% 프렌들리'의 면모를 감지한다. 물론 이대통령이 재벌기업 최고경영자 출신이고, 수백억원대의 부동산을 소유한 재력가라는 것은 이미 모든 국민들이 알고 있다. 그런데 그가 앞으로 대변해야 할 계층은 비단 재벌기업이나 부동산 부자만이 아니다. 언제 해고의 칼날이 자신의 목을 향할지 전전긍긍하는 비정규직 노동자나, 강남 땅부자는커녕 지상에 사글세 단칸방도 마련하지 못하고 있는 수많은 무주택 서민대중들, 88만원의 월급을 받기 위해 각고면려하는 청년세대도 이대통령은 껴안아야 한다. 우리는 대선 이후 오늘까지 이대통령이 끼운 첫 단추는 분명히 잘못됐다고 판단한다. 그가 앞으로 끼울 두번째, 세번째 단추를 주목하려 한다.

"이명박 대통령이 대변해야 할 계층은 비단 재벌 기업이나 부동산 부자뿐만이 아니다. 비정규직 노동자나 무주택 서민 대중, 각고면려하는 청년 세대도 이 대통령이 껴안아야 한다."(『경향신문』 2008년 2월 25일)

김종철 『한겨레』 논설위원은 "'강부자'(강남땅 부자) 내각과 '고소영'(고려대·소망교회·영남 출신) 청와대 수석들의 돈 버는 재주나 출세하는 방법도 갖가지다. 각료들의 평균 재산액은 39억 원에 이르며, 집도 대부분 두 채 이상씩 가지고 있다. 유인촌 문화부 장관 후보자와 박은경 환경부 장관 후보자는 집이 네 채다. 노동자 이익을 대변해야 할 이영희 노동부 장관 후보자도 강남에 아파트 한 채와 오피스텔 한 채를 갖고 있다.

남주홍 통일부 장관 후보의 부인은 미국 영주권자로서 미국에 거주지가 있으면서 수원의 상가를 사들였다"며 다음과 같이 말했다.

"그들의 자녀에게 눈길이 미치면 대한민국 1% 특권층의 최신 유행이 한눈에 잡힌다. 이들에게 조기 외국 유학은 아무나 하는, 시대에 뒤떨어진 일이다. 미국 시민권자나 최소한 영주권자로 만들어야 명함을 내민다. 외국 국적을 얻기 위해 우리나라 국적을 버리는 일은 고민거리도 아니다. 문제는 이들을 두고 '업무 수행에 결격 사유가 아니다'거나 '법적으로 문제가 없으면 괜찮은 것 아니냐'는 이 대통령 주변의 인식이다. 소수 특권층인 그들의 성공을 보장할 수 있을지는 몰라도 국민이 성공하는 시대를 바라기는 글렀다."[35]

2월 27일 이해영 한신대 교수는 "이명박 정부 혹은 실용 정부의 앞날이 어딘지 심상찮다. '오륀지, 후렌들리'로 시작하더니, 영어 '몰빵'으로 서민들의 가슴을 후벼 파다, '고소영'(고려대·소망교회·영남 출신)으로 소외감을 부채질한다. 이명박 대통령의 말처럼 각료가 돈이 많다고 굳이 문제가 될 일은 아닐지 모른다. 하나 각료가 부동산이 그렇게 많아야 될 특별한 이유가 있는 것도 아니다. 더군다나 그 의도와 용처가 매우 의문스러운 경우에는 더욱 그렇다"며 다음과 같이 말했다.

"대중은 부자가 되고 싶어서 부자 대통령을 뽑았지 부자 각료와 측근을 뽑은 것은 아니다. 하지만 그 욕망이 채워지지 않을 때, 대중들은 서슴없이 등을 돌릴 것이다. 나는 이를 실용주의의 두 얼굴이라 생각한다. 한편으로 '나도 잘살게 해줄 것'이라는 실용적 이유에서 지지하다, 다

---

35) 김종철, 「아침햇발」 '당신들의 성공 시대' 만들건가」, 『한겨레』, 2008년 2월 26일.

른 한편으로 이 가능성이 소진될 때 마찬가지 실용적 이유에서 언제든 지지를 철회할 수 있는 것이다."[36]

고소영 논란의 사회심리학

2008년 2월 25일 대통령 취임식을 한 이명박은 27일 취임 후 수석 비서관 회의를 처음 주재한 자리에서 "라면값이 100원 올랐다. 라면 많이 먹는 서민들에게 100원은 크다"며 "청와대는 초점을 서민들에게 맞춰야 한다"고 말했다. 이 발언은 언론에 크게 보도되었다. 라면의 상징성이 얼마나 강한가. 거의 모든 기사 제목들이 '라면값 100원' 을 부각했다.

특히 『조선일보』는 「"라면값 100원 올라 서민 큰 타격": MB식 실용주의 시작됐다」라는 기사에서 이명박의 실용 개혁 정신의 증거로 귀빈이 단상에 앉지 마라, 과중한 경호 하지 마라, 자리 배치에 서열 없애라, 라면 값 챙겨라, 현장에 가라 등을 열거하는 '성의' 를 보였다.[37] 이에 대해 상지대 교수 홍성태는 "대통령이 당선 뒤 부동산값 등 시장에 줄곧 물가 인상의 신호를 보내놓고선, 라면값을 갖고서 얘기하는 건 모순" 이라고 했다.[38]

2월 29일 손학규 통합민주당 대표는 최고위원 회의에서 "아무리 실용의 시대로 간다지만 돈만 아는 실용이 돼선 안 된다. 부자는 (공직자가 아니라) 그냥 부자로 살면 된다"며 "재산 형성 과정이야 어떻든 일만 잘하

---

36) 이해영, 「참여 대 실용 그리고 대중」, 『경향신문』, 2008년 2월 27일.
37) 배성규, 「"라면값 100원 올라 서민 큰 타격": MB식 실용주의 시작됐다」, 『조선일보』, 2008년 2월 28일.
38) 류이근, 「대통령의 라면 생각」, 『한겨레21』, 제701호(2008년 3월 13일).

면 된다는 식으론 일도 잘할 수 없다"고 목청을 높였다. 김효석 원내대표는 "이번 인사 청문회를 거치면서 고소영, 강부자 내각에 이어 '강금실 내각'이란 말이 회자되기 시작했다"며 "이는 강남의 금싸라기 땅을 실제로 소유한 내각이란 말"이라고 설명했다. 순간 근처에 앉아 있던 강금실 최고위원을 비롯한 참석자들 사이에 웃음이 터져 나왔다.

대여(對與) 공격수로 떠오른 강금실 최고위원은 "이명박 정부가 그동안 지역·학교 편중 인사로 물의를 빚었음에도 또다시 국정원장에 고대 출신 영남 인사를 앉힘으로써 청와대 민정 수석, 국정원장, 법무부 장관, 검찰총장, 경찰청장 등 사정 라인은 '영남 브러더스'란 말이 유행하기 시작했다"고 말했다. 강 최고위원은 "유신 말기 10·26 사태 당시 법무부 장관, 내무부 장관, 중앙정보부장, 대통령 비서실장 등이 전부 영남이었다"며 "국민이 숨도 쉴 수 없었던 정권 말기 현상이 어떻게 정권 초부터 나타나느냐"고 따졌다.[39]

90% 가까이 진행된 한나라당의 4·9 총선 공천과 관련해서도 또 한 사람의 연예인 이름이 등장했다. '개혁 공천'이라는 포장지를 뜯고 나면 사실상 '이명박 계보만 남아 있는' 현상을 비유해 '명계남 공천'이라는 말이 회자된다는 것이다.[40]

3월 4일 강병태 『한국일보』 수석 논설위원은 「'고소영' 논란의 사회심리학」이라는 칼럼에서 "청와대 수석에 고려대와 영남 출신, 소망교회 신도 몇몇이 들어 있다고 '고소영' 편중을 떠든 것은 생뚱맞다"며 다음과 같이 주장했다. "수석과 장관 후보 24명 가운데 고대 출신이 네 명으

39) 김정하, 「민주당 "돈만 아는 실용은 안 돼": MB정부 장관 인선 공세」, 『중앙일보』, 2008년 3월 1일.
40) 「한나라당 공천, 도대체 기준이 뭔가(사설)」, 『한겨레』, 2008년 3월 15일.

로 서울대 열한 명인가 다음으로 많다는 지적은 도대체 뭘 얘기하는지, 인지능력이 의심스럽다. 한신대 윤평중 교수가 칼럼에서 논평한 '서울대 독점'을 굳이 논하지 않더라도, 우리 사회 엘리트 조직에서 고대 출신 비율이 그 정도면 평균 아래일 것이다."

그러나 『한겨레21』이 세밀하게 분석해보니, '고소영'은 이전 정권들과의 상대적 관점에서 보면 그렇게 말한 만한 최소한의 근거는 있는 것으로 보였지만, '고소영'이라는 작명은 인사 통계상의 문제를 떠나 기존 관행을 따르지 않는 이명박 대통령의 거침없는 행보와 더 관련이 있었다. 『한겨레21』이 2002년 6월(서울시장 취임)부터 2008년 1월까지 이명박이 기독교와 고려대 관련 행사에 참여하거나 기여한 횟수를 찾아봤더니, 기독교 관련 공식 행사 참여 횟수는 50회, 고려대 관련 행사 횟수는 44번이었다. 양쪽 행사 참여 횟수를 합치면 모두 94회로 매월 평균 1.4회인 셈이다.[41] 여기에 '서울 봉헌' 발언과 '고려대 전체의 기독교화'를 소망한다는 발언으로 대표되는 설화가 가세했다. 고려대 교우회의 요란한 지지 행보도 고려대를 부각하는 데 일조했다.

사실 인사 관련 문제의 심각성은 '고소영' 수준을 넘어서는 것이었다. 3월 12일 유인촌 문화체육관광부 장관은 "산하기관장들 중 (새 정권과 딴판인 자기들만의) 분명한 철학과 이념을 가진 사람들이 성향이 다른 새 정권에서도 계속 자리를 지키겠다는 것은 자신이 살아온 인생을 뒤집는 것"이라며, 노무현 정권에서 임명된 문화 관련 기관장들에게 그만 물러나라고 했다. 열한 개 소속 기관과 서른네 개 산하기관이 있는 문화

---

41) 이태희·김윤형, 「월평균 고대·기독교 행사 1.4회 참석: 이명박 6년 행보 분석…서울시 봉헌·고려대 기독화 등 공과 사를 혼동하는 발언 많아」, 『한겨레21』, 제699호(2008년 2월 28일).

체육관광부에서부터 본격화된 '노 정권 지우기' 작업은 이른바 '한예종(한국예술종합학교) 사태'를 비롯하여 각 분야에서 수많은 갈등을 야기했다. 이게 정녕 이명박식 실용주의의 정체였단 말인가?

'노명박'의 심리 상태

'노명박'이라는 별명을 얻을 정도로 노무현과 닮은 점이 많은 이명박을 제대로 이해하기 위해선 그가 1월 31일 당선인 자격으로 문화·예술계 인사들과 함께한 간담회에서 한 말에 주목할 필요가 있다. "사람들은 '해봐라. 그래도 안 된다'고 하는데 난 그걸 거역하며, '해봐라. 된다'는 생각을 갖고 살아왔다." '인간 승리'라고 하는 점에선 박수를 보내도 좋을 아름다운 말이긴 하지만, 대통령이라는 자리의 특수성에 비추어 보면 위험한 생각일 수 있다.

노무현과 이명박 모두 고생을 많이 했고 밑바닥에서 자수성가해 '코리언 드림'을 이루었다. 이건 개인과 가문에겐 더할 나위 없는 영광이겠지만, 대통령직을 수행할 때는 독약이 되었고 독약이 될 가능성이 높다. 국정 운영을 자신이 이룬 코리언 드림의 복사판으로 간주하는 사고의 틀에 갇히기 때문이다.

고생은 노무현보다는 이명박이 훨씬 더 했다. 어느 정도였는가? 정신과 전문의 정혜신은 "사회생활을 시작하기 전 이명박의 삶은 처절하다고밖에 표현할 수 없는 가난과 시련의 연속이었다"며 이렇게 말했다. "큰 부상을 당한 형제 두 명이 병원비가 없어 죽어가는 모습을 지켜봐야 했고, 그 자신 또한 온갖 궂은일과 영양실조로 10대 중반에 넉 달이나 병석

왼쪽 끝에 있는 사람이 현대건설 사장 시절 이명박 대통령이다. 오른쪽 끝은 정주영 현대그룹 회장.

에 누워 있었지만 병원 문턱에도 가보지 못했다. 어린 시절부터 얼마나 혹독하게 일을 했는지 몸이 너무 상해서 병역면제를 받을 정도였다." [42]

이 말이 시사하는 게 무엇일까? 이명박이 자신의 '성공 신화'를 국정 운영에 그대로 도입해 밀어붙일 가능성이 높다는 걸 말해주는 게 아니었을까? 노무현은 열린우리당 의원들이 고언을 할 때마다 "아무도 나를 알아주지 않을 때 386 참모들과 단신으로 여기까지 왔다. 내가 해왔던 방식으로 일하게 내버려달라"며 내치곤 했다.[43] 그 중대한 국정 운영을 자신과 동지들의 코리언 드림 수준으로 깎아내리면서 자신의 경험에 대한 과도한 확신을 표현한 셈이다. 개인적인 '성공 신화'의 포로가 돼 있다는 점에선 이명박도 비슷했다.

"일은 해본 사람만이 할 수 있는 거예요. 예를 들어 시골에 가면 비쩍 마른 노인네가 하루 종일 삽질하는 것을 볼 수 있는데, 헬스클럽에서 근

42) 정혜신, 『사람 VS 사람: 정혜신의 심리평전 II』(개마고원, 2005), 26쪽.
43) 조기숙, 『마법에 걸린 나라』(지식공작소, 2007).

육을 키운 사람이 시골에 가서 삽질을 해보면 한두 시간도 못 해요. 큰일은 해본 사람만이 할 수 있는 거예요."[44]

이런 과도한 경험주의는 시각주의와 만났다. 이명박은 "눈에 확실하게 보이는 성과로 국민들을 설득하는 게 내 전략"이라고 했다.[45] 이런 시각주의는 박정희 개발 시대엔 확실한 위력을 발휘할 수 있었고, '시각주의 정치'의 정수라 할 청계천 사업도 이명박을 대통령으로 만드는 데 절대적으로 기여했다.

그런데 오늘날 대통령직은 '시각주의 정치'만으론 안 된다. 승부사 기질은 승패가 확연하게 드러나는 제로섬게임에선 유리하지만, 민주화된 국정 운영엔 제로섬게임이 아닌 게 많다. 게다가 대통령은 성과를 시각적으로 보여줄 수 없는 사안들도 많이 다뤄야 하기 때문에 '승부'가 아닌 '소통'에 능해야 한다. 이는 '해봐라. 된다'의 한계를 말해주는 것이기도 하다.

그러나 이명박은 '해봤어?' 병에 걸려 있는 걸 어이하랴. 그는 측근들이 어떤 정책 현안에 대해 어렵다거나 문제가 생길 수 있다고 보고하면 "해봤느냐"고 되묻는다. "해봤어?" 앞에서 반대란 있을 수 없다. 그 어떤 반대도 해보진 않은 것이기 때문이다.

"해봤어?"의 시각주의 버전이 "가봤어?"다. 이명박이 "해봤어?"와 더불어 늘 입에 달고 다니는 "가봤어?"는 탁상행정과 공리공론에 견줘 장점이 많은 게 사실이지만, 가볼 수 있는 현장이 없는 사안마저 같은 식으

---

44) 김성동, 「검찰의 청계천 재개발 비리 수사는 나를 겨냥했다: 검찰 수사에 성난 이명박 서울시장」, 『월간조선』, 2005년 7월, 155쪽.
45) 김성동, 「눈에 확실하게 보이는 성과로 국민들을 설득하는 게 나의 전략": 청계천 복원의 주인공 이명박 서울시장의 24시」, 『월간조선』, 2005년 11월, 129~130쪽.

로 취급할 수 있다는 위험을 내포하고 있었다.

'개혁주의 박정희'에서 '개발주의 박정희'로

노무현과 이명박은 기성 정치를 혐오하는 점에서도 똑같았다. 그들은 승부 못지않게 타협을 중요시하는 여의도 문화를 극도로 싫어했다. 흥미로운 건 이들의 이런 특성이 정치 혐오를 넘어 정치를 저주하는 유권자들에게 먹혀들었다는 사실이다. 그러나 정치 없인 아무 일도 할 수 없다. 즉 이들이 지지를 받은 이유가 이들의 발목을 잡는 일이 일어날 수밖에 없다는 뜻이다.

게다가 노무현과 이명박은 자신의 오류 가능성을 원천적으로 차단하는 재주 또한 뛰어났다. 노무현은 시대정신이니 당위니 원칙이니 하는 것으로 자신을 합리화한 반면, 이명박은 자신의 무오류성을 강조하는 편이었다. 이명박은 "나를 잘 안다고 생각하는 사람이 저지르는 과오가 있다. 나는 늘 변하고 있는데 이 점을 간과하고 있다"며 다음과 같이 주장했다.

"70년대 이명박 사장, 80년대 이명박 회장, 90년대 정치인, 2000년대 서울시장으로 끊임없이 변화하며 사는데 70년대 만난 사람은 70년대 얘기를, 80년대 만난 사람은 80년대 얘기를 한다. 나에 대해 뭘 알고 싶으면 오랫동안 함께 일한 사람에게 물어보면 큰일 난다. 나를 최근 만난 사람에게 물어보라. 많은 언론과 국민에게 하고 싶은 이야기다."

자신은 늘 변하고 있기 때문에 시대착오적인 오류를 범할 수 없다는 뜻이다. 맞다. 이명박은 늘 변하고 있다. 그러나 한 가지 변하지 않는 게 있으니, 그건 바로 자신의 '성공 신화'를 근거로 한 승부사형 인간 체질이다.

노무현과 이명박이 자신의 오류 가능성을 원천적으로 차단하는 또 다른 수법은 역사의 평가를 들먹이는 선지자형 자세를 취한다는 점이다. 노무현의 경우엔 더 들먹일 필요도 없겠고, 이명박도 "지지를 못 받아도 시대를 앞서 가는 게 낫다"고 했다. 이 점에선 두 사람 모두 "내 무덤에 침을 뱉으라"라고 외친 박정희를 쏙 빼닮았다. 이명박이 '개발주의 박정희'라면, 노무현은 '개혁주의 박정희'인 셈이다.

노무현은 박정희는 절대 찬성할 수 없지만 박정희가 목숨을 걸고 한강 다리를 건넜다는 건 평가한다는 말을 했다. 기면 기고 아니면 아니다는 식으로 올인을 해야 성공한다는 취지로 말한 적도 있다. 자신의 승부사형 인간 체질을 실토한 셈이다. 이 점에 관한 한 노무현 어록과 이명박 어록은 놀라울 정도로 일치한다.

"지지를 못 받아도 시대를 앞서 가는 게 낫다." 두 사람 모두 이런 표현을 자주 했지만, 진심은 그게 아니다. 두 사람의 인정 욕구가 하늘을 찌를 정도로 높다는 사실을 폭로해줄 뿐이다. 그렇기 때문에 최악의 상황에 대한 자기방어기제를 미리 가동한 것이라고 보는 게 옳다.

두 사람 모두 '막말'을 잘하는 걸로 유명한데, '막말'을 하게 된 배경도 똑같다. 두 사람의 '막말'은 특히 청중의 호응이 좋아 현장 분위기가 '뜨끈뜨끈' 해질 때 나왔다는 공통점이 있다. 즉 이들의 '막말'은 한결같이 열혈 지지자들을 상대로 한 연설에서 나왔다. 두 사람의 잦은 막말은 모두 무슨 '애정 결핍'과 관련이 있는 건 아닌지 심리학자들의 분석이 필요한 대목이다.

결국 문제는 두 사람의 '성공 신화' 다. 묘한 역설이다. 가장 낮은 곳에서 가장 높은 곳에 오른 코리언 드림은 우리가 모두 반기고 자랑스럽게 생각해야 할 한국의 자랑이요, 잠재력이 아닌가. 이명박도 대통령 취임사에서 이 점을 다음과 같이 역설한 바 있다.

"끼니조차 잇기 어려웠던 시골 소년이 노점상, 고학생, 일용 노동자, 샐러리맨을 두루 거쳐 대기업 회장, 국회의원과 서울특별시장을 지냈습니다. 그리고 대한민국의 대통령이 되었습니다. 이처럼 대한민국은 꿈을 꿀 수 있는 나라입니다. 그리고 그 꿈을 실현할 수 있는 나라입니다."

이명박을 진보로 보는 유권자들이 적지 않은 이유도 바로 이 코리언 드림의 문제와 관련이 있다. 그런데 바로 이 점이 대통령으로선 실패의 원인이 될 수도 있다니, 이 어찌 역설이 아니랴. 이른바 신자유주의가 어떻다고 하지만, 이념의 문제를 떠나 신자유주의적 요소는 두 사람의 성공 신화에 내재해 있다.

자신의 성공 신화에 도취되는 건 결코 두 사람만의 문제가 아니다. 오랜 세월 지속된 경험에서 자유로울 수 없는 우리 인간의 본원적인 문제기도 하다. 또한 지도자의 오류를 교정할 수 없는 한국의 유별난 '지도자 추종주의' 문화가 낳은 문제기도 하다.

이명박이 '할 수 있다', '된다는 생각으로 하면 된다'는 말을 입에 달고 다니며 '긍정의 힘 전도사'처럼 행세하는 건 국민에게 자신감을 불어넣는다는 점에서 좋은 일이다. 이명박의 다음과 같은 주장은 불후의 금언으로 남겨도 좋을 법하다.

"긍정적인 생각은 긍정적인 행동을 불러오고, 긍정적인 행동은 긍정적인 결과를 가져온다. 할 수 있다는 자신감으로 나라의 분위기가 바뀐다면 어떤 어려움도 극복할 수 있을 것이다."

다 좋은데, 문제는 그 이전 단계인 '의제 설정'에 있다. 자신의 성공 신화를 근거로 한 의제 설정을 혼자서 미리 다 해놓고, 이의 제기에 "해봤어?"라고 윽박지르는 건 '긍정의 문화'가 아니다. 긍정이 자기 위주로만 이뤄지고, 다른 생각에 대해선 부정 일변도로 나간다면, 이걸 어찌 '긍정의 문화'라고 할 수 있겠는가. 도덕성이 박약한 사람들을 무더기로 고위 공직에 앉히면서 "긍정하라"고 외치는 반면, 그 반대의 목소리엔 긍정의 시늉조차 보이지 않는 걸 어찌 긍정의 문화라고 할 수 있겠는가.

그런 일방통행식 긍정 문화는 오직 자신의 승리만을 생각하는 승부사 체질의 속성이다. 국정 운영을 승부의 세계로 보는 한 성공은 점점 더 멀어진다. 이게 바로 국가와 기업의 다른 점이기도 하다. 이명박이 부디 자신이 이룬 코리언 드림의 포로가 되지 않음으로써 성공한 대통령의 길에 한 걸음 더 다가서면 좋을 일이었지만, 이제 우리가 보게 되듯이 그는 자꾸 성공에서 멀어지는 길을 걷게 된다. 첫 갈등은 이명박의 시각주의 집념이 농축된 국가적 차원의 청계천 사업, 즉 한반도 대운하 문제였다.

대중은 욕망에 투항했나
4 · 9 총선과 뉴타운 논쟁

한반도 대운하 파동

2008년 1월 31일 서울대 교수 80여 명을 발기인으로 '한반도 대운하 건설을 반대하는 서울대 교수 모임'이 결성되었다. 3월 9일에는 대한불교 조계종 특별선원 문경 봉암사에서 승려 2,500여 명이 모인 가운데 대운하 건설을 반대하는 법회를 열었고, 3월 25일에는 대학교수 2,466명으로 구성된 '한반도 대운하를 반대하는 전국 교수 모임'이 출범했다. 이런 반대를 의식한 한나라당은 3월 26일 발표한 총선 공약집에서 대운하에 관한 언급을 아예 빼버렸다.

　3월 28일 이명박 대통령의 대선 핵심 공약인 한반도 대운하의 추진 일정과 방안을 담은 정부 보고서가 유출돼 언론에 공개됐다. 국토해양부가 만든 이 보고서는 2008년 4, 5월에 민간 사업자들에게서 사업 제안서를 받은 뒤 8월 중 관련 법령을 마련하고 2009년 4월 착공에 들어간다는 내용이 담겨 있었다. 한나라당이 총선 공약에서 대운하를 뺀 것과 관련,

한나라당 대선 예비 후보 시절 이명박 대통령이 '한반도 대운하 설명회'에서 홍보용 대운하 그림을 살피고 있다.

강재섭 대표는 "선거 쟁점이 될까봐 뺀 것이 아니라 대운하가 국가의 백년대계에 도움이 되느냐에 대해 여론을 들어보고 원점에서 다시 판단하겠다는 뜻"이라고 말했다.

이에 『조선일보』는 "정부와 여당이 선거 쟁점이 되는 것을 피하려고 대운하를 안 할 수도 있는 것처럼 말하는 것이 사실이라면 이것은 중대한 문제다. 유권자들을 상대로 한 사기 행위와 다를 바 없다"며 "이런 오해를 깔끔하게 씻으려면 이 대통령과 한나라당은 대운하에 대한 입장을 분명히 즉각 밝혀야 한다"고 했다.[46]

보수 신문의 보도 행태는 또 다른 비판을 불러왔다. 3월 31일 민주언론시민연합(민언련)은 "국민 여론을 살피며 마지못해 내놓는 '체면치레

---

46) 「대운하, 총선 공약에선 빼고 뒤로 몰래 추진하나(사설)」, 『조선일보』, 2008년 3월 29일.

비판', 문제의 핵심을 비껴선 '목소리만 높이는 비판'은 이명박 정부를 국민적 저항 앞에 내모는 길"이라며 "보수 신문들이 '이명박 정부의 실패'를 바라지 않는다면 정부 여당의 이런 행태를 강도 높게 꾸짖어야 한다"고 주장했다. 『미디어오늘』이 3월 24일부터 29일까지 전국 단위 종합 일간지 아홉 개 가운데 '대운하' 이름이 포함된 기사 144건을 분석한 결과 조중동(『조선일보』·『중앙일보』·『동아일보』)이 모두 두 건씩 보도해 제일 적은 보도량을 보였고, 특히 『조선일보』의 기사 크기가 가장 작은 것으로 드러났다.[47]

4월 1일 오전 11시 김중배 언론광장 상임대표 등 언론계 원로와 최상재 전국언론노동조합 위원장 등 언론 단체 인사 101명은 서울 통인동 참여연대 느티나무홀에서 기자회견을 열고, 한반도 대운하 건설을 백지화하고 대운하 건설을 총선 공약으로 채택해 당당하게 평가받을 것을 정부 여당에 촉구했다. 정치권에서도 한나라당을 제외한 통합민주당, 자유선진당, 민주노동당, 진보신당, 창조한국당 등이 일제히 한반도 대운하 건설을 반대한다고 밝혔다.[48]

공천 혁명의 겉과 속

2008년 4월 9일에 실시될 제18대 총선을 앞두고 이른바 '공천 혁명'에 대한 칭송이 대단했다. 이 칭송은 한결같이 기존 정치권 인사들을 많이

---

47) 안경숙·최훈길, 「보수지, 대운하 반대 외면 안간힘: 사설 따로 기사 따로⋯ 4·9 총선 '이중 플레이'」, 『미디어오늘』, 2008년 4월 2일.
48) 위의 글.

물갈이하는 게 개혁이라는 전제를 깔고 있었다. 과연 그런가? 과거의 경험은 그 개혁의 정체를 좀 다른 시각에서 볼 걸 요구했다.

4년 전 제17대 총선으로 돌아가보자. 17대 총선의 가장 큰 특징은 대폭적인 물갈이와 세대교체였다. 초선 의원은 299명 중에 188명으로 62.9%를 차지했으며, 40대 이하가 43.1%인 129명이었다. 당시 개혁파 인사들은 열광했다. 아예 「17대 초선 만세」라는 칼럼을 쓴 논객도 있었다.[49] 대폭적인 물갈이에 대한 찬사와 더불어 앞으로 대한민국 정치가 근본적으로 변할 것이라고 말한 이들이 많았다.

그러나 그런 장밋빛 낙관은 오래가지 않았다. 초선 의원들은 곧 여야 이전투구(泥田鬪狗)에서 가장 전투적인 돌격대 노릇을 했다. 게다가 약삭빠르기가 다선 의원들 못지 않았다. 부당한 비난도 있었겠지만, 물갈이를 많이 하는 게 곧 개혁이라는 등식의 허구성을 입증하는 데엔 모자람이 없었다.

그럼에도 18대 총선을 맞이해 다시 '물갈이=개혁' 등식이 각광을 받았다. 정당들은 그걸 자화자찬(自畵自讚)의 소재로 삼기까지 했다. 이와 관련, 『조선일보』 기자 김창균은 "(한나라당은) 현역 의원들의 물갈이를 자기 팔다리를 잘라내는 행위에 빗대며 '개혁의 아픔'을 말한다. 평소 국회의원들을 못마땅해했던 국민들도 물갈이 폭이 커질수록 쾌감을 느끼며 박수까지 보낸다"며 다음과 같이 말했다.

"정말 궁금한 것은 누가, 무슨 근거로 개혁 공천장을 나눠줄 면허를 받았느냐는 점이다. 동료 의원들을 '어항 속 금붕어'로 아는지 40% 물

---

49) 성한용, 「17대 초선 만세」, 『한겨레』, 2004년 5월 19일.

갈이론(論)을 펴며 공천을 진두지휘하는 사람들의 정치권 이전 경력이나 정치권 입문 후 행적을 봐도 남다른 '개혁 성향' 은 읽기 어렵다. 남들보다 뛰어난 점이 있다면 미래의 권력을 빨리 알아보고 그 주변에 일찍 자리를 잡았다는 공적일 것이다. 공천권이 권력으로부터의 거리 또는 권력의 필요에 따라 배분되는 정치 현실은 어쩔 수 없다손 치더라도, 그런 공천 흐름에 '개혁' 이라는 포장지를 씌우겠다는 것은 낯간지러운 일이다." [50]

그럼에도 한나라당과 민주당은 '물갈이' 폭을 놓고 흥행 경쟁을 벌이는 것처럼 보였다. 『중앙일보』에 따르면, "민주당이 '공천 혁명' 으로 이슈를 선점하자 이에 자극받은 한나라당은 뒤질세라 '대학살' 로 불리는 영남 물갈이로 응수했다. 박재승 통합민주당 공천 심사위원장이 여당 물갈이까지 영향을 끼친 셈이다. 하지만 박재승 효과엔 밝은 면만 있는 게 아니다. 인적 자원이 부족한 탓이라곤 하지만 호남 이외의 지역에선 현역 의원들이 대부분 재공천에 성공했다. 특히 노무현 정부 실정에 책임이 있는 386의원들이 별로 물갈이가 안 된 점은 논란거리다. 현역 의원 교체율(33.3%)도 한나라당(38.5%)보다 낮다." [51]

그래도 뚜껑이 열리기 전까지 흥행 효과는 대단했다. 최병일은 "공천 심사위의 서슬 퍼런 칼날 앞에 누가 살아남을지를 지켜보는 것은 무협지를 넘겨가는 듯한 긴장과 스릴을 주었다. 자신들이 불러들인 외인부대가 자신들의 생명을 위협함을 뒤늦게 깨달은 지도부는 현실성 있는

---

50) 김창균, 「현역 많이 자르면 개혁인가」, 『조선일보』, 2008년 3월 12일.
51) 김정하, 「시원한 물갈이 박재승 실험 "외부 인사가 왜 심사" 비판도/유권자는 박수 보냈지만 당내선 "아마추어" 반발」, 『중앙일보』, 2008년 3월 26일.

공천 주문으로 압박했고, 이에 완강하게 저항하며 그들만의 잣대에 집착하는 공천 심사위의 대립은 흥행몰이에 성공했다"고 했다.[52]

한국 민주주의는 우뇌 민주주의

정당은 원래 그런 흥행 집단이라 치더라도, 왜 유권자들까지 물갈이에 환호한 걸까? 왜 그럴까? 정치에 절망한 심리 상태에서 비롯된 것은 아니었을까? 쉬운 이해를 위해 좀 과격하게 표현하자면, 그 절망의 심리는 이런 것이 아니었을까?

"정치인은 자신의 권력욕 충족을 위해 국민을 뜯어먹고 사는 집단이며, 정치는 그들 개인과 가문의 영광을 위한 출세 수단일 뿐이다. 뜯어먹더라도 돌아가면서 뜯어먹어라. 조폭 세계에도 분배의 윤리는 필요하다. 고로 물갈이는 다다익선(多多益善)이다."

과장된 표현일망정 정치권 물갈이의 본질이 카타르시스 효과에 있다는 건 분명했다. 국민적 혐오와 저주의 대상이 되었다는 점에서 정치는 혐오 산업을 넘어 저주 산업이 되었다. 이제 필요한 건 62.9%의 물갈이에 감격해 '17대 초선 만세'를 외쳤음에도 왜 4년 만에 또다시 '물갈이만이 개혁'이라고 주장하게 되었는지 그 이유를 분석하고 대안을 모색하는 일이었겠지만, 분석과 대안 모색은 카타르시스 효과를 주지 못한다. 그 이유라는 것도 우리의 의식과 몸에 녹아든 문화적인 것이기 때문에 이렇다 할 답이 있는 것도 아니었다. 그러니 남은 선택은 금배지에 대

---

52) 최병일, 「'유권자 - 프렌들리' 정치를 기다리며」, 『중앙일보』, 2008년 3월 20일.

한 분배의 윤리를 개혁이라고 강변하는 것뿐이었다.

제18대 총선에서 초선 의원은 총 137명으로 제17대 총선에서 62.9%를 차지했던 188명에 크게 못 미쳤지만, '물갈이가 곧 개혁'이라는 논리는 건재했다. "뜯어먹더라도 돌아가면서 뜯어먹어라" 식의 심리 그리고 그런 심리를 낳게 한 현실을 바꾸지 않으면 정치는 영영 민생에 부담만 되는 게 아니었을까? 그런 관점에서 제18대 총선의 진기록 '베스트 10'을 다음과 같이 정리할 수 있겠다.

첫째, 정당이 공천을 외부인들에게 맡기는 자해(自害)를 저지르면서 그걸 개혁이라 부른다. 둘째, 정당 대표마저 외부 심사위원들이 주관하는 면접시험을 치르면서 그걸 자랑으로 내세운다. 셋째, 언론은 '공천 혁명'이라며 호들갑을 떨고, 일부 시민은 감격에 몸을 떤다. 넷째, 외부인들에게 맡겼다는 공천이 묘하게도 권력 실세 위주로 이루어진다. 다섯째, 공천에서 탈락한 정치인들이 눈물을 흘리며 억울함을 하소연하고는 무소속으로 출마한다. 여섯째, 박근혜는 한나라당의 "사적 감정에 의한 표적 공천"을 비난하면서 "살아서 돌아오라"고 외친다. 일곱째, 박근혜가 "공천 속았다"고 하자, 강재섭은 "출마 않겠다"로 받는다. 여덟째, 탈당 의원이 당선되면 복당할 수 있느냐 없느냐를 놓고 논쟁이 벌어진다. 아홉째, 전직 대통령들이 부정(父情)을 앞세워 훈수를 둔다. 열째, 현역 의원 '물갈이 경쟁'만 있을 뿐 정책 경쟁은 없다.

이 진기록 베스트 10은 한국 민주주의가 '우뇌(右腦) 민주주의'라는 사실을 말해주는 증거기도 했다. 좌뇌는 논리와 이성, 우뇌는 감성과 직관을 담당한다고 알려져 있는데, 한국 정치는 감성과 직관의 지배를 훨씬 더 많이 받으므로 우뇌 민주주의로 부를 수 있지 않겠느냐는 것이다.

구도·인물·정당이 사라진 3무 선거

감성과 직관은 분위기의 영향을 받는 법인데, 4·9 총선의 분위기는 싸늘했다. 고현철 중앙선관위원장은 담화를 통해 "정치가 바로서고 나라가 발전하려면 투표에 참여해 국민의 진정한 힘을 보여주는 게" 필수적이라고 호소했고, 선관위는 투표 참가자에 대한 고궁·박물관 무료 입장 등 투표율 제고 방안을 내놓는 일에 앞장섰다. 경제정의실천시민연합도 논평을 통해 "각 정당의 공천이 지연되고 민주적 경선 절차가 없어 정당과 후보의 공약과 정책이 실종됐다"면서 "유권자들은 '묻지마 투표'를 강요받게 되는 결과가 될 것"이라고 우려했다.

3월 31일 강지원 한국매니페스토 상임대표는 4·9 총선을 "해괴한 선거"라고 표현했다. "어떤 후보가 나왔는지도 모르겠고, 누군지도 모르는데 무슨 정책을 내놓은지 어떻게 알겠는가. 그러니 정책도 모르고 정당도 모르고 후보도 모르면서 무조건 투표만 하라는 묻지마 선거인 셈이다."

4월 8일 오전 문국현 창조한국당 대표와 비례대표 후보들은 서울 여의도 국회 본청 앞 계단에서 투표 참여와 지지를 호소하는 대국민 호소문을 낭독한 뒤 엎드려 큰절을 했지만, 4·9 총선은 구도·인물·정당이 사라진 3무(無) 선거라는 점이 점점 확실해졌다. 언론의 평가도 다르지 않았다.

"각 정당 집안싸움만 부각된 채 정책이 없으니 구도가 실종됐고, 늦은 공천과 뉴스메이커가 없는 탓에 인물이 사라졌고, 차별 없는 정당들이 난립함으로써 정당정치가 사라진 것이다."(『중앙일보』, 2008년 4월 5일)

"지금, 국회의원 선거판은 과거 어느 때보다 기막힌 이름을 가진 사당

제18대 총선은 구도, 인물, 정당이 사라진 3무 선거로 진행되었다. 사진은 경기 시흥 갑 후보자 초청 토론회 장면이다.

(私黨) 같은 정당들과 부나비처럼 그사이를 떠도는 사욕(私慾)의 기회주의자 후보로 넘치는 듯하다. 우리는 이런 사람 틈에서도 가장 유능하고 책임감 있게 국회를 맡아줄 사람을 찾아 빠짐없이 투표장에 나가야 한다. 그런 주인 의식을 포기하는 국민은 결국 사리(私利) 위선자에게 국회를 넘기고 그 신민(臣民)이 되는 수밖에 없다."(『조선일보』, 2008년 4월 7일)

"선거는 참여를 통해 민주주의를 실현하는 가장 기초적이면서도 필수적인 절차다. 투표율이 낮으면 민의가 왜곡될 우려가 있고, 그에 따른 피해는 결국 국민이 보게 된다. 그런 '민주주의의 함정'에서 벗어나려면 모든 유권자가 선거 당일 투표장을 찾아 각자의 뜻을 한 표에 담아야 한다. 중앙선관위와 산하 선관위도 유권자들이 선거 방식을 제대로 알고 더 많이 투표에 참여하도록 마지막 순간까지 홍보에 최선을 다해주기 바란다."(『동아일보』, 2008년 4월 7일)

"젊은이들이 '재미없다'고 말하는 그 정치를 바꾸려면, 스스로 투표장에 나가 자신의 생각을 표로 나타내야 한다. 그래야 노년층과 젊은 층의 뜻이 함께 어우러지며, 선거가 진정한 선택의 장으로 설 수 있을 것이다."(『한겨레』, 2008년 4월 9일)

박명림 연세대 교수는 『한겨레』(2008년 4월 9일) 칼럼을 통해 "이제 국민으로서의 투표는 마감하자. 그리고 농민·여성·청년·실업자·중산층·노동자로서 투표하자"며 다음과 같이 말했다. "민주주의 이론가들은 노동자 밀집 지역인 울산에서 노동 후보가 아닌 재벌 후보가 계속 당선되는데, 어떻게 노동과 비정규직 문제가 그들의 관점에서 해결될 수 있는지 의아해한다. 지난 대선에서 여성 리더들은 진보, 보수를 막론하고 당내 후보조차 되지 못하여 여성 문제의 독자적 표출은 봉쇄되었다. 실업·육아·등록금·저임 문제를 안고 있는 청년들이 투표하지 않는다면 이 문제들의 해결을, 그것을 초래한 기성세대에게 내맡기는 셈이 된다. 이런 모순이 어디에 있는가? 오늘 우리 모두 노동·여성·중산층·시민·농민·청년·비정규직으로서 투표장으로 나아가 자신의 문제를 해결할 정당과 후보에게 투표하도록 하자."

제18대 총선 투표율 사상 최저

그런 호소에도 제18대 총선 투표율은 사상 최저인 46.1%를 기록했다. 18대 총선은 역대 총선 가운데 최저 투표율을 기록한 제16대 총선(2000

년, 57.2%)과 역대 전국 규모 선거 가운데 최저 투표율을 기록한 제3대 지방선거(2002년, 48.9%)를 밀어내고 꼴찌 자리를 차지한 것이다. 특히 4·9 총선의 투표율은 하락폭 면에서 충격적이었다. 2004년 제17대 총선 때와 비교해 14.6%p 떨어지면서 역대 최고 하락폭을 기록했기 때문이다. 그간 최고 하락폭을 보인 선거는 1960년 제5대 총선에 견줘 12.2%p 하락한 1963년 제6대 총선이었다. 역대 총선 최저 투표율을 기록했던 제16대 총선도 1996년 제15대 총선 때에 견줘 6.7%p 빠지는 데 그쳤다.

중앙선관위 관계자는 "투표 확인증을 제시하면 국·공립 시설 이용료를 할인해주는 '투표 인센티브제'까지 도입한 이번 선거에서 대의 민주주의를 위협하는 최악의 결과가 나와 당황스럽다"며 "전자 투표기나 의무 투표제 도입 같은 획기적 방안을 고민해야 할 때"라고 말했다.[53] 낮은 투표율에 대한 몇 가지 평가를 감상해보자.

"18대 총선 투표율이 50%에 미치지 못해 역대 선거 중 최저 투표율을 기록하자 대의 민주주의에 위기가 닥쳤다는 평가가 나오고 있다. 전문가들은 정부와 한나라당에 대한 유권자들의 실망과 야권에 대한 불신 등이 정치 무관심과 최저 투표율로 이어졌다며 근본적인 대책 마련을 촉구했다." (『국민일보』, 2008년 4월 10일)[54]

"투표율이 50% 이하로 떨어진 것은 '민주주의의 위기'를 상징한다는 점에서 충격적이다. 50% 투표율은 투표 제도의 정당성을 보장하는 마지노선이라고 할 수 있기 때문이다. …… 선관위 관계자는 정치권이 이번 선거가 끝난 뒤 인센티브제 확대, 의무 투표제 도입, 전자 투표 도입, 부

---

53) 남궁욱·김민상, 「50%도 안 되는 투표율 왜?」, 『중앙일보』, 2008년 4월 10일.
54) 노용택, 「극심한 정치 불신이 '기권' 사태 불렀다」, 『국민일보』, 2008년 4월 10일.

재자 투표 방법 개선 도입 등을 적극 추진해야 한다고 주장했다."(『한겨레』, 2008년 4월 10일)[55]

"선관위는 이번에 투표 인센티브제를 처음 도입, 투표 확인증을 지닌 사람에게 박물관이나 주차장 요금을 깎아준다고 했지만 아무 효과가 없었다. 이제는 근본적이고 국가적인 대책이 필요하다. 호주, 스위스, 벨기에 등 20여 개국처럼 투표 불참자에게 우리 돈으로 2,000원에서 3만 원까지 벌금을 물리거나 공직 취임, 은행 대출, 비자 발급 등을 제한하는 제도 도입도 공론화해볼 만하다. 무엇보다 국민이 직접 정치에 참여해 나라의 방향을 잡을 수 있는 유일한 기회를 포기하는 것은 민주 국민의 자격을 버리는 것이라는 자각이 절실하다."(『조선일보』, 2008년 4월 10일)

"유권자의 반 이상이 투표장에 나가지 않은 충격적인 수치다. 한나라당이 과반을 차지했지만 득표율로 보면 국민의 4분의 1 지지도 못 받은 셈이다. 이슈의 부족, 정치권에 대한 무관심, 정당의 내분·공천 파동 등 여러 이유가 있다. 그러나 중요한 것은 대의 민주주의가 흔들린다는 것이다. 이는 중요한 과제로 남았다."(『중앙일보』, 2008년 4월 10일)

"대의 민주주의하에서 대표가 50% 이하로 구성된 국민들의 선택으로 국회의원이 된다면 그들은 위임의 위기 또는 정통성의 위기에 시달릴 것이다. 대표들이 정통성의 문제를 안게 될 경우 비민주적인 세력에 의한 민주주의 전복의 기회를 제공할 것이다."(고려대 임혁백 교수)[56]

"낮은 투표율은 대의정치가 붕괴되는 흐름이라고 봅니다. 투표율도

---

55) 송창석, 「무관심 가속도/쟁점 부족·정치 불신·늑장 공천 겹쳐/"대표성 훼손…투표율 제고 서둘러야」, 『한겨레』, 2008년 4월 10일.
56) 임혁백, 「'후퇴의 징후'·'참여의 위기'에도 희망은 있는가」, 『교수신문』, 2008년 4월 14일.

문제지만 성격도 안 좋게 나타났습니다. 특히 20대 투표율이 19% 수준으로 나타났는데 전 세계적으로 찾아볼 수 없는 수치입니다. 한국 민주주의는 일종의 훈련이 필요한데 대의정치를 재생산하는 데 굉장히 큰 위기가 닥친 셈입니다. 이는 보수와 진보의 문제가 아니라 민주주의를 기획하는 데 참여하지 않는다는 의미입니다."(우석훈 박사)[57]

'너희들 마음대로 하라'는 심리

이처럼 제18대 총선의 낮은 투표율은 급기야 '민주주의 위기론'을 몰고 왔다. 한국의 역대 총선 투표율은 1985년 제12대 총선 때 84.6%, 1988년 75.7%, 1992년 71.9%, 1996년 63.9%, 2000년 57.2%, 2004년 60.6%였던 바, 민주주의 위기론이 괜한 엄살은 아닌 셈이었다.

왜 이렇게 투표율이 급락한 걸까? 중앙선관위는 첫째, 주요 정당들의 지각 공천으로 후보들의 인지도가 예년에 비해 떨어진 점, 둘째, 공천 파동 외에 유권자의 관심을 끌 만한 이슈가 없었던 점, 셋째, 대선 이후 4개월 만에 치른 총선이라 유권자의 선거 피로감이 컸던 점, 넷째, 선거 운동 초반 현금 유포 등 불법 행위가 적발되면서 총선에 대한 국민적 혐오감이 상승한 점, 다섯째, 전국적으로 비가 내리고 바람이 강하게 부는 등 투표일 날씨가 나빴던 점 등 다섯 가지 원인을 제시했다.[58]

정치와 선거에 가장 열성적이었던 20대가 왜 가장 무관심한 층으로

57) 김정선·선근형, 「"20대 투표율 19%는 대의정치 심각한 위기": 『경향신문』 총선 보도 자문위원 좌담」, 『경향신문』, 2008년 4월 11일.
58) 남궁욱·김민상, 「50%도 안 되는 투표율 왜?」, 『중앙일보』, 2008년 4월 10일.

바뀌었을까? 도대체 무엇이 20대를 정치와 선거에서 멀어지게 만들었을까? 그건 바로 '참여 정치'의 환멸이 빚은 결과였다. 다시 그런 시절이 또 올 수 있을까 싶을 정도로 노무현 시대는 참여, 특히 20대의 참여가 꽃을 피운 시기였다. 그런데 그 이유야 어찌됐건 그런 참여의 열정이 환멸이란 부메랑으로 돌아오고 말았다. 예컨대, 서울 양천구에 사는 최 아무개 씨(26세)는 투표를 포기하면서 "이제 젊은이들이 정치인에 속아 섣부른 희망을 품을 만큼 어리석지 않다"고 말했다.[59]

구범여권은 그런 환멸의 이유를 설명할 수조차 없는 혼돈 상황에 빠져 허우적댐으로써 사실상 20대 유권자들을 투표소에서 더욱 멀어지게 만드는 결과를 초래하고 말았다. 감동은 애초에 기대하지도 않았지만, 20대가 가장 소중하게 생각하는 재미조차 없었다.

무슨 이유 때문이었건, 투표율이 폭락하며 정당별 희비도 엇갈렸다. 어떤 상황에서도 투표를 하는 중·장년 지지자가 많은 한나라당은 투표율이 떨어진 데 별 충격을 받지 않았다. 반면 투표일 날씨나 선거 이슈 등에 따라 투표율이 크게 오르내리는 20~40대 지지층이 두터운 통합민주당은 난감했다. 지역적으로 막판 돌풍을 기대했던 수도권 투표율이 저조했던 점도 민주당을 괴롭혔다. 서울은 45.7%로 16개 시도(市道) 중 10위, 경기도는 43.7%로 13위에 그쳤다.[60]

지역별로는 특히 호남 지역의 투표율 저하가 두드러졌다. 광주광역시의 투표율은 42.5%로 인천(42.2%)을 제외하고는 전국 최저를 기록했다. 전국에서 가장 높은 투표율을 보인 제주에 견줘 무려 11%p나 낮은 수치

---

59) 박민영, 「선거는 국민의 뜻을 반영하는가?」, 『월간 인물과사상』, 2008년 6월, 56쪽.
60) 남궁욱·김민상, 「50%도 안 되는 투표율 왜?」, 『중앙일보』, 2008년 4월 10일.

였다. 명지대 정치외교학과 김형준 교수는 "광주·호남 지역 투표율 급락은 민주당이 지난 대선에서 정권 재창출에 실패한 실망감이 투표 포기로 연결된 것"이라고 말했다. 한마디로 '너희들 마음대로 하라'는 심리가 반영됐다는 것이다. 반면 경북은 53.0%로 제주를 제외하고는 전국에서 가장 높은 투표율을 보였고 경남(48.3%)도 비교적 높은 투표율을 보였다. 성균관대 정치학과 김일영 교수는 "영남 지역에서는 한나라당 후보가 지역구 대부분을 독식해 투표율이 낮았지만 이번에는 한나라당과 친박연대가 치열한 경합을 벌이면서 사람들을 투표장으로 불러낸 것으로 보인다"고 해석했다.[61]

'진보 162 대 보수 125'에서 '진보 92 대 보수 200'으로

제18대 총선의 성적표를 보자. 보수 진영으로 분류되는 한나라당(153석)·자유선진당(18석)·친박연대(14석)·친여 무소속(18석) 당선자를 합치면 18대 국회의 '보수 블록'은 200석을 넘었다. 반면 진보 진영은 민주당(81석)·민주노동당(5석)·친민주당 무소속(6석)을 다 합쳐도 92석에 불과해 보수 진영의 절반에도 못 미쳤다. 이는 진보 진영(열린우리당·민노당)이 162석을 얻었고 보수 진영(한나라당·자민련)은 125석에 그쳤던 제17대 총선의 결과를 거꾸로 뒤집은 것이었다. 이에 대해 『경향신문』은 다음과 같이 말했다.

"18대 총선은 '거대 보수' 정치 세력을 탄생시켰다. 한나라당을 포함

61) 노용택, 「극심한 정치 불신이 '기권' 사태 불렀다」, 『국민일보』, 2008년 4월 10일.

해 18대 국회에서 보수 정치 세력은 203석에 달한다. 재적 의원 3분의 2를 넘는, 개헌까지도 가능한 압도적 구도다. 18대 국회에서 처리 못할 법이 없다는 의미다. 제대로 견제받지 않는 신자유주의, '보수 일색'의 법률과 제도가 양산될 것이란 우려가 나온다."[62]

「무소불위 '203석 보수' 신자유 법안 양산 우려」 제18대 총선 결과를 보도한 『경향신문』 2008년 4월 11일자 1면 머리기사다. 「진보 162: 보수 125, 진보 92: 보수 200」 『중앙일보』 4월 11일자 8면 머리기사다. 이 신문은 '진보 정치'의 몰락이라고 했다. 통합민주당 내부에서 "그만하면 됐다"는 이야기가 나오는 것과 관련, 이 신문의 이날 사설은 이렇게 주장했다. "민주당이 총선에서 얻은 81석은 야당으로서 최악의 참패다. …… 여야 의석 격차가 지금처럼 벌어진 적은 없었다. 3당 합당의 위력과 야당 존립의 위기감 속에 치러진 1992년 총선에서조차 야당은 97석을 건져냈다."

민주당의 한 당직자는 이런 총선 결과를 두고 "꼭 쓰나미가 쓸고 지나간 뒤끝 같다"고 했다.[63] 꽃동네현도사회복지대학교 교수 이태수는 "이제 정부 권력과 의회 권력 모두를 신(?)보수가 차지한 마당에 향후 5년 남짓의 시간은 적어도 진보의 시각에선 '반동(反動)'의 시기다"며 다음과 같이 개탄했다.

"대중의 우경화는 마지막 희망마저 의심케 하는 대목이다. '욕망의 정치'라고 평가할 정도로 경제적 이득에 올인 한 최근 두 번의 선거에서 이미 대중은 더 이상 평화, 연대, 정의, 민주, 인권 등의 가치를 수용할 생

---

62) 김근철 · 이주영, 「무소불위 '203석 보수' 신자유 법안 양산 우려」, 『경향신문』, 2008년 4월 11일.
63) 강희철, 「민주당 운동권 쇠퇴…당선자들 '오른쪽으로'」, 『한겨레』, 2008년 4월 12일.

각이 없는 것이 아닌가 싶다. 절망은 가깝고 희망은 보이지 않은 채 반동의 세월이 가없이 계속될지 모른다는 두려움이 엄습하는 시간이다."[64]

이게 바로 한국형 '바람 민주주의'의 얼굴이었다. 이태수는 '절망'과 '두려움'을 토로했지만, 반대로 '희망'과 '통쾌함'을 느낀 유권자들의 수가 더 많았을 것이다. 바람 선거 결과가 나타나면, 모든 이들이 이구동성으로 "역시 민심이 무섭다"며 찬사를 보내거나 수긍하는 듯한 자세를 보였지만, 정작 무서운 건 민심이 아니라 '바람 민주주의'의 부작용이었다. 어느 쪽이 이기고 어느 쪽이 지고 하는 게 중요한 게 아니라, 어느 한쪽으로만 확 쏠려버리는 게 문제라는 것이다.

이 나라를 포기해야 하는가?

이런 결과에 실망하고 좌절한 일부 네티즌들은 한나라당의 텃밭이 된 수도권의 유권자들을 원망했다. 그들은 "맙소사! 대한민국 서울이여!", "이 나라를 포기해야 하는가?" 등과 같은 개탄과 울분을 쏟아냈다. 잠시 『한겨레』 토론방을 들어가보자.

> "한국인에게 민주주의는 사치입니다. 2mb짜리 정치인도 과분하지요."
> "개혁도 민주화 세력도 진보도 모두 망해버린 선거를 연출한 서울 민심은 오직 아전인수식 뉴타운 정책에 올인 했다고 생각된다. 재개발 한마디에 내 재산 증식 챙기느라 나라 살림은 아랑곳하지 않고 오직 내 몫 챙기려는

---

64) 이태수, 「'반동'의 시대를 사는 법」, 『한겨레』, 2008년 4월 22일.

야비한 심보 그 자체다. 해도 해도 너무했다는 생각이 짙다. …… 서울 시민이여! 이대로 가다간 한나라당 모든 정책은 완수될 것이고 밀어붙일 것이다. 서울 시민의 입맛대로 말이다. 기대하시라! 대운하로 썩은 물을 마실 준비를!"

"미래가 보이지 않는다. 왜 그들을 지지했는지 아무리 생각해도 모르겠다. 이 나라의 국민의 수준을 탓할 수밖에. …… 아무리 조중동이 헛소리를 해대었다 하더라도 너무하지 않은가? 5년, 아니 10년 이상 이 나라가 질곡에 빠져봐야 한다. 너무나 짧았던 소통의 시대가 가고 폐쇄된 시대를 거쳐보아야 그 소중함을 알지. 백골단에 맞아 피 흘리는 청년의 모습이 그리웠는가? 그리고 국보법의 존귀성(?)을 일깨워주는 강력한 정부를? 걱정이다. 역사의 반동의 흐름과 싸우기 위해 또 얼마나 많은 피를 흘려야 할지! 그냥 이제 마음 편하게 이 나라를 포기하는 게 나을지도 모르겠다."

"제가 알던 그 의식 있는 서울 시민들은 다 어디 갔나요? 뉴타운 때문에, 아파트값 때문에……. 그 진취적이고 투철했던 민주 시민 의식들, 양심들을 팔아버렸나요? …… 저 같은 촌놈은 잘 이해할 수가 없네요. 제가 배웠던 민주주의 선거의 의미와 국회의 역할과는 동떨어진 결과가 대한민국 수도 서울에서 나왔다는 게……. 정말 모르겠습니다."

"서울 토박이인 저도 참 부끄러운 결과에 대해 할 말이 없습니다. 부자들 동네인 강남, 서초는 탄핵 역풍이 몰아친 17대 총선에서도 딴나라당에 올인한 지역이니 논외로 하더라도, 전통적으로 진보적 색채가 강했던(비교적 서민층이 많은) 강북과 서부 벨트 지역에서조차 그 빌어먹을 놈의 뉴타운 기대 심리로 부자 정당인 딴나라당에 몰표를 주면서 딴나라당 놈들 입에서 수도권 정당이란 뻔뻔스런 말이 나오게끔 만든 것에 참담함을 느낍니다."

표현은 좀 점잖았지만, 개혁·진보적인 지식인들도 이 네티즌들의 생각과 비슷한 주장을 폈다. 뉴타운에서 이런 충격적 결과의 답을 찾고자 하는 이들도 많았다. 이른바 '뉴타운 논쟁'이다.

아파트 투표, 한나라당 살린 재산 증식의 욕망?

4·9 총선 때 서울 48개 선거구 중 35곳에서 뉴타운 공약이 쏟아져 나옴으로써 '뉴타운 논쟁'이 일어났다. 뉴타운과 주택 재개발은 서울 지역 주택 가격 상승의 주범으로 지목되었다. 2002년 10월 지정된 은평 뉴타운은 공시지가가 1제곱미터당 186만 원(2006년)으로 지정 전인 50만 4,000원보다 255% 올랐다. 2차 뉴타운인 한남 뉴타운을 비롯해 35개 서울 지역 뉴타운도 대부분 비슷한 양상을 보였다.

4월 11일 동국대 교육학과 조상식 교수는 "한국 대중의 욕망은 다양한 방면에서 사회적 행동으로 표출된다. 이를테면 공교육 내실화를 목표로 하는 평준화 교육정책은, 당장 자녀의 입시에 얽매인 학부모에게 진지한 교육정책적 사안이 되기 어렵다. 자녀를 특수 목적고나 명문대에 입학시킨 학부모에게 평준화는 오히려 그들이 성취한 '희소 교육 자본'을 위협하는 문제투성이 정책으로 비친다. 이 정책에 대해 냉정하게 판단할 수 있는 사람은 역설적이게도 자녀 교육에 '실패한' 학부모다. 이 또한 대중 욕망이 드리운 슬픈 그림자다"며 다음과 같이 말했다.

"이번 총선에서 수도권 대중의 행동을 읽을 수 있는 코드 또한 욕망이다. 지방보다 부동산 개발로 재산 증식의 기회를 가진 수도권 주민에게 '뉴타운 개발 공약'은 표심을 움직였던 결정적인 요인으로 보인다. 개

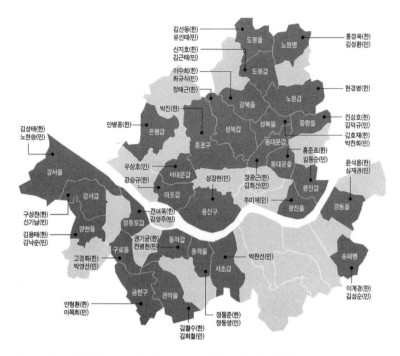

김선동(한)
유인태(민)
신지호(한)
김근태(민)
이수희(한)
최규식(민)
정태근(한)
박진(한)
안병용(한)
김성태(한)
노현송(민)
우상호(민)
강승규(한)
강서을
구상천(한)
신기남(민)
김용태(한)
김낙순(민)
고경화(한)
박영선(민)
전여옥(한)
김영주(민)
영등포갑
권기균(한)
전병헌(민)
안형환(한)
이목희(민)
김철수(한)
김희철(민)

도봉을
노원병
홍정욱(한)
김성환(민)
도봉갑
현경병(한)
강북을
노원갑
성북갑
성북을
중랑을
진성호(한)
김덕규(민)
종로구
동대문갑
김효재(한)
박찬희(민)
은평갑
동대문을
홍준표(한)
임동순(민)
서대문갑
성장현(민)
장광근(한)
김희선(민)
동작을
광진갑
윤석용(한)
심재권(민)
마포갑
용산구
추미애(민)
광진을
강동을
강서갑
동작갑
서초갑
박찬선(민)
송파병
양천을
구로구
동작을
관악을
이계경(한)
김성순(민)
금천구
정몽준(한)
정동영(민)

제18대 총선에서 뉴타운 공약을 내건 선거구. (한)은 한나라당 (민)은 통합민주당을 뜻한다.

발을 공약으로 내세우는 국회의원 입후보자는 '당신의 재산권을 보장'
하겠다고 대중적 욕망을 선거 유세에 최대한 발휘했다. 정치적 행위를
비롯한 규범적인 성찰은 자기 자신의 세속적 욕망을 잠시 후퇴시켜야만
성립되는 '제2차 질서' 의 차원에 속한다. 바야흐로 대중적 욕망이 윤리
성과 성찰성에 냉소를 보이고 있다." [65]

4월 14일에 나온 『한겨레21』 제706호(2008년 4월 22일) 표지 기사는 '아
파트 투표: 한나라당 살린 재산 증식의 욕망' 이라는 제목 아래 한나라당

65) 조상식, 「[왜냐면] '대중 비판론' 등장하게 만드는 한국 사회」, 『한겨레』, 2008년 4월 11일, 33면.

의 수도권 승리의 원인을 아파트와 뉴타운에서 찾았다(반면 『한겨레』 사설은 서울 은평 을에서 한나라당의 이재오를 꺾은 문국현의 승리와 진보신당 스타들의 선전을 들어 이런 시각을 반박했다).

한신대 이해영 교수는 『경향신문』 4월 16일자 칼럼에서 "나는 지난 대선과 이번 총선을 그간 명분에 밀리고 체면에 눌린 감춰진 사적 욕망의 대역습으로 본다. 내 집값, 내 주가가 민주주의보다 급하다"고 했다. 이날 통합민주당의 4·9 총선 평가 토론회에서 연세대 교수 김호기도 "수도권에서는 뉴타운과 특목고로 상징되는 '욕망의 정치'가 절대적인 영향력을 행사했다"고 주장했다.[66]

서울 살면 다 아파트 갖고 뉴타운 사나?

수도권 유권자들의 '욕망'을 탓하는 일련의 주장들에 반박하는 댓글도 적잖이 달렸는데, 몇 개 감상하면 다음과 같다.

"서울 시민의 표가 한나라당에 쏠리면 무조건 야비한 심보라. 부산에서 민주당이 당선된 것은 시민 의식의 발로고. 그러면 전라도, 광주에서 민주당과 호남 무소속이 한군데도 예외 없이 싹쓸이한 것에 대해선 무엇이라 하실지 무척 궁금합니다. 그리고 지난번 총선 때 열우당이 서울에서 몰표 얻은 것에 대해선 뭐라 하실지?"

"지난 선거에서 열우당에 몰표를 몰아준 서울 사람들은 위대했고, 이번 선

---

66) 이고은, 「무색·무능 '아류 중도' 민주…' 욕망 정치'에 패했다」, 『경향신문』, 2008년 4월 17일.

거에 한나라를 밀어준 서울 시민은 열등 시민? 뉴타운 때문에 한나라 찍었다고 결론을 내버리는데 너무 작위적이다."

"민주당을 지지하면 자랑스러운 시민이고, 한나라당을 지지하면 부끄럽다는 이런 시각이야말로 후진적이고 외눈박이 극단주의자적인 시각이지요. 이런 극단주의자들이 없어질 수는 없겠지만, 언제나 이런 사람들이 극소수가 되어 건강한 사회가 되려는지 답답합니다."

"역시 촌녀른 촌념이여. 서울 살면 다 아파트에 지 집 갖고 뉴타운 산다구 알구 있네."

그런가 하면 서울 사람들을 비난하기보다는 안타까움을 토로한 네티즌들도 있었다.

"욕망의 노예가 되어버린 서울 사람들이 참으로 부끄럽지만, 결국 서울 사람들을 이렇게 만든 건 역대 정권의 잘못된 부동산 정책 아닐까요? 참으로 안타깝고 답답합니다."

이 논쟁을 어떻게 보아야 할까? 과연 수도권 주민들은 뉴타운과 개발 공약 때문에 한나라당에 몰표를 준 걸까? 서울에선 통합민주당 후보들도 똑같이 뉴타운 공약을 내세웠는데(뉴타운 공약을 내세운 후보는 한나라당 24명, 민주당 23명이었다), 단지 한나라당이 그 이슈를 선점했거니와 여당이라는 이유만으로 표가 한나라당에 몰린 걸까? 서울 도봉 을에서 3선에 실패한 통합민주당 최고위원 유인태가 내놓은 다음과 같은 자기비판은 어떻게 보아야 할까?

"정책 선거를 한다면서, 국회의원 후보로 나온 사람들 99%가 서울시의원 공약을 했다. 뉴타운이 어떻게 국회의원이 할 공약인가. 자치 영역에 해당하는 부분 아닌가. 그러나 저도 했다. 해서는 안 될 공약인데 참모들이 하라고 해서 했다. 부끄럽다. 우리 후보들도 (한나라당을) 따라서 안 할 수 없었을 것이다. 참담하다."

사정이 이와 같다면, 지레짐작하고 '뉴타운'을 외쳐댄 통합민주당에 문제가 있는 것이지, 어찌 서울 유권자들의 탐욕을 문제 삼을 수 있겠는가? 앞서 안타까움을 토로한 네티즌은 '역대 정권의 잘못된 부동산 정책'을 지적했는데, 이게 더 큰 이유였을까?

표현이 거칠긴 했지만 한 네티즌이 지적했듯이, 뉴타운 때문에 서울 시민들이 한나라당으로 돌아섰다고 보기엔 뉴타운과 전혀 무관한 서울 시민의 수가 너무 많았다. 서울 유권자들을 그렇게 싸잡아 말하는 건 무리다. '역대 정권의 잘못된 부동산 정책'도 일리는 있을지언정 이 모든 걸 설명하기엔 약했다. 오히려 '좌절 신드롬'이라는 답이 정확한 게 아닐까?

유권자의 좌절 신드롬

사람이 좌절하면 막갈 수 있다. 누구나 한 번쯤은 그런 경험이 있을 것이다. 반감과 반작용이 모든 걸 지배하게 된다. 투표 행위도 다를 게 없다. 이럴 때 막간 행태를 탓해야 할 것인가, 아니면 좌절의 원인을 탓해야 할 것인가? 후자라고 보는 게 옳지 않을까?

제18대 총선은 대선에 이어 여전히 계속된, 노무현 세력과 그 방조자들에 대한 응징이었을 뿐이다. 유인태가 잘 지적했듯이, "대선 직후에는 수도권에서 한 석도 챙기기 어려울 것이라고 봤는데, 지난 석 달 동안 이명박 대통령과 인수위가 도와주지 않았다면 결과는 더 참담했을 것이다."

그래도 통합민주당에서 누구는 붙고 누구는 떨어졌는데, 그 내역을 자세히 살펴보면 '응징' 이외에 다른 설명이 필요 없다. 『한국일보』 4월 12일 분석도 '응징론'을 뒷받침한다.

"뉴타운 논란에도 불구하고 살아남은 서울 지역 민주당 후보 일곱 명은 상대적으로 언론 노출 빈도가 낮았기 때문이라는 분석도 있다. 일부 민주당 후보 측은 선거 기간 언론의 스포트라이트를 일부러 피했고, 연두색의 민주당 선거운동 점퍼를 입지 않기도 했다. 언론에 자꾸 오르내릴 경우 한나라당 지지층이 결집, 민주당과의 '당 대 당' 구도가 되는데 이를 피하면서 인물론으로 승부해 어렵게 승리할 수 있었다는 얘기다."

일부 열혈 네티즌들은 한나라당과 통합민주당의 차이에 주목했지만, 정치 자체에 좌절을 느낀 유권자들은 그 차이가 무의미하다고 보았다. 그것이 옳건 그르건 그런 심리 상태에서 택할 수 있는 건 응징 욕구와 더불어 자기 이익일 수밖에 없다. 이걸 도덕적으로 단죄하는 건 어리석은 일이다.

유권자들의 욕망이나 탐욕을 비판하는 건 어리석을 뿐만 아니라 사실과도 맞지 않았다. 유권자들에게 욕망이나 탐욕이 언제 없었던 적이 있었던가? 그건 늘 있었던 것이다. 그 거룩한 1987년 6월항쟁 직후에도, 민주 시민들은 이른바 '노동자 대투쟁'을 외면했다. 유권자들의 욕망이나 탐욕이 갑자기 커진 것도 아니다. 늘 다른 심리 상태나 이슈들이 그걸 누르거나 공존하게 만들었던 것뿐이다. 그런데 제18대 총선에선 그게 없었다. 씨알이 먹히지도 않을 '견제론'만 있었을 뿐이다.

유권자의 보수화·우경화를 지적하는 것도 아전인수(我田引水) 격 해석일 뿐이다. 유권자들은 언제든 급회전을 할 수 있다. 제18대 총선에선 유권자들이 응징하고자 하는 세력이 기존 분류 체계에서 보수화·우경화의 반대편에 있었다는 것일 뿐, 그 이상의 의미는 없었다. 이명박과 한나라당을 유권자들이 응징하면 유권자의 보수화·우경화를 말하던 사람들은 뭐라고 할 것인가? 그땐 또 예상치 못했던 진보화·좌경화라고 말할 텐가?

이건 좌우(左右)의 문제가 아니었다. 진보, 보수의 문제도 아니었다. 중요한 건 유권자들의 좌절이 "여야를 막론하고 정치권은 국민 뜯어먹는 집단이다"라고 생각하는 수준까지 나아갔다는 점이었다. 46%라는 낮은 투표율도 바로 그런 정서의 결과였다. 이 근본적인 문제를 깨닫지 못한 채 왜 한나라당과 통합민주당의 차이를 보지 않느냐고 호통치는 건 번지수를 잘못 찾아도 한참 잘못 찾은 것이었다.

우리는 공부하는 기계가 아니다
학교 자율화 논란

4·15 학교 자율화 조처

2008년 들어 한국에서 외국인의 직접투자와 기업 간의 인수 합병(M&A)이 가장 활발한 산업은 제조업이나 첨단 업종이 아니고 사교육 산업이었다. 2008년 2월 4일 증권업계에 따르면, 코스닥에 상장된 교육 기업의 시가총액은 2002년 말 2540억 원에서 2008년 1월 말 3조 6479억 원으로 규모가 14배 이상 커졌다. 같은 기간 코스닥의 전체 시가총액은 37조 4031억 원에서 87조 5610억 원으로 134% 늘어나는 데 그쳤다. 대우증권 선임 연구원 송홍익은 "외환위기 직후 1, 2년을 제외하고 교육비 증가율은 매년 가계 소비지출과 소득 증가율을 웃돌았다"며 "현재 33조 원으로 추정되는 국내 사교육 시장은 계속 확대될 것"이라고 내다봤다.[67]

2008년 2월 이명박 정권의 출범은 정부의 교육정책이 이전과는 정반

---

67) 신수정, 「돈 몰리는 학원 시장 …… '강자' 중심 재편」, 『동아일보』, 2008년 2월 6일.

대 방향으로 나아갈 것을 예고하였다. 그 첫 변화는 '학교 자율화' 로 나타났다. 4월 15일 교육과학기술부는 "일선 초·중·고교의 자율성을 확대하겠다" 며 교과부 지침 스물아홉 가지를 폐지하는 '학교 자율화 추진 계획' 을 발표했다. 추진 계획은 먼저 '수준별 이동 수업 운영 지침' 을 폐지해 학교가 시설 여건, 학생·학부모의 요구와 수준 등에 따라 알맞은 수업 방법을 자유롭게 결정할 수 있도록 했다. 이에 따라 각 학교는 앞으로 전 과목 평균을 기준으로 우열반을 편성하거나 서울대반, 연·고대반 따위 '특수반' 을 편성할 수 있게 되었다. 이뿐만 아니라 정규 수업 시작 전과 저녁 7시 이후의 보충학습을 금지한 '학사(수업 및 일과 운영) 지도 지침' 도 폐지했다. 이렇게 되면 0교시와 심야 보충수업이 가능해진다. 강제·획일적인 보충수업 금지 규정도 없어진다. 게다가 학원이나 학습지 업체 등 영리단체도 학교와 위탁계약을 맺으면 학교에서 방과 후 학교 프로그램을 운영할 수 있도록 했다.

이와 함께 초등학교에서도 국·영·수 등 교과 보충수업을 할 수 있게 된다. 지금까지는 초등학교 방과 후 학교에서는 특기 적성 교육만 할 수 있었고, 교과 보충수업은 중·고교에서만 가능했다. 방과 후 학교 프로그램 또한 비영리단체만 운영할 수 있었다. 게다가 교과부는 사설 모의고사 참여 금지 지침도 폐지했다. 일선 고교에서 학원 등이 출제하는 대학수학능력시험 모의고사를 수시로 치를 수 있도록 한 것이다. 채택료 비리 등을 막고자 마련한 학습 부교재 선정 지침과 어린이신문 단체 구독 금지 지침도 없앴다.

전국교직원노동조합은 이날 성명을 내 "교과부가 발표한 자율화 추진 계획은 '학교의 24시간 학원화' 를 정부가 앞장서 부추기는 꼴" 이라

"그러나 이 정책은 우리의 교육 현실을 철저하게 무시한 결과, 학교 교육을 왜곡시키고, 학생과 학부모의 고통만 배가할 가능성이 크다."(『한겨레』 2008년 4월 16일)

며 "학부모에게는 교육비 부담을 가중시키고, 새벽부터 아침밥도 못 먹고 학교에 다녀야 하는 아이들을 양산하게 될 것"이라고 비판했다.[68]

2008년 4월 16일 『한겨레』는 "학교 자율화가 정착되려면, 먼저 입시교육이 혁파돼야 한다. 아울러 교육 주체인 교직원·학생·학부모가 동등한 권리와 책임을 갖는, 학교 민주주의가 이뤄져야 한다. 지금까지 이를 막은 것은 학교장이나 재단의 전횡이었다. 그런데 정부는 이들의 권한만 늘리겠다고 한다. 그러면 얼마나 더 우리 교육은 왜곡되고, 학생은 고통을 당하게 될까. 교육 현실에 대한 이 정부의 무지가 놀랍기만 하

---

68) 이종규, 「우열반-0교시-심야보충…학교 '입시 전쟁터'로」, 『한겨레』, 2008년 4월 16일.

다"는 사설로 학교 자율화 조처를 비판했다.[69]

교육과학기술부의 '4·15 학교 자율화 조처'에 항의해 4월 25일부터 청와대 분수대 앞에서 노숙 단식 농성에 들어간 정진화 전국교직원노동조합 위원장은 "결국 99%의 아이들을 방치하고 포기하는 길"이라고 말했다. "한국 사회의 청소년들에게 과연 경쟁이 부족하다고 할 수 있을까." 그는 이명박 정부의 경쟁 위주 교육정책을 '개혁 조급증'이라고 짚었다. "교육 현장을 모르면서 기업처럼 독단적으로 교육 분야를 운영하려 든다. 1년 안에 해결하려는 개혁 조급증을 보이고 있다."[70]

자율화와 뉴타운은 닮은꼴

2008년 4월 23일 '뉴타운 사업 이대로 좋은가'라는 주제로 열린 참여연대 긴급 토론회에서는 뉴타운 사업이 추진되면서 일어난 문제점들이 지적됐다. 세종대학교 행정학과 변창흠 교수는 "뉴타운 지구의 원주민 재정착률은 20%에도 못 미친다"며 "세입자의 비율은 높은 반면 세입자들을 새로 조성되는 단지에 수용할 수 있는 대책은 마련돼 있지 않다"고 말했다. 뉴타운 사업의 자문 위원을 맡기도 했던 변 교수는 "35곳에서 동시다발적으로 이뤄지는 뉴타운 사업으로 소형 주택이 점점 사라지다 보니 강북 지역의 주택 가격이 오르는 것"이라고 지적했다.

서울시정개발연구원 장영희 선임 연구 위원은 "올해부터 본격적으로 뉴타운 예정 지역의 철거가 시작돼 2010년까지 10만 가구가 철거되는데

69) 「학생을 얼마나 더 괴롭혀야 시원할까(사설)」, 『한겨레』, 2008년 4월 16일.
70) 임지선, 「정진화 위원장 "학교 자율화는 99%의 아이들 포기하는 길"」, 『경향신문』, 2008년 5월 3일.

세입자와 저소득층을 위한 대책은 임대주택밖에 없다"며 "이대로 가면 원주민들은 이주금만 받고 서울 외곽으로 밀려나게 될 것"이라고 말했다. 단국대 부동산학과 조명래 교수는 "지금처럼 한나라당의 이념을 반영하는 뉴타운 건설 방식은 사회와 정치의 보수화를 촉진할 것"이라며 "뉴타운을 통해 제공할 수 있는 저소득층의 주거 복지 실현, 개발의 공공성 구현은 점점 어려워지게 될 것"이라고 주장했다.

이런 주장에 대해 한나라당 서울 지역 당선인들은 "주택 공급이 조금이라도 확대되고, 개발 지역의 세입자는 4인 가족 기준으로 1400만 원의 이주비를 받는 만큼 더 넓은 집을 얻어 나갈 기회가 확보된다"는 논리로 반박했다. 대구가톨릭대 부동산통상학부 정강수 교수는 "뉴타운이 된 지역은 일단 부동산 가격이 무조건 올라가 땅이나 집이 있는 사람들은 좋지만, 세입자 등 집 없는 서민은 불이익을 받는다"며 "가격을 낮출 생각은 않고 강남이 올라갔으니 강북도 올라가야 한다는 당선인들의 생각은 문제가 있다"고 말했다.[71]

4월 26일 『동아일보』 김순덕 편집국 부국장은 뉴타운 반대 논리에 대해 다음과 같이 반박했다. "하지만 묻고 싶다. 꼭 뉴타운이라는 이름이 아니어도 취약 지역 주거 환경 개선은 필요한 게 아닌지. 꼭 특목고가 아니어도 학교에서 영어력(英語力)처럼 글로벌 경쟁력을 키워주는 공교육 개혁은 반드시 해야 하는 게 아닌지. 그래서 강북이 강남화하고 전 국민이 강남 주민처럼 사는 일이 그리도 원통절통한 일인지. …… 아무리 물질적 가치가 우습거나 더러워 보인대도 지금 다수 국민이 원하는 건 경

---

71) 김기범, 「원주민 내쫓는 뉴타운 손보라」, 『경향신문』, 2008년 4월 24일; 신승근·이정훈, 「뉴타운돌이」들의 일그러진 욕망」, 『한겨레』, 2008년 4월 24일.

제 살리기다. 성장률이 몇 %인가보다 보통 사람에게 절실한 것은 내 살림이 작년보다 나아지고 내 자식이 나보다는 잘살게 되는 일이다. 이 당연한 욕망도 죄스러워해야 한다면 세계를 볼 일이다."[72]

『조선일보』는 "최근 서울을 비롯한 수도권 곳곳에서 다세대주택 개발 붐이 일고 있다. 주된 이유는 뉴타운·재개발 추진 과정에서 이득을 얻기 위해 단독주택을 8~10가구의 다세대 주택으로 용도를 바꾸는 '지분 쪼개기' 때문이다. 다세대 주택 붐으로 단독·연립 주택에 살던 세입자들이 멀쩡한 집에서 하루아침에 쫓겨나고 집값이 치솟는 부작용이 빚어지고 있다"고 했다.[73]

4월 28일 변창흠 교수는 "서울의 도시 정책이 상업적 개발을 부추기는 개발주의자들의 압력에 굴복되기 직전이다. 지금 구출해야 하는 것은 '오세훈 일병' 만이 아니다. 상업적 개발 때문에 축출되는 서민 그리고 뉴타운이라는 '계획적 난개발' 로 잃어버리게 될 서울시의 삶의 질이고 미래이다"고 주장했다.[74]

촛불집회의 원동력이 된 0교시

'4·15 학교 자율화 조처' 는 이제 곧 일어날 쇠고기 촛불집회의 원동력이 되었다. 촛불집회 선도자였던 10대들에게는 '0교시' 라는 한마디에 모든 게 압축돼 있었다. 촛불집회는 따로 자세히 살펴보겠지만, '0교시'

---

72) 김순덕, 「욕망과 질투 사이」, 『동아일보』, 2008년 4월 26일.
73) 홍원상·탁상훈, 「멀쩡한 단독 허물어 다세대 뚝딱 지금 뉴타운엔 '지분 쪼개기' 광풍」, 『조선일보』, 2008년 4월 29일.
74) 변창흠, 「'오세훈 일병 구하기'」, 『경향신문』, 2008년 4월 28일.

"잠 좀 자자! 밥 좀 먹자!" '학교 자율화' 에 반대하는 청소년 촛불 문화제에 등장한 구호는 학생들의 처지가 얼마나 절박한지 보여준다.

가 촛불집회에 미친 영향과 관련된 증언들은 미리 살펴보도록 하자.

"0교시가 싫은데 억지로 시키니까 공부도 안 되고, 아침밥을 먹을 권리를 왜 빼앗아가는지 모르겠다." (중학생 강아연, 『한겨레』 5월 3일)

"0교시 허용, 촌지 합법화 등 우리가 생각해도 말도 안 되는 정책들을 이명박 대통령이 내놨다. 점점 학교가 학원이랑 똑같게 된다." (고등학교 2학년 학생 김강균, 『한겨레』 5월 5일)

"노무현 대통령은 실업계 특성화를 많이 시켰는데 이명박 대통령은 자사고만 늘리겠다고 한다. 실업계 특별전형을 없앤다는 말에 우리 학교 학생들이 다 분개하고 있다." (고등학생 류 아무개 양, 『한겨레』 5월 5일)

"현 정권은 학생들에게서 자유를 빼앗고, 학생들이 건강하게 지내길 바란다면서 0교시까지 부활시켜 몸과 마음을 더 아프게 하고 있다. 더 이상 가

만히 앉아 당할 수 없다는 생각이 10대들의 마음을 움직였다."(다음 카페 '2MB 탄핵투쟁연대'에서 활동하며 집회를 이끈 아이디 '안단테', 고등학교 2학년 학생, 『한국일보』 5월 6일)

"영어몰입교육, 0교시 부활, 학원까지 동원하는 방과 후 수업, 자립형 사립고 설립 추진 등 교육 패러다임을 이렇게 빠르고 크게 뒤흔든 정권은 없었다. 경쟁과 서열이 최우선이라는 분위기 속에 억눌려 있던 10대들의 불만이 터져 나온 것이다."(안진걸 참여연대 민생팀장, 『한국일보』 5월 6일)

"10대들의 쇠고기 수입 반대는 영어몰입교육, 0교시 수업 등 경쟁과 서열을 부추기는 현 정부의 교육정책에 대한 불만이 겹치면서 목소리가 커진 것이다. 과거와 달리 세력화하지 않은 사람들이 자신의 주장을 말할 수 있는 시대가 됐다는 것도 의미 있는 큰 변화다. 지금까지 기성세대가 10대들을 아이로만 봐왔고 그들의 생각과 감정을 표현할 수 있는 장을 마련해주지 못한 잘못이 크다. 10대들이 적극적이고 건강하게 자신의 생각을 표현하고 건강하게 토론할 수 있는 장을 마련해줘야 한다."(서강대 신문방송학과 원용진 교수, 『한국일보』 5월 6일)

"미친 교육, 미친 소는 어머니들이 막겠다. 우리 아이들의 생명을 해치는 쇠고기를 막고 '0교시·우열반 교육'을 바꾸자."(참교육을 위한 전국 학부모회 소속 한 학부모, 『한겨레』 5월 10일)

"어른들의 믿음과 달리, 10대들은 광우병 때문에 청계천에 모여 촛불을 밝혀 든 게 아니다. 광우병은 촉매제 역할을 했을 뿐이다. 이들은 무대 위에 올라가서 자신들의 처지를 토로했다. 이런 10대들의 말은 어디에서 왔는가? 0교시나 방과 후 보충수업을 부활시키고, 사교육을 강화해 10대들의 삶을 더욱 팍팍하게 만들고 있는 이명박 정부가 이 말들의 원인 제공자다."

(경희대 이택광 교수, 『경향신문』 5월 12일)

"10대들이 대거 광장으로 쏟아진 것은 쇠고기에 앞서 '0교시' 가 있었기 때문이다. 그 점을 바로 보지 못하면 이번 사태를 이해할 수 없다. 2.0세대는 불편한 것은 참지 않는다." (고등학교 때부터 청소년 단체에서 활동해온 전누리(21세), 『한겨레』 5월 14일)

5월 17일 토요일 광화문 일대에서 열린 촛불시위의 공식 명칭은 '미친 소·미친 교육 안 돼! 촛불 문화제' 였다. 또 '우리는 공부하는 기계가 아니다' 라고 쓴 피켓이 등장했다. '되고 송' 이란 노래도 등장했다. '0교시 하면 3시간 자면 되고/점심시간에 미친 소 먹음 되고/그러다 머리에 구멍 나면 대운하에 뿌려지면 되고······' [75)

"교육청의 제지에도 불구하고 학생들의 참여가 줄지 않는 이유는 단순히 광우병 소만 문제가 되는 것이 아니기 때문이다. 영어몰입교육, 교육 자율화 조치, 시험 성적 공개와 같은 교육정책에 대한 학생들의 스트레스와 불만을 표출하고 싶은 공간이기 때문이다." (여고생 김 아무개 양, 『경향신문』 5월 18일)

'0교시' 가 점화시킨 촛불집회는 어떤 양상으로 전개되었던가? 5월에서 7월까지 한국 사회를 맹렬하게 집어삼킨 촛불집회의 기록을 꼼꼼히 살펴보기로 하자.

---

75) 홍찬식, 「또 하나의 폭탄, '미친 교육'」, 『동아일보』, 2008년 5월 22일.

미국산 쇠고기, 과연 광우병에서 안전한가
촛불시위의 점화

〈PD수첩〉의 영향

2008년 4월 18일 '한미 쇠고기 협상'이 타결되었고, 4월 29일 엠비시 (MBC) 〈PD수첩〉 '긴급 취재 미국산 쇠고기, 과연 광우병에서 안전한가' 편이 미국 쇠고기에 대한 광우병 의혹을 제기했다. 이 프로그램은 촛불 집회에 큰 영향을 끼쳤다. 나중에 "〈PD수첩〉은 한국 사회를 뒤흔들면 서 '6·8혁명'에 비견되고 브로드밴드(인터넷 광대역) 직접민주주의 실 험의 선구로 칭송받는 역사적 사건인 촛불시위의 진원지가 됐다"는 평 가가 나올 정도였다.[76]

5월 1일 이명박은 "정치적 논리로 사회불안을 증폭시켜선 안 된다. 광 우병 우려해서 쇠고기를 못 먹는 국민이 어디 있느냐"고 했고, 한나라당 원내 수석 부대표 심재철 의원은 "쇠고기로 반미 투쟁·반정부 투쟁을

---

76) 한승동, 「위기의 공영방송, 당신이 지켜줘!: 보수 언론·여당·검찰·방통심의위 공조의 'PD수첩 죽이 기'」, 『한겨레』, 2008년 8월 9일.

MBC 〈PD수첩〉은 미국산 쇠고기 반대 촛불집회에 큰 영향력을 끼쳤다. 결국 MBC를 장악한 이명박 정부는 프로그램 담당자들을 다른 부서로 발령냈다.

하고 있다. 텔레비전이 이처럼 특정 의도를 가지고 검증되지 않은 얘기를 쏟아내 헷갈리게 하는 것은 명백한 폭력이다"고 했다.

5월 2일 여중고생들이 '협상 무효'를 요구하며 촛불을 점화했는데, 여기엔 1만여 명이 참가했다. 다음 '아고라'에서는 이명박 대통령 탄핵 서명자 수가 30만 명을 돌파했다. 『문화일보』(2008년 5월 2일)는 "'광우병 괴담'을 유포하고 그 증폭을 유도하는 일부의 의도적 책동은 '반미의 추억' 그대로로 비친다"며 "촛불집회는 2002년 6월 이래의 미선·효순 양 사건의 흐름을 닮았다"고 했다. 『동아일보』(2008년 5월 3일)는 "출범한 지 두 달 남짓한 정권을 타도하자고 외치는 '광우병 괴담(怪談)'의 발신지는 지상파 방송의 일부 프로그램이다"고 했다.

『한겨레』(2008년 5월 3일)가 전한 집회 참가자들의 목소리는 좀 다르다.

"이건 당장 내 저녁 식사와 관련된 일상의 문제다."(대학생 은화리)

"이명박 대통령 취임 이후 서민의 미래가 어두워진 것 같아 야근도 건너뛴 채 나왔다."(직장인 박찬규)

"아이 낳기가 무섭다. 언제 어떻게 걸릴지 모를 공포에서 아이를 지킬 자신이 없다."(임신부 이명곤)

"쇠고기 문제뿐만 아니라 어린이 성범죄 증가, 사교육비의 급격한 증가 등 서민을 위한 정책은 찾아볼 수 없어 이 자리에 나올 수밖에 없었다."(회사원 박진호)

"대운하, 영어 몰입 같은 정책은 쓸데없다고 생각한다. 소수를 위해 다수가 희생하는 정치가 아닌 제대로 된 정치를 보고 싶다."(대학생 이마루)

"대통령이 독단적으로 두 달을 보낸 것 같다. 말로는 경제성장을 강조하지만 실제 서민들의 경제는 생각한 게 하나도 없다."(고등학생 유수현)

5월 3일 김대은 한나라당 부대변인은 "대선 실패로 숨죽이고 있던 반미, 반정부 세력이 미국산 쇠고기 수입 문제를 국민들이 민감하게 여기는 먹거리 문제와 연계해 공포와 불안을 조장하고 있다는 인상을 지울 수 없다. 좌파 정권의 선동 전문가들이 드디어 쇠고기 수입 문제를 주제로 잡아 선동을 획책하고 있다"고 주장했다.

5월 4일 조윤선 한나라당 대변인은 "집회나 괴담 유포로 불안을 가중하며 취임 두 달밖에 안 된 대통령을 탄핵하자고 외친다면 이는 순수하게 국민 건강만을 우려한 행동으로 보기 힘들다. 국민의 막연한 불안감을 악용해 자신들의 정치적 목적을 이루려는 세력도 있는 것이 현실이다"라고 했다.

손호철 서강대 교수는 『한국일보』(2008년 5월 5일) 칼럼에서 "반대 운동 측도 조심할 것이 있다. 대통령 탄핵 운동이 불러올 수 있는 역풍이다. 이는 이미 4년 전 노무현 대통령 탄핵이 보여준 바 있다. 국민들이 광우병의 위험에 불안해하며 정부의 일방적인 검역 주권 포기에 비판적이지만 그렇다고 대통령을 실제로 탄핵해야 한다고 생각하는 국민들은 그리 많지 않을 것이다. 정권이 '광우병 정권' 이라고 운동도 두뇌 없는 '광우병 운동' 이 돼서야 되겠는가?' 라고 말했다.

『한국일보』(2008년 5월 5일)는 촛불 문화제를 주최한 시민단체 관계자의 말을 인용해 "당초 300여 명 정도만 예상했는데, 학생들이 몰려들어 그 규모가 30배나 많아졌다"고 전했다. 10대들의 주도적 참여와 관련, 유명 연예인들의 역할을 지적하는 의견이 많이 나왔다.

"10대 여중고생들이 상당수 참가했는데, 이들은 김희철, 김혜수, 하리수 등 유명 연예인들이 미니홈피 등을 통해 광우병 위험에 대한 우려를 표명한 것에 적잖은 영향을 받았을 수 있다."(강내희 중앙대 교수, 『한겨레』 2008년 5월 5일)

"감성적인 매체인 인터넷에서는 전문가보다 스타가 더 권위를 갖기 때문에 이들의 발언이 그만큼 폭발성을 가질 수밖에 없다."(최혜실 경희대 국문학과 교수, 『중앙일보』 2008년 5월 5일)

"자기 의견을 게시하는 것만으로도 사회적 어젠다를 만들어낼 수 있는 스타 파워와 인터넷의 선정성이 상승작용을 일으켰다."(이창현 국민대 언론정보학부 교수, 『중앙일보』 2008년 5월 5일)

동방신기 팬들의 목소리도 꽤 들렸다.

"나는 카시오페아(동방신기 팬클럽)다. 동방신기가 아픈 거, 기력 잃는

거 보고 싶지 않다." (한 여고생, 『한겨레』 2008년 5월 5일)

"미국산 쇠고기가 수입되면 일본과 유럽 국가는 광우병을 우려해 한국인 입국을 금지하게 되며, 결국 동방신기의 컴백은 이뤄지지 못한다." (동방신기 팬클럽 회원, 『한국일보』 2008년 5월 5일)

뇌 송송 구멍 탁

『조선일보』(2008년 5월 5일)는 "미국 쇠고기 반대 운동을 벌이는 세력들의 거짓과 논리적 모순과 위선(僞善)은 한두 가지가 아니다"며 다음과 같이 주장했다. "우리 국민 1000만 명 가까이가 매년 광우병이 위험하다는 미국과 유럽, 일본 지역에 태연히 관광 여행을 다녀오고 있다. 광우병 부풀리기를 한 사람들과 그 부풀리기에 올라탄 사람들도 그 대열에 끼어 맛있게 햄버거와 스테이크를 먹고 왔다. 지금 쇠고기 재협상 주장을 펴고 있는 민주당 등 야당 의원들도 국정 감사차 뉴욕에 가선 유엔 한국 대사 관저에서 미국산 쇠고기를 원료로 마련한 갈비와 육개장을 맛있게 들었다. 이 많은 미국 쇠고기 수입 반대론자 가운데 미국이나 유럽에 유학 가 있는 자녀들에게 '쇠고기를 먹지 말라'고 신신당부했다는 사람이 있었다는 소식은 여태 한 번도 없다. 자기 자식들에겐 광우병 위험이 있는 쇠고기를 먹이면서도 다른 국민들에게만은 먹이지 않겠다면서 쇠고기 수입 반대 운동에 팔을 걷어붙인 대한민국 위선자들을 어떻게 받아들여야 할 것인가."

『조선일보』(2008년 5월 6일)는 5일 인터넷 사이트 '미친소닷넷'에는 인터넷에 떠돌고 있는 각종 '광우병 괴담(怪談)'이 모여 있다며 "사이트에

함께 먹지만 이 아이 몰라요!
철없는 2MB vs 9살 원숭이의 기막힌 상봉

뇌송송 구멍탁

이MB뉴욕기획사

한국 영화 〈파 송송 계란 탁〉을
패러디해 미국산 쇠고기 광우병
문제를 건드린 〈뇌 송송 구멍 팍〉
포스터.

들어가면 한국 영화 〈파 송송 계란 탁〉의 포스터를 패러디한 '뇌(腦) 송
송 구멍 탁'(인간 광우병에 걸린 환자를 묘사한 표현) 포스터가 걸려 있고,
'항의하기' 코너에는 이명박 대통령이 피가 뚝뚝 떨어지는 쇠고기를 먹
고 있는 합성사진이 나온다"고 했다. 미친소닷넷에 올라온 게시글 중엔
"명박=mb=mad bull(미친 황소). 나라 말아먹을 이름이시군요"도 있다고
했다. 이 신문은 "합성 패러디 전문 사이트인 '디시인사이드'에는 최근
며칠 동안 '황소의 반란', '미친 소 이야기', '식성 좋은 대통령' 등 광우
병 관련 게시물이 검색 순위 상위권에 올라 있다. '10년 후, 국민이 죽어
가기 시작했다―공포의 새로운 차원을 여는 하이 쇼크 호러'라는 섬뜩

한 포스터도 떠 있다"고 했다.

『국민일보』논설위원 문일은 5월 8일자 신문에 쓴 칼럼에서 "도심에서 연일 벌어진 대규모 촛불시위에 때를 만난 반미 단체들의 선동이 기름을 부었다"며 다음과 같이 말했다. "고등학생이 발의한 인터넷 탄핵 서명 운동이며, '미친 소를 먹느니 청산가리를 먹겠다'는 지각없는 연예인의 발언까지 청소년들의 판단력을 흐리게 하고 있다. 여기에 야당까지 가세해 국론이 분열될 정도로 소동을 벌이는 한국인의 모습은 유별나고 비이성적이다. 올림픽 성화를 지키려 한 중국의 민족주의는 세계를 향해 발산되기라도 했지만 우리의 민족주의는 내부적이고 소모적이다. 우리는 중국만도 못하지 않은가."

『한국일보』(2008년 5월 6일)는 "지난해 한미 FTA(자유무역협정) 때는 왜 '행동하는 생활 정치'의 모습이 나타나지 않았을까"라면서 다음과 같이 말했다. "전문가들은 한미 FTA가 매우 복잡다단한 이슈였던 반면, 쇠고기 개방 문제는 아주 단순명료하다는 점을 차이점으로 꼽고 있다. 그렇다면 왜 10대들의 입에서 '이명박 탄핵' 구호가 터져 나왔을까. 전문가들은 10대들이 '경쟁과 서열'을 중시하는 이명박 정부에 대한 누적된 불만들이 미국산 쇠고기 개방을 계기로 분출하면서 상승작용을 일으켰다고 말하고 있다. 과거 정부의 교육정책에서 쓰린 경험을 했던 이들이 향후 4, 5년에 걸쳐 변화할 새 교육정책에서 또 한번 피해자가 될 수 있다는 점에서 10대들은 불안감을 느낄 수밖에 없다."

광우병대책회의 발족

2008년 5월 6일 1,700여 개 시민·사회단체가 모여 만든 '광우병 위험 미국산 쇠고기 전면 수입을 반대하는 국민대책회의(광우병대책회의)'가 발족했다. 이즈음 촛불시위가 전국으로 확산되기 시작했다. 『동아일보』(2008년 5월 7일)는 "청계광장 집회에서 참가자들은 사회자의 구호에 따라 '미친 소 너나 먹어'를 외쳤다. 중년 남성은 '골빈 소, 미친 개, 명박기'라고 적힌 상자를 집회 현장에서 끌고 다녔다. …… 교복을 입고 가방을 멘 채 청계광장을 찾은 중학생은 '저 아직 15년밖에 못 살았어요', 'MP3 용량보다 못한 사람이 뭘 하겠다고……'라고 적힌 피켓을 손에 들고 있었다"고 보도했다.

『조선일보』(2008년 5월 7일)는 "지금 어린 학생들 사이에선 '미국인은 미국 쇠고기를 먹지 않는다', '미국 쇠고기를 0.01g만 먹어도 죽는다', '광우병은 공기로 전염된다', '울산서 농부가 광우병으로 죽었다'는 식의 황당무계한 유언비어들이 떠돌아다니고 있다. 이런 거짓말에 휘둘린 아이들이 교복 차림으로 촛불집회장에 나와 '저 아직 15년밖에 못 살았어요'라는 플래카드를 들고 서 있는 게 이 나라 형편이다. 6일 저녁 서울 촛불집회에선 초등학교 3학년생이 나와 '싼 쇠고기는 이명박 너나 먹어라'고 고함을 질렀다"라고 전한다.

5월 7일 이명박 대통령은 "미국 광우병 발병 시 수입 중단"을 하겠다고 했고, 국회에선 쇠고기 청문회가 열린 가운데 여야가 격론을 벌였다. 5월 8일 이명박은 "광우병 반대하는 사람, FTA 반대하는 사람들이 아니냐"는 발언으로 논란을 빚었고, 한승수 국무총리는 "사실 왜곡으로 국론 분열, 불법 집회로 국민을 불안하게 하는 행위를 엄정 대처"한다는 담화문을 발표했다.

5월 10일 심상복 『중앙일보』 경제 부문 에디터는 "좌파 세력은 대선과 총선에서 잇따라 참패했다. 지난 10년간 닦은 기반을 다시 잃을 수 있다는 위기감이 그들을 조여왔다. 궁하면 통한다고 했던가. 마침내 그런 기회가 왔다. 이명박 대통령이 미국 쇠고기를 먹잇감으로 던져준 것이다. 이들은 광우병으로 머잖아 온 나라 국민의 머리에 구멍이 송송 뚫린다는 공포를 연출했고, 연약한 사회는 휘청거렸다. 좌파 세력들이 반미 운동의 놀이터 마련에 성공한 것이다"고 했다.

반면 『경향신문』(2008년 5월 10일) 사설은 "쇠고기 시위에는 맘 편하게 쇠고기를 먹을 수 있게 해달라는 소박한 바람만 담긴 게 아니다. 방향도 성과도 없이 자충수만 두는 불안한 정부에 대해, 감동과 공감을 주지 못하는 대통령의 독주에 대해, 불신과 갈등만 키우는 정치 부재의 현실에 대해 질타하고 있는 것이다. 이런 민심을 읽지 못한다면 앞으로 남은 이 대통령의 4년 9개월이 참으로 걱정스럽다"고 했다.

황상민 연세대 교수는 『국민일보』(2008년 5월 10일) 좌담회에서 "우리 사회만의 속성으로 설명하는 것에 동의하지 않는다. 나는 일종의 티핑 (tipping) 현상으로 본다. 티핑이 일어나기 위한 세 가지 조건을 모두 갖췄기 때문이다. 소수의 사람에 의해 발생했고 미국 쇠고기라는 특정한 관심 사안이 있었다. 또 이 대통령이 미국을 방문한 상황적 요인이 있었다. 전형적인 티핑 현상이다"라고 말했다. 황 교수의 말을 더 들어보자.

"우리나라 기성세대들은 '인터넷을 잘 써야 한다'는 규범적 사고를 갖고 있다. 하지만 인터넷에서 일어나는 대부분의 일은 자연 상태 그대로의 일이다. 비도 오고 바람도 분다. 하지만 사람들은 그 자연 속에서 살아가야 한다. 자연에 '제대로 행동하라'고 말할 수 없다. …… 의제 설정 기능을 전혀 하지 못했다. 어느 순간 갑자기 미국과 쇠고기 수입 협상이 타결됐다. 중요한 이슈였는데 타결 직후에도 어떤 과정을 거쳐 왜 타결이 됐는지 아무 설명이 없었다. 그러는 동안 일반 국민들 사이에서 불안감이 빠르게 확산됐다. 기성 언론의 직무 유기다."

촛불 든 여학생들의 배후?

2008년 5월 10일 촛불집회 인원이 3만여 명으로 늘었다. 5월 11일 손준현 『한겨레』 편집 담당 부국장은 "지금 10대들은 누구입니까. 1987년 시민과 학생으로 6월항쟁을 이끈 세대의 자녀입니다. 사회 민주화에 관심이 많았던 항쟁 세대들의 또 다른 특징은 과거 어떤 세대보다 자녀들에게 책을 많이 읽혔다는 점입니다. 실제로 출판사들이 어린이 · 청소년 책을 팔아 경영에 큰 보탬이 됐다는 사실은 널리 알려져 있습니다"라면서 다음과 같이 말했다.

"비록 10대 특유의 불안한 열정과 미숙함이 더해졌겠지만, 그들은 검역 주권의 포기가 어떤 결과를 가져올지 논리적으로 분명히 판단했습니다. 대통령은 미국 쇠고기를 사먹지 않으면 된다고 하지만, 10대들은 가장 손쉬운 먹잇감이 학교 급식이란 점을 잘 압니다. 패스트푸드에 길든 세대여서 햄버거에 광우병 위험 물질이 들어가면 어떤 큰일이 벌어질지도 본능적으로 깨닫습니다. 10대들의 교과서에는 환경보호와 먹을거리 안전성에 관한 내용이 부쩍 늘었습니다. 가정과 사회가 이미 그들에게 '광우병 위험 쇠고기' 같은 사태에는 단호하게 항의하라고 가르친 셈입니다."

김종엽 한신대 교수는 2008년 5월 12일자 『한겨레』에 '촛불 든 여학생들의 배후?' 라는 칼럼을 기고했다. "이들의 부모는 세칭 386이다. 그래서 나는 지금 우리가 보고 있는 현상이 386이 아니라 386의 자녀가 처음 정치적 장면에 출연한 것이라고 생각한다. 촛불시위에 참여한 한 청소년은 인터뷰에서 20대의 정치적 무관심에 대해 불만을 나타내며 걱정까지 했다. 이 학생의 말에 나의 가설을 겹치면 세대적 분할선의 양상을 그릴 수 있다" 며 다음과 같이 말했다.

"지금의 보수적인 20대의 부모는 40대 중반 이상, 대학을 다녔다면 70년대 학번, 50년대생들이다. 386에 빗대면 475세대라고나 할까? 이들은 현재 한국의 주류인 동시에 보수적인 세대다. 그리고 이들의 자녀인 20대는 보수적이다. 이에 비해 386은 현실 속에서 많이 타협하고 좌절했다고 해도 이들보다 진보적인 성향을 가지고 있다. 그리고 그들의 자녀인 지금의 10대는 475세대의 자녀인 20대보다 진보적이다. '조직' 이나 '조종 세력' 이 아니라 세대교체가 변화한 양육 철학과 관행을 통해 격세적으로 한 번 더 반복되는 것이다. 요컨대 조용히 진행되고 축적된 사회 변화가 여학생의 배후인 셈이다."

5월 12일 홍세화 『한겨레』 기획위원은 "10년에서 40년까지 간다는 광우병의 잠복기, 이 대통령을 비롯한 기성세대는 중고생들의 '우리는 아직 15년밖에 못 살았어요' 라는 말을 새겨들어야 한다. 국민은 자신의 생명을 가볍게 여길 만큼 어리석지 않고 촛불은 꺼지지 않는다. 5월이다. 광주민중항쟁이 스물여덟 돌을 맞고 6·8혁명이 마흔 돌을 맞는 5월이다. 그 5월은 우리에게 이렇게 말한다. '참여하지 않는 것은 그들에게 동

대전역 앞에서 열린 촛불집회에 많은 10대 여학생들이 참여해 다양한 시위 용품을 선보였다.

조하는 것이다!' 그러기에 더욱 촛불은 꺼지지 않는다"라고 했다.

반면 언론인 류근일은 『조선일보』(2008년 5월 13일) 칼럼에서 "광우병 괴담, 삼성(三星) 사태, 투기(投機) 의혹자들의 요직 등용(登用)을 지켜본 반(反)대한민국 세력은 이명박 정부와 '보수'의 바로 그런 문화적, 도덕적 결함을 파고들며 일대 세(勢) 결집에 나서고 있다. 이것이 '촛불'의 또 다른 측면에 도사리고 있는 저들의 상투적인 전술이다"고 했다.

변희재 『빅뉴스』 대표는 2008년 5월 14일자 『조선일보』에 투고한 칼럼에서 "386 세대 지식인 진중권 및 좌파 매체들은 '10대는 빨갱이에 현혹될 애들이 아니다', '대중이 분노를 표현할 수 있도록 엄호하자'라며 여론을 선동하고 있다"며 다음과 같이 말했다. "그러나 그들은 불과 10

개월 전, 심형래 감독의 영화 〈디워〉의 젊은 팬들이 합법적으로 응원 댓글을 쓰자 이들을 국가주의를 부추기는 '우익 파시스트' 집단이라며 언어폭력을 저지른 바 있다. 자신들의 통제 안에 있으면 무슨 불법을 저질러도 참여의 열정이고, 자신들의 손에서 벗어나면 아무리 합법적 의견을 개진해도 집단 광기라 몰아붙이는 사람들은, 그들이 우익 파시스트라 매도한 〈디워〉 팬들과 비교해 '좌익 파시스트'라고 부를 만하다."

10대 예찬론의 함정

2008년 5월 14일 정부는 '쇠고기 고시'를 연기하기로 했지만, 5월 16일 칼로스 구티에레즈 미국 상무부 장관이 "쇠고기 재협상 필요 없다"라고 함으로써 촛불집회의 열기는 계속 뜨거워졌다. 『경향신문』(2008년 5월 18일) 사설은 "경향 각지에서 세대를 뛰어넘어 촛불을 든 시민들은 책임의 실종, 소통의 단절, 신뢰의 결핍이란 정치 부재가 키운 어둠을 조용하지만 엄중하게 밝히고 있는 것이다. 마녀사냥으론 불신을 신뢰로 돌릴 수 없다. '내가 배후라면 나를 잡아가라'고 당당하게 말하는 10대들을 정보화 시대의 마녀로 만들어 화형을 시킨들 촛불이 꺼지겠는가"라면서 다음과 같이 말했다.

"이래선 사실상 민심의 정권 탄핵 상태인 쇠고기 정국의 흐름을 바꿀수 없고, 앞으로 국정의 정상화도 기대하기 힘들다. 마녀를 색출하고 괴담에 휩쓸리는 우매한 대중을 훈계해보겠다는 정부의 발상은 민심 2.0의 진화를 외면한 각주구검(刻舟求劍)에 지나지 않는다. 거리의 촛불은 못난 사람들이 마녀의 불장난에 놀아나는 것이 아니라 정부의 못난 정책으로 절로 타오르고 있다. 마녀사냥으로 촛불을 끌 수 없는 이유다."

반면 권순택 『동아일보』 논설위원은 2008년 5월 18일자 『동아일보』에 「10대 예찬론의 함정」이라는 칼럼을 썼다. "뜬금없이 10대 예찬론이 난무한다. 한 386 출신 경제 전문가는 미국 쇠고기 수입 반대 촛불집회에 나온 10대 중고생들이야말로 '한국의 희망이자 구원' 이라고 치켜세웠다. 좌파 진영의 대표적 지식인인 백낙청 서울대 명예교수는 '10대 청소년들이 시위에 많이 나온 것은 뜻깊은 일' 이라고 높이 평가했다. 그에 따르면 '10대 청소년들이야말로 이 나라에서 가장 억압받고 학대받는 계층' 이란다. '똑똑한 아이들이 그동안 멱에 차오른 분노를 광우병에 대한 공포심과 정부 협상에 분노하는 형식으로 표출한 것' 이라는 분석도 내놨다. 아예 촛불집회에 가라고 독려하는 것이 솔직하지 않을까"라면서 다음과 같이 말했다.

"촛불을 들었다고 해서 그들을 하나의 코드로 엮어보려는 시도 자체가 난센스다. 웃자란 10대도 있고 좋아하는 연예인 때문에 나갔거나, 월드컵 때 외치던 '대한민국' 분위기를 기대하고 간 학생도 있다. 학교급식 걱정이나 교육정책에 대한 불만 때문에 촛불을 든 아이도 있다. 교사나 부모의 영향을 받은 학생은 왜 없겠나. 집회가 끝난 뒤 쓰레기를 치우고 빗자루로 바닥을 쓰는 착한 학생들도 봤다. …… 그 빛나는 청춘들이 어떤 이유에서라도 거리로 나와 촛불을 들었다면 어른들은 책임 의식과 부끄러움을 느껴야 정상이다. 그들이 촛불을 들었다고 미래의 희망을 봤다니, 세상을 뒤집어놓을 불씨라도 발견했다는 건가."

권혁범 대전대 교수는 『한겨레21』(2008년 5월 23일)에 투고한 칼럼에서 "악성 댓글 수백 개가 달릴 각오를 하고 말한다면 이것은 '검역 주권',

'굴욕적 외교'라는 말에서 보듯이 한국인들의 대미 민족주의적 자존심을 은밀히 건드리고 있다. '미국=쇠고기=광우병', '한국=한우=건강'이라는 도식이 성립한다. 그 덕택에 시위는 민족적 문제에 민감한 많은 시민들의 지지를 이끌어내고 있다"며 다음과 같이 말했다. "내가 촛불시위에 반대하는 것은 아니다. 찬성론자에 가깝다. 시위는 벌어져야 하고 재협상을 하든지 해서 광우병에 걸린 소의 고기가 수입되는 가능성을 차단해야 한다. 다만 반대 시위가 민족적 흑백 이분법에 빠지는 것에 대해서는 경계할 필요가 있다는 것이다."

인천 연수여고 2학년 김지수 학생은 『중앙일보』(2008년 5월 20일)에 실린 기고문에서 "중간고사 시험 준비로 한참 바빴던 지난달 말께 교내 수돗가에 작은 쪽지가 나붙었다. 광우병의 위험을 알리는 내용이었다. 인터넷 포털 사이트인 '다음'의 아고라에서 서명운동을 하고 있으니 참여를 바란다는 내용도 있었다. 이 쪽지를 본 친구들의 반응은 처음엔 썰렁했다. 광우병에 관한 몇 마디 말이 오고 갈 뿐이었다. 그런데 하루하루 지날수록 광우병에 관한 격한 말들이 오고 갔다. 내용도 점점 선동적이고 충격적으로 변했다. 인터넷을 통해 광우병 관련 정보를 접한 아이들은 소문을 실어 나르느라 바빴다. 학교 화장실·복도·현관 등 교내 곳곳에도 관련 벽보가 붙었다"며 다음과 같이 말했다.

"시큰둥하던 친구들이 직접 행동에 나서는 경우가 생겼다. 촛불집회에 참가하겠다는 친구들도 나타났다. 학교 밖에서도 분위기는 점차 고조돼 휴대전화로 광우병 관련 문자들이 나돌았는데 이렇게 여론이 형성되는가 싶게 텔레비전 뉴스는 학생들의 촛불집회 장면과 함께 광우병 관련 의혹을 계속 보도했다. '이게 무슨 일인가', '정말 심각한 사건이구나' 하는 생각이 자연스럽게 떠올랐다. 그 바람에 언론은 학생들의 촛불 집회와 관련해 우리 세대에 관심을 가졌다. 우리를 '2.0 세대'로 규정하면서 관련 분석 기사를 쏟아낸 것이다. 인터넷과 휴대전화로 무장한 학생 세대의 목소리에 기성세대가 귀를 기울이게 된 셈이다. 학생도 엄연히 한 사회 구성원이라는 점에서 그들의 견해를 경청한 것은 바람직하다고 본다. 다만 이렇게 영향력을 지닌 우리의 목소리가 정확하고 진지하고 신중했는지는 한 번 생각해볼 일이다. 자기 언행에 책임지는 자세도 필요하다는 말이다."

대운하 사업의 보류

2008년 5월 21일 이명박 대통령은 대구시와 경상북도의 업무 보고를 받는 자리에서 한반도 대운하 사업과 관련해 "(물길의 각 구간을) 잇고 하는 것은 국민이 불안해하니까 뒤로 미루자"며 '선(先) 4대강 정비, 후(後) 보완' 방침을 밝혔다. 5월 22일 이명박 대통령은 "쇠고기 문제 송구하다"는 담화를 발표했지만, 이렇다 할 해법은 내놓지 않았다.

5월 23일 오후 허남식 부산시장, 김범일 대구시장, 박맹우 울산시장, 김관용 경북도지사, 김태호 경남도지사 등 영남권 5개 시장, 도지사들은 '2008 전국국민생활체육대축전'이 열린 대구스타디움 상황실에서 회의를 열고 낙동강운하 조기 건설을 촉구하는 대정부 건의문을 채택했다. 이들은 건의문에서 '반복되는 홍수 피해, 만성적인 수량 부족, 침전물의 누적으로 오염된 낙동강의 치수 기능을 강화하고 훼손된 생태계 복원과 뱃길 정비를 위해서는 낙동강운하 건설이 필요하다"고 말했다. 이어

"낙동강운하는 낙동강의 하상 경사가 완만해 건설이 용이하고 경제적 · 문화적으로 타당성이 높다고 판단되므로 지속 가능한 지역 발전을 위해 조기 건설해줄 것"을 촉구했다.

한편 운하백지화국민행동 대구 본부와 부산 본부 등 영남 지역 6개 시민단체들은 이날 오전 대구시청에서 공동 기자회견을 열고 낙동강운하의 조기 추진 백지화를 촉구했다. 시민단체들은

한국건설기술연구원 첨단환경연구실에서 일하는 김이태 연구원은 "한반도 물길 잇기 및 4대강 정비 계획의 실체는 운하 계획"이라고 양심선언을 했다.

기자회견에서 "낙동강은 영남 주민 전체의 식수원인데 낙동강운하를 건설하려는 것은 영남 지역 주민에게서 안정적인 식수를 제공받을 수 있는 권리를 빼앗고 식수 대란을 불러올 것"이라며 "영남권 시장과 도지사들은 낙동강운하 조기 추진 요구를 철회해야 한다"고 주장했다.[77]

5월 23일 국토해양부의 의뢰를 받아 대운하를 연구 중인 국책 연구기관 연구원이 "대운하 건설에 반대한다"며 양심선언을 했다. 한국건설기술연구원 첨단환경연구실에서 일하는 김이태 연구원은 23일 오후 6시 15분께 포털 사이트 다음 아고라에 '대운하에 참여하는 연구원입니다'라는 제목의 글을 올려 "한반도 물길 잇기 및 4대강 정비 계획의 실체는

---

77) 박원수, 「영남 단체장들 "낙동강운하 조기 건설을": 5개 시 · 도지사 정부에 공동 건의문」, 『조선일보』, 2008년 5월 24일.

운하 계획"이라고 밝혔다. 김 연구원은 "매일매일 국토해양부의 티에프티(TFT)로부터 대운하 반대 논리에 대한 답을 요구받고 있다"며 "수많은 전문가가 10년을 연구했다는 실체는 하나도 없었고, 아무리 머리를 쥐어짜도 반대 논리를 뒤집을 대안이 없었다"고 말했다. 그는 "국토의 대재앙을 막기 위해서" 글을 올렸다며, "제대로 된 전문가들이라면 운하 건설로 인한 대재앙은 상식적으로 명확하게 예측되는 상황"이라고 주장했다.

특히 김 연구원은 "(대운하) 과제를 수행하는 데 있어서 소위 '보안 각서'라는 것을 써서 서약했다"고 폭로했다. 그는 "정정당당하다면 몰래 과천의 수자원공사 사무실에서 비밀 집단을 꾸밀 게 아니라, 당당히 국토해양부에 정식적인 조직을 두어 열린 마음으로 검토해야 하는 것 아니냐"고 꼬집었다. 그는 "이 글을 올리는 자체로 보안 각서 위반이기 때문에 많은 불이익과 법적 조처가 예상되고, 국가연구개발 사업 자격이 박탈될 것"이라며 "불이익이 클 것이지만 내 자식 보기 부끄러운 아빠가 되지 않기 위해서" 글을 올렸다고 밝혔다. 그는 "잘못된 국가 정책에 대해 국책 연구원 같은 전문가 집단이 올바른 방향을 제시해야 하지만 이명박 정부는 영혼 없는 과학자가 되라 몰아치는 것 같다"고 덧붙였다.[78]

촛불집회와 4·19

2008년 5월 24일 촛불집회에 참가한 시민들이 거리 행진을 시작한 가운

78) 이정훈·최원형, 「대운하 연구원 "4대강 정비 실체는 운하 계획": "정부가 논리 개발 요구…… 대안 못 찾아" 고백」, 『한겨레』, 2008년 5월 24일.

데 연행자가 속출했고, 국회에선 정운천 농림수산식품부 장관 해임안이 여섯 표 차이로 부결되었다. 『동아일보』(2008년 5월 25일) 사설은 "중고교생들도 참석한 어제 오후 청계광장 집회에서 참가자들은 북한이 이명박 대통령을 비난하면서 사용한 '역적'이란 용어까지 써가며 '이명박 타도'를 외쳤다"며 다음과 같이 말했다. "미국산 쇠고기에 대한 불안이 아무리 크다 해도 취임 3개월밖에 안 됐고 불법행위를 저지른 것도 아닌 대통령에 대해 탄핵과 하야를 외치는 것은 정상이 아니다. 이들의 행동은 이 정부를 흔드는 효과는 있을지 몰라도 다수 국민이 바라는 경제 살리기 그리고 국정 및 민생 안정에는 도움이 될 리 없다."

반면 김철웅 『경향신문』 논설위원은 같은 날 「촛불집회와 4·19」라는 칼럼에서 "역사적 가정이 그렇듯 역사적 사실도 무리한 비교는 금물이다. 설득력을 더하기 위한 견강부회이기 쉽다. 또 촛불시위와 4·19 비교의 경우 '선동', '혹세무민'으로 몰릴 우려도 있다. 그럼에도 둘을 견주게 되는 것은 몇 가지 유사성 때문이다. 가령 정부와 일부 언론은 촛불집회를 반미 좌파 세력의 선동에 의한 것이라고 우긴다. 4·19 때 무고한 시민, 학생들의 죽음을 공산당의 책동으로 몰던 발상과 비슷하다. 그래서 일종의 데자뷰를 느끼는 것이다"고 했다.

일요일인 5월 25일에도 1,000여 명이 모여 청계광장에서 집회를 계속했고, 이 가운데 400여 명은 다시 거리 시위를 벌이기도 했다. 오후 9시께 무대 뒤편에 있던 청년들 사이에서 '청와대로 가자'는 함성이 들리자 촛불을 들고 있던 참가자들이 너 나 할 것 없이 거리로 쏟아져 나와 종로 차도를 점거하기 시작하는 등 촛불 문화제가 거리 시위로 돌변하는 양상을 보였다.[79]

『조선일보』(2008년 5월 26일) 사설은 "평범한 사람들도 시위대의 감정적 물결에 휩쓸리면 난폭해지고 충동적이 될 수도 있다. 실제로 경찰에 연행된 사람들 다수는 평범한 시민이었다고 한다. 그러나 그보다는 그동안 쇠고기 수입 반대와는 관련 없었던 집단들이 대거 가세하면서 집회가 불법으로 흘러가고 있다고 봐야 한다. 24일엔 여의도에서 '공기업 민영화 반대', '교육 자율화 반대' 집회를 가진 민주노총과 전교조 조합원들이 청계천 촛불집회장으로 몰려들었다. …… 모든 사안을 어떻게 해서라도 반미 운동으로 연결해서 자신의 정치적 목적을 이루려는 세력과 사람들을 경계해야 한다"고 했다.

서울 청계광장에서 열린 미국산 쇠고기 수입 반대 촛불집회는 온라인에서 24시간 생중계되었다. 『경향신문』(2008년 5월 27일)에 따르면, "종전 시위와는 판이한 모습이다. 촛불 대신 노트북과 웹캠을 들고 움직이는 '디지털 시위대'의 힘이다. 그들의 눈으로 역사의 현장을 직접 기록하는 '디지털 저널리즘'으로 평가받고 있다. 실시간 동영상 서비스를 하고 있는 인터넷 방송 '아프리카(www.afreeca.com)'에는 지난 24일 밤부터 집회 현장을 생중계하는 방송이 40여 개 개설됐다. 온라인으로 집에서 집회를 지켜보던 수천 명의 네티즌들은 집회 참석자들의 발언과 시민들이 경찰에 연행되는 과정을 그대로 지켜봤다."

특히 포털 사이트 다음의 '아고라'의 활약이 눈부셨다. 『경향신문』(2008년 5월 27일)에 따르면, "반정부 투쟁으로 번지고 있는 '쇠고기 민란'의 근거지가 된 포털 사이트 다음의 '아고라'가 여론의 주목을 받고

79) 허정헌 · 강희경, 「쇠고기 불만, 총체적 반정부 시위로 돌변」, 『한국일보』, 2008년 5월 26일.

휴대 인터넷이 장착된 노트북을 이용해 촛불시위 현장을 인터넷으로 생중계하는 누리꾼들도 크게 는 것도 새로운 풍경이었다.

있다. 아고라는 보수 언론의 여론 공세에 맞선 시민들의 대안적 공론의 장으로 떠올랐다. 1987년 6월항쟁 당시 소수의 지도부가 명동성당에 모였다면 수많은 네티즌들은 아고라에 모여 광우병 시위를 주도하고 있다. 장관 고시를 앞둔 26일 아고라 '토론 게시판'에는 현 정부를 규탄하고 촛불시위 동참을 호소하는 '격문'들이 초 단위로 올라온다. 네티즌들은 이 글에 댓글 수백 개를 다는 방식으로 거대한 여론을 만들어내고 있다. 격화되고 있는 시위의 '배후'가 아고라라는 이야기도 나올 정도다."

'쇠고기 고시' 강행

2008년 5월 28일 검찰과 경찰은 '엄정한 법 집행'을 거듭 강조했으며,

일부 시민들은 자발적 연행으로 대응했다. 휴대 인터넷이 장착된 노트북을 이용해 촛불시위 현장을 인터넷으로 생중계하는 누리꾼들도 크게 늘어났다. 『한겨레』(2008년 5월 29일)에 따르면, "이들은 '디지털 중계족' 또는 비제이(BJ · 인터넷 방송 진행자)로 불린다. …… 디지털 중계족들이 주로 영상을 올리는 동영상 사이트 '아프리카'에선 지난 25일 새벽 경찰과 시위대가 충돌하는 장면을 30만 7,000여 명이 시청했다. 이날 하루 촛불시위 방송 채널 수만 총 1,363개였고, 촛불 문화제가 열리는 저녁엔 동시 방송되는 채널 수만 100여 개가 넘는다. 일부 시민들은 생중계를 지켜보다 시위 현장으로 뛰쳐나왔다."

5월 29일 농림수산식품부는 '쇠고기 고시'를 강행했다. 이를 '국민에 대한 선전포고'로 간주한 시민들은 촛불집회 장소를 청계광장에서 시청광장으로 옮겼다. 최보식 『조선일보』 사회부장은 2008년 5월 30일자 신문에 "이번 촛불시위의 뚜렷한 특징이라면, 아직은 '중앙 통제식'이 아니라는 점이다. 설령 시위를 '주도'하는 단체들이 있다 해도, 시위 인파를 한 방향으로 몰아가지는 못하고 있었다. 현장에서 만난 대부분 참가자는 인터넷 등에서 돌아다니는 정보를 신봉하고 '참을 수 없는 순정(純情)'으로 나온 것 같았다"며 다음과 같이 말했다.

"대다수 시위 참여자는 광우병에 대한 불안(不安)과 이명박 대통령에 대한 실망감에서 제 발로 뛰쳐나온 것이 틀림없었다. 이 때문에 '배후론'을 비웃는 것이다. 그러나 이들은 외부적으로는 '배후론'에 화를 내면서도, 내부에서는 '어떤 세력에 의해 이용되고 있지 않은가' 하는 불안감도 내비쳤다. 27일 밤 10시 30분쯤, 청계광장에서 남은 200여 명은 '프락치를 쫓아내자'며 서로를 확인하기 위해 주민등록증을 공개하기도 했다."

같은 날 송희영 『조선일보』 논설실장은 "이번 민심 폭발에 이명박팀과 보수 세력만 당황한 것은 아니다. 민주당과 진보 단체, 좌파들도 내심 당황하고 있다. 기죽어 지내던 운동권 스타들이 모처럼 축제 만난 듯 거리에서, 진보 매체에서 환한 표정으로 등장하지만, 한 야당 의원은 '총선 때까지 냉랭하다가 왜 뒤늦게 민심이 발동했는지 솔직히 알 수 없다'고 털어났다. 반갑지만 뭔가 찜찜하다고 한다"며 다음과 같이 말했다.

"여론조사 전문가들은 민심 역류(逆流) 현상의 이유를 몇 가지 꼽는다. 청와대와 내각 인선의 실패, 재벌·부자 편향적인 정책, 대통령과 장관의 중량감 없는 언행, 경기 회복에 대한 희망 상실…… 등. 방정맞게 설치던 집권 세력에 대한 쌓이고 쌓인 불만이 한꺼번에 터졌다고 분석하기도 한다. 그러나 이런 미시적인 접근만으로는 잘 잡히지 않는다. 그보다는 지난 10여 년 동안 한국 사회에 형성된 불만 집단을 들여다볼 필요가 있다. 나라가 온통 글로벌 경쟁 체제 속으로 휘말려 들어가면서 '힘들고 피곤하다'는 집단이 우리 이웃에 모였다. 굳이 이름 붙이자면 반(反)글로벌화 세력이랄 수 있다."

김호기 연세대 교수는 『경향신문』(2008년 5월 30일) 칼럼에서 "지난 총선에선 '욕망의 정치'가 표출됐다면, 이번에는 생명과 안전, 검역 주권이라는 '가치의 정치'가 분출하고 있다. 바로 이것이 우리 정치의 현주소다. 대의정치, 제도 정치, 권위의 정치 그리고 욕망의 정치를 포괄하는 '근대적 정치'에 맞서서 참여 정치, 생활 정치, 인정(recognition)의 정치 그리고 가치의 정치를 아우르는 '탈근대적 정치'가 도전하고 있다"며 다음과 같이 말했다.

"제도 정치인 정당정치가 제대로 자기 역할을 다하지 않은 상황에서 시민들 스스로 촛불을 드는 참여 정치인 '거리의 정치'가 활기를 띠게 되는 것은 너무도 자연스러운 일이다. 신록에서 녹음으로 가는 이 아름다운 계절이 우울한 '불만의 봄'이 된 이유는 간명하다. 바로 정부와 정치권이 탈근대적 정치를 여전히 아날로그적으로 독해하며 대처하고 있기 때문이다. 정치가들이여, 우리 사회의 복합 구조, 우리 국민의 복합 내면을 이해하기 위한 디지털적 상상력을 가져라."

민주당의 옥외 집회 합류

2008년 5월 30일 밤에도 서울에서만 2만여 명이 넘는 인파가 시내 중심가를 가득 메웠다. 발랄함과 당당함으로 무장한 시위대는 이튿날 새벽까지 종로, 을지로, 광화문 일대를 쉼 없이 행진했다. 거리는 예비군 군복부터 유모차까지, 헌법 낭독에서 '텔 미' 춤까지 다양한 모습들로 넘쳐났다. 구경하던 넥타이 부대와 외출 나온 가족들도 스스럼없이 아스팔트로 발을 내디뎠다. 연인원 수만 명이 이레째 야간 거리 시위를 벌였지만 경찰의 강제 연행을 제외하곤 폭력 사태는 일어나지 않았다. 『한겨레』 집계로 전국의 시군구 가운데 촛불집회가 열린 곳은 모두 99곳이었다.[80]

5월 29, 30일 서울 청계광장의 미국산 쇠고기 수입 재개 반대 촛불집회 현장에 나가 '민심 탐방'을 한 곽승준 국정기획 수석 비서관은 『동아일보』 인터뷰에서 "집회 참가자 상당수가 대선 때 우리 쪽 지지자였다.

---

80) 하어영 외, 「유모차 밀고 예비군복 입고…… 뜨거운 촛불 새벽 달궈」, 『한겨레』, 2008년 5월 31일.

50% 정도는 여성이고 운동권은 20% 정도로 생각된다. 민주노총 등에서 정치성 구호를 외치면 '딴 데 가서 하세요', '그런 얘긴 빼고'라며 선을 긋는다"며 다음과 같이 말했다.

"건강에 대한 우리 국민의 관심이 아주 크다. 인터넷을 통한 민심의 소통 구조가 이를 하나로 묶어냈다. 단순히 불순 좌파 세력의 선동 때문에 나왔다고 보기 힘든 것 같다. 정부가 왜 쇠고기 수입을 하는가에 관해 충분한 정보 전달이 부족했다. …… 시위대가 경찰을 무서워하지 않는다. 세계화와 경쟁 속에 실업 및 취업난에 처한 젊은 직장인, 학생도 마찬가지다. 일자리 창출과 경제 불안 해소, 민심 소통 채널 다양화 등이 시급하다."[81]

5월 31일 밤 촛불시위대는 청와대 입구 1km 앞까지 진출했다. 경찰은 경찰 특공대 110여 명을 앞세운 병력 1만 명과 물대포를 동원해 시위대를 막았다. 시위대는 전경 방패를 빼앗고 도로 곳곳에 모닥불을 피워 시커먼 연기가 치솟았다. 이날 밤새 계속된 시위에서 시민 100여 명과 경찰 41명이 부상하고, 시민 228명이 연행됐다.

6월 1일 촛불집회 인파는 10만여 명으로 확대되었으며, 이명박 대통령의 국정 운영 지지도는 10%대로 추락했다. 민주당은 1일 오후 서울 명동에서 상징적인 첫 옥외 집회를 열어 '이명박 정부는 여기서 국민에게 항복하라. 이게 국민과 역사의 마지막 경고'라고 공격했다. 당 차원의 장외투쟁은 1997년 초 민주당의 전신인 새정치국민회의가 당시 여당이던 신한국당의 노동법 단독 처리에 반발해 거리로 나간 후 11년여 만이

---

81) 박성원, 「곽승준 수석이 지켜본 촛불집회 현장」, 『동아일보』, 2008년 6월 2일.

었다. 당원 4,000여 명이 참석한 이날 '쇠고기 고시 무효화 규탄대회'에서 손학규 대표는 '나오지 않으려고 무지 애를 썼지만 이명박 정부가 우리를 길거리로 내몰았다'면서 '대통령이 촛불 누구 돈으로 샀는지, 배후가 누구인지 보고하라고 했다는데 국민의 뜻을 이렇게 모를 수가 있느냐'고 성토했다.[82]

『동아일보』(2008년 6월 2일) 사설은 "이명박 정부의 쇠고기 협상이 서툴렀던 건 사실이다. 미국산 쇠고기의 안전에 관한 국민의 우려도 이해할 수 있다. 그렇더라도 이를 6월 민주항쟁과 비교하는 것은 가당치도 않을뿐더러 순수성도 의심스럽다. 심야에 거리를 행진하는 시위대로부터 '이명박 대통령 탄핵', '정권 타도'라는 구호가 공연히 나온 것이 아니라는 생각이 든다. 어떤 인터넷 매체는 '이명박 대통령, 국민의 피를 원하십니까'라는 섬뜩한 제목의 기사까지 올려놓고 쇠고기 시위를 6월 민주항쟁의 수준으로 끌고 가자고 부추기고 있다. 시위대의 행동을 1980년 5·18 민주화운동 당시 시민들의 모습처럼 칭송하는 글까지 등장했다"며 다음과 같이 말했다.

"경찰의 시위대 해산을 둘러싼 논란도 마찬가지다. 일부 언론과 시위대는 경찰이 물대포까지 동원했다며 6월 민주항쟁 당시 전두환 정권이 최루탄으로 무차별 진압한 것과 무엇이 다르냐고 주장한다. 그렇다면 심야에 경복궁 담을 넘어 청와대로 진입을 시도한 시위대를 그대로 놓아두어 사회질서 유지를 포기하고 무정부 상태의 혼란으로 치닫도록 방치하란 말인가. 일부 시위대는 그제 청와대 앞 진출을 시도하면서 확성

---

82) 박석원, 「민주 "마지막 경고" ……11년 만에 거리로: 당원 4000명 참석……촛불집회로 합류」, 『한국일보』, 2008년 6월 2일.

기를 통해 '이승만 정권을 하야시켰던 장면이 떠오른다'고까지 선동했다. 쇠고기 촛불시위를 6월 민주항쟁으로 몰아가고 싶은 세력이 있다면 국민 건강을 위협해 정치적 목적을 이루려는 집단이라고 의심할 수밖에 없다."

『조선일보』(2008년 6월 2일) 사설은 "시위대에는 아기를 태운 유모차를 끌고 나온 사람, 장애인도 섞여 있다. 위험천만한 일이다. 이제 취임한 지 석 달이 겨우 지난 대통령을 향해 '물러가라'고 하는 것이나 지금 시대에 '독재 타도'를 외치는 것도 순수하다고 보기는 어렵다. 시위 진압에 경찰 특공대를 동원한 경찰도 문제가 있다. 이날 청와대 앞에서 경찰 특공대는 전면에서 시위대와 몸싸움을 벌이며 사람들을 연행했다. 경찰 특공대는 88올림픽 때 테러에 대비해 만들어졌다. 경찰이 동원할 수 있는 마지막 수단을 일반 시위대와 맞서게 한 것은 지나쳤다고 할 수밖에 없다"고 했다.

여야의 '재협상 촉구 결의안' 합의

2008년 6월 2일 농림수산식품부는 고시의 관보 게재를 무기한 연기했으며, 시민·사회 원로들은 '내각 총사퇴, 재협상만이 살 길'이라는 내용의 시국 선언을 발표했다. 각종 여론조사에선 국민 대다수가 한미 쇠고기 협상을 다시 하라고 요구하는 것으로 나타났다. 한국갤럽 조사에서 '재협상을 해야 한다'(81.2%)는 응답이 '재협상은 필요 없다'(15.6%)는 의견을 압도했다. '미국 쇠고기를 먹으면 광우병에 걸릴 가능성이 매우 높다'고 생각하는 국민이 33.2%나 됐다.[83]

6월 3일 정부는 미국에 자율 규제를 요청했으며, 여야는 '재협상 촉구 결의안'에 합의했다. 이와 관련, 김종수『중앙일보』논설위원은 2008년 6월 4일자 신문에 "미국산 쇠고기 수입을 반대하는 시민들의 촛불집회가 드디어 정부의 백기 항복을 받아냈다. 흡사 정의로운 국민들의 주장이 승리한 듯한 모습이다. 정부가 그토록 안 된다고 우기던 재협상을 하겠다고 굴복했으니 이겼다는 생각을 가질 만도 하다. 그런데 그게 다일까. 정부를 이긴 것으로 다 끝난 것인가. 촛불은 이제 꺼질 것인가. 나는 아니라고 본다"며 다음과 같이 말했다.

"촛불집회는 쇠고기로 시작됐지만 그 불꽃을 키운 것은 쇠고기만이 아니었다. 촛불집회에 참석하는 이들의 면면을 보라. 각계각층 각양각색의 사람들이 모였다. 광우병 걱정도 걱정이지만 촛불 확산의 배후(?)에는 우리 사회의 온갖 불만과 불안 요인이 담겨 있다. 광우병으로부터 아이를 지키겠다는 순진한 아주머니부터 0교시 수업이 싫은 중고생, 대규모 구조조정의 칼바람이 두려운 공기업 노조원, 기름값 상승으로 생계를 위협받는 영세민에 이르기까지. 이들의 불만이 이명박 정부에 대한 불만으로 전이되면서 촛불의 열기가 증폭됐다. 물론 여기에는 시민들의 불만에 편승한 일부 좌파 단체와 야당의 부채질도 한몫을 했을 것이다. 쇠고기 재협상이 관철됐다고 이들의 불만이 해소되거나 이명박 정부의 문제가 풀린 것은 아니다."[84]

같은 날 김창균『조선일보』정치부 차장은 "2008년 6월 청계천 거리를 메운 미국 쇠고기 수입 반대 시위는 그 골격이 6·3사태를 닮았다. 40년

---

83)「무역 피해 오더라도 쇠고기 재협상 논의하는 수밖에(사설)」,『조선일보』, 2008년 6월 3일.
84) 김종수,「무능한 보수, 무책임한 진보」,『중앙일보』, 2008년 6월 4일.

촛불시위 현장에서 쇠고기 고시 철회를 요구하는 피켓을 들고 시위하는 사람들.

전 박정희 정부는 경제개발을 위한 재원 마련을 위해 한일 국교 정상화를 강행했다. 이명박 정부는 경제 선진화를 위한 한미 FTA 비준 여건 조성을 위해 미국 쇠고기 수입 협상을 타결 지었다. 그때나 지금이나 '힘센 나라에 국가적 자존심을 팔아 넘겼다'는 국민 정서가 시위에 불을 댕겼다"며 다음과 같이 말했다.

"2008년 6월 시위는 국정 운영을 자신의 개인 비즈니스처럼 여기는 대통령들의 행태를 더 이상 받아들일 수 없다는 반발이었다. 미국 쇠고기 파동 와중에 여야 양쪽에서 '대통령제를 다시 생각해볼 때가 됐다'는 개헌 논의가 번지고 있는 것은 우연이 아니다. 세계화 흐름을 거부하는 민족주의는 심리적 쾌감을 주지만 나라의 장래엔 그림자를 드리운다. 반면 국가 권력이 한 사람 손에서 제도적으로 분산되는 과정은 정치 발전의 역사다. 지난 몇 주간 청계천 거리에서 벌어졌던 일들이 대한민국 역사 속에 어떤 평가를 받게 될지가 이 두 갈래 길 앞에 서 있다."

『미디어오늘』(2008년 6월 4일)에 따르면, "『오마이뉴스』, 『민중의소리』 등은 촛불 문화제 현장 생중계가 계속되면서 시민들의 폭발적인 관심에 즐거운 비명을 지르고 있다. 반면 편파·왜곡 언론으로 지목된 조중동은 시민들의 성난 함성에 시달리고 있다. 현장 취재에 나선 김태환 『민중의소리』 사회부장은 '시민들이 인터넷 방송 차량을 찾아와 1만 원, 2만 원 후원금을 즉석에서 내기도 한다'면서 '기자들에 대한 불신이 커서 『민중의소리』 조끼를 입고 있다. 현장에 접근하지 못하고 한쪽에 나와 있는 조중동 기자들이 안쓰러울 때도 있다'고 말했다."

72시간 릴레이 국민운동

2008년 6월 3일 알렉산더 버시바우 주한 미국 대사는 유명환 외교통상부 장관과 면담한 뒤 기자들에게 "미국 정부로서는 재협상 필요성을 못 느낀다. 한국 정부의 미국산 쇠고기 수입 위생 조건 고시 연기에 실망하고 있다. 한국인들이 미국 쇠고기에 관한 과학적 사실을 더 배우기를 바란다"고 말했다. 이에 대해 손학규 통합민주당 대표는 4일 최고위원 회의에서 "국민 전체를 모욕했다"고 맹비난했다. 민주노동당 이정희, 곽정숙, 홍희덕 의원도 이날 미국 대사관 앞에서 기자회견을 열고 "타오르는 범국민적 분노에 기름을 붓는 오만한 작태"라며 "버시바우 대사는 현재의 한국을 제멋대로 좌지우지할 수 있는 미군정시대로 착각하고 있다"고 규탄했다. 이들은 대사관 측에 항의 서한을 전달했다.[85]

6월 4일 비운동권을 표방해온 서울대 총학생회는 서울대 학생회관에서 기자회견을 열고 '지난 5일 동안 미국산 쇠고기 수입 재협상과 장관 고시 철회를 요구하는 동맹휴학 여부를 투표한 결과 참가 학생 중 89.25%가 찬성했다'며 '5일 서울대인 동맹휴학을 공식 선언한다'고 밝혔다. 서울 지역 주요 대학들을 비롯해 전국 대학가에도 동맹휴학을 결의하거나 촛불집회에 동참하려는 움직임이 잇따랐다.[86]

6월 5일 광우병대책회의는 '72시간 릴레이 국민운동'에 돌입했으며, 민주사회를 위한 변호사 모임(민변)은 '쇠고기 고시' 10만 명 헌법 소원에 나섰다. 『동아일보』(2008년 6월 6일) 사설은 "광화문 촛불시위가 29일째로 접어들었다. 현충일이 낀 주말 연휴를 맞아 서울 도심에서는 72시간 철야 집회가 열리고 있다. 촛불집회 지도부는 10일 시위에 100만 명을 집결시킬 계획으로 군중 동원에 총력전을 펴고 있다"며 다음과 같이 말했다.

"민주노총은 쇠고기 협상 파문을 하투(夏鬪)와 연계하려는 전략 아래 총파업 찬반 투표를 진행 중이다. 18대 국회는 문도 못 열었는데 재·보선 결과에 고무된 통합민주당은 촛불을 들고 거리 정치에 박차를 가할 모양이다. 촛불시위는 6·10 민주항쟁 21주년, 6·13 여중생 사망 6주기, 6·15 남북공동성명 8주년을 동력으로 삼아 출범한 지 100일 남짓한 정부를 궁지로 몰아넣고 있다. …… 시위 지도부는 국민이 안전한 쇠고기를 먹도록 하려는 데 목적이 있는 것이 아니라, 촛불시위에서 등장하는 구호대로 'MB 탄핵'과 '정권 퇴진'으로 몰고 가려는 것이 아닌가 하는 의심이 든다. 출범 100일을 넘긴 정권이 흔들려 헌정질서(憲政秩序)가

85) 박석원, 「"한국인들 더 배우라니"…… 버시바우 발언 논란 확산」, 『한국일보』, 2008년 6월 5일.
86) 홍수영, 「서울대 총학 "오늘 동맹휴업"」, 『동아일보』, 2008년 6월 5일.

중단되고 대통령이 퇴진하는 사태가 일어난다면 나라가 가공할 혼란과 비용을 치르게 될 것이다."

박상훈 후마니타스 대표는 『경향신문』(2008년 6월 6일) 칼럼에서 "지난 선거를 평가하면서 유권자의 '보수화'를 탓하고 '욕망의 정치'를 말하는 사람이 많았다. 선거에서 패한 정당과 그 주변 지식인들이 특히 그랬다. '국민이 노망난 거 아닌가'라고 말한 정치인도 있었다. 투표를 의무화해야 한다며 낮은 투표율의 책임을 유권자와 시민에게 돌리는 주장도 있었다. 그랬던 그들이 지금은 높은 시민 의식을 일색으로 찬양하고 있다. 늘 이런 식으로 문제를 외부화해서 보고 무책임하게 알리바이나 찾는 것이 야당의 습성으로 굳어지는 것은 곤란하다"며 다음과 같이 말했다.

"제대로 된 야당이라면, 낮에는 직장과 학교에서 일하고 공부하다 저녁이면 민주주의를 위해 거리에 나서야 하는 시민들의 처지를 안타깝게 생각해야 할 텐데 전혀 그럴 용의가 없는 듯하다. 민주화 이후 20년이 지났고, 이제는 민주주의를 향유할 때도 되었건만, 여전히 시민이 나서야 하는 현실에 대해 마땅히 가져야 할 책암 의식도 없다. 과거나 지금이나 문제는 유권자 내지 시민에게 있는 것이 아니라 이들에게 표를 구하고 지지를 부탁했던 정치나 정당들이 제 역할을 못해왔기 때문이라는 사실을 그들은 잊고 있다. 대안 정부로서 야당이라는 길잡이 없이 청와대 결단만 바라보는 지금의 한국 정치는 분명 비극이다."

명박이 잡자, 명박이 잡자, 찍찍찍, 몇 마리?

2008년 6월 6일 이명박 대통령은 사실상 '재협상 불가'를 선언했다. 촛불집회에 모인 시민은 15만 명을 넘어섰다. 한승수 총리는 연세대에서 대학생들과 함께한 시국 토론회에서 "정부 대응 전략이 국민 생각과 맞지 않아 죄송하다"고 했다. 청와대 수석들은 일괄 사의를 표했다.

72시간 릴레이 촛불집회가 진행 중이던 6월 7일 오후 2시 서울광장 옆 국가인권위 배움터에서는 '촛불집회의 정치적·사회적 의미'를 모색하는 자리가 마련됐다. 이날 토론회 자리에서는 안진걸 광우병대책회의 간사와 교사 윤희찬 씨 사이에 격론이 오갔다. 윤 씨는 '어느 순간 등장한 대형 무대와 앰프의 존재가 자발성과 창의성을 보여준 어린 학생들에게는 엄청난 폭력으로 다가오고 있다'며 '광우병대책회의는 중앙 무대를 이용해 분위기를 하나로 모으려 하기보다는 광화문 주변에 여자 화장실을 설치하는 식으로 지원하는 것이 옳다'고 했다. 이에 안진걸 간사는 '10대 소녀만 나오는 것이 아니라 서울 시민 전체가 나오고 있는 상황에서 대다수 시민들은 소리도 안 들리고 우왕좌왕하는 것보다 무대 앰프 정도는 설치하는 게 필요하다는 생각'이라며 '과거 운동권 단체들이 중앙 집중식으로 집회를 진행한 것을 대성찰해야 한다는 지적은 맞지만 지금 대책회의가 제공하는 최소한의 서비스가 참여 시민들의 난장과 자율을 제약한다고 보지는 않는다'고 했다.[87]

『한겨레』(2008년 6월 8일)는 "요즘 촛불집회와 거리 시위에는 곳곳에서 때아닌 '쥐잡기' 마당이 펼쳐진다. 지난 5일 광화문 거리 시위 현장.

---

87) 손제민, 「"소통 중시하는 다중, 신자유주의적 세계화에 반기": 촛불집회 의미 토론회」, 『경향신문』, 2008년 6월 9일.

시민들을 막고 있던 전경 버스 앞 유리 와이퍼에 컴퓨터 '마우스'가 매달려 있었다. 이명박 대통령의 별명인 '쥐'를 잡겠다는 의미로 시민들이 달아놓은 것이다. 또 전경버스 여기저기에 '쥐박이 우리가 없애겠다', '고양이를 풀어 쥐를 잡자'는 피켓들이 걸려 있기도 했다"며 다음과 같이 말했다.

"한 40대 남성은 16절지에 '이 쥐랄 쥐쥐쥐 찍'이라고 적은 뒤 코팅해 들고 다녔다. 한 20대 남성은 실제 집에서 키우는 황토색 고양이를 들고 나와 시민들의 관심을 끌기도 했다. 시민들은 또 '쥐를 잡자' 게임을 '이명박 버전'으로 바꿔 즐겼다. '이명박 반대' 단체 티셔츠를 입고 10여 명씩 동그랗게 원을 만들어 시위를 즐기던 대학생들은 '명박이 잡자, 명박이 잡자, 찍찍찍, 몇 마리?'를 외치며 게임을 즐겼고, 이는 옆에 있던 다른 원으로도 옮겨졌다. 벌칙으로 등을 맞을 때 학생들은 '비폭력! 비폭력!'을 외치면서 까르르 웃기도 했다. 경찰과 정부를 비판하는 '패러디' 게임을 구경하던 시민들도 덩달아 웃었다."

『한국일보』(2008년 6월 8일)는 "대통령의 권위를 인정하지 않는 문화의 도래가 인터넷이 국민 속으로 파고든 시기와 일치한다는 것은 시사하는 점이 있다. 이 대통령을 겨냥한 탄핵이 처음 나온 곳도 인터넷이다. 인터넷에는 정책 실패에 대한 합리적인 지적과 비판도 많지만, 황당한 논리에 근거한 비난과 말초적 감정만 자극하는 욕설로 채워진 글들도 많다. 관심을 끌기 위해 조롱과 비하의 강도는 점점 세진다"며 다음과 같이 말했다.

"대통령의 권위를 인정하지 않는 정치 문화는 야당 시절 한나라당이 만들어낸 측면도 있다. 거칠게 대통령을 몰아붙였고, 급기야 취임 1년밖에 안 된 대통령을 탄핵의 장으로 내몬 게 한나라당이었다. 결국 이런 것들이 부메랑이 돼 돌아왔다는 지적이다. 어쨌든 대통령중심제 국가에서 대통령의 권위가 서지 않는 것은 국가적으로 불행한 일이다. 대통령은 나라의 중심이고 상징이다. 대통령의 권위가 필연적으로 추락할 수밖에 없는 정치적, 제도적, 문화적 허점은 없는지 진지하게 점검해봐야 한다는 지적이 나온다."

날카로운 지적이다. 한나라당으로서는 자업자득(自業自得)과 인과응보(因果應報)를 되새겨볼 일이었고, 국가 전체의 차원에선 인터넷 폭발 시대의 정치에 대해 근본적인 고민이 필요한 일이었다. 촛불집회를 이명박 퇴진의 기회로까지 삼은 강경 과격파들은 자신들의 그런 '공짜 근성'에 대한 성찰도 했으면 좋으련만, 그런 일은 일어나지 않았고 증오의 대결 구도는 이후로도 오랫동안 지속된다.

6 · 10 100만 촛불 대행진
촛불의 폭발과 몰락

21년 만의 함성, 제2의 민주화

6 · 10항쟁 스물한 돌인 2008년 6월 10일, 성난 민심을 보여주는 대규모 촛불 물결이 서울을 비롯한 부산 · 대전 · 대구 · 광주 등 전국 118곳을 뒤덮었다. 이날 촛불집회에는 서울 40만 명(주최 측 추산 70만 명)을 비롯해 전국적으로 50만 명(주최 측 추산 100만 명)이 넘는 인원이 참여했다. 21년 전인 1987년 6 · 10항쟁 이후 최대 규모였고, 2004년 3월 노무현 대통령 탄핵 규탄 촛불집회(20만 명)에 견줘 갑절이 넘는 인파였다. 집회를 주관한 광우병대책회의는 '오늘 참여한 인원을 보면, 이명박 정부는 사실상 국민의 심판을 받은 것이나 다름없다'고 주장했다.

이날 서울 시청광장에서 열린 '6 · 10 100만 촛불 대행진'은 저녁 7시에 시작됐다. 8시 30분께부터는 참가자들이 세 무리로 나뉘어 서울 시내 곳곳을 행진했다. 시민들은 서울 사직터널 앞과 삼청동 입구 동십자각 앞 등에서 경찰 버스와 컨테이너 등으로 길을 막은 경찰과 대치하다가,

6·10 100만 촛불 대행진이 있는 날 이명박 정부는 광화문 네거리에 컨테이너 장벽을 쌓는 것으로 대응했다.

자정께 다시 광화문 네거리에 모였다. 시민들은 광화문 네거리, 시청광장, 사직터널, 광교 네거리를 차지하고 공연을 여는 등 흥겨운 분위기를 연출하기도 했다.[88]

6월 10일 새벽부터 서울 광화문 네거리 세종로 한복판을 막아선 5.4m 높이 컨테이너 장벽은 11일 아침에 철거됐다. 하지만 '용접명박', '컨테이너 정부', '쥐박산성' 등 수많은 신조어를 낳으며 '이명박 대통령이 국민과 소통하기를 거부했음'을 상징하는 구조물로 오랫동안 사람들의 입에 오르내렸다. 인터넷 이용자들이 참여해 꾸미는 온라인 백과사전인 위키백과(ko.wikipedia.org)에는 10일 "명박산성이란 2008년 6월 10일 6·10 민주화 항쟁 21주년을 맞아 서울특별시 광화문 네거리에서 열린

88) 석진환, 「촛불은 외쳤다, 장벽 걷어내고 민심 들어라: 서울 40만 명 등 전국 50만 명 촛불 행진」, 『한겨레』, 2008년 6월 11일.

대규모의 시위에 대비하여 광화문 네거리에 설치한 컨테이너 박스를 대한민국 네티즌들이 비하하여 부르는 말"이라며 "한국 일부 국민들은 이에 대해 '이것이 이명박식 소통'이라며 조롱하고 있다"라는 용어 풀이가 등장했다.[89]

8만 명(경찰) 대 70만 명(국민대책회의). 6·10 촛불집회 참가자 숫자를 놓고 경찰과 주최 측이 아홉 배의 차이를 보였지만, 인파의 규모가 경악할 만한 수준임은 분명했다. 10일 밤 서울 코리아나호텔 앞에서 100만 촛불 대행진을 지켜본 최장집 고려대 정치외교학과 교수는 "동서를 통틀어 민주주의가 공고화된 나라에서 이렇게 대규모로 시위 인파가 거리로 나오는 경우는 없었던 것 같습니다"며 다음과 같이 말했다. "프랑스의 68년 5월은 혁명적 사태가 전개된 측면이 있다고 하지만, 오늘 이 자리는 그와는 다른 의미에서 뜨거운 목소리와 함께 질서 있고 평화적이며 냉정한 분위기가 조화된 매우 특이한 현상으로 보입니다. 세계적으로도 민주화됐다고 평가받는 국가에서, 어째서 100일밖에 안 된 정부에 대해 이 정도의 대규모 시위가 일어날 수 있는지 민주주의사적으로도 연구할 거리가 될 것입니다."[90]

『경향신문』은 6월 11일자 1면 머리기사의 제목을 '21년 만의 함성, 제2의 민주화', '6·10 촛불 대행진 전국 100만 명 참여'라고 뽑았다. 이에 김창룡 인제대 언론정보학과 교수는 『경향신문』 옴부즈만 칼럼에서 "촛불 대행진에 과연 '100만 명'이 참가했는지는 의문이다. 수치가 물론 중요한 것은 아니지만 지면 제작에서 세심하고 좀 더 중립적이어야 한다

---

89) 노현웅, 「"이것이 국보 0호 명박산성" 조롱거리 된 '컨테이너 철벽'」, 『한겨레』, 2008년 6월 12일.
90) 손제민, 「최장집 교수 "100일 정권이 퇴진하는 사태 올 수도"」, 『경향신문』, 2008년 6월 11일.

시청광장에서 광화문 네거리까지 펼쳐진 6·10 100만 촛불 대행진 장면. 인파의 규모는 경악할 만한 수준이었다.

는 주문이다"며 다음과 같이 말했다. "관련 기사는 12개 면에 걸쳐 자세하게 보도했다. 큰 행사였고 중요한 이슈였기 때문에 지면을 대폭 할애하려는 의도를 모르는 바 아니지만 좀 더 절제와 차분한 대응이 필요했다. 특히 야당이 국회 개원을 거부하고 거리로 뛰쳐나와 시민들과 함께하는 행태는 무책임한 정치의 전형으로 '국회로 돌아가라'는 목소리를 냈어야 했다. 촛불 민심을 잘 반영하는 것도 중요하지만 국정이 제자리를 잡을 수 있도록 균형 잡힌 지면 제작을 하는 것은 일류 신문의 또 다른 조건이다."

정부 퇴진을 위한 국민 항쟁도 불사

2008년 6월 11일 광우병 쇠고기 전면 수입을 반대하는 국민대책회의는 성명을 통해 '이명박 대통령과 정부에 20일까지 쇠고기 협상을 무효화하고 전면 재협상에 나설 것을 명령한다'면서 '이 정부가 주권자의 명령을 끝내 거부한다면 정부 퇴진을 위한 국민 항쟁도 불사할 것'이라고 선언했다.

이에 『동아일보』(2008년 6월 13일) 사설은 "주권(主權)의 의미조차 모르는 황당한 주장이다. 주권은 국민 다수의 의사가 선거라는 민주적 절차를 통해 집약됐을 때 비로소 의미를 갖는다. 다수 국민이 선출한 정부가 국민의 위임을 받아 주권을 행사한다는 얘기다. 이명박 정부 또한 같다. 그런 정부에 대책회의가 무슨 '명령'을 한다는 말인가. …… 지금 '광화문 코뮌'이라도 세우겠다는 것인가. 대책회의에는 1,700여 개 단체가 참여하고 있다지만 촛불시위에 참여한 시민들이 과연 그들의 정체를 제대로 파악하고 있는지 의문이다"고 했다.

6월 12일 저녁 한국방송(KBS) 본관 앞에서 이틀째 계속된 촛불시위에 참가한 누리꾼들은 최시중 방송통신위원장의 퇴진에 초점을 맞췄다. 전날 70여 명이 시위에 참가했으나 12일에는 참여자가 열 배 이상 늘어났다. 밤 10시께에는 서울시청 앞에서 시위를 벌이던 시민 200여 명이 합류하기도 했다. 이들은 '최시중의 방송 장악 촛불 들어 막아내자', '최시중은 물러나라' 등의 구호를 집중적으로 외쳤다. 11일 시작된 감사원의 KBS 특별 감사로 촉발된 이 시위는 정연주 KBS 사장 퇴진 운동을 벌이고 있는 KBS 노조를 겨냥했다. 촛불로 '노조 바보'를 써보이고 "국민이냐 명박이냐 어용 노조는 선택하라" 등의 구호를 외쳤다. 11일 낮부터

"지금 끄면 국민 다시 불행" "파국 막게 제도권 맡겨야"

전문가 대담
한홍구 성공회대 교수·교양학부
강원택 숭실대 교수·정치학

"상시 참여·감시 역할 필요… 지속해도 동력 안떨어져" 한홍구
"정권퇴진으로 가면 위험… 폭넓은 인적쇄신이 돌파구" 강원택

강원택 교수는 정치제도적으로 거리 정치의 활성화는 바람직하지 않다고 밝혔다. 제도권 정당인 민주당에도 책임 있는 정치를 요구했다.

포털 사이트 다음 '아고라'에서 시작된 'KBS 표적 감사 반대' 서명운동은 만 하루가 지난 12일 낮 1시께 가볍게 2만 명을 넘어섰다.[91]

촛불집회의 진로와 관련, 『경향신문』(2008년 6월 16일)은 한홍구 성공회대 교수와 강원택 숭실대 교수의 대담을 게재했다.

강원택: 정권 퇴진 구호는 불행한 일입니다. 우리가 어렵게 만든 6·10이 결국 직선제 개헌 아니었습니까. 정해진 제도적 틀 내에서 공정 경쟁을 통해

---

91) 김동훈·권귀순, 「"최시중 퇴진" 분노하는 누리꾼」, 『한겨레』, 2008년 6월 13일.

대통령을 뽑겠다는 게 민주화의 목소리였거든요. 그게 있어서 2004년 탄핵 때도 용납할 수 없었던 것이고요. 지금 이 대통령 지지율이 10%대지만, 퇴진 여부를 물으면 다를 것이라 생각합니다.

한홍구: 시민들이 어차피 숫자는 줄겠으나 (촛불집회가) 정기화될 경우 몇 천 명은 모일 것이고 큰 이슈가 있으면 10만, 50만 명까지 모이는 대형 집회가 계속될 겁니다. 87년 6월항쟁, 미선·효순 양 사건, 탄핵 그리고 지금 이렇게 네 가지 사건은 모두 대의 민주주의가 작동이 잘 안 돼 나온 것입니다. 앞의 세 번은 대의 민주주의의 핵심적 장치인 선거로 촛불을 끄고 집으로 갔습니다. 지금 자꾸 왜 퇴진 이야기가 나오느냐면 이미 선거를 치렀단 말입니다. 시민들도 굉장히 갑갑한 거죠. 카드를 쥔 것은 이명박 정부입니다.

강원택: (촛불집회의 진로는) 예민한 부분입니다. 정부가 아무리 노력해도 전면 재협상은 현실적으로 어렵다고 봅니다. 만족할 만한 대답을 못 줄 겁니다. 촛불집회는 이어가고 퇴진 운동도 일부 가겠죠. 그렇게 되면 속성 자체가 대단히 정치적 이슈로 변하는 것입니다. 일정 부분 사람들이 빠져나올 거라 생각됩니다. 중요한 것이 국회의 역할입니다. 이번 사태는 국가와 시민이 직접 맞부딪치고 중간에 완충지대가 없어 악화된 것으로 볼 수 있습니다. 제도적 장치가 필요합니다. 촛불이 줄고 국회가 맡는 게 바람직하다고 봅니다.

한홍구: 정권 퇴진 요구가 전면화되면 부담을 느껴 빠지는 사람이 있을 겁니다. 다만 집회 자체의 동력이 상실되는 수준으로 줄지는 않을 겁니다.

강원택: 쇠고기 이슈는 모든 사람이 공감할 수 있는 생활 이슈입니다. 정권 퇴진은 무겁고 딱딱한 이슈입니다. 정파적 문제가 됩니다. 모두 생각이 다르고 일부는 멀게 느끼기도 할 겁니다. 얼마나 많은 이들로부터 공감을 얻

을 수 있겠느냐, 저는 힘들 것이라고 봅니다.

한홍구: 저는 생각이 다릅니다. 이 사람들의 경우 정권의 문제를 과거처럼 진보 · 보수, 민주 · 반민주로 보지 않습니다. '국민들의 뜻을 따르지 않는 머슴이면 어떻게 해야 하나. 당연히 갈아야 한다' 고 생각하는 겁니다. '국민 뜻을 따르지 않는 게 독재구나' 하는 생각을 공유합니다. 생활 정치 이슈가 가두시위로, 또 재협상 요구에서 퇴진 운동으로 가는데 너무 자연스럽게 흘러가고 있습니다.

강원택: 저는 촛불이 고립될 수 있다고 보는 편입니다. 절차적 민주주의가 바로 민주화 아니었습니까. 그 틀이 20년간 안정적 형태로 유지돼 왔습니다. 바꿔 말하면 지금 이 체제에 대한 만족도도 어느 정도 높을 겁니다.

한홍구: 촛불은 처음부터 정치적이었습니다. 시민들이 수시로 참여하며 의사를 표현하는 정치적 행위입니다. 정권 퇴진 운동을 하게 되면 촛불시위가 고립될 거라 생각하지 않습니다. 적극 참여층은 그대로 가는 겁니다.

강원택: 정치제도적으로 본다면 거리 정치의 활성화는 바람직하지 않다고 생각합니다. 국민의 의사가 참여 민주주의 형태로 표현되는 건 바람직하지만, 제도권 정치를 대신해 문제 해결의 방식이 되면 장기적으로는 제도에 혼란을 줄 수 있습니다. 이명박 대통령이 가장 큰 책임자이지만, 정당들도 역시 이 사건을 심각하게 바라봐야 합니다. 민주당은 책임을 공유할 필요가 있다고 생각됩니다.

물론 이후의 역사는 강원택의 평가와 판단이 옳았음을 보여줬다.

촛불의 제도화, 가능한가?

2008년 6월 16일 『경향신문』 주최로 참여연대 강당에서 열린 '촛불집회와 한국 민주주의'에 대한 긴급 시국 토론회에서 최장집 고려대 교수는 "촛불집회는 시위·운동을 통해 정치체제의 문제를 해결할 수 있다는 하나의 정치관을 유발할 수 있다"며 다음과 같이 말했다. "정치 참여의 폭을 넓히고 이를 통해 제도 변화를 가져와야 했다는 측면에서, 앞선 6월 항쟁이 남긴 유산은 그렇게 성공적인 것이라 평가할 수는 없다. 이는 오늘의 촛불집회가 참고해야 할 사례다. 촛불집회가 참여의 폭을 확대시키는 동력으로 작용한다면, 그것은 6월항쟁이 남긴 긍정적 유산의 목록에 더해질 것이다."

6월 17일 『경향신문』과 진보신당이 공동 주최로 서울 여의도 진보신당 회의실에서 열린 긴급 시국 대토론회 제2차 '촛불집회와 진보 정당의 과제'에선 다음과 같은 의견들이 제시되었다.

> "가난한 사람들은 실제 촛불시위에 나올 시간도 없었다. 비정규직의 실제 참여는 많지 않았다."(박상훈 후마니타스 대표, 촛불집회를 중산층 중심으로 해석하면서 현 사회에서 더 시급한 과제를 억압했다는 취지로)
>
> "촛불시위는 진보 정치 세력 전체의 지도력 부재가 다 드러난 사건이다. 촛불 대중에 대한 찬양으로만 흐르면 자신이 왜 무능했는지 답이 안 나온다. 그렇게 되면 대중은 다시 보수로 회귀한다."(조국 교수, 촛불에서 주목할 점을 지적하며)
>
> "촛불집회 하고 싶다는 사람 왜 말리냐. 말릴 필요 없다. 체력 달리면 정당 역할이 중요해진다."(하승우 교수, 촛불 앞으로 어떻게 해야 하나 발언 도중)

"광장의 직접민주주의를 제도화하는 것이 불가능하다는 전제는 위험하다. 촛불로 드러난 온라인 '숙의 민주주의(deliberative democracy)'의 가능성을 네트-정당의 형태로 정당정치에 접목해야 한다."(정태인 교수, 최장집 교수의 정당정치론과 관련해)

6월 17일 이명박 대통령은 삼성동 코엑스에서 열린 '인터넷 경제의 미래'를 주제로 한 경제협력개발기구(OECD) 장관 회의 개회식 환영사를 통해 '(인터넷을 통한) 거짓과 부정확한 정보의 확산은 합리적 이성과 신뢰까지도 위협하고 있다'며 '인터넷의 힘은 신뢰가 담보되지 않는다면, 우리에게 약이 아닌 독이 될 수도 있다'고 말했다. 이어서 이 대통령은 '우리 대한민국은 인터넷 선도 국가로서 정치, 경제, 사회, 문화 등 모든 부분에서 인터넷의 폭발적인 힘이 발휘되고 있다'면서 '우리는 지금 이러한 인터넷의 힘이 긍정적으로 작용할 때 인류에 얼마나 유익한지, 부정적으로 작용될 경우 어떠한 악영향을 끼치는지 경험하고 있다'고 덧붙였다.

김상조 한성대 교수는 『경향신문』(2008년 6월 18일)에 기고한 「촛불의 제도화, 가능한가?」라는 칼럼에서 "한국 사회가 격동하고 있다. 40여 일째 계속되는 촛불시위 앞에서 이명박 정부의 그 의기양양함은 흔적도 없이 사라졌다. 그저 놀라울 따름이다. 모든 지식인과 언론이 연일 이 '촛불 현상'의 경이로움에 주석 달기를 하고 있으니, 필자가 어쭙잖게 나설 이유는 없겠다. 그런데 촛불을 바라보는 필자의 마음 한구석에 불안감이 스멀스멀 피어오르고 있음을 솔직히 고백한다. 이 무슨 망발이냐고? 필자가 감히 촛불 현상에 불안감이라는 불손한 단어를 갖다 붙인 것은 과거 두 번의 쓰라린 기억 때문이다"며 다음과 같이 말했다.

"1987년 6월의 민주화운동과 96년 말의 정치 총파업이 그것이다. 그 때에도 지금의 촛불 현상만큼이나 우리 사회의 밑바닥에서부터 끓어넘 치는 에너지에 전율을 느꼈다. 그러나 그 두 번의 사회 변화 시도는 결코 성공적이지 못했다. 아니, 참담한 실패였다. 먼저, 87년의 민주화운동. 며칠 전 서울광장이 수십만 개의 촛불로 뒤덮였을 때 필자도 그 언저리 에서 21년 전의 기억을 되살리며 감격에 겨워했다. 그러나 모든 학자들 이 평가하듯이, 87년 6·10 민주화운동은 미완성이다. 대통령 직선제를 쟁취했지만, 그 이후로도 수구 정권은 10년을 더 연명했다. 그 수구 정권 을 무너뜨린 것은 한국 사회의 진보 역량이 아니라 외환위기였다. 그리 고 한국의 진보 진영은 더욱더 험난한 가시밭길을 걸어가고 있다. …… 그 어떤 사회 세력도 자신의 의지를 관철시킬 헤게모니를 갖지는 못한 반면, 상대방의 의도는 언제든지 좌절시킬 수 있는 비토권(veto power)만 난무하는 상황에서, 촛불만으로는 한국 사회의 미래를 약속할 수 없다. 촛불의 제도화? 자칫 촛불이 가지는 역동성을 소진시키는 위험한 발상 일 수 있다. 그러나 또다시 죽 쒀서 개 주는 불행한 일이 반복되지 않기 를 바라는 마음에 끙끙거려본다. 촛불의 역동성을 사회시스템으로 전화 하는 길은 없는가?"

『국민일보』(2008년 6월 19일) 사설은 "한 달 가까이 도심 집회를 이끌 어온 광우병대책회의의 수명이 다한 것 같다. 1,700여 개 시민단체 및 네 티즌 모임으로 구성됐다고 하지만 순수성을 잃은 이익집단으로 전락했 고, 일부 멤버들의 일탈은 범죄 수준에 이르고 있다"며 다음과 같이 주 장했다. "먼저 대책회의가 최근 밝힌 '1+5 투쟁'은 스스로의 정체성을 공개적으로 밝힌 것이다. 이들은 '광우병만이 아니라 공기업 민영화 · 교육 개혁 · 공영방송 · 수도 민영화 · 대운하 반대로 이슈를 옮겨가며 집회를 계속할 것'이라고 했다. 광우병을 앞세워 자신의 몫을 챙기려는 이익집단의 본색을 드러낸 것이다. …… 이제 광우병대책회의는 간판을 내릴 때가 됐다. 대표성과 도덕성을 의심받는 단체는 촛불을 들 자격이 없다. 그들에 의해 더 이상 법과 질서가 희생되어서는 안 된다. 그들의 집단 이익을 위해 시청 앞 광장과 거리를 내줄 수 없다."

이명박의 대국민 사과

2008년 6월 19일 이명박 대통령은 특별 기자회견을 열고 쇠고기 파동에 대해 '아무리 시급한 국가적 현안이라도 국민이 어떻게 받아들일지 챙겨야 했는데 이 점에 대해 뼈저린 반성을 하고 있다'고 했다. 취임 후 두 번째 공식적인 대국민 사과였다. 이 대통령은 30개월 이상 된 미국 쇠고기가 절대 수입될 수 없도록 하겠다고 다시 약속하고 청와대 비서진의 대폭 개편과 개각 방침도 밝혔다. 대운하 사업 또한 국민이 반대하면 추진하지 않겠다고 했다. 가스 · 물 · 전기 · 건강보험 민영화에 대해서는 애초부터 계획이 없었다고 했다.

대통령은 6월 10일 최대 촛불시위 때 "청와대 뒷산에 올라가 끝없이 이어진 촛불을 바라봤다"며 "시위대의 함성과 함께 내가 즐겨 부르던 노래 '아침이슬'도 들려왔다"고 했다. 대통령은 "캄캄한 산 중턱에 홀로 앉아 국민을 편안히 모시지 못한 저 자신을 자책했다. 늦은 밤까지 생각하고 또 생각하며 수없이 저 자신을 돌이켜 봤다"고도 했다. "어머니

6월 19일 이명박 대통령은 취임 4개월 만에 쇠고기 문제와 관련해 두 번째 공식 사과를 했다.

들의 마음을 세심하게 살피지 못했다", "첫인사에 대한 따가운 지적을 겸허히 받아들인다", "어떤 정책도 민심과 함께해야 성공한다는 걸 절실히 깨달았다"고 했다.

이에 『조선일보』(2008년 6월 20일) 사설은 "이제 대통령은 인사와 정책에서 완전히 새판을 짜야 한다. 쓸 사람 쓰지 말고, 해야 할 정책 하지 말라는 것이 아니다. 사람은 널리 쓰고, 정책은 조급증부터 버리라는 것이 국민의 바람이다. 대통령이 국민의 마음을 다시 얻을 수 있느냐 없느냐를 가를 운명의 시기가 다가오고 있다"고 했다.

『경향신문』(2008년 6월 20일) 사설은 "이명박 대통령의 특별 기자회견은 한미 간 쇠고기 협상 타결을 미리 상정한 듯한 회견 택일이나 절차도 어설프거니와 내용도 알맹이 없는 사과 회견이었다. '이런 식이었으니 쇠고기 파동이 일어날 수밖에 없었구나'라는 자괴감마저 든다. 물론 이 대통령은 어느 때보다 자세를 낮춰 사과와 반성을 했다. 그러나 여전히 국민과의 진정한 소통은 외면한 채 일방적인 설득과 당부로 일관했다. 이 대통령과 여권의 기대처럼 이번 회견이 성난 민심을 되돌리기 어려울 것으로 보는 이유다"며 다음과 같이 말했다. "쇠고기 파동의 와중에서 국민이 목말라하는 신뢰 회복은 수사나 말이 아닌 행동과 실천에 있다. 국민은 혼자 밀어붙여놓고는 실수할 때마다 사과만 하는 대통령을 원치 않는다. 국민과 고통을 나누고, 그들이 원하는 바를 용기 있게 실천에 옮기는 진정한 '소통의 대통령'을 원한다. 그것이 '촛불 민심'의 교훈이다. 사과만으로 난국을 타개할 수는 없는 일이다."

『국민일보』(2008년 6월 20일) 사설은 "이명박 대통령은 어제 특별 기자회견을 하지 않는 게 나았다. 원래 계획대로 한미 쇠고기 협상 결과를 지켜보고, 대국민 담화를 발표한 뒤 기자회견을 통해 국민의 이해를 구하는 게 옳았다. 협상이 끝나지 않은 상황에서 회견하는 바람에 결과적으로 소 없는 찐빵이 됐다. 지난달 담화 이후 28일 만에 다시 '뼈저리게 반성'하고 '자책'한 진정성도 다소 빛이 바랬다. 대통령이 국민 앞에 선 가장 큰 이유는 미국산 쇠고기 파동이다. 그러나 국민이 기대했던 진전된 새 내용은 하나도 없었다. 재협상에 나서지 못한 장황한 해명과 '국민이 원하지 않는 한 30개월령 이상의 미국산 쇠고기가 우리 식탁에 오르는 일이 결코 없도록 하겠다'는 기존 입장을 되풀이 설명하는 데 그쳤다"며 다음과 같이 말했다.

"이 정도로는 다수 국민을 감동시킬 수 없다. 협상이 타결되지 않았으면 담화를 연기하면 그만이다. 굳이 형식을 바꾸면서까지 회견한 이유를 납득할 수 없다. 하루 이틀 늦춘다고 큰일이 나는 것은 더욱 아니다. 실체가 불분명한 광우병대책회의가 오늘로 정한 정권 퇴진 운동 시한이 두려워서였나. 그게 아니라면 먼저 쇠고기 문제를 매듭지은 뒤, 국민에게 설명하고 이해를 구하는 게 당연한 순서다. 다수가 충분히 이해할 수 있을 일을, 대통령과 청와대는 왜 미숙하게 처리하는지 답답할 따름이다."

한미 쇠고기 추가 협상

2008년 6월 21일 한미 쇠고기 추가 협상 결과가 발표되었다. 우리 측 협상 대표인 김종훈 통상교섭본부장이 공개한 추가 협상 합의의 골자는 세 가지였다. 첫째, 30개월령 이상 미국산 쇠고기 수입을 차단하기 위해 '한국 품질체계평가(QSA)' 프로그램을 도입한다. 둘째, 미국 내 의심 작업장을 점검할 수 있는 우리 측 검역 주권을 확대한다. 셋째, 30개월령 미만 쇠고기의 4개 부위(뇌, 눈, 척수, 머리뼈)는 수입하지 않는다. 유명환 외교통상부 장관은 "이 정도면 100점 만점에 90점 이상은 된다고 본다"고 주장했다.[92]

그러나 광우병대책회의는 전면 재협상을 외치며 시위를 계속 이어나갔다. 21일 오후 5시 30분부터 7시까지 광화문 네거리에서 서울광장까지 태평로 1km 구간이 촛불시위대에 점령당했다. 21일 밤부터 22일 아침까지 서울 세종로 일대에선 밤새도록 이른바 '국민 토성'이 구축되었다. 경찰이 촛불시위대의 청와대행을 막기 위해 경찰 버스로 만든 차단벽 앞에 시위대가 모래주머니로 성을 쌓은 것이다. 이를 밟고 버스 지붕 위로 올라간 시위대는 깃발을 흔들어댔다. '구국의 횃불 서총련', '노동자의 힘', '전국교직원노동조합', '민주노총', '진보신당', '공공노조', '민족반역자처단협회', '다함께' 같은 단체들과 '안티 이명박', '아고라' 같은 인터넷 모임의 깃발이었다.[93]

6월 22일 "뉴라이트전국연합과 재향군인회, 자유총연맹 등 보수 단체

---

92) 이영태, 「[쇠고기 협상 타결] 100% 만족은 아니지만…… 정부도 촛불도 할 만큼 했다」, 『한국일보』, 2008년 6월 23일.
93) 「경찰 버스 지붕 위에서 펄럭인 깃발들(사설)」, 『동아일보』, 2008년 6월 24일.

촛불집회가 계속됨에 따라 보수 단체도 집회로 맞대응하기 시작했다. 애국시민대연합 대표 서경석 목사는 "더 이상의 촛불집회는 우리나라에 조금도 도움이 되지 않으므로 바로 중단해야 한다"고 주장했다.

로 구성된 '거짓촛불반대 애국시민대연합'은 서울 청계광장에서 200여 명(경찰 추산)이 참가한 가운데 '불법 촛불집회 반대 및 시국안정 경제안 정 촉구 시민대회'를 열었다. 애국시민대연합 대표 서경석 목사는 '추가 협상에 미흡한 부분이 있더라도 앞으로 수정하고 보완할 방법이 충분히 있다'며 '더 이상의 촛불집회는 우리나라에 조금도 도움이 되지 않으므로 바로 중단해야 한다'고 주장했다.

『조선일보』(2008년 6월 24일) 사설은 "광우병대책회의가 주도한 20~22 일의 48시간 촛불집회에서 시위대가 사흘 내리 도로를 점거하고 가두시 위를 벌였다. 시위대가 전경 버스를 부수는 일은 이제 일상사가 돼버렸다. 어떤 사람은 망치를 휘둘렀고 어떤 사람은 전경 버스에 불을 지르려 했다. 한국말이 서툰 교포가 '이래선 안 된다' 고 하자 시위대에선 '아가리 닥치라' 는 욕설이 튀어나왔다" 며 다음과 같이 말했다.

"서울광장 둘레엔 촛불시위를 주도하는 단체들이 44개의 텐트를 쳐 놓고 있다. 이들이 불법으로 시민들의 공간을 점거하는 바람에 지난달 16일부터 매일 밤 개최하려던 재즈·국악·발레 문화 공연 28차례 가운데 18차례가 취소됐다. 그래도 경찰은 한 번도 이들에게 텐트를 철거하라는 말을 꺼내지 못했다. 경찰은 '48시간 집회' 동안 가장 많은 숫자가 모였던 21일의 경우 일반 시민과 중고생이 각각 300명쯤 됐고 나머지 9,000명은 노조와 단체 조직원, 대학생들이라고 밝혔다. 촛불집회는 이제 시민들의 순수한 모임이 아니라 좌파 단체와 이익집단이 벌이는 반정부 투쟁의 마당이 돼버렸다. 이들은 시위 도중 '5년 내내 촛불이다' 라는 구호를 외쳤다. 쇠고기 추가 협상 내용이 무엇이든 개의치 않는다는 투다. 본색을 드러낸 것이다. 대한민국 도로와 광장은 시민이 이용하기 위한 시민의 재산이지 촛불시위대의 것이 아니다. 쇠고기 사태에 얹혀 저마다 제 밥그릇 챙기겠다고 도로로 나와 차를 막고 전경 버스를 흔들고 선량한 시민에게 욕설을 해대는 시위대를 언제까지 이대로 용납해야 하는 것인가."

전봉관 카이스트(KAIST) 인문과학부 교수는 『조선일보』(2008년 6월 24일) 칼럼에서 "한국의 진보 세력은 '감동' 을 이용할 줄 안다. 한 달 넘게 지속되고 있는 촛불집회만 해도 옳고 그름을 떠나 끊임없이 '감동'을 기획하고 연출해왔다. 적어도 촛불집회에 참석한 사람들에게 '미친소 OUT', '뇌 송송 구멍 팍' 이라는 구호는 '대한민국 국민도 이제는 값

싸고 질 좋은 미국산 쇠고기를 먹게 됐다' 는 정부의 자화자찬보다 가슴에 와 닿았다. 진보가 '국민' 의 이름으로 '감동' 을 기획하고 연출할 때, 보수는 '배후가 있다' 느니 '국제사회와 신뢰를 깰 수 없다' 느니 하며, 촛불에 동조하는 국민들을 전혀 납득시킬 수 없는 소리만 해댔다"라고 말했다. 그의 말을 더 들어보자.

"필자는 보수를 표방하지만 촛불집회 반대 집회에는 가슴이 착잡해졌다. 한국의 보수가 감동이 없었던 것은 아니다. 1960년대 보릿고개로 밥을 굶던 국민에게 '우리도 필리핀만큼 잘살자' 라는 구호는 복음처럼 가슴에 와 닿았다. 박정희 대통령이 인권을 유린하고 민주주의를 억압한 명백한 오점에도 불구하고 대다수의 국민들에게 최고의 지도자로 평가받는 이유는 한반도 역사상 최초로 배고픔에서 벗어난 감동을 선사했기 때문이다. 야당의 빗발치는 반대에도 불구하고 경부고속도로가 완성될 수 있었던 것은 '전국을 일일 생활권으로!' 라는 구호가 '한국 경제의 예속을 가속화시킬 것' 이라는 야당의 주장보다 훨씬 국민 가슴에 와 닿았기 때문이다. 이제 보수는 탐욕만 남고 그때 그 감동은 잊었나? 매년 7% 성장하고, 국민소득 4만 달러 되고, 세계 7대 경제 강국에 진입하면, 고용 불안에 시달리고 양극화에 상처받은 국민들 가슴의 응어리가 풀리나? 감동 없는 정책은 성공할 수 없다. 우리 국민처럼 감정의 기복이 심한 국민을 상대로 한 정책은 더욱 그렇다. 감동이 무엇인지 도저히 모르겠거든 진보에게서라도 배워라."

'촛불시위 그만해야 한다' 58.5%

2008년 6월 23일 『동아일보』가 여론조사 기관인 코리아리서치센터(KRC)에 의뢰해 전국 성인 726명을 상대로 실시한 긴급 여론조사 결과, 미국산 쇠고기 수입 재개에 반대해 50여 일간 계속된 촛불시위에 대해 '그만해야 한다' (58.5%)는 의견이 '계속돼야 한다' (35.5%)보다 훨씬 많은 것으로 나타났다. 또 촛불시위 과정에서 '도로 점거 등 불법과 일부 시위대의 폭력 행위는 책임을 물어야 한다' (63.5%)가 '일부의 폭력 행위이므로 문제 삼을 필요가 없다' (28.9%)의 두 배를 넘었다. 통합민주당 등 야당의 국회 등원 거부로 18대 국회 개원이 지연되고 있는 데 대해서는 '일단 국회에 등원해서 여당과 협의해야 한다' 는 의견(75.9%)이 '쇠고기 전면 재협상이나 가축전염병예방법 개정 등이 관철된 뒤 등원해야 한다' 는 의견(17.7%)을 압도했다. 그러나 21일 발표된 한미 쇠고기 추가 협상 결과에 대해서는 '수용해선 안 된다' (52.9%)가 '수용해야 한다' (38.4%)보다 높았다.[94]

쇠고기 추가 협상 결과에 대한 여론도 점차 바뀌기 시작해 이후 여론조사에선 '추가 협상을 받아들여야 한다' 는 응답이 '받아들일 수 없다' 는 응답을 넘어서게 되었다. 한석동 『국민일보』 편집인은 "광풍은 잦아들었다. 촛불 문화제라는 한 이름 아래 함께 의분했던 선한 인파는 거의 모두 자기 자리로 돌아갔다. 미국과의 수입 쇠고기 추가 협상 결과가 나온 후 '촛불 문화제' 에 참가하는 일반 시민은 열 명 중 한 명 정도라는 보도다. 아직은 이따금 '이방인' 이 드나들지만 광풍 현장에 남은 자들

---

94) 박성원, 「"野 국회 등원을" 75.9%」, 『동아일보』, 2008년 6월 24일.

은 발가벗긴 모습의 낯익은 얼굴이 대부분이다. 그들 가운데 상당수는 반미 · 친북 · 반보수 집회 시위마다 어김없이 등장한다. 일부는 직업이 데모인 것도 같다"고 했다.[95]

이런 변화에 고무된 검찰 · 경찰은 촛불 민심에 대해 초강경 기조로 돌아섰다. 경찰과 시위대의 충돌이 일어나고 이런저런 폭력 사태들이 발생했다. 촛불집회의 성격이 '정권 퇴진' 운동을 내세운 과격한 폭력 시위 양상으로 바뀌고 시위대에 끌려나온 한 경찰이 폭행당하는 일 등이 벌어지면서 민심은 시위에서 멀어져갔다.

6월 26일 광우병대책회의는 기자회견을 열고 "이제 국민들이 정권 퇴진에 대한 논의를 하지 않을 수 없는 상황"이라며 "정권 퇴진 운동도 불사하겠다"고 밝혔지만, 이미 떠나가기 시작한 민심을 붙잡기엔 역부족이었다. 서울시는 27일 시청광장에서 미국산 쇠고기 수입에 반대하는 광우병대책회의 등 18개 단체가 설치한 천막과 텐트를 강제 철거했고, 28일 오후 10시 15분 경찰이 서울 태평로 파이낸스센터빌딩 인근에서 한 시간 넘게 물대포를 쏘며 시위대를 압박했다. 이후 어떤 일이 벌어졌는가?

『한겨레』는 '6 · 29' 새벽에 '5 · 18'을 보다'라고 제목을 단 사설에서 "방패와 진압봉으로 완전 무장한 경찰들이 몰려왔다. 비명을 지르며 흩어지던 시민들이 잇따라 맞아 쓰러졌다. 넘어진 젊은 여성에게 경찰들이 달려들어 군홧발로 짓밟고 방패로 찍었다. 인도에 서 있던 환갑이다 된 아주머니는 곤봉에 얼굴과 어깨를 맞아 기절했다. 사람들을 치료

---

95) 한석동, 「촛불 어디로 가는가」, 『국민일보』, 2008년 6월 25일.

하던 30대 의사까지 경찰들에게 집단 구타를 당했다. 경찰의 집단 폭행을 말리려던 스물네 살 여성 회사원도 되레 전경들에게 맞아 머리가 깨졌다. 비옷이 피로 물든 여성, 정신을 잃은 50대 남성, 입술이 찢긴 고등학생……. 6월 29일 새벽 서울 한복판 태평로의 모습이다"며 다음과 같이 말했다.

"착검한 총만 없을 뿐 1980년 '5·18'의 광주 모습 그대로다. 그 5·18의 만행을 저지른 전두환 군사정권이 국민의 민주화 요구에 항복한 1987년 '6·29'로부터 꼭 21년 만에 국가 권력의 무차별 폭력이 다시 자행됐다. 역사의 시계가 수십 년을 거슬러 과거로 돌아간 것인가. …… 촛불집회는 경찰과의 충돌로만 끝나선 안 될, 민심의 귀중한 외침이다. 귀 닫은 정권이 이젠 경찰을 앞세워 국민을 치려는 데 격분한 시위대의 심경을 이해 못할 바 아니나, 그렇다고 흥분하기 쉬운 어린 전경들을 적으로 삼을 일은 아니다. 시민들이 많이 다쳤지만, 시위대의 쇠파이프와 각목 등에 맞아 다친 전경도 한둘이 아니라고 한다. 안타까운 일이다. 정작 책임을 물을 사람들은 따로 있지 않은가."[96]

촛불을 지키는 힘은 비폭력

정부의 불법 시위 원천 봉쇄 방침에 따라 6월 29일 저녁 시청 앞 서울광장에서 열릴 예정이던 촛불집회가 무산됐다. 경찰의 원천 봉쇄로 촛불집회가 열리지 못한 것은 5월 2일 집회 시작 이후 처음이었다.

---

96) 「'6·29' 새벽에 '5·18'을 보다(사설)」, 『한겨레』, 2008년 6월 30일.

경찰은 30일 아침 6시 광우병대책회의 사무실이 있는 참여연대 사무실과 한국진보연대 사무실을 전격 압수 수색했다. 김영삼 정권 때인 1994년 설립돼 한국 시민운동의 대표적 단체로 성장한 참여연대가 압수 수색을 당하기는 이때가 처음이었다. 임채진 검찰총장은 이날 대검찰청에서 전국의 공안·형사부장들이 모인 가운데 '법질서 확립을 위한 전국 부장검사 회의'를 열고 "불법과 폭력으로 얼룩진 이번 사태에 종지부를 찍을 때가 됐다"며 "총력 대응 체제 구축"을 지시했다. 검찰은 민주노총 총파업을 "쇠고기 재협상 등을 목적으로 한 불법 정치 파업"으로 규정하고 엄정 대처하겠다고 강조했다.[97]

그렇지만 종교계 인사와 사회 원로들이 잇따라 촛불집회에 대한 입장을 천명하면서 분위기가 바뀌기 시작했다. 천주교 정의구현전국사제단은 30일 밤 서울 시청광장에서 미국산 쇠고기 재협상을 촉구하는 시국 미사를 올렸다. 사제단 소속 신부와 시위대는 미사 뒤 남대문, 명동 일대를 돌며 평화 행진을 벌였다. 전날의 극렬한 폭력과 충돌에 대비된 모습이었다. 사제단이 "촛불을 지키는 힘은 비폭력"이라는 원칙을 강조한 덕분이었다.[98] 이런 움직임에 한국기독교교회협의회·실천불교전국승가회 등 기독교·불교계도 동참하면서 비폭력 촛불이 부활했고 보수 단체들은 '반촛불'에 적극 나서는 공방이 한동안 이어졌다.

7월 4일 서울경찰청은 광우병대책회의와 한국진보연대 사무실을 압수 수색해서 입수한 문건을 분석한 결과, 두 단체가 촛불시위 초기부터 각종 불법행위를 기획·주도한 사실을 확인했다고 밝혔다.

---

97) 석진환 외, 「촛불 짓밟는 '공안 불도저' 민주주의 질식 위기」, 『한겨레』, 2008년 7월 2일.
98) 「본연의 자세 회복하는 게 진정한 촛불(사설)」, 『국민일보』, 2008년 7월 2일.

6월 30일 밤 천주교 정의구현전국사제단은 미국산 쇠고기 재협상을 촉구하는 시국 미사를 올렸다. 사제단 소속 신부들이 미사에 앞서 입장을 기다리고 있다.

7월 5일 '7·5 국민승리 선언 범국민 촛불 문화제'가 전국적으로 열렸다. 서울의 경우 '6·10 대행진' 이후 최대 인파(주최 측 50만 명, 경찰 5만 명 추산)가 모였지만 평화로운 분위기 속에서 진행됐다. 시민들은 남대문에서 종각까지 가두 행진을 벌였고 노래 공연, 퍼포먼스 등의 행사를 통해 민의를 표출했다. 이 집회엔 천주교, 개신교, 불교, 원불교 등 4대 종단과 통합민주당, 민주노동당, 진보신당, 창조한국당 등 야당 그리고 민주노총과 대학생 단체 등이 참여했다.[99]

99) 「비폭력의 힘 보여준 7·5 '촛불 행진'(사설)」, 『경향신문』, 2008년 7월 7일.

7월 6일과 7일 경찰이 서울 시청광장을 다시 원천 봉쇄하면서 서울 도심에서 '촛불'이 58일 만에 꺼졌다. 광우병대책회의가 평일 주최를 포기한 첫날인 8일 촛불집회는 민주노총 주관 아래 서울 여의도 MBC 앞에서 열렸다. 여의도 촛불집회는 '미국산 쇠고기 수입 반대' 보다는 MBC 〈PD수첩〉에 대한 검찰 수사 규탄에 집중됐다. 이날 오후 7시부터 열린 촛불집회에서 참가자 1,000여 명은 "검찰이 미국산 쇠고기의 문제점을 지적한 MBC를 수사하는 등 정부가 언론 장악을 시도하고 있다"고 주장했다.

경찰도 발가벗긴 무법천지

2008년 7월 11일 금강산 관광객 박왕자(53세·여) 씨가 북한군이 쏜 총에 맞아 숨지는 비극적인 사건이 일어났지만, 주요 이슈는 여전히 촛불이었다. 바로 그날 경찰은 한국진보연대와 광우병대책회의의 압수 자료에서 "밤에는 국민이 촛불을 들고 낮에는 운동 역량의 촛불을 들든가 해 사회를 마비시켜야", "7월 초 노동자 파업, 학생 농활, 농민 공동 투쟁 등을 고려해 집중 투쟁 배치하는 것 필요", "진정한 목표는 이명박 정부를 주저앉히는 것" 등과 같은 주장이 발견되었다고 공개했다.

이에 『동아일보』(2008년 7월 12일) 사설은 "이들 세력은 촛불시위가 시민의 자발적 참여로 이루어진 직접민주주의라고 미화했으나 그 핵심과 배후에서는 극좌파 세력이 일을 꾸몄다. 광우병대책회의 멤버인 '반전평화·자주통일위원회 연석회의' 자료에는 '대중적 저항 전선을 형성해 투쟁을 전개하고, 미국과 친미 보수 세력에 대한 민중 투쟁 전선을 수립' 하기 위한 행동 지침이 들어 있다. 경찰 조사 결과 광우병대책회의를 주도한 진보연대가 촛불시위 현수막을 일괄 제작해 전국 각지에 배달한 증거도 나왔다. 미군 철수와 친북 운동에 앞장서온 좌파 단체들이 촛불을 이용한 폭력 시위를 직간접적으로 주도한 것이다"며 다음과 같이 말했다.

"외곽에서는 MBC를 비롯한 방송과 포털 사이트 다음의 아고라가 거짓을 유포해 국민을 선동했다. 이들 세력은 지금도 촛불의 불씨를 되살리기 위해 발버둥치고 있다. 대책회의 문건에 나온 대로 민주노총 산하 금속노조의 총파업도 진행 중이다. 경찰과 검찰은 '공안 탄압' 운운하는 좌파 세력의 공세에 위축되지 말고 '사회 마비'와 '정부 주저앉히기' 획책의 전모를 낱낱이 밝혀내 법으로 엄정하게 다스려야 한다." [100]

7월 17일 광화문과 종로 일대 상인 115명이 "장기간의 불법 촛불집회 때문에 경제적 · 정신적 손해를 입었다"며 촛불집회를 주최한 광우병대책회의 간부들과 참여연대, 한국진보연대 그리고 국가를 상대로 총 17억 2500만 원을 배상하라는 집단 손해배상 청구 소송을 제기했다. 체포 영장이 발부되자 조계사로 피신한 광우병대책회의 간부들은 이날로 조계사 생활 12일째를 맞았다.

7월 17일 저녁 서울 도심 촛불시위에서 쇠파이프가 다시 등장하고 18일 만에 폭력 시위가 되풀이됐다. 시위 선두에 선 50여 명은 오후 10시 20분부터 마스크와 모자로 위장하고 쇠파이프, 해머, 화염 분사기, 새총 등으로 무장한 채 전경 버스 철망과 유리창을 부쉈다. 폭우가 쏟아진 19

---

100) 「광우병 선동 세력, 사회 마비-정부 전복을 노렸다(사설)」, 『동아일보』, 2008년 7월 12일.

일에도 오후부터 20일 오전까지 서울 도심 곳곳에서 미국산 쇠고기 수입 반대 촛불집회가 열렸다.

80번째 미국산 쇠고기 수입 반대 촛불시위가 열린 7월 26일 밤과 27일 새벽, 서울 종로 일대 도심은 시위대 1,500명(경찰 추산, 주최 측 추산 3,000명)에 점거당한 채 불법과 폭력이 난무했다. 27일 새벽 촛불시위를 막던 경찰 두 명이 서울 종로 보신각으로 끌려와 웃통이 발가벗겨진 채로 20여 분 동안 몰매를 맞는 사건이 벌어졌다. 『조선일보』는 「경찰도 발가벗긴 무법천지」라는 기사와 「시위대에 인민재판 받더니 옷까지 벗겨진 대한민국 경찰」이라는 사설로 시위대의 폭력을 맹비난했다.[101] 촛불의 몰락을 말해주는 사건이었다.

그 많던 촛불은 다 어디로 간 것일까?

2008년 8월 9일 『한겨레』는 "'촛불'이 9일로 100일을 맞는다. 한창 때에 견주면, 지금의 촛불은 누가 봐도 초라하다. 촛불 100일에 대한 평가도 찬양 일색만은 아니다. 희망과 기대, 가능성을 주목하는 이들이 있는 반면에, 냉소와 실망, 무기력함을 호소하는 이들도 있다. 하지만 2008년 촛불이 '상상 그 이상'의 것이었다는 것을 부정하는 사람은 없다. 많은 사람들이 새로운 사고방식, 새로운 소통 방식, 새로운 정치를 경험하고 즐기고 발전시켰다. '미국산 쇠고기'를 막진 못했지만, 한국 사회에 새로운 충격을 던져준 촛불은 진화를 거듭하고 있다"고 했다.[102]

---

101) 안준호, 「경찰도 발가벗긴 무법천지」, 『조선일보』, 2008년 7월 28일; 「시위대에 인민재판 받더니 옷까지 벗겨진 대한민국 경찰(사설)」, 『조선일보』, 2008년 7월 29일.

광복절인 8월 15일 저녁 서울 명동에서 열린 100번째 촛불집회에 참가한 시위대 6,000여 명(경찰 추산)이 이날 저녁부터 밤늦게까지 서울 중구 신세계백화점 앞 사거리 등에서 '이명박 대통령 퇴진'과 '쇠고기 재협상' 등을 요구하며 격렬한 시위를 벌였다. 경찰도 시위 초반부터 색소물대포를 발사하고, 경찰관 기동대를 투입해 시민 100여 명을 연행하는 등 강경 대응으로 맞섰다. 경찰과 시위대의 충돌로 시민 수십여 명이 다쳤지만, 이들은 새벽까지 도심 곳곳에서 산발적인 시위를 계속했다.

9월 들어 정부와 여당은 인터넷과 불법 시위에의 대한 총력 대응에 나섰다. 3일 하루에만 '시위 피해자 집단소송 관철', '사이버(cyber) 비서관 임명', '인터넷 바로잡기' 등을 쏟아냈다. 정치권에서는 "촛불 세력에 대한 여권의 대반격이 시작됐다"는 말이 나왔고, 한나라당에서는 "건강한 세상 만들기의 시작"이라고 했다.[103]

2009년 3월 30일 서강대 손호철 교수는 한 인터넷 매체에 기고한 글에서 "그 많던 촛불은 다 어디로 간 것일까?"라고 물었다. 이에 신바람이 난 듯한 『조선일보』 이한우 기자는 "그 답은 이미 나와 있다. 2008년 촛불이 허위에 기반을 둔 좌파 언론인과 사회운동가들이 선동한 판임을 다수 국민이 뒤늦게나마 알아버렸기 때문이다"라고 주장했다. 그는 다음과 같이 분석했다. "'양치기 소년' 신세가 돼버린 좌파의 거짓말에 누가 더 속아 넘어가겠는가? 아마 당분간은 진실을 이야기해도 잘 먹히지 않을 것이다. 그건 누구 탓할 것 없이 자업자득이다. 잘 들여다보면 민주

---

102) 노현웅 외, 「촛불을 끌 수 없다」…… 시위 방식엔 의견 갈려: 촛불 주역 28명 심층 면접」, 『한겨레』, 2008년 8월 9일.

103) 권대열, 「여권, '촛불'에 뒤늦은 반격」, 『조선일보』, 2008년 9월 4일.

주의가 아니라 선동의 위기다. '그 많던 촛불들이 정말로 사라진 것이라면' 그것은 국민이 더 이상 선동에 흔들리지 않기 시작한 때문일 것이다. 진정 좌파들이 건강한 민주주의의 한 축으로 다시 태어나려면 왜 허위와 선동이 먹혀들지 않는지에 대한 냉정한 성찰이 있어야 할 듯하다. 그것이 한국 좌파가 위기로부터 벗어날 수 있는 첫걸음이다."[104]

2010년 12월 2일 조능희·송일준 프로듀서 등 〈PD수첩〉 제작진이 서울 중앙지방법원에서 열린 항소심에서 1심과 마찬가지로 무죄판결을 받았다. 정운천 당시 농림수산식품부 장관 등이 "〈PD수첩〉 제작진이 허위 사실을 보도해 명예를 훼손했다"며 제작진을 고소한 것에 대한 판결이었다. 법원은 기소 당시부터 논란이 됐던 일부 내용은 허위로 판단했지만, "고의가 아니라 실수였고, 방송 당시 상황에서는 사실로 믿을 만했다"고 인정했다.[105]

그 많던 촛불은 다 어디로 간 것일까? 아니, 우리는 촛불의 폭발과 몰락에서 무슨 교훈을 얻어야 하는 걸까? 답은 '승자 독식주의'에 대한 재검토에 있는 건 아니었을까? 앞으로 어떤 선거에서건 아무도 완승(完勝)은 가능하지 않으며, 누가 이기건 '승자 독식주의'는 나라를 망치는 짓이니, 더불어 같이 살아야 한다는 걸 깨달아야 할 기회는 아니었을까? 그러나 그런 깨달음은 아직 오지 않았고, 앞으로도 격렬한 증오의 대결 구도와 거기에서 생기는 사회적 혼란은 계속된다.

---

104) 이한우, 「[동서남북] "그 많던 촛불은 다 어디로 간 것일까?"」, 『조선일보』, 2009년 4월 1일.
105) 장은교, 「 'PD수첩' 무죄 판결 의미…… "공직자 업무는 감시와 비판의 대상"」, 『경향신문』, 2010년 12월 3일.

베이징의 '인간 승리'를 보며 국민은 행복했다
베이징올림픽의 정치학

KBS 정연주 사장 해임 · 체포

2008년 8월 8일 베이징올림픽 개막식이 열린 날 KBS 이사회는 정연주 사장 해임을 건의했다. 이명박 대통령이 정연주 사장 해임을 처리한 8월 11일은 주요 아침 신문에 박태환 선수가 수영에서 금메달을 땄다는 소식이 도배된 날이었다. 청와대 결정 소식이 전해진 8월 12일자 주요 신문 1면은 양궁 남자 대표팀의 올림픽 3연패 소식으로 채워졌다. 바로 이날은 검찰이 정연주 사장을 전격 체포한 날이기도 했다. 언론이 '금빛 환희' 가득한 뉴스로 도배하던 바로 그 시기에 KBS 사장 교체가 단행됐다.

　이명박 대통령은 검찰이 정연주 사장을 체포한 8월 12일 여당 대표와의 회동에서 "중국 13억의 인구가 하나가 되어 올림픽을 치르는데 우리 대한민국 국민은 분열과 대립만 있어 안타깝다"고 말했다. 이와 관련해 『미디어오늘』 류정민 기자는 "국민 시선이 집중되는 대형 스포츠 행사가 있을 때마다 이명박 정부는 쏠쏠한 정치적 재미를 봤다. 평소에 처리

하면 엄청난 후폭풍을 몰고 올 민감한 정치 과제들을 처리하기에 이처럼 좋은 때도 없다"고 했다.[106]

부정부패 사건도 주목의 대상에서 벗어났다. 2008년 7월 대통령 부인 김윤옥의 사촌 언니 김옥희가 '공천 브로커'로 행세해 30억 원을 받은 사건이 터졌고, 2008년 8월엔 유한열 전 의원(한나라당 상임 고문) 등 지난 대선 당시 한나라당 이명박 대통령 후보 캠프의 인사들이 연루된 국방부 납품 로비가 검찰에 적발됐다.

『조선일보』사설은 "권력을 이용해 잇속을 챙기려는 기업인과 브로커들은 항상 집권당과 실세들 주변을 맴돌면서 줄 댈 곳을 찾고 있다. 이명박 정권은 대통령직 인수위부터 특보, 자문 위원 등이 500명을 넘어 정확한 숫자를 아는 사람이 없을 정도였고, 1,000명이 넘는 4·9 총선 공천 희망자의 3분의 1 이상이 선거대책위, 인수위에서 한자리를 했다고 이력서에 썼다는 얘기도 있다. 이들이 언제 어디에서 무슨 비리를 저지를지 모르는 상황이다"라고 했다.[107]

그러나 올림픽 열기는 신통력을 발휘했다. 여론조사 기관인 리얼미터의 8월 14일자 조사 결과를 보면, 이명박 대통령 지지도는 전주보다 6.9%p 상승한 30%로 나왔다. 응답자의 지지 정당에 따라 이 대통령에 대한 지지도 변화가 뚜렷했다. 민주노동당 지지층과 창조한국당 지지층의 이 대통령 지지율은 각각 8.0%p와 14.9%p 하락했지만, 친박연대 지지층과 자유선진당 지지층의 이 대통령 지지율은 30%p와 16.4%p 급증

---

106) 류정민, 「대형 스포츠 행사, 뒤에서 웃는 청와대: 이명박 정부, 올림픽-월드컵 때 어떤 일 있었나」, 『미디어오늘』, 2010년 11월 24일.
107) 「공천 비리 수사 끝나기도 전에 터져나온 권력형 납품 비리(사설)」, 『조선일보』, 2008년 8월 11일.

한 것이다. 진보·중도 쪽의 이탈은 더욱 심화되는 가운데 보수층 결집 효과로 이 대통령 지지율이 넉 달 만에 30%대로 올라선 셈이다.[108]

촛불시위도 올림픽 환호 무드로 큰 타격을 입었다. 앞서 보았듯이, 경찰이 8월 15일 열린 100번째 촛불집회를 유례없이 강경 진압한 것이다. 이는 지역적으로 영남, 정치적으로 범여권 지지층, 종교적으로 보수 기독교 색채가 강한 이들의 지지를 받았다. 『한겨레21』에 따르면, 8월 15~17일 연휴 때 경북 포항 고향집에 다녀온 이 아무개(32세) 씨는 "대통령이 일을 해야 하는데 시민들이 만날 촛불만 켜고 도와주지는 않는다. 대통령이 잘못한 것도 없는데 저렇게 된 것 아니겠느냐"며 이 대통령이 불쌍하다는 게 대체적인 고향 분위기였다"고 전했다. 그는 또 "8월 15일 가족들과 함께 텔레비전 앞에 앉아 있다가 촛불집회 참가자 100여 명이 경찰에 연행됐다는 뉴스를 보게 됐는데, 아버지가 갑자기 '나라가 이 꼴인데 언제까지 촛불만 들 것이냐"며 버럭 화를 내시더라"며 "그쪽 어르신들이 대부분 그렇듯, 평생을 그런 (보수적인) 생각을 가지고 살아오신 분이기에 그냥 그러려니 했다"고 덧붙였다.[109]

베이징의 '인간 승리'를 보며 국민은 행복했다

박태환 선수를 비롯한 베이징올림픽 메달리스트들은 경기가 끝났는데도 귀국하지 못하고 있었다. 이들을 8월 25일에 함께 귀국시켜 서울시청 앞에서 '올림픽 선수단 도심 퍼레이드'를 벌이겠다는 대한체육회의 방

---

108) 이순혁 외, 「보수의 복수」, 『한겨레21』, 제725호(2008년 8월 25일).
109) 위의 글.

2008년 8월 8일 베이징올림픽이 화려한 개막식과 함께 열전에 돌입했다. 이번 올림픽에는 전 세계 204개국이 참가했다.

침 때문이었다.

이에 『중앙일보』는 "이는 선수들에게 불필요한 불편과 희생을 강요하는 것이다. 지난 4년간 자신의 모든 것을 희생하고 훈련에 매진했고, 이를 토대로 베이징의 낯선 환경과 텃세 속에서 사투를 벌여 국위를 선양한 선수들이 아닌가. 지금 이들에게 필요한 것은 집으로 돌아가 가족과 친지를 만나 그동안 쌓였던 스트레스와 육체적·정신적 피로를 푸는 일이다. 베이징의 선수촌에 반연금 상태로 묶어놓을 일이 아니다. 무엇보다 이들이 개별 귀국해도 퍼레이드 참가에는 아무런 지장이 없다"며 다음과 같이 말했다.

"퍼레이드의 목적이 혹시 정권의 위상을 높이는 홍보 효과를 노린 것은 아닌지 의심스럽다. 우선, 규모가 사상 최대다. 올림픽 선수단 전원이 참가하는 퍼레이드는 한국이 1948년 런던올림픽에 참가한 이후 처음이다. 이는 70~80년대 군사정권 시절 국제 대회 메달리스트 일부에게 카퍼레이드를 벌이게 한 예를 연상케 한다. 게다가 퍼레이드에 이명박 대통령이 참석하는 방안을 긍정적으로 검토 중이라는 말이 청와대에서 흘러나왔다. 이 행사가 애초부터 정치적 효과를 노리고 청와대와의 조율 아래 기획된 게 아니냐는 의심을 부르는 대목이다. 경호 문제로 대통령 참석은 무산된 모양이다. 혹시라도 올림픽의 성과를 정권의 치적인 양 홍보하려는 70, 80년대식 발상이 있다면 당장 포기하라. 스포츠는 정치가 아니라 스포츠다. 선수 개개인을 소중히 생각하라. 스포츠에 매달려 덕을 볼 생각이라면 너무 치졸하다."110)

8월 24일 폐막한 베이징올림픽에서 한국은 금메달 열세 개, 은메달 열 개, 동메달 여덟 개로 7위에 올랐다. 당초 목표했던 금메달 열 개, 종합 10위를 훨씬 웃도는 성적과 올림픽 출전 사상 최다 금메달을 거뒀다. 한국 야구 대표팀이 베이징올림픽에서 9전 전승으로 금메달을 따는 과정은 보고 또 봐도 감동적이었다.

『조선일보』(2008년 8월 25일)는 「베이징의 '인간 승리'를 보며 국민은 행복했다」는 사설에서 "메달 숫자와 순위보다 더 값지고 가슴 뭉클했던 것은 거기에 밴 선수들의 땀과 눈물, 좌절을 이겨낸 인간 승리 드라마다. 야구팀은 폐막 막바지에 남자 구기(球技) 사상 첫 금메달을 따내며 국민을 열광시켰다. 아시아 야구의 맹주(盟主)라 뻐기던 일본, 야구의 본산

---

110) 「올림픽 메달리스트들이 귀국 못하는 이유(사설)」, 『중앙일보』, 2008년 8월 21일.

미국, 아마 야구 최강 쿠바까지 어느 하나 쉽지 않은 상대를 하나하나 차례차례 꺾어가며 감동을 키워나갔다. 잠실 야구장을 가득 메운 국민들도 우리 선수들이 치고 달릴 때 마음으로 함께 치고 달리며 온 나라를 하나로 만들었다"며 다음과 같이 말했다.

"'동메달 전문 선수' 라는 늪에서 다시 떨치고 일어나 눈물의 금메달을 쟁취한 최민호. 수영에서 금·은메달을 따 한국 스포츠의 신천지를 열어젖힌 박태환. 다섯 개의 세계신기록을 들어올린 장미란. 늘어난 인대와 으스러진 발등뼈로 상대를 몰아붙인 태권도의 황경선. 올림픽만 끝나면 잊혀지는 비(非)인기 종목의 설움 속에 주전 선수 평균 나이 32세로 동메달을 따낸 핸드볼 '아줌마'들……. 하나같이 4년 전 아테네의 아픔을 딛고 자신을 불태우며 스스로를 밝힌 별들이다. 여기에 종아리 경련으로 거듭 쓰러지면서도 끝까지 역기를 놓지 않은 이배영부터 38세에 마지막 올림픽 마라톤을 끝까지 내달린 이봉주까지 패자들도 자신의 별자리를 훤히 밝히며 제자리를 지켜냈다. 한국 스포츠는 베이징에서 체질의 선진화 가능성을 보였다. '배가 고파 운동한다' 던 옛 '헝그리 스포츠' 종목에서 벗어나 우승 종목이 다양해졌다."

반면 같은 날 홍세화 『한겨레』 기획위원은 「파시즘의 유령」이라는 칼럼에서 "'뻔뻔해도 지배한다'에 머물지 않고 '뻔뻔해야 지배한다'. 이명박 시대에 두드러진 현상이다. 노블레스 오블리주는커녕 뻔뻔함이 지배 세력의 유일한 자질이 된 것은 정의와 상식, 공공성을 요구하는 건강한 시민 의식에 의한 비판과 견제가 작동하지 않기 때문이다. 촛불 국면에서 이명박 대통령 지지도가 7%까지 떨어졌을 때조차도 한나라당 지지도는 30% 밑으로 내려가지 않았다"며 다음과 같이 말했다.

홍세화 칼럼

파시즘의 유령

기획위원

정입가경이다. 최시중 방송통신위원장, 정정길 대통령실장, 이동관 청와대 대변인, 유재천 한국방송 이사장이 비밀회동을 했다. 새 〈한국방송〉 사장의 충성심을 점검하려고 했을까. 사장 응모 예상자들도 동석했다. 그들은 "대책회의를 한 게 아니라 방송 현안에 관해 논의했다"거나 "듣기만 했다"고 변명을 늘어놓았다. 그 뻔뻔함에는 그들의 방송장악 의지처럼 일말의 주저나 막힘이 없다. 항상 그렇듯이 한나라당과 '조중동'은 이런 반민주적 행태를 비판하는 대신 정치 정치공학의 틀 속에 녹여 없애려고 꾀할 뿐이다.

"뻔뻔해도 지배한다"에 머물지 않고 "뻔뻔해야 지배한다." 이명박 시대에 두드러진 정현상이다. 노블레스 오블리주는커녕 뻔뻔함이 지배세력의 유일한 자질이 된 것은 정의와 상식, 공공성을 요구하는 건강한 시민의식에 의한 비판과 견제가 작동하기 때문이다. 촛불 국면에서 이명박 대통령 지지도가 7%까지 떨어졌을 때조차도 한나라당 지지도는 30% 밑으로 내려가지 않았다.

사람은 생각하는 동물이지만 태어날 때부터 생각을 갖고 태어나지 않는다. 사회 일원으로 살아가면서 생각을 갖게 되고 그 생각을 고집하며 살아간다. 문제는 그 생각이 어떻게 자기 것이 되었는지를 물을 줄 아는 인문적 소양을 가진 구성원이 많지 않다는 점이다. 그래서 양극화가 더욱 심화되어 10 대 90의 사회로 치달아도 '90'의 생각을 '10'이 쉽게 지배함으로써 관철되고, 민주주의 제도는 과두지배를 가려주는 장식물에 지나지 않는다. 지배세력이 교육과 미디어를 의식 지배에 동원하는 것은 물론이다. 교육과 미디어 이외에 종교와 지역의식이 적잖은 영향을 끼친다는 점이 한국 사회의 특징 중 하나이다.

가령 한나라당이 차떼기 전력의 부패 정당이고 아이엠에프를 불러온 무능 정당이었음에도 항상 30% 이상의 지지를 확보하고 좀처럼 제1당의 자리를 내주지 않는 것은 왜일까? '조중동'의 활약상이 크다는 점은 잘 알려진 일이다. 그 위에 교육과 종교와 지역의식이 사회구성원들에게 사회비판과 견제력을 갖게 하기보다 지배세력에 동조하거나 복종하도록 작용한다. 그럼에도 우리 사회가 아직 파시즘으로 치닫지 않을 수 있었던 요인 중의 하나는, 민주화운동의 열매로서 공영방송이 최소한의 정의와 상식과 공공성을 담보하는 데 기여하기 때문이다. 이마저 무너진다면 이미 닥치고 있는 경기 침체 상황과 만나면서 파시즘의 길이 열릴 위험이 높은 게 아닐까.

미디어재벌 베를루스코니가 지배하면서 이탈리아 민주주의가 한 세대 후퇴했다고 말하는 이가 있다. 사르코지는 프랑스의 미디어 재벌의 동반자이며 대리인으로서 대통령에 당선되었다는 평가가 있다. 이처럼 미디어는 국민의 의식을 지배하는 가장 강력한 도구이며 장치다. 그런데 이탈리아나 프랑스에서는 교회와 지역이 의식 형성에 미치는 영향이 크지 않고, 특히 교육은 아직 '평정'되지 않았다는 점이 우리와 다르다.

우리네 교육은 '평정'된 채로다. '반전교조' 네거티브 전략으로 서울교육감을 차지한 뒤로는 더욱 거리낄 것이 없어졌다. 지역패권주의는 아직 영향력을 상실하지 않았고, 촛불 동력이 떨어지면서 조중동의 반격에 나섰다. 교회는 이명박 장로 대통령의 등장과 함께 공격성을 노골적으로 드러내고 있다. 이제 한국방송과 문화방송이 평정된다면 파시즘의 길에 막힘이 없는 게 아닐까? 우리가 베이징올림픽 메달에 넋 놓은 사이 파시즘이라는 유령이 우리 앞에 성큼 다가왔는지 모른다.

hongsh@hani.co.kr

"이제 한국방송과 문화방송이 평정된다면 파시즘의 길에 막힘이 없는 게 아닐까? 우리가 베이징올림픽 메달에 넋 놓은 사이 파시즘이라는 유령이 우리 앞에 성큼 다가왔는지 모른다."(『한겨레』 2008년 8월 25일)

"'조중동'의 활약상이 크다는 점은 잘 알려진 일이다. 그 위에 교육과 종교와 지역 의식이 사회 구성원들에게 사회 비판과 견제력을 갖게 하기보다 지배 세력에 동조하거나 복종하도록 작용한다. 그럼에도 우리 사회가 아직 파시즘으로 치닫지 않을 수 있었던 요인 중 하나는, 민주화 운동의 열매로서 공영방송이 최소한의 정의와 상식과 공공성을 담보하는 데 기여하기 때문이다. 이마저 무너진다면 이미 닥치고 있는 경기 침체 상황과 만나면서 파시즘의 길이 열릴 위험이 높은 게 아닐까. …… 이제 한국방송과 문화방송이 평정된다면 파시즘의 길에 막힘이 없는 게 아닐까? 우리가 베이징올림픽 메달에 넋 놓은 사이 파시즘이라는 유령

이 우리 앞에 성큼 다가왔는지 모른다."[111]

국면 전환 카드로 활용된 베이징올림픽

2008년 8월 25일 대한민국 선수단은 귀국과 함께 열렬한 환영을 받았다. 서울시청 앞은 다시 시민들로 가득 찼고 25일 밤 환영 행사는 방송을 통해 생중계됐다. 『중앙일보』는 대표팀 선수를 '명품', 촛불시위대를 '비겁한 이들'로 비유했다. 김진 논설위원은 25일자 칼럼에서 "식탁에서 멀쩡한 미국산 쇠고기나 골라내고, 동료들과 인터넷 싸움이나 벌였다면 명품으로 탄생하지 못했을 것"이라며 "지난여름 광화문 폭력 현장은 비겁한 이들의 무대였다. 그곳에 오늘 저녁 당당한 명품들이 행진을 한다"고 주장했다. 『동아일보』는 25일자 사설에서 "베이징올림픽에서 뛴 우리 선수들의 투혼을 본받아 온 국민이 한마음으로 국가경쟁력을 키워 선진화라는 금메달을 목에 걸어야 한다"고 주장했다.

이와 관련, 『미디어오늘』은 "베이징올림픽은 이명박 정부의 국면 전환 카드로 활용됐다"며 "선수들의 눈물과 땀의 성과는 온전히 평가를 받아야 한다. 그러나 정권이 정치 선전에 활용하려 든다면 언론이 나서서 경고의 메시지를 던져야 하지 않을까"라고 말했다.[112]

8월 27일 오전 9시 30분 KBS 2TV와 서울방송(SBS)의 아침 토크쇼에 보기 드문 광경이 연출됐다. 베이징올림픽 배드민턴 혼합복식 금메달리스트인 이용대 선수와 부모가 KBS 2TV 〈남희석, 최은경의 여유만만〉과

---

111) 홍세화, 「파시즘의 유령」, 『한겨레』, 2008년 8월 25일.
112) 류정민, 「정치 선전 활용된 올림픽 '땀의 결실'」, 『미디어오늘』, 2008년 8월 27일.

베이징올림픽에 참가한 뒤 귀국한 대한민국 선수단이 시청광장에서 열린 환영 행사에 참가했다. ⓒ 연합뉴스

SBS 〈이재룡, 정은아의 좋은 아침〉에 동시에 나온 것이다. 두 프로그램은 이 선수가 금메달리스트가 되기까지의 과정과 우승 직후 시청자들의 눈길을 끈 윙크 세리머니 등을 다뤄 내용도 크게 다르지 않았다.

방송이 나가자 시청자들은 "두 개 채널에서 동시에 이용대 특집을 하고 있다. 방송사들의 경쟁이 볼썽사나워 채널을 돌렸다"며 불만을 터뜨렸다. "주변에서 이용대 선수의 겹치기 출연을 비난하는 이도 있다"는 글도 인터넷 게시판에 올라왔다. 이용대 선수의 소속사인 삼성전기는 28일 「이용대 선수 과열 경쟁 방송 출연에 관한 입장」이라는 글을 통해 전후 과정을 해명했다. 이 선수가 SBS에 먼저 출연하기로 약속해 KBS 2TV는 이틀 뒤 방송하기로 양해를 구했는데, KBS가 약속을 어겼다는 것이다. 삼성전기는 이날 이 선수의 부모를 비롯해 김중수 감독 등이 텔레비전 방송을 본 뒤에야 동시 방송 사실을 알게 돼 당혹감을 감추지 못했다며 이 선수와 가족의 이미지에 심각한 타격을 입힌 KBS에 항의했다고 밝혔다.

이 선수뿐 아니라 올림픽에서 좋은 결과를 낸 다른 선수들도 일상생활에 지장을 받을 정도로 섭외 공세에 시달렸다. 휴대전화의 착신을 정지한 한 금메달리스트는 "방송사에서 출연 요청 전화가 많이 왔지만 운동에 집중하려고 대부분 거절하고 있다"고 말했다. 시청자들도 "시청률을 올리기 위해 순진한 선수들을 이용하지 말라", "과거 잦은 텔레비전 출연과 잇단 스캔들로 선수 생활을 망친 일이 되풀이돼서는 안 된다", "KBS는 약속을 어긴 것에 대해 이용대 선수에게 사과하라"는 등 여러 글을 방송사 인터넷 게시판에 올렸다.[113]

8월 28일 이명박 대통령이 김진홍 상임 의장 등 뉴라이트 전국연합 회원 250여 명을 청와대로 초청해 비공개 만찬을 베풀었다. 8월 20일 한나라당 당직자, 22일 당 사무처 직원, 26일 이명박 대통령 후보 특보단 만찬에 이은 것으로, 이 대통령이 진행 중인 '내 식구 만찬 정치'의 일환이었다. 이 대통령은 이날 1시간 30분가량 계속된 만찬에서 지난해 대선 당시 지원해준 데 대해 감사를 표시하고 앞으로도 계속 도와달라는 뜻을 밝혔다고 한다. 한 참석자는 "이 대통령이 경제 살리기와 국민 화합을 강조하면서 '우리가 나아갈 길이 멀고, 고쳐야 할 것이 많고, 할 일이 많지만 그래도 희망이 있다'고 말했다"고 전했다. 청와대 관계자는 "이명박 정부 출범 후 한 번도 뉴라이트 분들을 만나지 못해 자리를 마련했

---

113) 조종엽, 「시청률 경쟁에 멍드는 올림픽 스타」, 『동아일보』, 2008년 8월 29일.

다"며 "앞으로 비슷한 행사가 몇 번 더 있을 것"이라고 말했다.[114]

반면 전 KBS 사장 정연주는 '특정경제범죄가중처벌 등에 관한 법률 위반(배임)'이라는 무시무시한 죄목으로 기소되어 2년 반 동안 혹독한 세월을 보내게 된다. 1심에 이어 2010년 12월에 열린 2심에서도 무죄판결을 받은 후 정연주는 다음과 같이 말한다.

"지인들이 축하 소식을 전해왔다. 말도 안 되는 사건이라 '사필귀정'의 당연한 결과지만, 그래도 정치 검찰의 족쇄에서 해방되었으니 축하받을 일이라 했다. 그런 소식 가운데 만우 스님에게서 전화 문자가 왔다. '본디 죄가 없으니, '무죄'도 너무 무겁구나.' 그랬다. …… 파렴치범으로 인격 살해를 당했고, '비리'로 강제 해임되었으며, 2년 이상 법원을 오가며 많은 시간과 자원을 낭비했다. 검찰이 상고했으니, 아직도 끝나지 않았다. 정치 검찰의 그 잔혹한 권력 남용과 인권 침해와 인격 살해는 당해보지 않으면 모른다. 그 세월 속에 담긴 고통을 생각하면 만우 스님 말대로 '무죄'도 너무 무겁다."[115]

도대체 정권 교체가 무엇이기에 무고한 사람을 파렴치범으로 몰아 인격 살해를 하고, '비리'로 강제 해임하고, 2년 이상 법원을 오가며 많은 시간과 자원을 낭비하게 만들어야 하는 걸까? 결국 이 또한 크게 보자면 '승자 독식' 문화가 낳은 비극은 아니었을까?

---

114) 최재영·김정선, 「李 대통령, 뉴라이트 청와대로 초청 "도와달라"」, 『경향신문』, 2008년 8월 29일.
115) 정연주, 「'무죄'도 너무 무겁구나」, 『한겨레』, 2010년 12월 27일.

노건평은 '시골의 별 볼 일 없는 사람' 이었나?
노무현 형의 비리 사건

종합부동산세 논란

2008년 9월 23일 이명박 정부는 종합부동산세(종부세)의 개편안을 확정 발표했다. 정부의 종부세 개편안을 보면 주택의 종부세 과세 기준은 현행 공시지가 6억 원 초과에서 2009년부터 9억 원 초과로 상향 조정된다. 이렇게 되면 전체 종부세 과세 대상은 38만 7,000가구에서 16만 1,000가구로 58.4%가 확 줄게 되었다. 이것 못지않은 문제는 세율 인하였다. 종부세율은 현행 1~3%에서 0.5~1%로 대폭 낮춰지고, 1가구 1주택인 60세 이상 고령자는 10~30%의 세액을 공제받게 돼 있었다. 과세 기준이 올라가고 세율이 내리면 연간 수천만 원을 내던 납세자는 수백만 원으로, 수백만 원을 내던 납세자들은 수십만 원으로 세금이 줄어드는 것이었다.

이에 『경향신문』은 「차라리 종부세 당장 폐지하겠다고 하라」는 사설에서 "이 정도라면 종부세는 이름만 남아 있을 뿐 이제 운명을 고하는 수순으로 들어갔다고 보는 것이 옳다. 정부는 수년 후 종부세를 없애고 재산세로 통합할 것이라고 밝혔다. 그러나 구태여 그렇게 할 것까지는 없을 듯싶다. 얄팍하게 국민들을 눈속임하려 들 것이 아니라 지금 당장 종부세를 폐지하겠다고 선언하는 것이 차라리 정직한 태도다"라고 했다.

종합부동산세 완화가 정부안대로 현실화하면 각료와 청와대 수석, 여당 의원 등 집권층 인사 205명 중 53.6%인 110명이 면세 또는 세금 인하의 혜택을 보는 것으로 집계됐다. 이들 중 세금 감면의 경우 최소 70% 이상 인하되는 효과를 보는 것으로 분석됐다. 한나라당은 '2%를 위한 부자당'이라는 비판이 쏟아졌지만, 보수 신문들은 종부세 완화를 열렬히 환호했다.[116]

11월 13일 헌법재판소는 종합부동산세법의 '세대별 합산 과세' 조항이 '위헌'이라고 결정했다. 이에 따라 개인별 과세라는 빈틈을 활용해 부부 공동 명의 등을 활용하면 현행 종부세 과세 대상자의 80%가 종부세를 피할 수 있게 되었기에 애초 입법 취지를 살려 법을 개정하지 않는 한 현행 종부세 제도는 껍데기만 남게 됐다.[117]

이에 한나라당은 "세금 폭탄이 사라졌다"고 환영한 반면, 민주당은 "종부세의 취지를 살릴 수 없게 됐다"며 유감을 표시했다. 정세균 민주당 대표는 "참 나쁜 판결이며, 정의는 강자의 편이었다"고 비판했다. 헌재가 정권과 합작해 종부세 대못을 뽑아 서민과 중산층 가슴에 박았다고도 했다.[118] 민주노동당 박승흡 대변인은 "헌재 또한 1%의 특권층을 대변하는 사법 권력으로 전락했다"며 "이제는 헌재를 심판할 차례"라고

---

116) 「종부세 완화가 '순수성'을 의심받는 이유(사설)」, 『경향신문』, 2008년 9월 24일.
117) 정남구, 「부부 공동 명의땐 대상자 80%가 종부세 한푼도 안 내: '세대별 합산 위헌' 파장」, 『한겨레』, 2008년 11월 14일.
118) 「민주당 '부자 對 서민' 타령 언제 끝나나(사설)」, 『국민일보』, 2008년 11월 15일.

밝혔다. 진보신당 심상정 공동대표는 이날 헌재 결정을 '한나라당 맞춤 판결'로 규정했다. 심 대표는 "정책 판단의 문제인 합산 방식을 위헌이라고 판단한 헌재 결정을 납득할 수 없다"고 말했다.[119]

『한겨레』는 "헌법재판소는 그동안 기본권 가운데 특히 사유재산권에 민감한 반응을 보여왔다. 이번 종합부동산세법 일부 위헌 결정 역시 이런 경향의 연장선으로 풀이된다"며 다음과 같이 말했다. "국정감사 자료를 보면, 헌재 재판관 아홉 명의 평균 재산 신고액은 27억 5500만 원이며, 아홉 명 중 여덟 명이 종부세 부과 대상이다. 종부세 문제에 대해 헌재 재판관들도 직접적인 '이해 당사자'인 셈이다. 민주당 박영선 의원실 자료를 보면, 김희옥·이공현 재판관은 올해 3000만 원 이상, 목영준·송두환 재판관은 1000만 원 이상의 종부세를 내야 한다. 다른 재판관들도 김종대 재판관을 빼고는 수백만 원씩의 종부세 부과 대상자다. 우연의 일치일지 모르지만, 이날 헌재 결정에서도 재판관들의 재산상의 특성이 묘하게 나타났다. 종부세 부과 대상이 아닌 김종대 재판관, 재산이 상대적으로 적은 편인 조대현 재판관만이 위헌 또는 헌법 불합치 결정이 내려진 두 쟁점에 대해 합헌 의견을 냈다."[120]

노무현 형의 비리 사건

2008년 12월 4일 노무현 전 대통령의 친형 노건평 씨가 농협이 세종증권

---

119) 김광호 외, 「종부세 사실상 무력화 / 여권 "판결 존중 …… 예상했던 결과", 야당 "매우 유감…… 조세 회피 난무"」, 『경향신문』, 2008년 11월 14일, 6면.
120) 김남일, 「재판관 8명 종부세 대상, '이해 당사자'가 판단한 셈」, 『한겨레』, 2008년 11월 14일.

을 인수하도록 개입하고 거액의 대가를 받은 혐의(특정경제범죄가중처벌법상 알선수뢰)로 검찰에 구속됐다. 구속된 정대근 전 농협 회장은 노 씨가 소개한 세종증권의 대주주인 세종캐피탈 측을 만난 뒤, 보잘것없는 회사의 주식을 시세보다 훨씬 높게 평가해 1103억 원에 사들였다. 세종캐피탈은 그 대가로 정 회장에게 50억 원, 거간 노릇을 한 노 전 대통령의 친구 정화삼 씨와 노 씨 몫으로 30억 원을 준 혐의를 받고 있었다.

『국민일보』는 "참여정부의 권력형 비리들이 쏟아지는 가운데 형이 구속됐으니 노무현 전 대통령은 입이 열 개라도 할 말이 없게 됐다"며 다음과 같이 말했다. " '깨끗한 정부'를 내세웠던 노무현 정부는 위선적인 정권이었음이 만천하에 드러나고 있다. 농협 관련 검찰 수사는 이제 노 전 대통령의 적극적인 후원자 박연차 태광실업 회장을 향하게 됐다. 박 회장은 농협 자회사 휴켐스 헐값 인수를 둘러싸고 증권거래법 위반 및 탈세 의혹을 받고 있다. 이권에 개입해 돈을 챙기는 권력형 비리는 지난 정부로 종지부를 찍어야 한다."[121]

『한국일보』는 "노건평 씨는 노 전 대통령이 "시골의 별 볼 일 없는 사람"이라고 애써 비하했던 인물이다. 그러나 '봉하대군'이라는 세평에 걸맞게 막강한 영향력을 행사한 것으로 드러났다"며 다음과 같이 말했다. "노 씨의 비리는 노 전 대통령의 말처럼 '좋은 학교 나오고 성공한 이'들이 꼬드긴 탓으로만 볼 수 없다. 무엇보다 오랜 후원자인 박연차 태광실업 회장이 깊이 연루된 때문이다. 그는 세종증권이 로비에 나선 직후 이 회사 주식을 사들였다가 농협이 인수하기 직전 매각, 막대한 차

---

121) 「패가망신할 사람 盧 씨뿐인가(사설)」, 『국민일보』, 2008년 12월 5일.

노건평은 농협이 세종증권을 인수하는 데 개입하고 그 대가로 30억 원을 받은 것으로 드러나 구속되었다.

익을 챙겼다. 또 농협의 알짜배기 자회사 휴켐스를 싼 값에 인수하고, 국내 최대 비료 회사인 남해화학 인수까지 시도했다. 이런 경위는 노 전 대통령의 측근들이 정계 진출을 원했다는 정 전 회장을 이용해 농협 자산을 곶감 빼먹듯 한 것으로 의심하기에 충분하다. 노 전 대통령은 '박 회장 등은 측근이 아니다' 는 따위의 어설픈 항변을 했다. 그러나 형과 측근들이 온갖 이익을 챙겼을 뿐 아니라, 자신도 박 회장이 집터를 사준 봉하마을 사저에 살고 있다. 이제 이걸 '순수한 후원' 으로 여길 국민은 별로 없을 것이다. 노 전 대통령은 자신의 책임을 분명히 인식해야 한다." [122]

『조선일보』는 "노 전 대통령은 2004년 국민이 지켜보는 기자회견에서 '좋은 학교 나오시고 크게 성공하신 분들이 시골에 있는 별 볼 일 없는 형에게 가서 머리 조아리고 돈 주고 그런 일 이제는 없었으면 좋겠다' 고 했다. 형이 남상국 전 대우건설 사장에게 연임 청탁과 함께 3000만 원이 든 쇼핑백을 받았다 되돌려줬다는 사실을 공개하면서 했던 말이다. 돈

122) 「'시골 형님' 못지않은 노 전 대통령 책임(사설)」, 『한국일보』, 2008년 12월 5일.

을 받은 형보다 돈을 준 사람을 욕 먹이고 비난한 것이다"며 다음과 같이 말했다.

"그 회견 장면을 텔레비전으로 보던 남 전 사장은 한강에 투신자살했다. '아무것도 모르는 시골 노인'이라던 노건평 씨는 바로 그 이듬해 농협에 세종증권을 인수해달라는 청탁을 하고 다녔다. 대통령 주변에서 비리가 터져 나오면 '깜 안 된다', '소설 쓰지 말라'고 했던 게 지난 정권 사람들이다. 깨끗한 척은 혼자 다 하면서 뒤론 할 것 다 하고 다니는 사람들이 했던 고약한 일들도 때가 되면 드러나는 법이다."[123]

정권 교체해서 좋은 이유 하나

2008년 12월 5일 오후 2시 노 전 대통령은 김해 봉하마을을 방문한 관광객 100여 명에게 인사하는 자리에서 "전직 대통령의 도리가 있겠지만 가족의 한 사람으로서 형님 동생의 도리도 있다"며 "아직은 국민들에게 사과하기에는 때가 이르다"고 말했다. 덧붙여 노 전 대통령은 "형님이 혐의를 완강히 부인하는데 제가 여기서 사과해버리면 형님의 피의 사실을 인정해버리는 결과가 될 수 있어서 국민들에게 그런 말씀도 드리기 어렵다"며 "모든 사실이 다 확정될 때까지는 형님의 말을 부정하는, 앞지르는 판단을 말할 수 없는 처지"라고 덧붙였다.[124]

이에 『중앙일보』는 "임기 내내 도덕성과 청렴을 내세웠던 노 정권으

123) 「깨끗한 척은 다 하던 정권의 대통령 형 구속되다(사설)」, 『동아일보』, 2008년 12월 5일.
124) 최상원·김지은, 「노무현 전 대통령 "동생 도리 있어…… 국민 사과 아직 때 일러"」, 『한겨레』, 2008년 12월 6일.

로선 할 말이 없게 됐다. 이만섭 전 국회의장이 "참으로 부끄러운 일이며, 노 전 대통령은 집에 조용히 들어앉아 있으면 좋겠다"며 반성과 자숙을 촉구할 정도다"며 다음과 같이 말했다.

"사정이 이렇게 귀결된 이상 "형제 간의 도리" 운운하며 어물쩍 넘길 일이 아니다. 혐의 사실의 진위와 관계없이 자신의 형이 수사 대상이 됐다는 사실 자체를 부끄럽게 여기고 국민에게 용서를 비는 것이 전직 대통령으로서의 올바른 도리라고 본다. 형제애가 유별나다고 알려진 그로서는 개인적으로 안타까움이 클 것이다. 하지만 실정법 위반으로 이어진 건평 씨의 위세와 권력이 대통령이었던 자신에게서 나왔다는 사실을 간과해서는 안 된다. 주변 관리에 소홀했음을 솔직하게 반성하고 사과하는 게 옳다." [125]

『동아일보』는 "이번 사건의 핵심은 노건평 씨가 노 전 대통령 재임 시절 '현직 대통령의 형'이라는 지위를 이용해 이권에 개입했다는 점이다. 노 씨도 자신의 혐의를 일부 시인한 상황이다. 그런데도 노 전 대통령이 집안 단속을 못한 것을 자책하기는커녕 '동생으로서의 도리' 운운하는 것은 본질을 호도하는 것이다"며 다음과 같이 말했다. "노 전 대통령은 공인으로서 형의 문제로 사회적 물의가 빚어진 것에 대해 국민에게 진솔하게 사과하고 용서를 구해야 옳다. '동생의 도리'를 하겠다고 국민 앞에 변명만 늘어놓는 것은 공(公)과 사(私) 모두에서 모범이 돼야 할 전직 대통령의 태도가 아니다. 더 시간을 끌 이유가 없다." [126]

12월 11일 이대근『경향신문』정치·국제 에디터는 「정권 교체해서

125) 「노무현 전 대통령은 국민에게 사과해야(사설)」, 『중앙일보』, 2008년 12월 6일.
126) 박정훈, 「동생의 도리, 前 대통령의 도리」, 『동아일보』, 2008년 12월 8일.

정권교체해서 좋은 이유 하나

이대근 칼럼
정치·국제에디터

가난이 서러워서 그랬을 것이다. 가락동 농수산물 시장에서 시레기를 파는 한 할머니가 이명박의 팔을 부여잡고 울었다. 그가 얼마나 힘들었는지 몰라 봤다. 그 장면 하나로도 알았다. 그의 가난, 그의 설움, 그의 슬픔이 슬프다. 그러나 우리 사회는 그들 위해 해줄 게 없다. 그것이 우리를 슬프게 한다. 대통령이 눈시울을 붉히며, 어려우면 연락을 달라고 했다. 그로써 그는 가난에 대해 어느 정도 관심이 있음을 드러내는 데 성공했다. 그는 적어도 한 사람의 가난은 해결해 줄 수 있을 것이다. 그러나 가난한 자들을 위해 일할 준비는 되어 있지 않다. 그럴 의지도 능력도 없을 것이다. 그것이 우리를 슬프게 한다. 그런데 할머니는 말했다. '우리도 이렇게 힘든데 대통령은 얼마나 더 힘들겠나.' 할머니는 대통령이 자기와 같은 가난한 이들을 살필 궁리로 고생할 거라고 생각하고 있었다. 평생 부자를 위해 일했으며, 지금도 부자를 더 큰 부자로 만들어야 경제를 살릴 수 있다는 생각으로 부자를 위해 일하고

있는 이명박을 그는 여전히 믿고, 위로했다. 이미 배반당한 그의 믿음이 슬프고, 그의 소망이 안타깝다. 부자의 팔에 매달려야 하는 가난한 자의 운명이, 그래도 구제받지 못한 그들의 곤궁함이 슬프다.

뻔할 뻔한 盧정권 비리 수사

이러고 정권교체한 것은 아닌데…. 이런 불만도 있었고, 정권교체해서 좋아진 것 하나 없다는 비판도 있을 수 있다. 구관이 명관이라고 노무현이 더 나은 것 아니냐는 말상도 있을 수 있다. 그러나 노무현이 믿다고 이명박을 사랑할 수 없는 것과 마찬가지로, 이명박이 믿다고 노무현을 사랑할 수는 없다. 그들간의 차이를 따지려면 따질 수 있겠지만, 가난한 자에게는 어느쪽이든 마찬가지일 뿐이다. 그런데 이런 이야기는 너무 많이 하지 않는 편이 좋다. 화병만 돋울 수 있다. 그래서인데, 가끔이라도 긍정적 사고를 할 필요가 있다. 한번 이렇게 생각해 보자. 만약 정권이 교체되지 않았다면? 그랬다면, 노건평이 동생 노무현의 돈 많은 친구들과 어울려 농협을 먹이로 마음껏 비리, 부패행위를 해도 아무도 몰랐을 것이다. 정권교체

하지 않았다면, 농협 말고 다른 거래에도 끼어들어 수십억원이 아니라, 수백억원을 해먹었을지 모른다. '아무것도 모르는 시골 노인'이라는 거짓말에 모두 속아 넘어갔을지도 모른다. 정권교체하지 않았다면, 노무현이 2005년 2월 '적어도 돈으로 하는 부정부패는 제 임기동안 확실히 해소해 나가도록 하겠다'고 다짐할 바로 그 때 노건평이 증권사를 소개받고 착수금 1억원 받은 이야기가 흘러나오지 않았을 것이다. 국정 지지율이 추락해 정권이 무너지는 소리가 들린다고 했을 때 노건평이 농협회장을 호텔에서 만나 청탁한 줄 아무도 몰랐을 것이다.

정권교체하지 않았다면, 그 많은 노무현 후원자들이라는 이가 비행기 안에서 술 취해 소동만 피운 게 아니라, 주식 불법거래·탈세·미공개 정보 이용 주식 인수 의혹을 사는 수상한 일을 꾸몄을 줄 까맣게 몰랐을 것이다. 정권교체하지 않았다면, 그 후견인이 불법으로 자기 재산과 회사돈 몇 백억 더 키우고, 그래서 정치판에 더 많은 돈을 투입할지 모른다. KT사장 남중수, KTF사장 조용우가 아직도 남몰래 상납을 받고, 이주성이 여전히 국세청장 자리에 앉아 아파트 한 채가

아니라 여러 채를 뇌물로 받았을지 모른다. 개혁이니 진정성이니 서민이니 하며 잘난 척, 깨끗한 척은 혼자 다 했던 노무현정권의 사람들이 더 챙겼으면 더 챙겼지 못하지 않았다는 사실을 알게 된 것, 이게 어딘가. 소리(小利)보다 오직 대의와 원칙만을 좇는 거룩한 집단이라고 잘못 믿었음을 확인한 것, 이게 어딘가, 서로 믿어주지 당겨주며 돈과 권력을 불려 더 강력한 기득권을 구축하려 했던 사태를 막은 것, 이것만 해도 어딘가.

대통령 바꾼 위안거리 삼자

대통령 비서실장이란 중요한 공직을 수행했던 사람이 목하 알 곳으로 대통령 형님을 변호하겠다고 나설 정도의 끈끈한 의리, 그들 사이의 흔적, 국정 파탄과 실정으로 서민들은 리눈물 흘리게 해놓고 자기들은 끝드라운 초마 화목 결론이를 하는 그 배땅이 계속 돈과 권력과 결합할 때 발생할 끔찍한 일을 미연에 방지한 것, 이게 어딘가. 정권교체했더니 슬픔만 쌓인다고 너무 노여워하지 않기를 바란다. 이럴 거면 뭐하려 정권교체했느냐고 참담 치며 후회하지 않기를 바란다. 정권교체해서 좋은 일도 있기 때문이다.

『경향신문』 정치·국제 에디터 이대근은 '정권 교체'를 긍정적으로 보자고 제안했다. 그렇지만 내용을 보면 참여정부를 비판한 셈이다.

좋은 이유 하나」라는 칼럼에서 "노무현이 밉다고 이명박을 사랑할 수 없는 것과 마찬가지로, 이명박이 밉다고 노무현을 사랑할 수는 없다. 그들 간의 차이를 따지려면 따질 수 있겠지만, 가난한 자에게는 어느 쪽이든 마찬가지일 뿐이다. 그런데 이런 이야기는 너무 많이 하지 않는 편이 좋다. 화병만 돋울 수 있다. 그래서인데, 가끔이라도 긍정적 사고를 할 필요가 있다. 한 번 이렇게 생각해보자"며 다음과 같이 말했다.

"만약 정권이 교체되지 않았다면? 그랬다면, 노건평이 동생 노무현의 돈 많은 친구들과 어울려 농협을 먹이로 마음껏 비리, 부패 행위를 해도 아무도 몰랐을 것이다. 정권 교체하지 않았다면, 농협 말고 다른 거래에도 끼어들어 수십억 원이 아니라, 수백억 원을 해먹었을지 모른다. '아무것도 모르는 시골 노인'이라는 거짓말에 모두 속아 넘어갔을지 모른다. 정권 교체하지 않았다면, 노무현이 2005년 2월 '적어도 돈으로 하는

부정부패는 제 임기 동안 확실히 해소해나가도록 하겠다'고 다짐한 바로 그때 노건평이 증권사를 농협에 팔아서 한몫 잡으려는 사람을 소개받고 착수금 1억 원을 받은 이야기가 흘러나오지 않았을 것이다. 국정 지지율이 추락해 정권이 무너지는 소리가 들린다고 했을 때인 2005년 6월 노건평이 농협 회장을 호텔에서 만나 청탁한 줄 아무도 몰랐을 것이다."

이어 이대근은 "정권 교체하지 않았다면, 돈 많은 노무현 후견인이라는 이가 비행기 안에서 술 취해 소동만 피운 게 아니라, 주식 불법 거래·탈세·미공개 정보 이용 주식 인수 의혹을 사는 수상한 일을 꾸몄을 줄 까맣게 몰랐을 것이다. 정권 교체하지 않았다면, 그 후견인이 불법으로 자기 재산과 회사를 몇 배 더 키우고, 그래서 정치권에 더 많은 돈을 뿌렸을지 모른다. KT 사장 남중수, KTF 사장 조용주가 아직도 납품업체 상납을 받고, 이주성이 여전히 국세청장 자리에 앉아 아파트 한 채가 아니라 여러 채를 뇌물로 받았을지 모른다"며 다음과 같이 말했다.

"개혁이니 진정성이니 서민이니 하며 잘난 척, 깨끗한 척은 할 줄 알았던 노무현 정권의 사람들이 더했으면 더했지 못하지 않았다는 사실을 알게 된 것, 이게 어딘가. 소리(小利)보다 오직 대의와 원칙만을 좇는 거룩한 집단이라고 잘못 믿었음을 확인한 것, 이게 어딘가. 서로 밀어주고 당겨주며 돈과 권력을 불려 더 강력한 기득권을 구축할 뻔했던 사태를 막은 것, 이것만 해도 어딘가. 대통령 비서실장이란 중요한 공직을 수행했던 사람이 욕먹을 각오로 대통령 형님을 변호하겠다고 나설 정도의 끈끈한 의리, 그들 사이의 혼맥, 국정 파탄과 실정으로 서민들은 피눈물 흘리게 해놓고 자기들은 골프장 호화 결혼식을 하는 그 배짱이 계속 돈과 권력과 결합할 때 발생할 끔찍한 일을 미연에 방지한 것, 이게 어딘

가. 정권 교체했더니 슬픔만 쌓인다고 너무 노여워하지 않기를 바란다. 이럴 거면 뭐 하러 정권 교체했느냐고 땅을 치며 후회하지 않기를 바란다. 정권 교체해서 좋은 일도 있기 때문이다." [127]

5년 만에 입 연 남상국 씨 유족과 인간의 도리

남상국 전 대우건설 사장의 부인 김선옥 씨가 남편의 투신자살 4년 9개월 만에 처음으로 말문을 열었다. 김 씨는 그동안 그냥 묻어두려고 애썼지만 억울하게 죽은 남편의 명예를 회복하기 위해 가족회의를 거쳐 『조선일보』와 인터뷰하기로 결심했다고 했다. "노 전 대통령이 어떻게 해주길 바라나요"라는 질문에 김선옥은 다음과 같이 답했다. "저희는 노 전 대통령의 사과를 바라는 거예요. 그래서 노건평 씨나 이번 비슷한 사건이 나왔을 때 남상국 사장이 연임 청탁을 해서 3000만 원을 줬고, 노건평 씨에게 찾아가서 머리 조아리고 하는 그런 일이 없었다는 게 진실이라고 밝혀지길 바라는 겁니다."

이어 김선옥은 "노 전 대통령이 사과하지 않겠다면 어떻게 하시겠습니까"라는 질문에 이렇게 답했다. "법적 조치까지 검토할 겁니다. 민형사 소송도 고려하고 있어요. 진실을 밝히는 게 돌아가신 남편과 저희 가족들의 억울함을 달래주는 것이라고 생각해요. 그동안 우리는 숨만 쉬고 살아왔어요. 고소해서 남편이 살아온다면 벌써 고소를 했겠지요. 그게 아니니까 덮어가려고 했는데, 이번에 기사가 또 뜨니까, 다른 사람들

---

127) 이대근, 「정권 교체해서 좋은 이유 하나」, 『경향신문』, 2008년 12월 11일.

은 그냥 신문 읽고 넘어가면 되지만, 우리 가슴은 후벼 파이는 것 같아요."[128]

보수 신문들은 '인간의 도리'를 내세워 노무현을 비판했다. 『조선일보』는 사설 「5년 만에 입 연 남상국 씨 유족과 인간의 도리」에서 "남 씨가 머리 조아리며 돈 준 것이 아니라 노 씨 처남이 공사 민원을 하면서 인사 청탁 명목으로 돈을 뜯어간 것에 가까울 정도다. 노 전 대통령은 이런 전후 사정을 보고 받았을 것이다. 그렇다면 노 전 대통령은 그 일에 대해 언급하려면 먼저 노건평 씨와 민경찬 씨의 행동을 사실대로 말하고 국민에게 사죄했어야 옳을 일이다"며 다음과 같이 말했다.

"그러나 노 전 대통령은 국민이 지켜보는 가운데 사실과 다른 이야기를 만들어내 남 씨의 인격을 무자비하게 짓밟아버렸다. 남 씨를 한강 다리 난간 밖으로 떠민 거나 마찬가지 행동이었다. 그 남 씨의 상가(喪家)는 권력의 눈이 두려워 사람들이 발길을 옮기지 않아 고적(孤寂)하기 짝이 없었다. 남 씨의 부인은 "그동안 숨만 쉬고 살아왔다"고 했다. …… 남 씨의 유족들은 노 전 대통령이 사과하지 않으면 민형사 소송도 고려하겠다고 했다. 자기 형님의 허물을 덮으려고 다른 사람에게 씻을 수 없는 모욕을 줘 목숨을 끊게 만들었다면 뒤늦게라도 죄송하다는 말 한마디는 전하는 게 인간의 도리일 텐데, 그것마저 그렇게 인색한가."[129]

『동아일보』는 "당시 남 씨의 혐의 사실 공개는 검찰 발표로 충분했으며 유무죄 및 정상(情狀)은 법원이 판단할 문제였다. 그런데도 대통령이

---

128) 강훈, 「"노(盧) 전 대통령이 남편 파렴치범(犯) 만들어…… 사과 안 하면 소송 검토": 故 남상국 前 대우건설사장 부인 인터뷰」, 『조선일보』, 2008년 12월 16일.
129) 「5년 만에 입 연 남상국씨 유족과 인간의 도리(사설)」, 『조선일보』, 2008년 12월 17일.

5년 만에 입 연 남상국씨 유족과 인간의 도리

2004년 3월 노무현 전 대통령이 TV 생중계 연설에서 자신을 공개 비난하는 것을 보고 한강에 투신한 자랄한 전 대우건설 사장 남상국씨의 부인과 동생들이 "사건 진상이 잘못 알려졌으며 노 전 대통령이 사과하지 않으면 소송을 검토하겠다"고 말했다. 당시 노 전 대통령은 형 건평씨가 남씨로부터 사장 연임 청탁과 함께 3000만원을 받은 사실을 언급하면서 "좋은 학교 나오시고 크게 성공하신 분들이 시골에 있는 별 볼일 없는 사람에게 가서 머리 조아리고 돈 주고 그런 일 이제 없었으면 좋겠다"고 했었다.

남씨의 부인은 "처음 만나는 사람(노건평씨)한테 어떻게 '사장 임기가 다 돼가니 다시 사장 시켜주세요'라고 말할 수 있겠느냐"고 했다. 사기 편드로 650억원을 모아 구속됐던 노건평씨 처남 민경찬씨가 대우건설 간부에게 '병원 건물 공사를 싸게 해달라'며 먼저 접근해왔다는 것이다. "남 사장이 연임하려면 로비가 필요하다"며 노건평씨에게 돈을 주라고 제의한 것도 민씨라고 했다. 남씨는 마지못해 노씨에게 3000만원을 주라고 지시했고 대우건설 직원이 김해로 가서 노씨에게 돈이 든 쇼핑백을 전달했다고 한다. 남씨가 머리 조아리며 돈 준 것이 아니라 노씨 처남이 공사 민원을 하면서 인사 청탁 명목으로 돈을 뜯어간 것에 가까울 정도다.

노 전 대통령은 이런 전후 사정을 보고받았을 것이다. 그렇다면 노 전 대통령은 그 일에 대해 언급하려면 먼저 노건평씨와 민경찬씨의 행동을 사실대로 말하고 국민에게 사죄했어야 율을 일이다. 그러나 노 전 대통령은 국민이 지켜보는 가운데 사실과 다른 이야기를 만들어내 남씨의 인격을 무자비하게 짓밟아 버렸다. 남씨를 한강다리 난간 밖으로 떠미 거나 마찬가지 행동이었다. 그 남씨의 상가(喪家)는 권력의 눈이 두려워 사람들이 발길을 옮기지 않아 고적(孤寂)하기 짝이 없었다. 남씨의 부인은 "그동안 숨만 쉬고 살아왔다"고 했다.

노 전 대통령이 "아무 것도 모르는 시골 노인"이라고 했던 노건평씨는 이 일로 법원에서 집행유예를 선고받고 나서 집행유예 기간 중 서울 호텔에 나타나 농협회장에게 세종증권을 인수하라는 청탁을 했다. 그 대가로 세종증권으로부터 30억원을 받았다. 노 전 대통령은 이 일에 대해서도 뭐라 말이 없다.

남씨의 유족들은 노 전 대통령이 사과하지 않으면 민·형사 소송도 고려하겠다고 했다. 자기 형님의 허물을 덮으려고 다른 사람에게 씻을 수 없는 모욕을 줘 목숨을 끊게 만들었다면 뒤늦게라도 죄송하다는 말 한마디는 전하는 게 인간의 도리일 텐데, 그것마저 그렇게 인색한가.

"노 전 대통령은 국민이 지켜보는 가운데 사실과 다른 이야기를 만들어내 남 씨의 인격을 무자비하게 짓밟아 버렸다."(『조선일보』 2008년 12월 17일)

검찰 발표를 왜곡하고 특정인을 공개적으로 거론하며 망신을 줬다. 노 대통령은 남 씨에 대해 '크게' 성공한 분이라는 강조 어법까지 구사해 다수 대중의 시기심을 자극하면서 편을 가르려는 정치적 동기마저 느껴지게 했다. 만약 노건평 씨가 돈을 받았다면 노 대통령은 그런 처신을 한 형님에게 더 심각한 문제의식을 가졌어야 마땅하다. 그럼에도 사실과 부합되지도 않는 경솔한 말로 한 사람을 죽음에 이르게 함으로써 가족에게 한(恨)을 남겼다"며 다음과 같이 말했다.

"검찰 수사관과 가족의 말을 종합하면 노 씨의 처남 민경찬 씨가 먼저 연임 로비의 필요성을 얘기하며 접근했고, 노 씨와 민 씨는 서울까지 올라와 H호텔에서 남 씨를 만났다고 한다. 남 씨는 마지못해 회사 간부에게 돈을 전달케 했을 뿐, 노 씨를 찾아가 머리를 조아린 일이 없다는 것이다. 이게 사실이라면 노 씨 등의 행위는 공갈죄에 가깝다. 남 씨의 부인은 최근 노 씨의 구속을 계기로 남편 얘기가 다시 나오면서 가슴을 후벼 파는 듯한 고통을 느낀다고 한다. 그러나 노 전 대통령은 말이 없다. 한 번도 유족을 찾아가거나 연락해 유감을 표시한 일도 없었다. 대통령일 때 하지 못한 사과를 지금이라도 하는 게 인간의 도리 아닌가."[130]

권력형 가계 범죄

2008년 12월 19일 남상국 전 대우건설 사장의 부인 김선옥 씨와 자녀, 남 전 사장의 남동생 등 유족 여덟 명은 노 전 대통령을 명예훼손 혐의로 서울 중앙지검에 고소했다. 유족은 고소장에서 "남 전 사장이 노 전 대통령의 형 노건평 씨를 찾아가 머리를 조아리거나 돈을 준 사실이 없으며, 오히려 노 씨와 그의 처남 민경찬 씨가 사장 연임을 도와주겠다며 먼저 요구해 어쩔 수 없이 3000만 원을 준 것"이라고 밝혔다. 이들은 "이 같은 내용은 2004년 3월 10일 검찰의 수사 발표에서 대부분 사실로 밝혀졌다"며 "수사 결과를 보고받는 위치에 있던 노 전 대통령이 다음 날 기자회견을 통해 남 전 사장을 사장 연임을 위해 시골 노인에게 찾아가 돈이나 주는 파렴치한 사람으로 무참히 매도해 굴욕을 못 이겨 자살하게 만들었다"고 주장했다. 유족은 "최근 노 씨가 구속되면서 '남 전 사장이 노 씨에게 인사 청탁 대가로 돈을 주었다'는 보도가 다시 나와 고통을 받았다"며 "앞으로도 언론에서 노 씨가 나올 때마다 남 전 사장의 이름이 계속 불명예스럽게 거론될 것으로 예상돼 명예 회복을 위해 노 전 대

---

130) 「盧 전 대통령, 남상국 사장 유족의 恨 풀어줘야(사설)」, 「동아일보」, 2008년 12월 17일.

통령의 사과를 요구했으나 아무런 반응을 보이지 않았다"고 덧붙였다.

부인 김 씨는 "대통령은 재임 중 형사소추가 불가능해 퇴임 후 고소한 건가"라는 기자의 질문에 이렇게 답했다. "맞다. 고소 안 하고 그냥 덮고 가려 했다. 고소한다고 남편이 살아오는 것도 아니고. (울먹이며) 그냥 숨만 쉬고 살려고 했는데 이런 사건(노 씨 사건)이 있을 때마다 이야기가 나온다. 보기도 싫고 읽기도 싫다. 남편이 살아 있었다면 검찰에서 해명할 기회가 있었을 거다. 노 전 대통령이 대대적으로 망신을 주면서 해명할 기회조차 뺏어버린 거다. 우리 남편은 그런 사람이 아니다." [131]

12월 22일 검찰이 농협의 세종증권 인수 및 휴켐스 매각 비리 중간 수사 결과를 발표했다. 노건평 씨와 박연차 태광실업 회장 등 관련자 열두 명이 기소됐다. 검찰은 이번 사건을 노무현 전 대통령 측근들이 개입한 전형적인 '권력형 비리'로 규정했다. 노 씨는 세종증권 인수 로비를 주도해 29억 6300만 원을 받은 것 외에도 자기 회사의 돈 15억 원을 횡령했다. 노 씨의 딸, 사위, 사돈은 노 씨가 준 정보를 이용한 세종증권 주식 매매로 6억 원의 시세 차익을 얻었다. '권력형 가계(家系) 범죄'가 따로 없다. 세종증권 주식 시세 차익으로 259억 원을 번 박 회장도 자기 측근들까지 수억 원씩 시세 차익을 챙기도록 했다.

『국민일보』는 "노 씨와 박 회장 등의 혐의 내용은 정말 지저분하다. 노 전 대통령이 언제까지 입을 닫고 있을지 궁금하다"며 다음과 같이 말했다. "웃지 못할 일은 여자 역술인도 로비에 끼어들어 1억 원을 챙긴 사실이다. 노 전 대통령의 당선을 알아맞혀 유명해진 그는 세종캐피탈 홍

---

131) 전성철, 「故 남상국 씨 유족, 盧 전 대통령 고소」, 『동아일보』, 2008년 12월 20일.

기옥 사장이 농협에 회사를 넘기기 위한 로비에 노 씨를 활용하고자 찾아낸 인물이었다고 한다. 이런 광범위한 로비와 비리를 당시 청와대 민정 수석실이 확인하지 못했다는 것은 아무래도 석연치 않다."[132]

노건평은 '시골의 별 볼 일 없는 사람'이었나? 물론 아니었다. 이 사건은 늘 자기 주변 사람들을 일방적으로 감싸기만 하는 노무현식 정실주의와 치정주의의 어두운 면을 유감없이 보여준 사건이었지만, 노무현이 지나가야 할 어둠의 터널은 아직 많이 남아 있었다.

---

132) 「역술인까지 껴어 돈 챙긴 '노건평 커넥션' (사설)」, 『국민일보』, 2008년 12월 24일.

인터넷 경제 대통령의 출현
미네르바 신드롬

인터넷 경제 대통령의 출현

이명박은 '경제 대통령'이 되겠다고 했지만, 경제는 엉망진창이 되어가고 있었다. 2008년 가을의 한국 경제는 어떠했던가? 김병권 '새로운 사회를 여는 연구소' 센터장은, "지금 우리 국민 눈앞에는 황당한 현실이 펼쳐지고 있다. …… 상상을 초월할 정도로 부동산값이 폭락했다. 순식간에 주식과 펀드가 반 토막 났다. 환율과 금리는 치솟았다. 물가마저 동시다발적으로 뛰고 있다. 가계와 기업 모두 어디서부터 대응을 해야 할지 막막하다. 수출과 소비가 모조리 급락세를 보이고 있다. 기업의 연쇄 부도가 가까워지고 실업 대란이 우려되는 상황까지 왔다. 개별적으로는 합리적인 대응이 불가능한 상황이다"라고 진단했다.[133]

그런 상황에서 사이버상에선 재야인데다 익명인 '경제 대통령'이 출

---

133) 김병권, 「보수의 낙관과 진보의 나태로 '스타 탄생'」, 『한겨레21』, 제738호(2008년 12월 5일).

현해 많은 사람들을 사로잡았다. 그 사람이 바로 인터넷 논객 미네르바다. '미네르바 신드롬'이라고 해도 좋을 정도였다. 김병권은 "이런 상황에서 가장 필요한 것은 무엇일까. 사실을 그대로 말하는 것이다. 국민이 필요로 했던 것은 사실관계를 있는 그대로 알려주는 것이다. 진보와 보수를 떠난, 이전 단계의 사실이다. 바로 미네르바는 이 '사실 전달'을 했다"며 다음과 같이 말했다.

"2008년 상반기 실천 운동의 최전선에는 진보 운동 세력이 아닌 여고생들이 섰다. 하반기에는 이데올로기 전선의 최전방에 미네르바가 섰다. 이들이 이명박 정부와 맞선 상황을 이 땅의 진보 세력들은 심각하게 자성해야 한다. 정부와 보수 세력은 사실 그대로를 알리지 않고, 허위와 임기응변으로 국민을 실망시키고 있다. 진보 세력도 대안을 만들지 못하고 당위를 반복하고 있다. 이런 상황이 계속되는 한 미네르바는 네티즌들에게 우상이 될 수밖에 없다."[134]

2008년 11월 3일 국회 대정부 질문에서 한나라당 홍일표 의원은 "사이버 논객 미네르바가 대단한 경제적 식견을 가지고 '리먼브러더스 부실 사태'도 예견했고 여러 가지 예리한 비판도 하고 있는데……"라고 말했다. 홍 의원이 수사 용의를 묻자 김경한 법무부 장관은 "내용이 범죄의 구성 요건에 해당한다면 당연히 수사를 해야 할 것"이라고 답했다. 이는 인터넷을 무대로 활동하던 미네르바가 정쟁 대상으로 본격 떠오른 계기가 되었다.

11월 17일 KBS는 〈시사 360〉이란 프로그램에서 미네르바를 어두운

---

134) 김병권, 「보수의 낙관과 진보의 나태로 '스타 탄생'」, 『한겨레21』, 제738호(2008년 12월 5일).

미국 뉴욕에 있는 국제 금융회사 리먼브러더스 본사 건물. 2008년 9월 15일 6000억 달러에 이르는 빚을 감당하지 못해 파산함으로써 전 세계에 금융위기를 불러왔다.

지하의 실루엣으로 묘사했다. 이 프로그램과 인터뷰한 김태동 성균관대 경제학과 교수는 이튿날 해당 프로프램 시청자 게시판에 글을 올렸다. 김대중 정부 시절 청와대 경제 수석을 지낸 김 교수는 「미네르바님 미안합니다」라는 글에서 "당신은 제가 아는 한 가장 뛰어난 국민의 경제 스승"이라고 극찬했다. 민주당 최문순 의원은 이틀 뒤 열린 동아시아 경제 포럼에서 "제도권 언론과 정치인을 모두 합쳐도 미네르바만 못하다"고 주장했다.[135]

---

135) 강민석, 「'미네르바' 소동 거품 키운 조연들」, 『중앙일보』, 2009년 1월 12일.

미네르바, 넌 누구냐?

2008년 11월 28일 장원준 『조선일보』 산업부 기자는 「미네르바, 넌 누구냐? 한국 경제 노스트라다무스? 미네르바 신드롬 대해부」라는 심층 분석 기사를 썼다. "익명(匿名) 뒤에 숨은 인터넷 경제 논객이 요사이 유령처럼 화제의 중심을 떠돈다. 남녀노소가 방방곡곡에서 실체도 모르는 그를 복기(復棋)하고 논박한다. 찬반 토론의 대상으로 그가 떠오를 때 인터넷에 형성되는 보호막의 단단함으로는, 과거 노무현 전 대통령이나 황우석 전 서울대 교수에 필적할 정도다. 조금 과장하면, 익명의 필자 한 명에게 한국 경제 주체들이 휘둘리는 형국이다"며 다음과 같이 말했다.

"물론 그가 일찌감치 리먼브러더스의 부실화를 비교적 정확하게 예측했고, 환율 변동 등 경제 예측을 대체로 잘 짚어오긴 했다. 그렇다고 해서 이름과 신분을 숨긴 사이버 필자가 '경제 대통령'으로 추앙받는 현상은 결코 정상이라고는 할 수 없다고 전문가들은 지적한다. …… 익명의 논객이 내놓는, 부분 부분 논리적으로 하자가 있는 분석이 신드롬이라 일컬어질 정도로 경제에 큰 영향을 끼치는 것은 세계적으로 찾아보기 힘든 현상이다. 도대체 무엇이 한국에 미네르바 신드롬과 같은 '비이성적 열광'을 가져왔을까?"

장원준은 여섯 가지 이유를 제시했다. 첫째, 익명의 역(逆)권위. 둘째, 대중의 오묘한 심리를 못 읽은 정부. 셋째, 진실의 트라우마와 엑스(X)파일. 넷째, 재야 프리미엄 과잉과 제도권 홀대. 다섯째, 노스트라다무스 신드롬. 여섯째, 비관론자가 유리한 게임 등이다. 장원준의 설명은 다음과 같다.

첫째, 익명의 역권위. 원론적으로 실명(實名)은 익명보다 권위와 힘을 갖기 마련이다. 그만큼 책임이 걸려 있기 때문이다. 김난도 서울대 소비자학과 교수는 "한국에서는 언젠가부터 지식인이나 전문가가 실명을 걸고 말할 때는 자기 조직의 이익에 맞춰 수위와 방향을 조절하는 경향이 두드러지게 됐다"며 "이런 소신의 실종이 익명에 끌리게 만드는 변칙을 일반화했다"고 지적했다. 미네르바도 아마 처음부터 실명과 전·현 직함을 밝힌 채 같은 주장을 폈다면 오히려 열광이 덜했을 것이라는 지적이다.

둘째, 대중의 오묘한 심리 못 읽은 정부. 이번 위기 국면에서 우리 정부는 국민의 신뢰 획득에 실패했다는 게 다수설이다. 어설프게 미네르바 수사 방침을 밝혔다가 흐지부지한 것도 결국 익명 논객의 지명도만 높였다. 여기서 황상민 연세대 심리학과 교수는 한발 더 나간다. 황 교수는 "정부 지도자들은 한국 대중이 단순하게 반응하고 움직인다는 옛날 경제학식 착각을 하는 바람에 심리전의 첫 단추부터 잘못 끼웠다"며 "정부가 경제 상황에 대한 적절하고 솔직한 우려와 긍정적 자신감을 버무렸어야 한다"고 비판한다.

셋째, 진실의 트라우마와 엑스 파일. 김난도 교수는 "한국인들은 '진실은 밝은 이곳이 아니라, 어두운 저곳 엑스 파일에 있다'고 과신(過信)하는 경향이 있다"며 "이런 속성이 불안과 공포 속에 증폭되며 '미네르바 신드롬'과 결합했다"고 분석했다. 왜 한국인은 어두운 엑스 파일을 과신할까? 김 교수는 그 이유로 '급변한 진실의 트라우마(trauma, 충격이 주는 정신장애)'를 들었다. 예를 들어, 한국인의 뇌리에는 둘도 없는 국부(國父), 나라 망친 친일파, 건국의 영웅으로 등락을 거듭했던 '이승만 재평가'의 충격이 각인돼 있다는 설명이다. '공식적 설명과 진짜 스토리가 완연히 다른 사건들'은 한국에 특히 많았고, 이것이 '어두운 저곳'에 정답이 있을 것이란 기대, 혹은 환상을 불러일으켰다는 해석이다.

넷째, 재야 프리미엄 과잉과 제도권 홀대. "뉴라이트 운동 할 때는 그렇게 제 이야기를 경청하던 사람들이 제가 국회의원이 되자 너무나 제 발언을 무시하는 바람에 깜짝 놀랐습니다. 사실 지금이 훨씬 더 많은 정보를 바탕으로 더 정확하고 의미 있는 분석을 내놓고 있는데도요." 시민단체인 자유주의연대 대표 출신인 한나라당 신지호 의원의 토로다. 전문가들은 이런 재야에 대한 과잉 프리미엄과 제도권 공직자에 대한 홀대 풍조가 경제 관료보다 미네르바 견해를 훨씬 더 존중하는 결과에 일조했다고 진단한다.

다섯째, 노스트라다무스 신드롬. 지금의 미네르바 신드롬에는 노스트라다무스 신드롬의 그림자가 읽힌다는 전문가들도 있다. 정신과 전문의인 표진인 박사는 "큰 사건이 벌어지면 사람들은 노스트라다무스의 예언에서 적당한 것을 골라 사후적이고 결과론적으로 적중한 것처럼 믿어버리려 한다"며 "이는 세기말적 불안감이 엄습할 때 대중들이 이를 설명해주는 '족집게 현자(賢者)'가 있다고 믿고 싶어 하기 때문"이라고 설명했다. 즉 예전에 겪지 못한 경제 위기가 오자 대중들은 적중한 것으로 보이는 미네르바의 예측들만 골라 선택적으로 기억을 집중시키면서 위안을 삼는다는 분석이다.

여섯째, 비관론자가 유리한 게임. 전문가들은 기본적으로 이런 위기 국면의 구도는 비관론자에게 훨씬 유리하다고 입을 모은다. 박남규 서울대 경영대 교수는 "비관론자가 틀리는 상황은 일이 잘 풀리는 경우이므로 욕을 먹을 가능성이 낮고 '위기를 예고한 덕분에 피해갈 수 있었다'는 변론도 가능한 반면, 낙관론자는 조금이라도 틀리면 훨씬 잘못이 도드라져 보인다"고 말했다. 다시 말해 지금처럼 미증유의 위기 국면에서는 미네르바 같은 철저한 비관론 견지가 일관성도 있어 보이고 유리해질 가능성도 높다는 분석이다.[136]

매체의 정파성이 미네르바 키운다

2008년 11월 29일 윤창현 서울시립대 경영학부 교수는 『조선일보』 칼럼에서 "최근 한동안 거의 매일 무려 200여 개의 글을 올리면서 왕성한 분석력을 자랑하는 네티즌이 신드롬을 일으키고 있다. 필명 '미네르바'인 그의 글에서는 '지성적인' 경제 분석과 함께, (그다지 필요해 보이지 않는 대목에서까지도) '반지성적인' 욕설과 투덜거림 그리고 대통령이나 정책 담당자를 향한 악담이 쏟아진다. '사실 한국만큼 악랄한 수탈 경제 시스템은 없는 거여……' 라든가, '더러워서 국적을 바꾸든지 해야지……' 하는 식이다"며 다음과 같이 말했다.

"여기에 가끔 자기 자랑까지 잘 섞여 나온다. 아마 그런 점들이 글 읽는 재미를 더한다는 생각이다. 그의 글은 평소에 욕을 잘하는 욕쟁이 할머니가 경제 분석을 하는 느낌, 나아가 그런 경제 분석을 통해 사이버 시위를 하는 느낌을 준다. …… 그러나 욕설과 푸념이 사라진 그의 글은 묘하게도 평범하게 읽히고 별로 강렬한 느낌으로 와 닿지 않는다. 이제 미네르바가 배트맨의 고담 시 같은 사이버 공간에서 빠져나올 시점이 가

---

136) 장원준, 「[Weekly BIZ] 미네르바, 넌 누구냐? 한국 경제 노스트라다무스? 미네르바 신드롬 대해부」, 『조선일보』, 2008년 11월 29일.

까워지고 있다는 생각이다."[137]

12월 2일 이훈범 『중앙일보』 정치 부문 차장은 "리먼브러더스의 부실과 1,500원대 환율 상승을 예측해냈다고는 하나 그가 매일같이 토해낸 200여 개의 '신탁(神託)' 속에는 그 이상의 오류가 존재하는 것도 사실이다. 욕쟁이 할머니 같은 경우라서? 하긴 돈 낼 거 다 내고 손님 대접은커녕 욕이나 잔뜩 먹고도 오히려 따스한 정을 느끼는 자학성(?)도 우리 민족만 가지는 특이체질이랄 수도 있겠다. 익명의 신비성 때문에? 사실 이것이 나를 가장 불편하게 하는 부분이다. 제도권에서 이름을 걸고 글을 쓰면 그것이 마치 그들이 소속한 집단의 이익을 대변하기 위한 것인 양 비춰지는 현실 말이다. 거기에 '그것의 배경은 이렇다'는 음모론까지 가세하면 제도권 전문가의 글은 그야말로 굵직한 배후에게 충성하려 짖는 '개소리'로 전락하고 만다"며 다음과 같이 말했다.

"하지만 모두 곁가지일 뿐이다. 미네르바를 '경제 대통령'으로 끌어올리는 주 동력원은 다른 데 있다고 나는 본다. 그건 그가 사사건건 대통령을 물고 늘어지고 있기 때문이다. '강부자'인 우리 대통령과 그의 경제정책에 막연한 의심을 가진 사람들에게 명쾌한 경제적 반박 논리를 제공하니 열광하지 않을 수 없는 것이다. 촛불을 키운 게 광우병 공포라기보다 정권에 대한 불신이었던 것과 같은 이치다. 촛불이 번졌던 장소에서 미네르바를 겹겹이 에워싼 보호막에 어떠한 합리적 비판도 뚫고 들어갈 수 없는 상황도 똑같다. 미네르바에게 이제 익명의 그늘에서 나오라고 주문하는 이들이 많다. 곰곰이 생각해봤지만 그건 옳은 길이 아

137) 윤창현, 「[Weekly BIZ] "고장난 시계도 하루 2번은 정확히 맞는다"」, 『조선일보』, 2008년 11월 29일.

닌 것 같다. 가면을 벗는 순간 쾌걸 조로의 칼끝은 무뎌질 게 분명한 까닭이다." [138]

이재경 이화여대 언론홍보영상학부 교수는 『국민일보』에 쓴 「매체의 정파성이 '미네르바' 키운다」라는 칼럼에서 "신문과 방송이 미네르바를 화제로 띄우는 일이 씁쓸한 이유를 따져보면 크게 두 가지다"며 다음과 같이 말했다. "하나는 미네르바로 대표되는 어둠의 공론장이 커질수록 기자들의 영역은 상대적으로 위축되는데 언론인들이 그 의미를 파악하지 못하고 미네르바를 또 하나의 상품으로만 다루고 있는 행태의 문제. …… 둘째 이유는 우리가 일상적으로 접하는 기사 속에 숨어 있는 미네르바 같은 취재원들이 너무 많기 때문이다. 특히 청와대 관계자나 정부 관계자 같은 익명 취재원의 남용은 심각한 문제다. 공직자에게 익명의 가면을 씌우는 이유가 무엇인가. 혹 취재가 부실해서는 아닌가. 정치인이나 공직자는 일에 관한 한 무한 책임을 져야 한다. 그게 우리가 세금을 내는 대가다. 그런데 기자들은 그들에게 너무 쉽게 익명의 외투를 입혀준다. 이러한 저널리즘 문화가 미네르바를 키워주는 토양인 것은 아닌가." [139]

미네르바 체포 논란

2009년 1월 9일 인터넷 논객 '미네르바'가 검찰에 허위 사실 유포죄 혐의로 체포되었다. 이것보다는 그의 정체가 공업 전문대 출신인 30대 무직

---

138) 이훈범, 「[이훈범 시시각각] 미네르바의 부엉이가 날 때」, 『중앙일보』, 2008년 12월 2일.
139) 이재경, 「[미디어칼럼] 매체의 정파성이 '미네르바' 키운다」, 『국민일보』, 2008년 12월 4일.

자 박 아무개였다는 사실이 더 큰 충격을 주었다. 그는 자신을 "30대 중반 미국에서 석사 학위를 받고 기업 인수·합병과 서브프라임 자산 설계에 발을 담갔다"고 소개해왔기 때문이다.

한나라당 홍준표 원내대표는 "인터넷상의 허위 사실 유포가 얼마나 사회불안적 요소로 작용하고 확대, 재생산될 수 있는지를 여실히 드러냈다"면서 2월 임시국회에서 '사이버모욕죄' 도입을 적극 추진하겠다고 밝혔다. 윤상현 대변인은 "미네르바 문제는 인터넷 익명성의 위험이 얼마나 큰지 확인시켜줬다"며 "이를 통해 사이버 문화에 대한 우리 사회의 자정 능력을 고민하는 계기가 되길 바란다"고 말했다.

반면 민주당은 국회 문화체육관광방송통신위원회 소속 의원 여덟 명 전원의 성명을 통해 "이명박 정권이 중대 범죄 혐의가 없음에도 인터넷에 올린 글을 빌미 삼아 네티즌을 전격 체포한 사실에 분노한다"며 "우리 사회가 통제 사회로 변화하면서 민주주의가 후퇴하는 모습을 상징적으로 보여주는 사건"이라고 비난했다. 송영길 최고위원도 "네티즌들은 지금 '이명박 대통령이 자신이 당선되면 주가를 3,000으로 올리겠다고 했는데 결과적으로 틀린 것 아니냐'며 차별적이라고 주장하고 있다"고 말했다. 민주당은 박 씨를 위한 무료 변호인단을 꾸렸다.[140]

『조선일보』 사설은 "이 엉터리 '국민의 경제 스승' 사건은 지난해 초 MBC 〈PD수첩〉의 광우병 왜곡 방송, 재작년 가짜 예일대 출신 미술 평론가 신정아 사건에 이어 이 나라에서 이념 운운하는 지식인들의 정신 세계가 얼마나 천박한가를 드러낸 사건이다. 미네르바를 '한국 경제의

---

140) 강훈·신은진, 「검찰 "미네르바는 전형적 혹세무민(惑世誣民) 사건"」, 『조선일보』, 2009년 1월 10일.

메시아'로 떠받든 사람들은 입으론 '정의', '평등', '박애', '세계주의'를 떠들지만 실제로는 그럴듯한 간판 앞에만 서면 내용은 뜯어볼 엄두도 내지 못한 채 그냥 넙죽 엎드리고 만다. 지적(知的) 감식안(鑑識眼)은 물론 지적 자주성과 독립성이 결여해 있는 탓이다"며 다음과 같이 말했다. "그렇다 해도 검찰이 인터넷상에서 허위 사실을 유포했다 해서 이 '가짜 국민의 경제 스승'을 전기통신기본법 위반으로 구속하려는 것은 조금 너무 나갔다. 물론 이 가짜의 폐해가 막심하긴 하지만, 엉덩이에 곤장이나 몇 대 쳐 그를 받들어 모시는 교수와 앵커가 있는 대학과 방송으로 보내 '경제 만담(漫談)'이나 하도록 내맡겨둘 일이다."[141]

같은 날 『중앙일보』 또한 사설로 자극적인 주장이 더 설득력 있는 사이버 문화를 비판했다. "이번 사건의 의미를 단순히 박 씨 한 사람의 처벌 문제에 국한해서는 안 된다고 본다. 그가 '경제 대통령'으로 불릴 정도로 엄청난 영향력을 지니게 된 데는 인터넷이라는 환경적 토양이 자리 잡고 있다. 열린 소통 공간의 확대와 표현의 자유 신장이라는 인터넷의 순기능에도 불구하고 얼굴이 가려질수록, 주장이 자극적일수록 네티즌들의 호응을 얻는 현재의 사이버 문화에는 분명 문제가 있다"며 다음과 같이 말했다.

"그런 점에서 민주당이 진상 조사단을 구성해 '미네르바' 사건을 정치 쟁점화하려는 것은 바람직하지 않다. 일부 네티즌의 반발과 의구심을 등에 업고 정부·여당이 추진하는 사이버모욕죄 도입에 반대하는 명분으로 삼으려는 의도가 깔려 있기 때문이다. 지난해 12월 여론조사 기

---

141) 「전(前) 청와대 경제 수석이 '국민 경제 스승'으로 모신 분(사설)」, 『조선일보』, 2009년 1월 10일.

관 리얼미터의 조사 결과 응답자의 62.3%가 사이버모욕죄 도입에 찬성한 데서 확인되듯 인터넷 제도 개선은 국민의 공감을 얻고 있다. 여야 모두 정치적 유·불리를 떠나 인터넷의 순기능은 살리면서 부작용과 역기능을 줄이는 데 주력해야 한다. 세계가 '정보 기술(IT) 강국'인 한국을 주목하는 상황에서 네티즌의 자정 능력을 성숙시킬 수 있는 정교한 제도적 장치 마련은 미룰 수 없는 과제다. 자유엔 책임이 따른다는 민주주의 기본 원리는 온라인에서도 다르지 않다."[142]

『동아일보』도 사설로 "신원도 확인되지 않은 누리꾼이 얼굴 없는 '경제 대통령'으로 부상한 일련의 과정을 돌이켜보면 이성보다는 감성, 과학보다는 근거 없는 선동에 휘둘리기 쉬운 우리 사회의 심각한 병리 현상이 엿보인다. 지식인과 전문가들의 자성이 필요한 대목이다. 박 씨가 인터넷에 올린 내용 중 몇 가지 예측이 운 좋게 맞았다고 하지만 경제를 잘 아는 사람의 눈으로 보면 조악한 점이 많았다. 그런데도 지식인과 전문가들은 침묵하거나 무기력했다"며 다음과 같이 말했다. "박 씨의 실체가 밝혀진 뒤 상당수 국민은 신흥종교 교주에게 사기당한 듯한 심정을 느끼고 있다. 미네르바로 대표되는 '골방 도사'의 논리에 누리꾼이 환호하고, 사회 혼란으로 이어지는 사태가 재현되지 말란 법이 없다. 허상과 선동의 논객이 다시 출현해 국민을 미혹에 빠뜨리지 않도록 인터넷을 이성과 과학이 지배하는 공간으로 가꾸기 위한 우리 모두의 노력이 필요하다."[143]

『한국일보』는 같은 날 사설에서 다음과 같이 정리했다. "검찰 발표대

---

142) 「'미네르바' 계기로 인터넷 문화 성숙(사설)」, 『중앙일보』, 2009년 1월 10일.
143) 「'31세 골방 도사 경제 대통령' 누가 만들었나(사설)」, 『동아일보』, 2009년 1월 10일.

로 그의 혐의는 '긴급 공문' 운운하면서 전기사업통신법상 '공익을 해할 목적으로' 허위 사실과 유언비어를 유포한 것이 전부다. 그런데도 검찰은 마치 오랫동안 추적하던 국사범을 검거한 것처럼 요란을 떨었다. 덩달아 특정 이해를 가진 세력들은 '돌팔이 의사의 사기극에 놀아난 대한민국', '입 막기 편파 수사'라는 등의 편의적 해석과 허위의식을 덧칠하는 행태를 되풀이하고 있다. …… 지금 우리 사회가 무엇보다 반성할 것은 경력과 이력조차 모를 정체불명의 인터넷 논객을 '경제 마이스터'로 떠받드는 것을 방관하고 부추긴 지성의 타락, 지적 리더십의 실종이다. 내로라하는 경제학자가 그를 '뛰어난 경제 스승'이라고 칭송한 것은 참으로 민망하다. 설령 검찰이 체포한 미네르바가 가짜일지라도 이런 사리는 달라질 게 없다. 미네르바 해프닝은 '침묵은 가장 야만적이고 무책임한 지식'이라는 사실을 새삼 일깨우고 있다." [144]

난민촌 대한민국인가?

2009년 1월 10일 『한겨레』 사설은 "미네르바 사건에서 족벌 언론들이 집중적으로 부각시킨 것은, 나이 · 학력 · 직업 같은 신상 정보였다. 한 중앙 일간지는 '가짜에 놀아난 대한민국'이라고 제목을 단 1면 머리기사에서 무직, 공고 · 전문대 졸, 경제학 독학 따위를 늘어놓았다. 가짜의 근거는 결국 낮은 학벌이었다. 학벌이 못났으니, 그의 글도 변종 바이러스로 취급당했다"며 다음과 같이 말했다.

---

144) 「미네르바에 농락당한 천박한 지적 풍토(사설)」, 『한국일보』, 2009년 1월 10일.

"그러나 한국의 권력 집단은 이런 발표와 보도를 통해 자신의 천박한 학벌주의만 발가벗겼다. 그들의 주장은, 미네르바는 전문대를 졸업한 비전공자이므로 설사 그의 전망과 분석이 옳아도 가짜이고, 사회를 병들게 하는 바이러스라는 것이었다. 그런 일은 잘난 학벌만이 할 수 있다는 투였다. 강부자·고소영 정권이 교육 양극화를 극대화하는 교육정책으로 가진 자들만이 최고 학벌에 접근할 수 있도록 하려는 이유를 알 것 같다."[145]

이철호 학벌없는사회 정책위원장은 "미네르바의 학력이 높고 외국 경험이 있을 것이라는 세간의 예측이 빗나가자 많은 사람들이 당황하는 것 같다"며 "한 사람의 실체를 겉으로 드러난 '간판' 으로 예단하는 풍조가 얼마나 뿌리 깊게 박혀 있는지를 여실히 보여주는 것"이라고 말했다. 권영준 경희대 국제경영학부 교수는 '30대 무직 비전공자에게 농락당했다'는 해석에 대해 "유명한 과학자들 가운데는 학위 없이도 실험으로 인정받은 이들이 많다"며 "학벌을 바탕에 둔 비난은 우리 사회와 일부 언론이 그런 의식에 너무나 깊게 젖어 있는 탓"이라고 지적했다.[146]

양상훈 『조선일보』 워싱턴 지국장은 2009년 1월 14일자 신문에 「난민촌 대한민국」이라는 칼럼을 썼다. "'미네르바' 라는 사람이 4년제 대학을 안 나왔고 경제학을 전공하지 않았다고 경제를 말할 자격이 없는 것이 아니다. 그가 쓴 글은 예측이 아니라 예언에 가까웠다. 그 예언이 몇 개 맞았다고 그를 '도사' 로 떠받드는 사회 현상과, 그 도사의 한마디

145) 「권력 집단의 천박한 학벌주의(사설)」, 『한겨레』, 2009년 1월 10일.
146) 노현웅·송경화, 「'학벌 낮으니 속았다' …… 또 드러난 '간판 사회': 30대·무직·전문대 출신 논란」, 『한겨레』, 2009년 1월 11일.

에 사람들이 주식을 팔고 달러를 사러 우르르 몰려다니는 이상(異常) 집단 심리가 진짜 문제다"며 다음과 같이 말했다.

"한국 사회는 '난민촌'의 특성을 갖고 있다고 쓴 책을 보았다. 난민촌은 뿌리 없이 흔들리는 사회다. 이리저리 우르르 몰려다니는 쏠림 현상, 확 달아올랐다가 금방 잊어버리는 냄비 현상, 지역과 같은 원시적인 기준으로 편을 갈라 싸우는 패거리 현상도 난민촌에서 흔히 일어나는 일이다. 난민촌에선 괴질(怪疾)에 대한 자극적 소문이 비정상적으로 증폭되거나 누구를 도사로 떠받드는 것이 이상한 일이 아니다. 난민촌에서 중요한 것은 내일은 또 어디서 무슨 바람이 불어와 바람개비를 돌릴 것이냐이다."[147]

이택광 경희대 교수는 『미디어오늘』 칼럼에서 "검찰이 체포한 인물이 '진짜' 미네르바가 아닐 것이라는 주장에서 충격의 실체를 확인할 수 있다. 이런 주장을 하는 이들은 대체로 미네르바를 '국가적 기밀'에 접근할 수 있는 한국 사회의 상위 1% 내에 드는 인물로 추정하고 있었다. 만연한 엘리트주의가 미네르바 신드롬을 키웠던 것이다"며 다음과 같이 말했다. "밝혀진 것처럼, 미네르바는 경제 분석가였다기보다 인터넷에 올라 있는 자료들을 토대로 대중이 듣고 싶은 말을 해준 포퓰리스트였다. 그가 올린 글은 지금 현재 한국 사회에서 대중이 원하는 것이 무엇인지를 지시하는 리트머스 시험지였다. 바야흐로 검찰과 법원은 인터넷을 법의 테두리 내에 고정시키면 인터넷 남용을 방지할 수 있을 것이라고 판단한 것 같지만, 미네르바라는 이름을 만들어내고 키워낸 건 한국

---

147) 양상훈, 「난민촌 대한민국」, 『조선일보』, 2009년 1월 14일.

사회의 경제 중심주의라고 할 수 있다. 미네르바는 이 현실을 비추는 하나의 거울이었을 뿐이다.”[148)]

미네르바 무죄는 검찰의 승리

2009년 4월 20일 법원은 ‘미네르바’라는 필명으로 통하던 인터넷 경제 논객 박대성 씨에게 무죄를 선고했다. 서울 중앙지방법원 형사5단독 유영현 판사는 “구체적 표현 방식에서 과장되거나 정제되지 않은 서술이 있다 하더라도 전적으로 ‘허위의 사실’이라고 인식하면서 글을 게재했다고 보기 어렵고 ‘공익을 해할 목적’이 있었던 것으로도 보기 어렵다”고 밝혔다. 20일 오후 서울구치소에서 풀려난 박 씨는 소감을 묻는 기자들의 질문에 피곤한 표정으로 “심려를 끼쳐드려 죄송하다”고 말했다. 반면 비슷한 시각 최재경 서울 중앙지검 3차장은 “재판부가 증거 선택을 잘못해서 사실관계를 오인한 만큼 즉시 항소하겠다”고 밝혔다.

이에 『한겨레21』에 「미네르바 무죄는 검찰의 승리」라는 기사가 실렸다. “법원은 박 씨의 손을 들어줬건만, 당당하기는 검찰이 더했다. 과연 재판에서 승리한 것은 누구일까? 이 질문에 답하려면 박 씨와 검찰이 각각 어떤 이득과 손해를 봤는지 따져보면 된다. 우선 피고인 박 씨. 그는 지난 1월 7일 검찰에 체포돼 4개월 동안 감옥에 갇혀 있었다. 그동안에 그가 겪었을 고통은 단순히 무죄판결로 보상받을 수 있는 차원의 것이 아니다. 나중에 무죄판결이 확정된다면 형사보상 청구권을 행사할 수도

---

148) 이택광, 「경제 대통령이라는 초라한 환상」, 『미디어오늘』, 2009년 1월 14일.

인터넷 논객 '미네르바' 박대성 씨는 2009년 4월 20일 구속 100일 만에 무죄선고를 받고 풀려났다.

있겠지만, 독방에서 보낸 100여 일은 '일당 몇만 원'으로 계산되는 형사보상금으로는 해소될 수 있는 성질의 것이 아니다." 그렇다면 검찰이 얻은 것은 무엇일까?

"우선 박 씨가 넉 달 동안 수감돼 있었다는 것은, 뒤집어 말하면 검찰로서는 나름 충분히 처벌한 셈이라고 할 수 있다. 법적인 형식은 무죄지만, 실제는 징역 100여 일을 살게 한 것과 똑같은 효과를 봤기 때문이다. 검찰의 성과는 이뿐만이 아니다. 사실 검찰(또는 검찰을 움직이게 한 정권)이 노린 것은 박 씨 개인에 대한 처벌보다도 이를 통해 본보기를 보여주는 것에 있었다고 할 수 있는데 그 목적은 충분히 달성했다. '인터넷에 함부로 글 올리다가는 큰코다친다'는 메시지를 전 국민에게 두루 전했기 때문이다. 박 씨가 구속되자 상당수 누리꾼들은 '나도 재수 없으면 저렇게 붙들려가겠구나'라는 판단 아래 꼬투리가 잡힐 만한 발언들을 스스로 자제하기 시작했고, 한때 '토론의 성지'라고 불리던 포털 다음의 아고라도 크게 위축됐다."[149]

5월 16일 '미네르바' 박대성 씨는 미국 『뉴욕 타임스』와 인터뷰한 자

---

149) 이순혁 · 김태규, 「미네르바 무죄는 검찰의 승리」, 『한겨레21』, 제758호(2009년 5월 1일).

리에서 "한국에서는 더 이상 살 수 없다"며 "이민 가고 싶다"고 밝혔다. 박 씨는 인터뷰에서 허위 경력 논란과 관련해 "내가 명문대 출신이라면 사람들이 내 정체성에 의문을 가지거나 내가 체포되지 않았을 것"이라며 "현실 세계로 나온 뒤 벽에 부닥쳤다"고 토로했다. 그는 또 "처음에는 보수주의자들이 나를 공격했고, 나를 지지하던 진보주의자들은 내가 그들을 대변할 수 없다는 것을 깨닫자 나를 버렸다"며 "내게 남은 건 비난밖에 없다"고 덧붙였다. 그는 이어 "한국 사회의 광기를 목격했다"며 "내가 한 일을 후회하고 있으며 다시는 온라인에 글을 올리지 않겠다"고 밝혔다. 『뉴욕 타임스』는 "'미네르바 사태'가 한국 사회의 온라인과 오프라인 사이에 존재하는 간극을 드러냈다"고 평했다.[150]

2010년 12월 헌법재판소는 '미네르바' 박대성 씨를 구속하는 데 근거 조항이 된 전기통신기본법 제47조 1항을 위헌으로 판단하지만, 이미 '미네르바 무죄는 검찰의 승리'가 된 상황에서 큰 의미를 찾기는 어려웠다. 사실 한국 사회의 온라인과 오프라인 사이에 존재하는 간극은 2000년대의 한국에서 일어난 모든 논쟁과 논란을 꿰뚫는 새로운 현상이었다.

---

150) 하현옥, 「미네르바 "이민 가고 싶다": NYT와 인터뷰 …… "한국 사회의 광기 목격"」, 『중앙일보』, 2009년 5월 18일.

우리 국회는 세계 최악인가
'MB악법' 저지 투쟁

YTN 공정 방송 투쟁

'승자 독식주의'를 행동 강령으로 삼은 이명박 정권은 KBS를 위시하여 모든 방송을 완전히 장악하고자 하는 열망에 사로잡힌 나머지 방송 영역에서 격렬한 저항을 불러일으켰다. KBS 다음으로 갈등의 무대가 된 곳은 24시간 케이블 뉴스 방송사인 와이티엔(YTN)이었다. YTN 사원들은 낙하산 인사로 내려온 구본홍 사장에 반대해 싸웠는데, 2008년 10월 6일, YTN은 반대 투쟁에 앞장서 싸운 기자 여섯 명을 해고했다.

10월 8일 YTN 앵커와 기자들은 이틀 전 내려진 회사 쪽 징계에 항의하는 의미로 검은색 옷차림으로 방송에 나섰다. 이에 대해 방송통신심의위원회(방통심의위)는 11월 26일 '시청자에 대한 사과'라는 중징계를 의결했다. 방송심의규정 7조(방송의 공적 책임)와 9조(공정성) 외에도 27조(품위 유지) 조항에 위배된다는 이유에서였다. 뉴스 보도 프로그램에서 앵커나 기자의 옷차림이 문제가 되거나, 일반 프로그램에서 선정적이라

제7회 송건호 언론상을 수상한 MBC 〈PD수첩〉과 언론노조 YTN 지부.

는 이유 외에 출연자의 옷차림이 문제가 돼 법적 제재가 결정된 것은 이
번이 처음이었다.

10월 30일과 11월 20일에는 'YTN과 공정 방송을 생각하는 날'을 맞
아 SBS·MBC 아나운서들이 YTN '블랙 투쟁'을 지지하는 차원에서 검
은색 옷차림으로 방송에 나섰다. 이에 대해 방통심의위 방송심의 소위
는 2009년 1월 13일 회의를 열어 네 시간이 넘는 격론 끝에 SBS·MBC
일부 아나운서의 검은색 옷차림에 대해 '문제없음'을 결정했다.[151]

12월 2일 제7회 송건호 언론상 심사위원회는 MBC 〈PD수첩〉과 YTN
노조를 공동 수상자로 선정하면서 "진실을 향한 피디수첩의 노력과 공
정 방송을 지키려는 와이티엔 노조의 저항은 한국 언론사에 기록되어
다음 세대의 길잡이가 될 것"이라고 심사평을 밝혔다.

151) 김종화, 「검은 옷, YTN은 안 되고 SBS·MBC는 괜찮나」, 『미디어오늘』, 2009년 1월 13일.

12월 11일 저녁 6시 30분 서울 태평로 프레스센터 20층 국제회의장에서 열린 제7회 송건호 언론상 시상식에서 수상자로 선정된 전국언론노조 YTN지부 위원장 노종면은 "송건호 선생의 지적대로 우리가 반대하는 '낙하산 사장'은 언론인 지위를 징검다리 삼아 정치에 몸담았고, 그 이력으로 다시 언론사 사장을 하겠다는 사람이기 때문에 반대하는 것"이라고 말했다.

2009년 3월 22일 검찰은 YTN 구본홍 전 사장의 업무를 방해한 혐의로 노종면, 현덕수, 조승호 기자를 체포했다. 체포와 구속, 기소 그렇게 2년이 흘렀지만 이들의 힘겨운 '복직 여정'은 아직 끝나지 않았다. 2011년 4월 15일 서울 고등법원은 노종면 등 여섯 명에 대한 해고를 부당 해고로 판결한 원심을 깨고 원고 일부 패소 판결을 내렸기 때문이다.

'MB악법' 저지 투쟁

국회 역시 YTN 못지않은 투쟁의 무대가 되어 있었다. '승자 독식'을 저지하기 위한 투쟁이었다. 2008년 11월 초순 민주당은 의원 워크숍을 열고 정기국회에서 반드시 저지해야 할 '악법(惡法) 리스트'를 발표했다. 정부·여당이 통과시키겠다는 법안 대부분(85건)이 악법으로 분류됐다. 이 중엔 새해 예산안, 종합부동산세·상속세·법인세 등 감세(減稅) 법안, 수도권 규제 완화 관련 법안, 북한 인권법 등이 포함되었다.

민주당은 'MB악법' 가운데 여섯 개 법안을 골라 별명을 따로 붙였다. 집회·시위 현장에서 복면 착용을 금지하는 집시법 개정안을 '마스크 처벌법', 대기업과 신문의 방송 사업 참여를 허용하는 방송법 개정안을

'언론 장악법', 사이버모욕죄 신설 등을 담은 정보통신망법 개정안을 '네티즌 통제법'이라고 명명한 것 등이다.[152]

2008년 12월 한나라당이 신문법을 포함한 일곱 개 미디어 관계법 개정안을 국회에 제출하면서 신문·방송 겸영에 대한 찬반 논란이 가열되었다. 법안에는 신문사·대기업·외국 자본에 보도 채널·종합 편성 채널은 49%까지, 지상파에 대해서는 20%까지 지분을 소유할 수 있다는 내용이 포함됐다. 『경향신문』지상 토론에서 법안을 주도한 정병국 한나라당 미디어특위 위원장은 다음과 같이 주장했다.

"신·방 겸영의 목적은 규제 완화와 선진화, 미디어 산업의 국제 경쟁력 확보, 규제 형평성 제고와 법률 안정성 확보, 수평적 규제 체계 정비를 위한 것입니다. 신문과 대기업, 외국 자본이 합세하면 신문의 뉴스 콘텐츠 제작 노하우와 취재 역량, 방송의 효율적 전달성, 대기업과 외국인의 자본력이 시너지 효과를 발휘해 방송의 경쟁력이 급격히 향상됩니다. 콘텐츠의 질이 향상되면 혜택은 결국 시청자에게 돌아갑니다. 우려하신 여론 독과점과 변칙 소유 구조 문제는 방송사 재허가 심사를 통해 점검하면 됩니다. 경인방송(iTV)처럼 재허가에서 탈락시킨 전례가 있잖습니까."

이에 김영호 언론개혁시민연대 대표는 다음과 같이 주장했다. "우리는 한나라당의 미디어 관련 법안을 '개악 법안'이라고 평가합니다. 공영방송을 빼앗아 족벌 신문과 거대 자본, 외국 자본에 주려는 행태라고 판단합니다. 방송을 장악해서 여론을 조작하고 미디어를 정부 기구화하

---

152) 황영식, 「'혼명(混名)'의 정치」, 『한국일보』, 2009년 1월 14일.

"여론 다양성·공공성 훼손" "미디어 산업 경쟁력 강화"

토론자
정 병 국 한나라당 미디어특별위원장
김 영 호 언론개혁시민연대 대표

"보수신문·재벌과 방송장악, 정권 연장 의도 엿보여" 김영호

"덩치 커지고 콘텐츠 질 높아져 국제경쟁력에 도움" 정병국

정병국 한나라당 미디어특별위원회 위원장(왼쪽)과 김영호 언론개혁시민연대 대표가 지난7월 경향신문사에서 신문·방송 겸영 허용 대책 토론회도 하고 있다.

정병국 의원은 미디어 산업을 육성하기 위해 신문과 방송 겸영 허용이 필요하다고 주장한 반면, 김영호 대표는 방송을 장악해 여론을 독점하려는 음모라고 비난했다.

려는 속셈입니다. 나아가 보수 매체에 편향된 정책이 많아 이를 기반으로 장기 집권을 하려는 의도가 있다고 봅니다. 과거를 돌이켜볼 때 노무현 정권과 김대중 정권조차 방송 장악의 끈을 놓아본 적이 없습니다. 정치 권력의 속성상 방송 장악의 유혹에서 벗어날 수 없습니다. 언론연대 등 시민단체는 모든 역량을 동원해 입법을 막아낼 것입니다."153)

12월 23일 민주당은 언론·시민단체와 법안 저지를 위한 연대 투쟁 의지를 밝히는 한편, 언론 관련 일곱 개 법안을 "한나라당이 밀어붙이고

---

153) 정병국·김영호, 「[흐름과 소통] 신문·방송 겸영 허용 논란」, 『경향신문』, 2008년 12월 10일.

있는 악법 중 꼭 막아야 할 법 1번으로"(정세균 민주당 대표) 선정했다. 민주당은 21일 전국 남녀 1,000명을 대상으로 하는 전화 자동 응답 여론조사에서 응답자의 27.0%가 가장 우려되는 법안으로 "신문사와 대기업의 방송 소유를 허용하는 방송법"을 꼽았다고 밝혔다.

이명박 정부가 독재 정권인가

민주당의 투쟁 효과는 곧바로 나타났다. 10% 아래까지 추락한 민주당 지지율이 반등한 것이다. 조사마다 약간씩 차이는 있었지만, 대여 강경 투쟁 이후 민주당 지지율은 12월 23일 여론조사 기관 리얼미터 조사에서 최고 24.2%까지 기록했다. 이에 힘을 얻은 민주당은 12월 26일 국회 본회의장을 점거하고 자전거 체인 등으로 문을 묶은 채 농성에 돌입했다. 12월 29일 'MB악법 저지 비상국민행동'도 "이명박 정부가 의회 쿠데타를 통해 독재국가의 합법적 근거를 마련하려" 한다며 총력 투쟁을 선언했다. 언론 관계법 통과를 막겠다며 총파업과 거리 투쟁에 나선 전국언론노조는 'MB 정권 퇴진'을 외쳤다.

12월 31일 윤평중 한신대 교수는 『동아일보』에 칼럼 「이명박 정부가 독재 정권인가」를 기고했다. "오고 가는 말의 험악함만 보면 우리 사회가 수십 년 후퇴한 것처럼 보인다. 이명박 정부의 독주에 반발하는 이들은 독재의 출현에 파시즘의 재현까지 경고하고 있는 상황이다. 민주주의가 짓밟히고 자유가 훼손되며 경제가 파국을 맞을 내년에는 대대적인 민중 폭동의 가능성까지 배제할 수 없다는 것이다. 그러나 경제에만 인플레이션이 있는 건 아니다. 경우에 따라 독설이나 강조법도 필요하지만 절제가 따라야 한다"며 다음과 같이 말했다.

"독재의 사전적 정의는 '1인에게 정치권력이 집중되어 헌법과 민주제도를 무시하는 전제적 지배를 강행하는 정치'다. 파시즘은 '국수주의적이며 권위주의적이고 반공주의적인 포퓰리즘에 근거한 1인 전제 통치'를 지칭한다. 표준적 정의에 비추어 보아 이명박 정부를 독재나 파시즘으로 간주할 수 없다는 건 자명하다. 이 대통령이 자유선거로 당선되었으며 헌법 제도에 입각해 통치하고 있기 때문이다. 여기서 반대자들은 독재나 파시즘이 매우 다의적이며 또 이 표현을 비유적으로 사용했다고 반박할지 모른다. 그러나 비판이 악담으로 전락해 선동으로 타락하지 않기 위해서는 말을 정확히 써야 한다."[154]

반면 『한겨레』는 '20년 전으로 역주행한 이명박 정부 1년'이라고 제목을 단 사설에서 "'경제 살리기'를 내걸고 출범한 이명박 정부는 처음부터 대다수 국민의 열망과는 다른 길을 걸었다. 내각을 '고소영', '강부자' 인사로 채운 이 정부는, 힘 있고 돈 되는 자리에 자기 사람 심는 일부터 열심히 챙겼다. 그 과정에서 실정법은 완전히 무시됐고, 물러나지 않고 버티는 기관장들을 몰아내고자 감사원·국세청까지 동원했다. 완성된 것처럼 보였던 절차적 민주주의는 하루아침에 무너졌다"며 다음과 같이 말했다.

"미국산 쇠고기 수입 개방은 이 정부의 속성을 고스란히 드러내주는 상징적 사건이었다. 한미 정상회담을 앞두고 전격적으로 이뤄진 이 조처로 국민의 분노가 폭발해 촛불로 타올랐다. 촛불집회는 쇠고기 수입

---

154) 윤평중, 「이명박 정부가 독재 정권인가」, 『동아일보』, 2008년 12월 31일.

에만 반대한 게 아니라, 이명박 정부 정책 전반에 대한 국민의 총체적 항의였다. 대운하 건설, 공기업 민영화, 교육 시장화 등등 이 정부가 추진하는 정책은 다수 국민보다는 소수 기득권층을 위한 것이었기에 국민의 저항은 거셌다. 하지만 이 정부는 국민과의 소통을 거부한 채 경찰력을 동원해 촛불시민들의 절규를 철저히 짓밟았다. 우리 사회는 20년 전, 민주화 이전의 폭압적인 독재 정권 시절로 되돌아갔다."[155]

세계 최악의 국회?

그러한 결사 투쟁으로 초래된 이른바 '난장판 국회'에 대한 비난의 목소리가 높았다. 아니, 저주라고 하는 게 좋을 정도였다. 그 저주의 내용을 살펴보면 국회의원들은 한국 사회에서 가장 질이 좋지 않은 집단인 것 같았다. 그런데 과연 그런가?

『조선일보』는 「추락하는 경제 속 멱살잡이하는 세계 최악의 국회」라는 사설에서 "민주당은 법안을 몸으로 막거나 다수당인 한나라당에 의해 끌려나가는 모습을 보여줌으로써 2004년 탄핵 직후의 역풍이 불었던 것과 같은 상황이 오길 기대하고 있다"고 했다.[156] 이 사설은 편파적이지만, 곱씹어볼 점은 있었다.

지난 2004년 3월 12일 열린우리당 의원들이 점잖게 대통령 탄핵안 표결에 응했더라면 어떤 일이 벌어졌을까? 정치 상황은 크게 달라졌을 것이다. 의원들이 점잖게 표결에 응하는 것과 울부짖음과 몸부림으로 저

---

155) 「20년 전으로 역주행한 이명박 정부 1년(사설)」, 『한겨레』, 2008년 12월 31일.
156) 「추락하는 경제 속 멱살잡이하는 세계 최악(最惡)의 국회(사설)」, 『조선일보』, 2008년 12월 29일.

항하는 것이 유권자들의 정치 인식에 그렇게 다른 차이를 가져올 수 있단 말인가? 물론이다. 후자가 전자에 비해 훨씬 더 좋은 정치적 결과를 가져올 수 있다면, 난장판 국회에 대한 책임은 누구에게 물어야 할 것인가? 아니, 난장판 국회가 꼭 나쁘기만 한 거냐고 되물어야 하지 않을까?

언론과 지식인은 정치를 비판할 때마다 유권자들이 피해자라고 주장하지만, 그처럼 지당한 원론을 넘어선 분석이 필요하다. 유권자들은 바람에 약하고 분위기에 휩쓸리는 경향이 농후하며, 자신들의 투표 행위에 대한 책임 의식도 박약하다. 우리는 '민심은 천심'이라는 원칙 탓에 감히 비판하지 못한다. 다만 정치인들이 유권자들의 그런 속성에 영합하는 행위를 하는 것만을 비판의 대상으로 삼을 뿐이다.

그래서 난장판 국회의 책임은 유권자들에게 있다는 것인가? 그게 아니다. 정치인이건 유권자건 사람에게만 책임을 물을 수 없는 구조적인 문제가 있다는 점에 주목해보자는 뜻이다. 현 체제하에선 난장판 국회에 대해 독한 저주를 퍼붓는 순서대로 의인 299명을 뽑아 국회에 들여보낸다 해도 달라질 게 전혀 없다는 말이기도 하다.

문제의 핵심은 개별성과 다양성을 인정하지 않는 우리의 '초1극 쏠림 체제'와 그에 따른 '승자 독식주의'다. 이는 오랜 역사를 통해 전 분야에 걸쳐 형성된 한국적 현상이다. '서울 공화국', '삼성 공화국', '서울대의 나라' 등의 표현이 웅변해주는 현실이다. 이런 초1극 쏠림 체제에선 서열이 지배 이데올로기가 된다. 서열 의식은 대중의 일상적 삶마저 지배하는 무서운 힘을 발휘한다.

뭐든지 등수를 매겨 차별을 해야 직성이 풀리는 서열 의식은 다름을 인정하지 않는다. 우열만이 있을 뿐이다. 보통 사람들의 입장에서 정치는 '다른' 직업인가? 아니다. '출세한' 직업이다. 물론 정치인들도 그렇게 여긴다. 사회 각계에서 성공해 존경까지 누린 이들이 한사코 금배지를 달기 위해 그 난장판에 뛰어드는 이유도 바로 여기에 있다.

국회의원이 되려는 동기부터가 왜곡되었다. 그걸 잘 아는 유권자들이 투표를 하는 이유도 왜곡되었다. 국회의원 개개인의 대표성이 설 땅이 원초적으로 없는 셈이다. 유권자들의 투표 행태는 주로 '연고'와 '반감'과 '응징'으로 결정된다. 그런 투표 행태는 극단적인 쏠림을 낳을 수밖에 없다. 이쪽을 죽였다가 저쪽을 죽이는 식으로 돌아가면서 죽인다.

유권자들은 지난 대선과 총선에서 구(舊)여권을 확실하게 죽였다. 죽여도 너무 죽였다. 이제 그 부작용을 혹독하게 치르고 있는 중이었다. 국회에 돌을 던지더라도 동시에 저주해야 할 것은 서열 이데올로기에 사로잡혀 인간의 개별성과 상호 대등한 소통을 존중하지 않는 우리 모두의 의식과 관행은 아니었을까?

우리의 소원은 소통

한국 사회의 전체의 책임을 묻는다고 해서 이명박 정권이 면책될 수는 없었다. 이명박 정권의 문제는 무엇이었을까? 역대 정권들도 안고 있었던 문제가 최악의 형태로 나타난 것이다. 무슨 문제인가? 바로 '집단 사고(group think)'란 문제였다.

2008년 12월 30일 『한겨레』 논설위원 박찬수는 "비슷한 사고를 가진 사람들이 모여 똑같은 방향으로만 생각을 모아가는 것, 이게 '집단 사고'다. 지금 이명박 정권이 그렇다. 청와대는 물론이고 한나라당과 보수

단체, 심지어 보수 언론들까지 오로지 자신들이 보고 싶어 하는 모습만 보려고 한다. 박희태 한나라당 대표와 최시중 방송통신위원장과 이동관 청와대 대변인, 신재민 문화체육관광부 차관, 정병국 의원은 모두 지난 해 한나라당 경선 때부터 이명박 대통령 만들기를 위해 함께 싸웠던 동지들이다"며 다음과 같이 말했다.

"오로지 이들이 방송법 개정을 주도하다보니, 스스로 옳다는 확신만 더욱 굳어진다. 방송사 파업은 일시적일 뿐 충분히 진압 가능하고, 국민 다수는 자기들 편이라고 믿는다. 한나라당 내부엔 이런 시각의 위험성을 걱정하는 목소리가 분명 존재하지만, 그런 소리는 들으려 하질 않는다. 일부러 귀를 닫아버린다. 그래야 마음이 편하고 흔들리질 않는다. 집단 최면이고 집단 착각이다. 그 정점엔 물론 이명박 대통령이 있다. 장관들이 대통령 앞에서 절절매는 이유에 대해, 여권의 핵심 인사는 '정보의 차이 때문이다. 대통령이 가진 정보와 장관이 가진 정보엔 현격한 차이가 있다'고 설명했다. 정보의 바다에 빠진 대통령은, 청와대 뒷산에서 서울 시내를 발아래 굽어보듯이 자신이 모든 걸 다 알고 정확하게 판단할 수 있다는 환상에 빠진다. 이 환상의 벽을 주변의 충성스러운 신하들이 더 높이 쌓아올린다."[157]

이명박 정권이 이른바 '집단 사고'의 함정에 빠졌다는 비판은 이미 여러 차례 제기되었던 것이다. 2008년 5월 고려대 교수 심재철은 "미국산 쇠고기 수입 협상과 관련한 일련의 사태를 보면서 정부가 대통령 선거의 압도적 승리로 집단 사고를 하지 않나 하는 의문을 갖게 됐다. 집단

157) 박찬수, 「환상의 벽」, 『한겨레』, 2008년 12월 30일.

사고란 똑똑한 개인이 집단으로 있을 때 엉뚱하거나 비이성적인 결정을 내리는 경우를 뜻한다. 리더십을 발휘할 집단의 다양성이 부족하며, 주어진 자리에서 각 구성원이 자기 역할을 제대로 하지 못할 때 집단 사고의 재앙에 빠질 수 있다"고 주장했다.[158]

2008년 11월 동국대 정외과 교수 박명호도 "대통령은 널리 인재를 구해야 한다. '허위 합의 효과'라는 게 있다. 남들이 자기와 같은 믿음을 가지고 있는 정도를 실제보다 과대평가하는 경향이다. 이에 따라 자신의 신념과 부합하는 정보를 더 많이 받아들이려 하고, 신념에 어긋나는 정보는 회피하려 한다. 결국 집단 사고에 빠지게 된다. 이렇게 되면 위기 극복은 어려워진다. 따라서 대통령의 균형 감각과 인사가 매우 중요하다"고 말했다.[159]

2009년 1월 『조선일보』 논설위원 박두식은 "그룹 싱크의 폐해는 미국보다 우리가 훨씬 심각하다. 최근 벌어진 여야(與野)의 국회 대치만 봐도 그렇다. 아무리 비난을 퍼부어도 정치권은 꿈쩍도 않는다. 핵심 지지층으로부터 당직자, 의원, 당 지도부까지 같은 판단, 같은 생각의 틀에 갇혀 있기 때문이다. 바깥의 따가운 눈총은 잠시 피해 있으면 그만이다. 무리를 떠나거나 '왕따'가 되는 것은 치명적이지만, 패거리의 논리에 갇혀 있는 것은 안전한 선택이다"며 다음과 같이 말했다.

"같은 정당 안에서 계파에 따라 생각과 주장이 판이하게 다른 것도 소(小)그룹의 이해관계에 갇혀 있기 때문이다. 그룹 싱크가 만연하면 아무리 자유스러운 분위기에서 토론을 오래 해도 결과는 늘 비슷하다. '자신

158) 심재철, 「광우병 TV영상의 함정」, 『국민일보』, 2008년 5월 19일.
159) 박명호, 「소통과 신뢰가 위기 극복 지름길」, 『한국일보』, 2008년 11월 28일.

들만의 확신'을 키울 뿐이다. 정권이 그룹 싱크의 틀에 갇히면 치명적인 함정에 빠질 수 있다. 자기끼리만 통하는 언어로 이야기하게 되면 호소력이 반감(半減)되고 리더십도 힘을 잃게 된다. 역대 정권들이 국민으로부터 멀어져갔던 원인을 따져보면, 시대와 상황을 보는 정권의 눈과 국민의 눈 사이의 간격이 벌어지다 결국 되돌릴 수 없는 지경에 이르렀기 때문이다. 흔히 말하는 소통(疏通)의 위기다."[160]

이 '소통의 위기'로 생긴 최악의 비극은 2009년 1월 20일 '용산 철거민 참사'로 나타나게 된다. 이 참사뿐만 아니라 이후 내내 '불통의 정국'이 지속된다. "국민은 소통을 하려고 하는데 불통이 되니까 울화통이 터집니다.", "우리는 이제 '우리의 소원은 통일'이라 외치지 않습니다. 우리의 소원은 소통입니다."[161] 2008년 6월 촛불집회 중에 터져 나온 말이지만, 이후에도 계속된 외침이었다.

소통에 대한 갈증과 굶주림이 그토록 심했던 걸까? 소통의 필요성을 역설하는 담론은 홍수 사태라고 해도 좋을 정도로 한국 사회에 철철 흘러 넘쳤는데, 도무지 소통은 이루어지지 않았다. 왜 그럴까? 강자건 약자건 소통을 외치는 이들은 진정 소통을 하겠다는 뜻은 있는 건가? 혹자신의 뜻과 다르게 진행되는 사안에 대해 상투적으로 외쳐대는 구호가 소통은 아닌가? 한번쯤 자문자답해볼 만한 의문이었다.

160) 박두식, 「[동서남북] 정치를 망치는 '그룹 싱크'의 함정」, 『조선일보』, 2009년 1월 12일.
161) 권태선, 「소통? 불통! 울화 '통'」, 『한겨레』, 2008년 6월 13일; 이태희, 「아고라가 청와대에 말한다…재벌과의 핫라인 철폐부터 촛불의 새로운 상상력까지 그들의 말말말」, 『한겨레21』, 제715호(2008년 6월 16일).

"한국에선 영어가 '종교' 나 다름없죠"
영어 망국론 논쟁

영어 망국론

2008년 1월의 '오렌지와 아린지' 파동이 시사했듯이, 이명박 정부의 출범과 함께 각 지자체와 교육청마다 영어 교육 강화와 영어 도시 만들기에 앞장서는 등 영어 열풍이 그 어느 때보다 더 강하게 몰아쳤다. 다소 과장된 기사도 없진 않겠지만, 「무턱대고 '영어 몰입' 전국이 몸살」[162], 「영어 광풍 사회에 몰입 교육은 '오발탄'」[163], 「유치원생까지… 영어 자격시험 열풍」[164], 「한글도 못 뗐는데 영어 유치원으로…」[165], 「'영어 熱病' 도지나, 새 정부 교육정책 영향 해외 연수 급증」[166], 「아파트 영어 마을 '교습소' 수준/영어 광풍 업고 '분양 미끼 상품' 남발」[167], 「"美 가을

162) 유성보 외, 「무턱대고 '영어 몰입' 전국이 몸살」, 『경향신문』, 2008년 3월 6일.
163) 강성만, 「영어 광풍 사회에 몰입 교육은 '오발탄' /한글문화연대 주최로 내일 토론회」, 『한겨레』, 2008년 3월 12일, 24면.
164) 한동철 · 이화종, 「유치원생까지… 영어 자격시험 열풍」, 『문화일보』, 2008년 3월 24일, 9면.
165) 최현준, 「한글도 못 뗐는데 영어 유치원으로…」, 『한겨레』, 2008년 4월 3일.
166) 모규엽, 「'영어 熱病' 도지나, 새 정부 교육정책 영향 해외 연수 급증」, 『국민일보』, 2008년 4월 22일, 1면.

학기 신청 2월에 벌써 끝" - 李 정부 이후 거세진 조기 유학 열풍 현장」
[168], 「등록금 2000만 원에 학력 인정도 안 되는데… ‘영어몰입 대안학교’
속속 등장」[169] 등과 같은 신문 기사들이 쏟아져 나왔다.

급기야 영어 망국론까지 나왔다. 조성돈 실천신학대학원대 교수는
『국민일보』에 기고한 「영어 망국론」이라는 칼럼에서 “대한민국 교육의
핵심은 이제 영어인 것 같다. 물론 전부터 영어는 교육의 중요한 부분이
었다. 그런데 더 노골적으로 영어가 교육의 모든 것인 양 정부 차원에서
밀어붙이고 있다. 대한민국에서 이제 계급은 영어를 할 줄 아는 사람들
과 영어를 못하는 사람들로 구분될 것 같다. 학교에서는 영어 수업뿐 아
니라 모든 과목을 영어로 시키겠다는데, 영어를 못하는 하층계급은 결
국 도태될 수밖에 없는 것인가”라면서 다음과 같이 개탄했다.

“그런 교육적 가치관에서 선한 인간이 어찌 만들어질 수 있을 것인가.
이 나라 교육은 점점 생각이 없는 출세 지향적 인간들을 만들어가고 있
다. 무엇이 옳고 그른지 그리고 참된 가치라는 것은 무엇을 말하는지에
대해서는 가르치지 않고 출세의 기술만 가르치고 있는 것이다. 선생님
마저 인격이 아니라 영어권의 경험만으로 뽑겠다니 무너지는 교권에 또
하나의 주춧돌을 빼는 것은 아닌가 하는 생각이 든다. 점점 이 민족이 이
렇게 생각을 잃어가고 있다. 이 생각 없는 민족이 과연 세계에서 살아남
을 수 있을지 심히 걱정된다. 글로벌 시대에 본질적으로 필요한 것은 영

167) 송창석, 「아파트 영어 마을 '교습소' 수준/영어 광풍 업고 '분양 미끼 상품' 남발」, 『한겨레』, 2008년 4월·
    24일, 3면.
168) 임현주, 「"美 가을 학기 신청 2월에 벌써 끝" - 李 정부 이후 거세진 조기 유학 열풍 현장」, 『경향신문』,
    2008년 4월 28일, 10면.
169) 한동철, 「등록금 2000만 원에 학력 인정도 안 되는데… '영어 몰입 대안 학교' 속속 등장」, 『문화일보』,
    2008년 6월 5일, 8면.

어가 아니라 생각인데 수단과 목표가 뒤바뀐 것 같다."[170]

"한국에선 영어가 '종교' 나 다름없죠"

"한국에선 영어가 '종교' 나 다름없죠. 숭배해야 출세할 수 있다는 믿음

---

170) 조성돈, 「영어 망국론」, 『국민일보』, 2008년 4월 24일.

이 존재하는 것 같아요." 2008년 6월 『한국일보』 기자가 동남아 조기 유학 실태를 현지에서 취재하면서 필리핀 마닐라에서 대면한 30대 후반의 학부모 A씨는 동남아 조기 유학 광풍이 부는 이유를 이런 식으로 분석했다고 한다. 간단히 말하면 영어 때문에 부부가 생이별을 하고, 아버지와 자식이 헤어지는 조기 유학을 택하고 있다는 뜻이다. 그의 말은 이렇게 이어졌다. "이곳에서는 영어가 단순히 의사소통을 돕는 도구로만 인식되지는 않아요. 영어가 유학 생활의 성패를 판단하는 유일한 기준이 돼버렸죠." 영어를 잘하는 학생은 물론이고 엄마도 덩달아 존경받는다고 했다. 기자가 현지에서 만난 한 일본인 여성은 "한국 엄마들 정말 대단하다. 영어 하나 때문에 어떻게 수년씩 가족과 떨어져 살 수 있느냐"며 혀를 내두르기도 했다나.[171]

한국에선 영어가 종교나 다름없다는 걸 인정하고 이해한다면, 사실 크게 놀랄 일은 없다. 기자들은 놀랍다는 듯 보도했지만, 다음과 같은 사실들이 무엇이 놀랍겠는가. 지극히 당연한 일로 보아야 할 일들이었다.

"정부의 영어 강화 정책이 사교육 시장에 광풍을 예고하고 있다. 외국계 자본이 몰려드는 등 사교육 시장의 '몸집 불리기' 우려가 현실로 나타나고 있다. 국내 초·중등 영어 학원인 아발론교육은 7월 3일 세계적 자산 운용사인 에이아이지(AIG)그룹으로부터 6000만 달러(약 600억 원)를 투자받기로 했다고 밝혔다. 지금까지 단일 학원에 투입된 외국 자본 중에서는 최고 액수다."[172]

"말도 안 되는 실력임에도 백인 외모를 갖췄다는 이유만으로 아랍계

---

171) 강철원, 「[기자의 눈] 영어가 뭐길래」, 『한국일보』, 2008년 6월 16일.
172) 임지선, 「사교육 시장만 배불린 '아린지' 외국 자본 600억 원 투자 유치」, 『경향신문』, 2008년 7월 4일.

불법 체류 외국인들이 버젓이 엉터리 영어 강사로 활개치다 적발됐다. 우리 사회의 무분별한 '영어 광풍'이 빚은 웃지 못할 해프닝이다."[173]

"'One step forward, one step back.(한 걸음 앞으로, 뒤로)' 서울 ㅌ발레 학원을 다니는 7~9세 아이들은 영어 구령에 익숙하다. 영어 음악이나 동요에 맞춰 발레 동작을 익히고 집에 가면 영어 교재로 발레리나가 들려주는 단어를 외운다. 여름방학을 맞아 유치원생·초등학생 사이에 예체능 분야를 영어로 배우는 바람이 불고 있다. 이른바 '피글리시(피아노+영어)', '태글리시(태권도+영어)'라 불리는 실기·영어 혼합 교습을 하는 학원이 성업 중이다. 최근에는 발레·수영·미술 등 다양한 분야로 확산되고 있다."[174]

"초등학생부터 직장인까지 가리지 않는 '영어 말하기 열풍'이 '외친(외국인 친구) 사귀기' 쪽으로 번지면서 돈을 주고 외국인 친구를 사귀는 식의 부작용이 나타나고 있다. 사설 어학원에서 10만 원 안팎을 받고 외국인 친구를 소개해주는가 하면 사설 브로커까지 등장했다."[175]

영어에 미친 나라

2008년 10월까지 외국인 회화 지도 강사 비자(E-2)를 받고 입국한 외국인은 3만 4,963명이고, 겨울방학을 앞둔 11, 12월 6,000여 명이 추가로 입국할 것이라는 예상을 감안하면 2008년에 입국한 원어민 강사 수는 2007년

173) 조국현, 「June·July도 구분 못하는 아랍계 '짝퉁' 영어 강사 6명 검거」, 『국민일보』, 2008년 7월 10일.
174) 임현주, 「유치원·초등생 '태글리시·피글리시 학원' 열풍 – 영어 광풍에 예체능 들러리」, 『경향신문』, 2008년 7월 19일.
175) 조민진·임정환, 「돈주고 '외친' 만들기… 빗나간 영어 열풍」, 『문화일보』, 2008년 8월 19일.

3만 5,457명보다 18% 늘어난 4만 1,000여 명에 달할 것으로 추산되었다. 미국 뉴욕 출신인 존 플린(27세)은 "한국 수강생들은 세 가지를 원한다. 강사가 젊고, 잘생기고, 백인일 것. 그러나 외모와 영어 실력은 아무런 상관이 없다"며 "어느 때는 마치 내가 영어를 쓴다는 이유만으로 슈퍼스타가 된 기분이 들 때가 있다"라고 말했다.[176]

2008년 10월 최재목 영남대 철학과 교수는 「'영어'에 미친 나라」라는 칼럼을 『교수신문』에 기고했다. "세상이 '영어, 영어' 하니 나도 부화뇌동해 영어를 좀 배워보겠다고 근년 학생들 틈에 끼어 안간힘을 다하다가 힘이 딸려서 일단 휴식 중이다. 배워도 늘지 않고, 당장에 영어로 말할 필요도 없다. 그러니 해도 그만 안 해도 그만이 된 셈. 세상이 영어로 아프니 나도 아프다"며 다음과 같이 말했다.

"비교적 안정된 직장을 잡고 있는 나마저도 이러니, 세상 살기 힘든 사람들은 오죽이나 하겠나. 배 속의 아이에게 미국 영주권을 얻어주려고 만삭의 몸을 이끌고 미국행 비행기를 탄다. 미 국적 비행기에서 아이가 태어나기라도 하면 미국 국적을 얻을 수 있다는 기대감에 차 있지는 않은지. 이 땅에 태어난 아이는 더 편할 날이 없다. 기저귀를 찬 채 영어학원으로 보내진다. 영어로 남을 밟고 올라서기 위해 원어민처럼 발음해야 하니 혓바닥 수술도 서슴지 않는다. 초등학교부터 대학교를 졸업할 때까지, 아니 사회에 나가서 늙어 죽을 때까지 '영어! 영어!' 하며 산다. 환갑이 다 된 어느 주부 왈, 중학교 시절 한 영어 교사가 '미국 가면 거지도 영어를 잘하는데, 너희들은 거지만도 못하냐'고 꾸지람을 해서

---

176) 이용균·임아영, 「외국인 강사 4만 명 시대/동네 학원도 '원어민 필수' "한국은 기회의 땅"」, 『경향신문』, 2008년 12월 10일.

자신이 미국 거지보다 못하다는 '웃기는' 착각을 했단다. 영어 하나로 국가 경쟁력을 높일 셈이라면 영어 마을, 영어 아파트, 영어 대학, 영어 도시, 영어 나라를 만들자. 아예, 미국인으로 태어나든가, 미국으로 가고 싶은 사람들은 모두 국적을 옮기거나, 국가 자체를 미국에 편입시키는 방법도 괜찮을지 모른다." [177]

2008년 11월 서울시의회 이수정 의원(민주노동당)은 서울시 교육청에 대한 행정사무 감사에서 "서울 아카데미 국제학교의 경우 내국인 비율이 60%를 넘는 등 일부 미국계 외국인학교가 부유층 내국인 자녀들을 위한 '귀족 교육기관' 으로 전락했다"고 말했다. 시 교육청 자료를 보면 2008년 3월 현재 서울에 있는 21개 외국인학교 가운데 내국인 비율이 가장 높은 서울 아카데미 국제학교(미국계)는 재학생 166명 중 60.8%인 101명이 내국인이었다. 이어 프랑스계 하비에르 국제학교(43.2%), 미국계인 아시아퍼시픽 국제 외국인학교(36.6%), 한국 외국인학교(30.8%), 한국기독교100주년기념 외국인학교(27.9%) 순으로 나타났다. [178]

미군 학교도 인기를 끌었다. 미군 부대 내 학교가 있는 곳은 서울 용산, 대구, 경기 오산 등 여덟 곳. 이들 학교는 미국 국방부 소속 교육처 (DoDEA)가 관할하며 유치원부터 초 · 중 · 고 과정이 모두 미국식 수업으로 진행된다. 입학은 미군과 미 군무원 자녀에게 우선권이 있고, 미국 시민의 자녀도 다닐 수 있다. 그런데 이들 학교의 한국계 학생 비중이 점차 높아지고 있다. 상당수는 불법 입양을 통해 미국인으로 국적 세탁을

---

177) 최재목, 「英語에 미친 나라」, 『교수신문』, 2008년 10월 28일.
178) 이태무, 「외국인 학교는 '검은 머리 귀족' 판?: 내국인 비율 최고 60%… 등록금 年 1000만 원 훌쩍」, 『한국일보』, 2008년 11월 14일.

한 학생들이다. 날로 늘어나는 한국계 학생들 탓에 외려 미군 자녀는 입학하지 못하는 상황에 이르렀다. 7세 여자아이를 키우는 한 미군의 아내 B씨는 "한국(계) 아이들이 너무 많아 우리 아이가 들어갈 자리가 없다"고 분통을 터뜨렸다.[179)]

이 모든 논란에도 중요한 사실은 영어 전쟁에 비판적인 사람들도 다 영어를 잘했기 때문에 그렇게 발언할 수 있는 자리에 오른 사람들이라는 점이었다. 우선 좋은 대학을 나오기 위해서라도 영어를 잘하는 건 꼭 필요한 일이었을 테고, 이후의 경쟁에서도 영어라고 하는 관문을 거쳐야만 사회적 발언을 할 수 있는 지위에 오를 수 있다는 건 분명한 사실이다. 이건 딜레마다. 영어를 못하는, 그래서 사회적 지위가 없는 사람이 영어 전쟁을 비판해봐야 누가 들어주겠는가. 영어 전쟁에서 승리를 거둔 사람이 영어 전쟁을 비판하는 건 설득력이 있다고 볼 수도 있지만, '위선'의 혐의에서 자유로울 수 없다. 그건 마치 교육 문제를 포함하여 한국 진보 진영의 최일선에서 활동하는 지식인들의 상당수가 자기 자식만큼은 한사코 일류 대학을 보내거나 미국으로 유학을 보내는 것과 비슷하다.

영어는 한국 사회의 기본 작동 방식의 문제다. 내부 서열을 정하기 위해 역사적 상황과 시류에 맞는 판별 도구로 영어가 선택된 것이다. 따라서 계층 간 영어 격차는 필연이다. 영어 격차를 완화하기 위해 영어의 공용어화가 필요하다는 주장은 순진하거나 낭만적이거나 어리석거나 기만적이다. 영어 전쟁의 목적이 영어를 잘하는 데에 있는 것이 아니라, 내

---

179) 이대혁, 「美軍 학교 보내려… 맹모도 기막힌 '入養지교' : 美 8군 고교 한국계가 30%… "친부모 집서 등교"」, 「한국일보」, 2009년 2월 12일.

부 서열을 정하는 데에 있기 때문이다. 즉 모든 국민이 영어를 모국어처럼 잘하는 날이 오더라도 누가 더 잘하는가를 따지는 서열 경쟁은 계속될 것이다.

2009년: 노무현의 몰락과 부활

재개발의 사각 동맹
용산 철거민 참사

이명박의 노가다 정치?

2009년 1월 20일 새벽 서울 용산의 재개발 구역 남일당 건물 옥상에서 경찰의 강제 진압에 맞서던 철거민 다섯 명이 숨지는 참극이 벌어졌다. 경찰도 한 명이 숨지고 여럿이 다쳤다. 목숨을 잃은 철거민 대부분은 경찰 진압 과정에서 불에 타 죽었다. 철거민 50여 명과 이들을 포위한 경찰 2,000여 명이 격렬하게 다투던 중에 건물 옥상에 쌓아둔 시너가 폭발하면서 빚어진 것이다.

이에 『한겨레』는 "국민을 적으로 삼는 듯한 태도는 이번만이 아니다. 이명박 정부는 지난해 촛불집회 때부터 시민들의 목소리를 힘으로 틀어막는 데만 급급했다. 인터넷 여론을 봉쇄하고 처벌하더니, 이제는 '떼법' 따위 억지 명분을 내걸어 헌법상의 표현과 집회의 자유까지 가로막는 악법 통과를 강행하려 하고 있다. 검찰과 경찰도 '불법 집단 행위 엄단'이라며 부산을 떨고 있다. 촛불집회 당시 온갖 강경 진압을 주도한 김석기 서울경찰청장을 다음 경찰청장으로 내정하는 등 '대통령 사람들'로 채워진 인사 개편도 그런 강경 일변도 정책의 하나다"며 다음과 같이 말했다.

"이번 참극은 그런 폭압적 정권 운용에선 진작부터 예고된 재앙이다. 그런데도 청와대가 '이번 사고로 과격 시위의 악순환이 끊어지는 계기가 됐으면 좋겠다' 따위 적반하장의 태도로 국민의 고통스러운 목소리를 계속 외면한다면, 앞으로 더한 일까지 빚어질 수 있다. 이명박 대통령은 지금이라도 대국민 적대 정책을 포기하고, 이번 참극에 대해 공식 사과해야 한다. 그리고 강경 진압의 책임자인 김석기 서울경찰청장의 경찰청장 내정을 철회하고, 당장 해임해야 한다."[1]

1월 20일 오후 진보신당 정책연구소 '미래상상', 성공회대 민주주의 연구소, 『경향신문』이 공동으로 주최한 '이명박 정부 1년 평가: 2009년 대한민국, 위기 진단과 해법 찾기'에서 노회찬 진보신당 상임 공동대표는 기조 발표문을 통해 오늘의 사회·경제적 위기의 원인은 이명박 정부의 책임에 앞서 시장의 폭군화를 민주적으로 통제하지 못한 국가의 실패, 민주 정부 10년의 실패에 있다고 짚었다. 지난 민주 정부 10년의 경험이야말로 이명박 정부라는 '괴물'의 출현이라는 결과를 가져온 주요 원인이었다는 것이다. 이런 점에서 민주 정부 10년에 대한 준엄한 책임과 자성이 필요했는데, 이명박 정부 1년이 이를 잠재워버리고 과거와 유사한 '반MB 민주 대연합'의 낡은 틀이 또다시 강요되면서, 새로운 희망을 건설할 대안적 힘의 조직화를 가로막고 있다고 진단했다.[2]

1) 「이명박식 강압 통치의 예고된 참사(사설)」, 『한겨레』, 2009년 1월 21일.

경제 부문 발표자로 나온 김수행 성공회대 석좌교수는 "'경제 살리기'로 대통령이 된 사람이 '개인의 재산 불리기'와 '국민경제 살리기'를 구분 못하는 것 같다"고 일갈했다. 정치 부문 발표자인 손호철 서강대 교수는 "이명박 대통령이 신년 라디오 연설에서 예고했듯 공사 기간 단축의 '노가다 정치'에 나섰다"고 진단했다.[3]

재개발의 사각 동맹

2009년 1월 28일 성한용 『한겨레』 선임 기자는 "사고의 근본 바탕에는 'TK(대구 · 경북) 편중 인사', '공안 통치', '부자들의 이익'이 깔려 있다. 이명박 정권은 지난 1년 동안 바로 이 세 가지를 줄곧 추구했다. 그런 의미에서 이명박 대통령은 배신자다. 자신을 지지해준 '수도권', '중도 이념', '중산층'을 배신했다. 아니, 좀 더 심하게 말하면 배신이 아니라 퇴행이다. 'TK', '공안 세력', '부자'를 합치면 '민주주의 퇴행'이 된다. 대한민국 민주주의 발전의 역사를 거꾸로 돌리고 있는 것이다. 이유가 뭘까? 왜 배신한 것일까? 왜 거꾸로 가는 것일까?"라면서 다음과 같이 말했다.

"몇 가지 가설이 있다. 첫째, 이념 콤플렉스다. 이명박 대통령은 대학 시절 잠시 학생운동을 했다가 감옥에 간 일이 있다. 그 뒤 건설회사에 들어가서는 민주화운동이나 노동운동을 한 사람들에게 필요 이상의 적대

2) 성한용, 「"'민주' 정부의 실패한 10년이 이명박 정부라는 '괴물' 낳아": 진보신당 '이명박 정부 1년 평가' 토론회」, 『한겨레』, 2009년 1월 21일.
3) 이인숙, 「마들연구소 "李 정부 '노가다 정치' 나서"」, 『경향신문』, 2009년 1월 21일.

"계속 이렇게 없는 사람들만 착취하고, 없는 사람 것 뺏어다가 잘사는 사람 도와주는 게 무슨 나라예요."

감을 표시하곤 했다. 대통령 당선 뒤 바로 이 이념 콤플렉스가 작동했다는 것이다. 둘째, 최소 지지율 확보를 위한 선택이라는 설명이 있다. 미국산 쇠고기 수입 파동으로 지지율이 10%대까지 추락하자, 단기적인 지지율 반등을 위해 '오른쪽'에 의존할 수밖에 없었다는 분석이다. 눈앞의 정치적 이익 때문에 '분열의 정치'를 하고 있다는 것이다. 이유가 무엇이든 분명한 것은 '용산 이명박'으로는 절대 성공할 수 없다는 점이다."[4]

용산 철거민 참사는 재개발 사업의 잔인성을 말해주는 사건이기도 했다. 재개발 사업을 벌일 때 지주와 개발업자들은 세입자들의 권리·재산권은 물론 유·무형 자산을 무시하는데, 대표적인 것이 상가 권리금

---

4) 성한용, 「청계천 이명박, 용산 이명박」, 『한겨레』, 2009년 1월 28일.

이다. 『부동산계급사회』의 저자 손낙구 씨는 참사가 일어난 서울 용산4
구역을 예로 들어 이를 설명했다. "용산4구역에는 1,200여 가구가 살았
다. 300여 가구는 소유주이고, 900여 가구는 상가 · 주택 세입자다. 300
가구가 900가구를 몰아내고 하는 사업인 것이다. 특히 상가 세입자의 알
토란 같은 재산을 업소당 최소 1억 원 이상씩 빼앗았다. 참사로 숨진 복
국집 아저씨는 인테리어와 권리금이 1억 5000만 원 이상이었지만 보상
은 5000만 원이 안 됐다."[5]

재개발은 비리의 온상이기도 했다. 2월 11일 경제정의실천연합회는
지난 1993년부터 2008년까지 언론에 보도된 재개발 · 재건축 관련 부
패 · 비리 사건 99건에 대한 유형을 분석한 결과 공무원이 연루된 비
리 · 부패 사건은 23건(23.2%)에 이른다고 밝혔다. 23건에 연루된 공무원
에는 자치단체 공무원은 물론 경찰, 자치 의회 의원 등이 포함됐다. 이는
서민 주거 환경 개선을 목적으로 한 재개발 · 재건축 사업에 도움을 주
어야 할 공직자들이 '몫 나누기'에 혈안임을 방증하는 것이었다. 부
패 · 비리 사건 99건으로 주고받은 뇌물 액수는 1644억 1200만 원에 달
했다. 사건당 뇌물이 16억 6100여만 원 오간 셈이다. 건당 뇌물 액수는
기업 · 은행이 연루된 사건에서 가장 높아 평균 70억 5900만 원에 달했
다.[6]

『한겨레21』은 용산 철거민 참사의 진정한 '배후'로 재개발 조합, 폭력
조직, 재벌 건설사, 구청의 '사각 동맹'을 지목했다. "무지막지한 철거

5) 김종훈, 「[아침을 열며] 재개발사업 방식 바꿔야 한다」, 『경향신문』, 2009년 3월 2일.
6) 한대광, 「재개발 · 재건축 비리 23% '공무원 연루' : 경실련 언론보도 분석…… 조합 주도 50% 최다」, 『경향
신문』, 2009년 2월 13일.

참사가 빚어진 배경에는 '돈은 곧 시간'이라는 괴물이 도사리고 있었다. 그리고 시공사, 재개발 조합, 지자체 등까지 폭력 조직이 깊숙이 개입한 '돈놀음'에 함께 뛰어들었던 것이다."[7]

불타 죽고 감옥 가고 참담한 피해자들

검찰은 용산 참사의 원인이 철거민에게 있고, 경찰에겐 책임이 없다고 발표하고는 생존자 27명을 구속 · 불구속 기소했다. 시민 · 사회단체와 종교계 등에서는 용산 참사를 가진 자 중심으로 펼치는 이명박 정권의 재개발 정책의 산물이라 보고 '이명박 정권 용산철거민 살인 진압 범국민대책위'(범대위)를 꾸렸다. 범대위가 용산 참사 추모 행사를 열자 정권은 모진 탄압을 가했다. 범대위 주최 추모 집회에 참석한 시민 · 학생 등 300여 명이 경찰에 소환돼 조사를 받았다. 범대위 활동가 10여 명은 집시법과 도로교통법 위반 등으로 기소됐고, 그중 한 명은 구속돼 재판을 받아야 했다.

2009년 3월 28일 구술집 『여기 사람이 있다』가 발간되었다. 르포 작가, 기자, 블로거 등 15명이 힘을 모아 용산 등 철거민들의 삶을 엮은 것이다. '용산 참사' 당시 망루 생존자 중 한 명인 지석준은 "우리나라 정부는 누구 하나 죽어야만 귀를 기울여요. 이렇게 해서라도 법을 뜯어 고쳐야지, 계속 이렇게 없는 사람들만 착취하고, 없는 사람 것 뺏어다가 잘사는 사람 도와주는 게 무슨 나라예요. 장사하던 데서 계속 장사하겠다

---

7) 임주환 · 전종휘, 「용산의 사각 동맹」, 『한겨레21』, 제748호(2009년 2월 20일).

는 게 그렇게 잘못된 거고 터무니없는 요구인가요?"라고 말했다.[8]

참사 110일째를 맞은 5월 9일 저녁 서울 한강로 남일당 빌딩 사고 현장 앞에서 희생자 유족들을 비롯해 범대위 소속 회원들이 '500인 농성의 날' 추모 미사를 열었다. 6월 3일에는 서울대 교수 124명이 시국 선언을 발표했다. 이 선언에 참여한 김명환 교수는 교수들이 시국 선언에 나선 이유를 '위기감' 때문이라고 설명했다. 그는 "올해 들어 용산 참사에서부터 화물연대 박종태 씨 자살까지 계속 상황이 악화되고만 있다"며 "이대로 있을 순 없었다"고 말했다. 김 교수는 특히 용산 참사를 국민적 화합에 정면으로 역행한 사건으로 지목했다.[9]

『시사IN』은 "서울 용산구 한남동 순천향병원 영안실 4층에서는 가장을 잃은 다섯 가구 20여 명이 5개월째 장례식도 치르지 못한 채 합숙 생활을 한다"며 "참사 희생자 다섯 명의 부인들은 그동안 청와대로, 한나라당사로, 대검찰청으로 부지런히 찾아다니며 사태 해결을 요구했다. 그러나 가는 곳마다 경찰에 폭행당하거나 연행돼 멀리 버려지는 수모만 되돌아왔다"고 했다.[10]

6월 15일 저녁 천주교 정의구현사제단의 시국 미사가 열리던 서울 용산 참사 현장에는 검은 바탕에 흰색 글씨로 쓰인 플래카드가 내걸려 있었다. '더 이상 죽이지 마라. 민중이 이긴다!' 빌딩 앞에 주차된 마이크로버스엔 '공권력의 명령이 도덕 질서의 요구나 인간의 기본권 또는 복

---

8) 최훈길, 「"용산 진실 묻히는 게 제일 무서워요": 철거민 생애사 담은 구술집 '여기 사람이 있다' 출간」, 『미디어오늘』, 2009년 4월 2일.
9) 김민경, 「"정부 비판 앞서 소통과 연대 말하고 싶었다": 서울대 시국 선언 참여 김명환 교수」, 『한겨레』, 2009년 6월 5일.
10) 정희상, 「불타 죽고 감옥 가고 참담한 피해자들」, 『시사IN』, 제92호(2009년 6월 15일).

천주교 정의구현사제단의 시국 미사가 열린 용산 참사 현장에는 검은 바탕에 흰색 글씨가 쓰인 플래카드가 내걸려 있었다. '더 이상 죽이지 마라'

음의 가르침에 위배될 때, 국민들은 양심에 비추어 그 명령에 따르지 않을 의무가 있다'고 적은 플래카드가 붙어 있었다. 좁은 골목길에는 시국 미사에 참가하려는 신부, 수녀, 시민들로 빼곡했다. 미사가 시작되기를 기다리는 사이 참사 이후 줄곧 유족들의 곁을 지켜온 송경동 시인이 고인들에 대한 추모시를 낭독했다.

"…… 134일째 다섯 구의 시신이/차가운 냉동고에 갇혀 있다./134일째 우리 모두의 양심이/차가운 냉동고에 억류당해 있다./134일째 이 사회의 민주주의가/차가운 냉동고에 처박혀 있다./134일째 이 사회의 역사가 전진하지 못하고/차가운 냉동고에 얼어붙어 있다./134일째 우리 모두의 분노가/차가운 냉동고에서 시퍼렇게 얼어붙어가고 있다. ……"

저녁 8시를 훌쩍 넘긴 시각, 피켓을 든 신부 160여 명이 시국 미사 현장으로 들어섰다. 서울 명동 가톨릭회관에서 시국 토론회를 연 뒤 용산 참사 현장까지 걸어온 것이다. 한 피켓엔 '어제는 용산에서의 그들이 내일은 우리 차례가 될지 모릅니다' 라고 쓰여 있었다. 신부 200여 명이 손마다 촛불을 들고 진행한 미사 중에 '한국 천주교 사제 1,178인 시국 선언문' 이 발표됐다. 시국 선언문의 첫 머리는 구약성경 구절을 인용한 내용이었다. 이명박 대통령에게 전하는 메시지였다.

"이 사람아, 주님께서 무엇을 좋아하시는지, 무엇을 원하시는지 들어서 알지 않느냐? 정의를 실천하는 일, 기꺼이 은덕에 보답하는 일, 조심스레 하느님과 함께 살아가는 일, 그 일밖에 무엇이 더 있겠느냐?"(미가서 6장 8절)[11]

---

11) 박상주, 「"차라리 물러나라!"」, 『미디어오늘』, 2009년 6월 16일.

국회의원에게 월급 주지 말자
김수환 추기경 신드롬

국회의원을 명예직으로

2009년 2월 12일 전직 장관과 전·현직 대학 총장, 교수 등 윤리 운동을 펼쳐온 사회 원로들로 구성된 '성숙한 사회 가꾸기 모임'은 '정치 개혁을 위한 대국민 제안문'을 내고 "우리 민주주의 질이 낙후된 이유는 대표자들이 권력을 특권으로 보고 사유화하기 때문"이라며 국회의원, 장관을 모두 무보수 봉사직으로 하고 의원 수를 절반으로 줄이자는 제안을 내놨다. 원로들은 "국가의 부름을 받았다는 영예만으로 그에 대한 보답은 충분하다"며 "영국, 스위스 등 선진국은 국회의원을 무보수 봉사직으로 선출하고 있는데 우리도 이런 수준의 민주주의를 실현할 단계에 이르렀다"고 설명했다. 이 모임에는 김태길 전 학술원 회장과 손봉호 전 동덕여대 총장, 김경동 서울대 명예교수, 박영식 학술원 부회장, 김용준 고려대 명예교수, 김태련 이화여대 명예교수, 강지원 변호사 등 열다섯 명이 참여했다.[12]

이 제안에 대해 정종섭 서울대 교수(새사회전략정책연구소 원장)는 "현재 국회의원 한 명에 월 2700만 원 정도 지급된다. 세비 840만 원을 포함하여 인적·물적 지원비에다 또 각종 특혜도 누린다. 하는 일에 비추어 보면, 실로 아까운 금액이다. 세비를 없애자는 것은 공무 수행에 필요한 경비는 지급하되 세비 840만 원을 지급하지 않는 방식이다. 그래도 국회의원은 후원금으로 해마다 1억 5000만 원, 선거 해에는 3억 원을 거두어 쓸 수 있다"며 다음과 같이 주장했다.

"국민대표로 일할 사람은 아예 돈 받을 생각을 하지 말아야 하고, 오직 국가와 국민을 위해 헌신할 사람만 국회에 오게 해도 아무런 문제가 없다. 더구나 필요한 경비는 후원금으로 충당할 수 있어 하층에서 국회로 진출하는 길이 막히는 것도 아니다. 고도성장기 이후 한국에서 경제적으로 하층에 해당하는 국회의원은 아무도 없다. 따라서 진정한 국민대표를 만들기 위해 다시 국민대표직을 명예직으로 하는 것은 충분한 이유가 있다. 이렇게 보면, 같은 국민대표인 대통령을 포함하여 총리, 장관직도 명예직으로 만들어도 별 문제는 없다고 본다. …… 이를 법제화하는 국민 입법 운동을 한 번 전개해보자. 멋있는 대한민국이 될 것이다."[13]

국회의원 수를 30% 줄이고, 월급을 주지 않으면 정녕 멋있는 대한민국이 가능해질까? 그러나 합리적인 소통이 되지 않는 건 비단 국회만은 아니었다. 사회 전 분야에 걸쳐 소통 불능 상태가 빚어지고 있었다. 예컨대, 한국 명문 대학들의 수준은 국회의 수준보다 높은가? 적어도 도덕성

12) 신광영, 「국회의원-장관, 무보수 봉사직으로」, 「동아일보」, 2009년 2월 13일.
13) 정종섭, 「국회의원에게 월급 주지 말자」, 「한국일보」, 2009년 2월 16일.

이 높다고 말할 수 있는가? 겉으로 내건 원칙과는 달리 사실상의 고교 등급제를 실시하기 위해 수단과 방법을 가리지 않는 그들이 정녕 국회보다 도덕성이 높단 말인가? 소통을 시늉이나 쇼로 간주하는 기존 관행이 사회 전 분야에 걸쳐 일신되지 않는 한 국회와 국회의원들은 달라지지 않는다. 국회의원이 되기 위해 안달하는 이유도 소통 불능 사회에선 권력만이 유일한 소통의 무기임을 너무도 잘 알고 있기 때문이리라.

김수환 추기경 신드롬

2009년 2월 16일 김수환 추기경이 선종했다. 17일 9만 5,000여 명, 18일 14만 5,000여 명이 조문객으로 명동성당을 다녀갔지만 추모 행렬은 선종 4일째인 19일에도 끝없이 이어졌다. 전날보다 더 이른 새벽 4시부터 조문객들이 몰려들었다. 일반 조문이 시작되는 오전 6시쯤 조문 행렬은 지하철 명동역까지 2km 이상 길게 늘어섰다. 시간이 흐를수록 추모 열기는 뜨거워져, 『조선일보』는 '김수환 추기경 신드롬', 『중앙일보』는 '명동 기적'이라고 했다. 언론과 지식인은 원인 분석에 들어갔다.

김호기 연세대 사회학과 교수는 "경제 위기로 삶이 어려워진 데다가 신자유주의, 물질 만능주의가 팽배해지면서 강력한 돈의 위세에 짓눌려 있던 사람들이 김 추기경에게서 돈 이전에 정신이나 도덕의 소중한 가치를 찾아낸 것"이라며 "김 추기경의 선종이 그런 것에 대한 잠재돼 있던 그리움을 밖으로 표출시켰다고 볼 수 있다"고 분석했다. 이동연 한국예술종합학교 한국예술학과 교수도 "이명박 정부 들어 경제 살리기도 안 되고, 용산 철거민 참사에서 드러난 사회 양극화의 현실과 약자 무시

정책에 대한 불만이 이웃을 사랑하라며 나눔을 실천했던 김 추기경에 대한 추모로 분출되고 있는 것으로 보인다"고 말했다.[14]

백혜영『PD 저널』기자는 "불편하다. 아무리 생각해도 정도가 지나치다. 김수환 추기경 선종 소식을 전하는 언론을 보며 드는 생각이다. 물론 나 역시 천주교 신자다. 그래서 지난 16일, 김수환 추기경 선종 소식을 듣고 많이 안타까워했던 사람 중 하나다. 그러나 추기경 선종 이후 보이는 언론 보도 태도는 그 '저의'가 의심될 정도로 너무 많이 나갔다. 1993년, 역시 종교계와 우리 사회의 '큰 어른'이었던 성철 스님 열반 당시 보도와 비교해도 이건 지나치다. 보도의 양과 질, 둘 다 문제다"며 다음과 같이 말했다.

"김수환 추기경이 선종한 지난 16일부터 KBS, MBC, SBS 등 방송 3사를 포함해 주요 언론들은 추기경 관련 뉴스를 대량으로 쏟아내고 있다. 소위 말하는 '도배질'이 시작됐다. 가장 적게 보도한 MBC가 3일 평균

---

14) 조현, 「[김수환 추기경 선종] '김수환 신드롬' 배경 뭔가」, 『한겨레』, 2009년 2월 20일.

동유럽 국가 부채 위험수위 … "10년 전 아시아 금융위기 재현"

GM·크라이슬러, 216억 달러 추가 지원 요청

『중앙일보』는 2월 19일자 신문에서 4~11면의 지면 상단을 조문객 행렬 사진으로 배치하는 편집을 선보였다.

8.3건이었고, SBS 8.6건, KBS는 무려 11.6건에 달했다. KBS, MBC는 사흘 연속 김수환 추기경 선종 뉴스를 톱으로 다루며 계속해서 주요 뉴스로 처리했다. SBS만이 사흘째 보도에서 김 추기경 관련 뉴스를 넷째 꼭지에 배치했을 뿐이다. 일간지들도 마찬가지다. 특히 『조선일보』, 『중앙일보』, 『동아일보』는 김 추기경 선종 뉴스를 3일 연속 1면에 배치하고, 여러 건의 관련 기사를 실으며 '열의'를 보이고 있다. 『조선일보』는 17일부터 3일 내내 1면과 4~5면에 김 추기경 관련 기사를 실었다. 17일 무려 6면(1~6면)에 걸쳐 선종 소식을 보도한 『중앙일보』는 18~19일에도 3~4면씩 보도를 냈다. 『중앙일보』는 19일자 신문에서 4~11면의 지면 상단을 조문객 행렬 사진으로 배치하는 파격적 편집을 선보이기도 했다. 『동아일보』 역시 3일 동안 1면을 포함해 4~5면씩 기사를 쏟아냈다."

이어 백혜영은 "조문객 수는 어느새 스포츠 중계가 돼버렸다. 언론은 연일 조문객 수가 얼마를 기록했다고 보도한다. 단적으로 18일 MBC 〈뉴스데스크〉는 톱기사를 통해 김 추기경 조문객이 20만 명을 넘어섰다고 보도했다. 그리고 김 추기경 관련 뉴스가 끝나는 여덟째 꼭지에서 다시 명동성당에 나가 있는 취재기자를 연결해 조문 행렬이 계속 이어지고 있다고 전했다. 굳이 같은 내용의 기사를 두 꼭지로 나눠 전할 필요가 있었을까. 성철 스님 열반 당시 단 두 꼭지 보도했던 언론이……"라면서 다음과 같이 말했다.

"언론이 김수환 추기경의 생애와 업적, 추모 열기 등을 '반복적'으로 재생산하는 동안 우리 사회의 다른 중요한 이슈들은 '묻히고' 있다. 바로 얼마 전, 연쇄살인 피의자 강 모 씨 사건으로 '용산 참사'를 덮으라고 지시했던 청와대 홍보 지침 파문이 터졌다. 그때 역시 언론은 강 씨 사건으로 방송 뉴스와 신문 지면을 '도배'했고, 결과적으로 '용산 참사' 등 다른 중요한 이슈들이 쉽게 묻히는 데 일조했다. 이에 대해 조중동은 물론 방송 3사는 소극 보도로 일관했고, 여전히 의혹은 풀리지 않고 있다. 그런데 불과 며칠 만에 언론은 이와 같은 잘못을 똑같이 되풀이하고 있다."[15]

한국인들의 자기 정화 의지의 투영인가?

이택광 경희대 교수는 『미디어오늘』 칼럼에서 "언론의 환대 때문에 이런 추모 열기가 발생했다고 생각할 수 있겠지만, 근본적으로 대중의 열망이 없었다면 불가능한 사건이었다. 도대체 그 열망은 무엇이었을까? 추기경의 선종에 대한 범국민적 추모 현상은 '김수환'이라는 개인이 남

---

15) 백혜영, 「김수환 추기경 선종 뉴스가 불편한 이유」, 『PD 저널』, 2009년 2월 19일.

긴 족적 때문이라는 생각이다. 이 족적은 물론 인간 김수환의 특이성과 밀접하게 관련해 있는 것이지만 또한 '보수적' 가톨릭이 '진보적' 역할을 담당할 수밖에 없는 아이러니한 한국적 특수성에서 발생하는 것이다"며 다음과 같이 말했다.

"추기경이 남긴 말은 근대적 공동체라면 너무도 당연한 '상식'에 속하는 것이라고 할 수 있다. 그러나 이토록 상식적인 발언에 대한 뜨거운 호응은 역설적으로 한국 사회에 이런 상식이 부재하다는 사실을 아프게 증언한다. 가톨릭의 이미지가 한국 사회에서 좋게 받아들여진 까닭은 민주화에 대한 든든한 후원자였다는 역사적 사실 때문이다. 그러나 김수환 추기경의 증언을 들어보더라도, 가톨릭의 '정치 참여'는 그렇게 교회 내에서 환영받았던 건 아니다. 한국 사회에서 특수한 가톨릭교회의 진보성은 세속의 권력에 맞서 '양심'을 강조한 비타협적인 김수환 추기경의 윤리에서 발생하는 것이다. 이 윤리야말로 기독교에서 진화한 근대국가의 법치주의를 구성하는 근간이기도 하다."[16]

김진 『중앙일보』 논설위원은 2009년 2월 23일자 신문에 "추기경을 보내면서 많은 이가 상실감을 느끼는 것 같다. 많은 이가 '집안의 어른이 돌아가신 것 같다'는 심경을 토로했다. 또 다른 어른들이 남아 있다면 국민의 상실감이 이처럼 크지는 않을 것이다. 한국 사회엔 전직 대통령만 다섯 있고 국회의장·대법원장·국무총리를 지낸 이가 수십 명이며 학계·문화계·종교계·언론계·재계에 원로 수백 명이 있다. 앞으로 이들 중 어떤 이의 죽음에 사람들이 한파·무더위·가을비를 무릅쓰고

---

16) 이태광, 「진짜 보수주의자 김수환」, 『미디어오늘』, 2009년 3월 2일.

거리로 나올 것인가. 어떤 이의 죽음에 아낙과 남정네가 손을 뻗어 영구차를 만지려 하겠는가"라고 했다.[17]

오명철 『동아일보』 전문 기자는 2009년 3월 11일자 신문에 "드러내놓고 말은 안 하지만 모두들 충격을 받은 모습이다. 40만 명의 자발적 추모 인파가 모인 '명동의 기적' 그리고 '추기경 신드롬' 때문이다. 천주교 수뇌부도 인정하다시피 김수환 추기경의 장례식은 자신들도 '깜짝 놀랄 만큼' 감동적이었다. 공식적으로는 서울대교구장이었지만 정신적으로는 국민장이나 다름없는 추모와 애도의 물결 속에서 한 성직자의 장례가 치러진 것이다"고 했다.[18]

'명동의 기적' 또는 '추기경 신드롬'은 "국회의원에게 월급 주지 말자"는 말로 대변되는 정치 혐오증과 관련이 있었던 것은 아닐까? 비단 정치 분야뿐만 아니라 정치가 어느 정도 필요한 모든 영역이 불신과 환멸의 대상으로 전락한 상황에서 그 모든 고려와 계산을 뛰어넘어 헌신한 김수환 추기경이야말로 진정 정치에 지친 한국인들이 매달리고 싶은 구원의 상징은 아니었을까? 세속의 삶, 그중에서도 그 세속의 때가 가장 많이 드러나는 정치에 환멸을 느낀 한국인들이 자기 정화 의지를 투영한 것은 아닐까? '명동의 기적'에 이어 터진 연예계 성 상납 사건은 '룸살롱의 기적'을 유감없이 보여주었는데, 그렇기에 더더욱 김수환 추기경은 종교를 넘어, 썩을 대로 썩은 세속 사회의 수렁을 넘어 국가와 민족의 구세주로 자리매김될 수밖에 없었으리라.

---

17) 김진, 「[김진 시시각각] 김구, 육영수, 성철, 그리고 김수환」, 『중앙일보』, 2009년 2월 23일.
18) 오명철, 「추기경 김수환의 '장엄한 낙조'」, 『동아일보』, 2009년 3월 11일.

한국은 룸살롱 공화국인가
연예계 성 상납 사건

장자연 사건

2009년 3월 7일 인기 드라마 〈꽃보다 남자〉에 출연한 탤런트 장자연이 술자리 접대와 성 상납 강요 등을 폭로한 문건을 남기고 스스로 목숨을 끊어 큰 충격을 주었다. 이 사건과 관련해 연예 기획사 간부인 A씨는 이렇게 증언했다. "연예 기획사 소속 여배우가 룸살롱에서 술을 접대하는 관행은 분명히 있습니다. 회사 규모와 상관없이 사장 마인드에 따라 벌어지는 일이죠. 몇 년 전부터 기획사들의 주식시장 상장 붐이 일면서 '돈줄'이 되어줄 외부 투자자들에게 접대를 하는 경우가 늘어났는데 그때 여배우가 동행하게 되곤 합니다."[19]

이 사건을 계기로 2009년 4월에 한국방송영화공연예술인 노동조합(한예조)이 연기자 183명을 대상으로 설문 조사한 결과 19.1%인 35명이

---

19) 최승현, 「연예 매니지먼트의 그늘 [上] 일부 기획사 '접대용' 신인 따로 관리」, 『조선일보』, 2009년 3월 17일.

'나 또는 동료가 성 상납을 강요받았다'고 밝혔다. 다섯 명 중 한 명꼴이었다. 한예조는 확보된 '가해자 리스트'까지 공개하지는 않았지만, 가해자의 직업은 방송사 PD, 작가, 방송사 간부, 연예 기획사 관계자, 정치인, 기업인 등이었다.[20] 여성 연예인들의 술자리 접대는 주로 룸살롱에서 이루어졌기에 이는 '룸살롱 사건'이기도 했다.

3월 18일 이 사건에 놀란 문화체육관광부는 '연예매니지먼트업 등록제'등을 정부 입법으로 추진하겠다고 밝혔다. 공정거래위원회도 불공정 계약을 막기 위한 표준 약관 도입에 들어갔다. 그러나 한 연예 관계자는 "노예 계약은 예전에 비해 많이 사라지고 투명해졌다"며 "매니저와 기획사들만 악의 소굴로 모는 것은 절반의 해법"이라고 말했다. "여전히 문제 있는 기획사도 분명 있지만, 오디션 같은 정당한 절차 대신 접대와 인맥을 통해 끼워 넣기 식으로 캐스팅하는 관행 자체, 접대를 당연시하는 언론사·기업 쪽 인사들의 도덕적 해이도 심각한 문제"라는 것이다. 이와 관련해 양성희는 『중앙일보』 칼럼을 통해 다음과 같이 말했다.

"그의 말은 이번 사태의 본질을 짚어주고 있다. 실력보다 인맥이 중시되며, 술과 여자가 동원되는 향응이 있어야만 비즈니스가 되는 한국적 밤 문화 말이다. 물론 이는 법·제도 이전에 관행과 문화의 문제지만, 그래서 그만큼 더욱 강고하다. '역사는 밤에 이루어진다'는 남성적인 접대 문화, 밤 문화가 여전히 막강한 위력을 발휘하는 한, 성적 서비스의 수단으로 착취되고 꺾이는 '나약하고 힘없는' 제2, 제3의 장자연은 끊이지 않을 것이다."[21]

---

20) 임지선·임인택, 「연기자 5명 중 1명 "나 또는 동료가 성상납 강요받았다"」, 『한겨레21』, 제768호(2009년 7월 13일).

성 접대를 받은 사람들의 이름을 적은 이른바 '장자연 리스트'가 세간의 주목을 받기 시작했다. 3월 23일 한나라당 홍준표 원내대표는 서울 여의도 당사에서 열린 최고위원 회의에서 "'장자연 리스트'라고 불리는 것은 한국 사회 상류층의 '모럴 해저드'의 극치"라면서 "경찰이 좀 더 적극적으로 수사해 한국 사회 상류층의 모럴 해저드가 없어지길 바란다"고 촉구

술자리 접대와 성 상납 강요에 시달린 한 여자 탤런트가 자살한 사건은 우리 사회에 큰 충격을 주었다.

했다. 홍 원내대표는 이어 기자들과 만나 "대한민국을 세탁기에 넣고 돌려야 한다. 상류층 윤리가 (일반 시민들과) 상당히 다르다"고 말했다. 진보신당 심상정 공동대표는 라디오에 출연, "장 씨가 문건에서 밝힌 대로 노예적 성 착취가 자행됐다면, 그 사무실이야말로 여성의 아우슈비츠"라며 "여성을 착취하는 먹이사슬의 최상층 포식자에 대해 우리 사회의 미래를 위해서도 실체가 공개돼야 한다"고 말했다.[22]

21) 양성희, 「양양의 컬처코드 ⑬ '장자연 리스트'가 말하는 것」, 『중앙일보』, 2009년 3월 20일.
22) 박상주, 「더러운 포식자들……」, 『미디어오늘』, 2009년 3월 24일.

룸살롱으로 서민 경제 활성화?

한국 밤 문화의 '지존'이라 할 룸살롱은 이명박 시대에 이르러 장려되고 있다는 비판이 연초부터 왕성하게 제기되었다. 이명박 정부가 '친기업' 정책의 일환으로 접대 문화에 긍정적 자세를 보임으로써 사실상 룸살롱을 키우는 게 아니냐는 비판이었다. 김학민은 『한겨레21』에 쓴 「룸살롱으로 서민 경제 활성화?」라는 칼럼에서 "이명박 정부의 '강남 살리기'가 눈물겹다. 서울 강남 부자들의 가슴에 꽂힌 비수를 뽑아주겠다며 종부세를 너덜너덜 빈껍데기로 만드는가 하면, 강남의 아파트 경기를 끌어올리겠다며 재건축 요건을 대폭 완화한다. 강남 3구의 투기 지역 지정을 전면 해제하고 분양가 상한제를 폐지하겠다며 국토해양부와 기획재정부, 청와대가 '생쇼'를 벌인다. 다주택 소유자들의 주택 매매를 쉽게 하기 위해 양도소득세의 한시적 면제를 검토하겠다고도 한다"며 다음과 같이 말했다.

"여기에 코미디극을 하나 더 추가한다. 서민 경제 활성화의 일환으로 기업들의 접대비 한도액 50만 원을 100만 원으로 올리거나 아예 그 한도 규정을 없애겠다는 것이다. 과거 투명하지 못한 공공 기관의 업무 추진비와 기업의 흥청망청 접대비가 어떤 용도로 쓰였고, 그 쓰인 곳이 대부분 어디인지는 삼척동자라도 다 안다. 그간 부정부패를 줄이기 위해 어렵사리 접대비 한도액을 시민들의 상궤 수준으로 정했고, 그래서 강남의 호화 룸살롱들이 직격탄을 맞은 것도 사실이다. 그런데 다시 접대비 한도액을 올려 서민 경제를 활성화하겠단다. 그렇다면 룸살롱 경기를 살리겠다는 것인데, 내년에 쏟아져 나올 백수 여대생들의 일자리 창출 때문일까?"[23]

"기업들의 접대 문화상 제재 대책을 마련하지 않은 채 접대비 실명제를 폐지해 공무원 성 접대가 언제든 활개칠 가능성이 높다." 사진은 영화 〈웨스턴 32번가〉 중 한 장면이다. 영화는 뉴욕에 있는 룸살롱을 중심으로 전개된다. 미국에 수출된 룸살롱 모습을 볼 수 있다.

장자연 사건으로 한창 시끄러운 3월 24일 밤, 서울 마포구 노고산동에 있는 한 룸살롱에서 청와대 국정기획 수석실 산하 방송통신 비서관실 김 아무개 행정관과 같은 부서 장 아무개 행정관, 방통위 과장급 간부 등이 케이블 방송업계 관계자에게서 향응을 받은 사실이 나중에 드러나 큰 논란을 빚었다. 특히 김 행정관은 이날 룸살롱에서 술 접대를 받은 뒤 인근 신촌의 A모텔에서 성매매를 하다가 기습 단속에 나선 경찰에 적발됐다. 경찰은 이날 A모텔에서 김 행정관을 포함해 두 명을 성매매 혐의로 붙잡아 불구속 입건했다.[24]

이에 『한겨레』는 「장자연 리스트 이어 청와대 성 접대 의혹까지」라는

23) 김학민, 「룸살롱으로 서민 경제 활성화?」, 『한겨레21』, 제743호(2009년 1월 9일).
24) 최연진·이훈성, 「청와대, 룸살롱에 2차까지」, 『한국일보』, 2009년 3월 30일, 14면.

사설을 실었다. "이런 일이 '장자연 리스트'로 성 상납 의혹이 논란이 되고 있는 상황에서 일어났으니 더 놀랍다. '장자연 리스트'는 여성의 성이 상납과 접대의 대상이 되고 있는 부끄러운 현실을 드러낸 사건이다. 언론사 대표 등 힘 있는 사람들이 그 힘을 내세워 성 상납을 요구하고 접대를 받았다면, 그들을 포함한 우리 사회 일각의 가치관 퇴행은 위험한 수준이라고 봐야 한다"라고 개탄하며 다음과 같이 주문했다.

"그런 마당에 청와대 직원들이 아무렇지 않게 비슷한 식의 접대를 받았으니, 더는 성을 상납이나 매매의 대상으로 삼지 말아야 한다는 사회적 논의와 모색을 무시한 것이 된다. 온 사회가 성 상납 논란으로 떠들썩한데도 그런 접대를 받는 데 아무런 거리낌이 없었다면, 그만큼 잘못된 생각이나 관행이 뿌리 깊다는 얘기도 된다. 그들이 권력기관인 청와대에 근무한다는 힘을 내세웠다면 그 잘못은 더욱 엄하게 따져야 한다."[25]

갈수록 치밀해지는 공무원 접대

『한겨레21』은 「은밀하고 노골적인 접대의 속살」이라는 기사를 통해 "청와대 행정관 성매매 의혹·장자연 씨 자살 사건으로 살펴본 '고위층 접대'를 둘러싼 세 가지 시선"을 다뤘다. 접대하는 남자, 접대하는 여자, 접대받는 남자라고 하는 세 가지 시선이다. "두 사건의 공통점이 있다. 뭇사람은 접근이 불가능했던 '고위층 접대'의 속살을 들췄다. 이 경우, 경찰은 굼뜨고 위약하다는 점도 닮았다. …… 장자연 씨가 울고, 업체 사

---

25) 「장자연 리스트 이어 청와대 성접대 의혹까지(사설)」, 『한겨레』, 2009년 3월 29일, 23면.

장은 머리를 조아리고, 청와대 행정관은 웃는 '계급'의 거래소."[26]

이 두 사건은 기존 접대 문화에 어떤 영향을 끼쳤을까?『경향신문』에 실린 기사「갈수록 치밀해지는 '공무원 접대'」는 "청와대 전 행정관 성 접대 사건 등으로 공직 사회 기강 감찰이 강화되면서 공무원을 접대하는 수법도 한층 치밀해졌다"며 다음과 같이 말했다. "휴대전화 위치 추적을 막기 위해 전화기를 집에 두고 오게 하는 것은 기본이고 '대포폰'을 만들어 빌려주기까지 한다. …… 금요일 밤에 출발해 월요일 새벽에 돌아오는 일정의 중국·동남아 골프 접대 때에도 동행 공무원의 수하물 기록이 남지 않도록 배려한다. …… 술 접대를 할 때도 흔적을 남기지 않도록 신경 쓴다. 서울 강남 룸살롱에 가면 술값을 당일에 계산하지 않는다. 함께 저녁 식사를 한 날과 카드 사용 일자를 어긋나게 해 증거를 남기지 않는 것이다. 며칠 뒤에 계산하거나, 수차례로 쪼개 결제한다. (접대를 하는) ㄱ 씨는 '이런 돈은 하청업체로부터 메울 수밖에 없으니 악순환이 계속되는 것'이라고 말했다."[27]

2009년 1분기에 성매매로 적발된 공무원 수는 95명으로, 전년도 전체 성매매 적발 건수 229명의 40%를 넘어섰다. 2004년(101명), 2005년(98명)과 비교하면 한 해 적발 건수에 근접한 수치였다.『한국일보』는 "공무원 접대 문화가 근절되지 않은 상황을 감안하면 모텔·여관·안마 시술소 등에서 성매매를 하다 적발된 공무원의 경우, 1차 술자리에 이어 2차로 성 접대를 받았을 가능성이 크다"며 "올해부터 기업체의 접대비 실명제가 폐지돼 음성적인 접대 문화가 다시 고개를 든 것이 아니냐는 관측도

---

26) 임인택,「은밀하고 노골적인 접대의 속살」,『한겨레21』, 제755호(2009년 4월 10일).
27) 이용균,「갈수록 치밀해지는 '공무원 접대'」,『경향신문』, 2009년 4월 15일.

있다"고 했다. 고계현 경제정의실천시민연합 정책실장은 "기업들의 접대 문화상 제재 대책을 마련하지 않은 채 접대비 실명제를 폐지해 공무원 성 접대가 언제든 활개 칠 가능성이 높다"며 "공무원의 성매매 증가는 정부가 스스로 초래한 것"이라고 지적했다.[28]

기업의 접대비는 2005년 5조 1626억 원, 2006년 5조 7482억 원에 이어 2007년에는 6조 3647억 원에 달해 처음으로 6조 원을 넘어섰는데, 실제 접대비는 이보다 훨씬 더 많다는 게 중론이었다. 접대비를 복리 후생비, 지급 수수료 등에 계상하는 일이 흔하기 때문이다. 술자리 접대는 곧잘 '성 접대'까지 이어졌다. 2009년 4월 취업 포털 사이트인 커리어(www.career.co.kr)가 직장인 887명을 대상으로 접대 문화에 대해 조사한 결과 25.6%가 성 접대로까지 이어진다고 답했다. '접대 관행 중 하나라서'(44.6%)라는 대답이 가장 많았고 '거래처나 고객의 요구 때문'(31.3%), '더 잘 보이기 위한 방편으로'(19.3%), '회사의 지시 때문'(3.6%) 등이 뒤를 이었다.[29]

공직자들의 룸살롱 스캔들은 매년 수차례씩 터져 나왔지만, 달라지는 건 없었다. 그러다 2010년 4월, 이전의 모든 '법조 룸살롱 스캔들'들을 압도하고도 남을 대형 사건이 터진다. 부산·경남 지역 등에서 활동한 전 건설사 대표 정 아무개가 "지난 20여 년 동안 검사 100여 명에게 수시로 촌지와 향응을 제공하고 일부는 성 접대까지 했다"고 주장하면서 스폰서 내역이 담긴 문건을 언론에 넘겨주는 사건이 벌어진 것이다. 4월

---

28) 송태희·김성환, 「MB정부 2년차⋯⋯ '2차' 가는 공무원: 3월까지 성매매 적발 95명 예년 두 배」, 『한국일보』, 2009년 5월 6일.
29) 김원철, 「[우리 사회 거품을 빼자] (14) 기업 접대비」, 『국민일보』, 2009년 4월 15일, 7면.

2010년 4월 20일 방송된 MBC〈PD수첩〉은 이전의 모든 법조 룸살롱 스캔들을 압도할 만한 사건을 담았다.

20일 밤 MBC〈PD수첩〉이 문제의 문건과 인터뷰를 토대로 정 아무개 씨가 작성한 검사 실명 리스트를 방송함으로써 세상이 발칵 뒤집혔다고 해도 좋을 정도로 큰 충격을 안겨주었다. 물론 이번에도 향응과 성 접대의 무대는 룸살롱이었다.

한국은 명실상부한 '접대 공화국'이다. '접대 경제'의 규모가 너무 커져 '접대 규제'는 민생에 큰 영향을 끼치는 지경에까지 이르렀다. 주고받는 접대 속에 인정이 싹트고 명랑 사회가 구현될까? 아무래도 아닌 것 같다. 부정부패가 꽃을 피울 가능성이 높다. 그러나 갈수록 포장술이 세련되어져 인맥이니 인적 네트워크니 하는 고상하고 합법적인 메커니즘의 길로 나아가게 될 것이다. 그런 의미에서 룸살롱은 한국 사회의 또 다른 얼굴인 셈이다.

'반칙 · 특권 없는 세상' 이 이런 거였나?
박연차 게이트

노무현의 대국민 사과

노건평 스캔들은 2009년까지 이어졌으며, 이는 점점 노무현 스캔들로 비화했다. 2009년 2월 5일 『조선일보』는 「'노무현 청와대' 가 대통령 형의 탈선(脫線)을 못 막은 이유」라는 사설을 실었다. "건평 씨가 로비 성공 사례금으로 받은 29억여 원 가운데 10억 5000만 원은 2006년 7월 김해시에 있는 오락실을 사들이는 데 들어갔다. 검찰이 사행성 오락 게임 '바다이야기' 제조업체를 압수수색한 것이 2006년 7월 초였다. 세상이 사행성 오락 게임으로 떠들썩한데 대통령 형은 오락실 영업을 시작했다. 당시 노무현 대통령은 바다이야기 사건을 두고 '도둑이 들려니 개도 안 짖더라' 고 말했었다. 그런데 뒤에 보니 개들은 짖었는데도 사람이 귀를 막고 있었던 셈이다" 고 말했다.[30]

---

30) 「'노무현 청와대' 가 대통령 형의 탈선(脫線)을 못 막은 이유(사설)」, 『조선일보』, 2009년 2월 5일.

2월 13일 노무현 전 대통령이 형 노건평 씨 사건과 관련해 대국민 사과를 했다. 노 전 대통령은 이날 누리집 '사람 사는 세상'(www.knowhow.or.kr)에 「해명드립니다」라는 글을 올려 "모든 것이 저의 부족함에서 비롯된 일이라 생각하여 근신하고 있을 뿐 누구를 원망하고 억지를 부려 책임을 감출 생각은 하지 않고 있다. 이 점 너그러이 이해해주시기 바란다"고 밝혔다. 노 전 대통령은 "나를 도왔던 많은 사람들이 좀 가혹하다 싶을 만큼 수사를 받았다는 말은 듣기는 했지만 그렇다고 내가 밖으로 불편한 심기를 표현할 형편은 아니다"라며 "형님을 '순진한 사람'이라고 말한다고 해서 누구의 공감을 얻을 수 있는 형편이 아닌 줄도 잘 알고 있다"고 덧붙였다.

노무현의 생가 복원까지 비판의 대상이 되었다. 『조선일보』는 "경남 김해시 진영읍 봉하마을에 있는 노 전 대통령 생가 복원에 김해시 예산 10억 원이 투입될 예정이다. 잘 알다시피 노 전 대통령은 퇴임 전부터 거액의 공사비를 들여 봉하마을에 사저를 지은 데 이어, 김해시는 '혈세'를 들여 사저 주변에 숲 공원까지 조성해주었다. 이런 마당에 생가 복원에 또 국민 세금이 들어간다면, 국민은 이를 어떻게 볼까?"라면서 다음과 같이 말했다.

"지도자의 생가가 '한 채의 집'이 아닌 '한 시대의 역사'로 자리매김하려면, 전직 대통령의 영향력보다 국민의 존경심으로 복원되는 것이 옳다. 김해시가 자청해서 복원하겠다고 했더라도 생가가 폐가(廢家) 될 지경이 아니라면, '나 죽은 뒤에나 해달라'고 말할 수는 없었을까? 이 일로 정치인과 정치에 대한 환멸이 더욱 깊어질까 두렵다."[31]

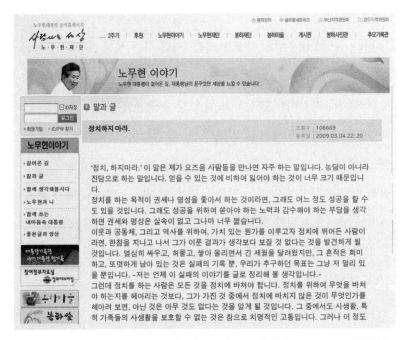

"노무현 전 대통령의 '정치하지 말라'는 말은 4월에 '노무현 게이트'가 터지면서 그 의미가 좀 더 분명해진다."

정치하지 마라

2009년 3월 5일 노무현 전 대통령은 홈페이지에 올린 「정치하지 마라」
는 글에서 "요즘 사람들을 만나면 '정치하지 말라'고 진담으로 말한다"
면서 "얻을 수 있는 것에 비해 잃어야 하는 것이 너무 크기 때문"이라고
말했다. 노 전 대통령은 "정치를 하는 목적이 권세나 명성을 좇아서 하
는 것이라면, 그래도 어느 정도 성공할 수 있을 것"이라면서 "그래도 성
공을 위해 쏟아야 하는 노력과 감수해야 하는 부담을 생각하면 권세와

---

31) 지해범, 「노무현 생가(生家)복원 유감」, 『조선일보』, 2009년 2월 25일.

명성은 실속이 없고 그나마 너무 짧다"고 밝혔다. 노 전 대통령은 "정치인은 거짓말, 정치자금, 사생활 검증, 이전투구, 고독과 가난의 수렁을 지나가야 하는 것"이라며 "나는 지옥 같은 터널을 겨우 지나왔지만 남은 사람들의 처지를 안타깝게 생각한다"고 덧붙였다.[32]

'정치하지 말라'는 노무현의 말은 4월에 이른바 '노무현 게이트'가 터질 때에 그 의미가 좀 더 분명해진다. 정치학 박사인 박상훈 후마니타스 대표는 "노 전 대통령이 지난 3월 초에 '정치하지 말라'고 인터넷에 올렸던 글의 의미가 지금의 상황을 대비한 것으로 읽힌다. 정치라는 현실에 들어가면 누구도 권력과 돈의 유혹에서 빠져나올 수 없다는 설명. (검은돈을) 노무현 개인의 문제가 아니라 한국 정치의 구조적인 문제로 치환하려 한 의도였던 것 같다"고 말한다.[33]

3월 24일 검찰이 노무현 정부의 핵심 인사였고, 참여정부 때 국정상황실장을 지내면서 안희정 현 충남지사와 함께 '우(右)광재 좌(左)희정'으로 불린 민주당 이광재 의원에 대해 사전 구속영장을 청구했다. 2004년부터 2008년까지 박연차 태광실업 회장에게서 1억 6000여만 원을 불법 정치자금으로 받았을 뿐만 아니라 정대근 전 농협 중앙회 회장에게서도 1000여만 원을 받은 혐의였다. 민주당 이광재 의원에 대한 구속영장이 청구되자, 봉하마을과 친노(親盧) 진영에는 무거운 침묵이 흘렀다.

『경향신문』은 당시 상황을 이렇게 보도했다. "'박연차 리스트' 수사로 친노 진영은 사실상 초토화되는 분위기다. 노 전 대통령의 고교 동창인 정화삼 씨 형제, 노 전 대통령의 형 건평 씨, 이강철 전 대통령 시민사

32) 최우규, 「노무현 전 대통령 "정치, 하지 마라"」, 『경향신문』, 2009년 3월 6일.
33) 이태희·최성진, 「굿바이 노무현」, 『한겨레21』, 제756호(2009년 4월 17일).

회 수석 비서관이 구속, 기소됐고 강금원 창신섬유 회장과 안희정 민주당 최고위원도 수사 선상에 올라 있다. 노무현 정부 핵심 실세치고 검찰의 칼을 비켜 간 사람을 찾기 어려울 정도다. 특히 공직 사회 부정부패와 친인척 비리를 차단해야 할 박정규 전 청와대 민정 수석에 대해 24일 구속영장까지 청구되면서 참여정부가 자부하던 '도덕성'은 큰 타격을 입었다."[34]

자칭 '도덕 정권'의 부패가 이 지경이라니

2009년 3월 26일 『조선일보』는 "박연차 태광실업 회장에 대한 검찰 수사가 속도를 내면서 '별 볼 일 없는 순박한 노인' 노건평 씨의 진짜 얼굴이 거듭 드러나고 있다. 노 씨는 2004년 박연차 씨에게 경남지사 보궐선거에 출마한 열린우리당 후보를 '마음 크게 먹고 한번 도와주라'고 해 8억 원을, 2005년 4 · 30 재 · 보선 때는 열린우리당 김해 갑 국회의원 후보를 도와주라고 해 5억 원을 받아 전달했다. 2004년 총선과 2005년 재선거를 앞두고는 김해 갑 선거구의 한나라당 후보에게 한나라당 탈당을 권유했다고 한다"며 다음과 같이 말했다.

"노건평 씨가 박연차 씨에게 수억 원을 얻어내 돈을 돌린 것은 노 대통령 형제에게 모욕당하고 농락당한 대우 남 사장이 목숨을 끊은 지 채석 달도 지나지 않은 때였다. '아무것도 모르는 시골 노인'이 아니라 '서울 사람 뺨치는 약은 노인'이었다. 그리고 2006년 1월엔 농협의 세종

34) 이인숙, 「친노 "오는 비는 맞아야" …… 측근 잇단 구속에 불안」, 『경향신문』, 2009년 3월 25일.

노건평은 정말 아무것도 모르는 시골 노인이었을까, 아니면 서울 사람 뺨치는 약은 노인이었을까?

증권 인수에 개입해 30억 원 가까운 뒷돈을 챙겼다. 경남 지역에 부임한 기관장은 누구든 '봉하대군', '큰 어르신', '경남 대통령'으로 불리던 노건평 씨에게 인사를 갔다는 게 검찰 얘기다. 노 씨는 노무현 정부 출범 직후부터 공공연히 국세청 간부들 이름을 거론하며 청장을 비롯한 요직에 밀기도 하고 국세청장에게 전화를 걸어 부산 지방국세청장에 대한 인사 청탁을 하기도 했다. 노 씨가 이권과 인사, 선거까지 노무현 정권 내내 손을 안 댄 곳이 없다는 항간 얘기가 하나둘씩 사실로 확인되고 있다. 대통령 형이 이렇다는 사실은 당시에도 많은 사람이 알고 있었다. 그런데 동생인 대통령만 모르고 있었다. 그것이 권력의 생리다."[35]

『중앙일보』는 「자칭 '도덕 정권'의 부패가 이 지경이라니」라는 사설

---

35) 「'시골에 사는 별 볼 일 없는' 대통령 형의 진짜 얼굴(사설)」, 『조선일보』, 2009년 3월 26일.

로 노무현 정부를 비판했다. "국민은 한국 역사에서 또 하나의 충격적인 배신을 목격하고 있다. 노무현 정권은 한국 역사상 가장 깨끗한 정권인 것처럼 스스로를 포장했었다. 그러나 실체는 그렇지 않았다. …… 노무현 정권 5년 동안 대통령의 어지러운 행동으로 대통령직의 권위가 요동을 쳤다. 386을 비롯한 '노무현 부대'는 한국 역사의 정통성을 부정하고 정체성을 혼란에 빠뜨렸다. 그들은 지난 시절의 권위와 정체성을 공격하면서 자신들의 도덕성을 깃발로 내세웠다. 철저한 자기기만이었다. 국민은 언제까지나 배신을 겪어야 하나."[36]

『동아일보』는 "노 전 대통령은 언론에서 형과 측근의 작은 비리를 들추어내도 억울한 희생양인 양 이들을 감싸기에 바빴다. 그때라도 노 전 대통령이 '형님'과 측근을 감시하고 챙겼더라면 이 지경으로 추락하지는 않았을 것이다. 집권 내내 도덕성을 코에 걸었던 자칭 진보 정권이 어떻게 이렇게까지 타락했는지 국민은 속은 심정이다"고 했다.[37]

『한국일보』는 "노 전 대통령은 줄곧 박 씨를 '순수한 후원자'라고 강변했다. 그러나 그는 대통령의 형 노건평 씨가 개입한 농협 자회사 인수 등을 통해 수백억 원을 챙겼다. 정권 핵심과 선거 출마자 등에게 통 크게 몇억 원, 몇만 달러씩 선뜻 쥐어준 돈은 기실 농협 자산을 한 몫에 가로챈 뒤 끼리끼리 곶감처럼 나눠 빼먹은 셈이다. 노 씨와 박 씨 두 사람이 '검은돈' 정치를 대신 도맡은 느낌마저 준다"며 다음과 같이 말했다.

"지금껏 드러난 것만으로도 참여정부가 노상 '도덕성'을 치켜든 것은 터무니없는 위선이었음이 확인됐다. 노 전 대통령 자신이 박 씨와 수십

36) 「자칭 '도덕 정권'의 부패가 이 지경이라니(사설)」, 『중앙일보』, 2009년 3월 26일.
37) 「박연차類 기업인 지금은 없나(사설)」, 『동아일보』, 2009년 3월 27일.

억 돈거래를 하고, 그가 사줬다는 봉하마을 집터에 살고 있다. 이 마당에 검찰 수사의 정치적 의도를 먼저 시비하는 것은 도착적 반응이다. 진보의 이상을 표방한 정권의 비리는 보수의 부패보다 훨씬 질이 나쁘다. '살아 있는 권력'의 비리를 손대기 어렵다면, '죽은 권력'이 된 뒤에라도 철저히 밝혀 응징해야 한다. 지금 살아 있는 권력에게 그렇게 경각심을 일깨워야 지겹도록 되풀이되는 '정권 비리'의 고리를 끊을 수 있다."[38]

'반칙 · 특권 없는 세상'이 이런 거였나

2009년 3월 31일 박연차 태광실업 회장이 노무현 전 대통령 퇴임 직전인 지난 2월 노 전 대통령 조카사위에게 우리 돈 70억 원에 상당하는 500만 달러를 송금한 것으로 검찰 수사에서 밝혀졌다. 박 회장은 홍콩에 설립한 자회사인 에이피시(APC) 계좌를 통해 노 전 대통령의 친형 건평 씨의 첫째 사위 연모 씨에게 이 돈을 보냈다고 한다. 올해 36세인 연 씨는 2003년 박 회장이 만든 소프트웨어 회사에서 이사로 6개월 동안 일했고, 2008년 4월 투자자문 회사를 만들어 운영하고 있다. 노 전 대통령 측은 "최근에야 조카사위에게 박 회장 돈이 들어갔다는 사실을 알게 됐다"며 "노 전 대통령과는 무관한 일"이라고 했다.

이에 대해 『조선일보』는 「노(盧) 전 대통령의 '반칙 · 특권 없는 세상'이 이런 거였나」라는 사설에서 "노 전 대통령은 지난 3월 들어서만도 「정치하지 마라」, 「G20 재무장관 회의」, 「유엔 안보리 결의 1718호」 등

---

38) 「더 추한 진보 정권의 검은 돈 스캔들(사설)」, 『한국일보』, 2009년 3월 27일.

제10장 2009년: 노무현의 몰락과 부활 257

여섯 건을 홈페이지에 올릴 정도로 활발하게 발언해왔다. 이런 노 전 대통령이 박 회장에 대한 검찰 수사가 속도를 내기 시작한 3월 하순부터 입을 닫았다. 국민들이 지금 노 전 대통령에게 묻고 싶은 건 '당신이 반칙과 특권 없는 세상이라던 게 바로 이런 거였냐'는 것이다. 국민은 그의 입을 지켜보고 있다"고 했다.[39)]

『동아일보』는 "노 전 대통령에 대한 수사가 불가피하다. 노 전 대통령 측은 박 씨의 500만 달러가 형 노건평 씨의 사위인 연철호 씨의 해외 계좌에 입금된 사실을 최근에야 알았다면서 사업 관계가 있는 연 씨에게 투자금 명목으로 보낸 것이라고 해명하고 있다. 하지만 입금 시기가 노전 대통령의 퇴임 직전인 작년 2월이고, 그동안의 후원 관계로 볼 때 노전 대통령의 퇴임 후 활동 자금 명목일 가능성이 있다"고 했다.[40)]

『한국일보』도 같은 날 사설을 통해 "우리는 이미 스캔들의 본질은 노전 대통령이 박 회장과의 관계를 허울로 삼아 이권과 뇌물을 주고받는 '검은돈' 정치를 답습한 의혹이라고 지적했다. 이렇게 보면, 노건평 씨는 기실 추한 거래의 거간 행세를 하고 떡고물을 챙긴 조연일 뿐이다. 따라서 노 전 대통령이 '별 볼 일 없는 형님'과 '순수한 후원자'가 모두 구속된 마당에 그 그늘에서 침묵하는 것은 옹색한 처신이다. 그나마 남은 진실성을 보이기 바란다"고 했다.[41)]

39) 「노(盧) 전 대통령의 '반칙·특권 없는 세상'이 이런 거였나(사설)」, 『조선일보』, 2009년 4월 1일.
40) 「盧 수사 불가피하고, 現 권력 주변도 미봉 안 된다(사설)」, 『동아일보』, 2009년 4월 1일.
41) 「노무현 전 대통령이 직접 해명할 때다(사설)」, 『한국일보』, 2009년 4월 1일.

노 전 대통령의 해명을 듣고 싶다

2009년 4월 2일 『조선일보』는 "박연차 리스트 수사를 통해 노무현 정권의 실세 그룹이 누구였는지가 재확인되고 있다. 386 참모들이 노무현 정권의 드러난 실세들이었다면, 노 정권의 '은밀한' 거래들은 노 전 대통령의 고향인 부산·경남(PK) 인맥을 통해 이뤄졌다는 것이다"며 다음과 같이 말했다.

"노무현 청와대에서 청와대 직원들과 대통령 친인척의 비리를 감시해야 할 민정 수석실은 부산·경남 인사들에 의해 장악됐다. 민정 라인의 주축이었던 문재인 전 비서실장, 노 전 대통령의 386 부산 측근인 이호철 전 민정 수석과 박 회장에게 금품을 받아 구속된 박정규 전 민정 수석 등이 모두 PK 출신이다. 노 전 대통령 재임 중이던 2007년 국세청 로비 명목으로 건설업자에게 돈을 받은 혐의로 구속됐던 정윤재 전 의전 비서관도 부산 인맥이다. 박연차 회장에게 불법 로비 자금을 받아 구속된 인사 중 386 측근을 제외한 대부분이 부산·경남 출신이며, 정치권 로비 대상자도 이곳에 집중됐다. …… 건평 씨는 정권 초기부터 인사 청탁 명목으로 돈을 받는 등 감시 대상이었지만, 그 감시를 무시하듯 세종증권 매각 과정에 개입해 수십억 원을 받고, 박 회장의 로비를 중재하고 여권 선거까지 개입하는 등 활개를 쳤다. 한 청와대 출신 인사는 '건평 씨는 노 전 대통령에게 아버지 같은 존재였다. 노 전 대통령이 당선 직후 그의 무릎을 베고 "형님, 저 대통령 됐습니다"라며 응석을 부렸다고 한다'고 했다."[42]

---

42) 정우상, 「노(盧)정권 PK는 '권력의 해방구' … 민정 라인 장악, 비리(非理) 감시 벗어나」, 『조선일보』, 2009년 4월 2일.

노 전 대통령의 해명을 듣고 싶다

박연차 태광실업 회장에 대한 검찰 수사가 점점 노무현 전 대통령에게로 향하는 분위기다. 노 전 대통령의 측근 몇몇은 이미 박 회장에게서 검은 돈을 받은 사실이 드러나 쇠고랑을 찼고, 노 전 대통령의 조카사위 연모씨는 해외 계좌로 500만달러(당시 환율로 50억원)를 받은 것으로 드러나 수사 대상에 올라 있다. 여기에 박 회장과 연씨 사이의 돈 거래를 연결해준 사람이 노 전 대통령의 죽마고우인 정상문 전 청와대 총무비서관이며, 연씨의 500만달러 수수사실을 노 전 대통령이 알게 된 시점은 최근이 아니라 퇴임 직후라는 이야기도 나오고 있다. 아직 진실이 드러난 것은 아니지만 지금까지 불거진 의혹만으로도 노 전 대통령은 이번 수사에서 피해갈 수 없는 관련 인사가 된 것이다.

노 전 대통령은 재임 때는 물론 퇴임한 뒤 봉하마을에서 생활하면서도 정치·사회 이슈에 대해 자기만의 목소리를 내는 것을 주저하지 않았다. 형 건평씨가 구속된 뒤에는 한동안 잠잠했으나 얼마 전 측근들에게 '정치하지 말라'는 취지의 글을

울리며 말문을 다시 연 바 있다. 그런데 박연차 리스트가 나오고 난 다음부터는 다시 입을 굳게 다물고 있다. 노 전 대통령의 입장을 대신해 해명한다며 언론에 나오는 측근들이란 거의 얼굴 없는 사람들이다. 이들이 익명에 기대어 무책임하게 말하다 보니 새로운 의혹이 연일 불거진다. 심지어 노 전 대통령이 500만달러의 존재를 인지한 시점조차 이 측근 말과 저 측근 말이 달라 혼선과 의혹을 증폭시키는 형국이다. 이래저래 노 전 대통령에게 좋지 않은 상황이다.

이제 노 전 대통령이 국민을 향해 직접 해명하는 게 필요하다. 이번 사건과 관련해 자신이 알고 있는 모든 것을 밝히고 검찰 수사에 협조하는 게 좋겠다. 검찰이 살아있는 권력보다 죽은 권력에 수사의 초점을 맞춘다는 비판이 있는 것도 사실이지만, 주변 인사들의 비리 정황이 뚜렷이 드러나고 있는데도 그저 "정치 보복이다"는 식으로 대응하는 것은 의혹만 키울 뿐이다. 전직 대통령으로서 진솔한 해명과 함께 책임질 부분이 있다면 당당하게 책임지는 모습을 보여야 할 것이다.

"아직 진실이 드러난 것은 아니지만 지금까지 불거진 의혹만으로도 노 전 대통령은 이번 수사에서 피해갈 수 없는 관련 인사가 된 것이다."(『경향신문』 2009년 4월 4일)

박연차 수사에 대한 시각은 엇갈렸다. 민주당은 정부가 치밀한 각본 아래 야당을 죽이려고 편파 수사를 하고 있다며 특검과 국정조사를 요구했다. 유시민 전 복지부장관도 "대한민국을 좌익 사상의 멸균실로 만들려는 것"이라고 비난했다. 반면 한나라당 홍준표 원내대표는 박연차 리스트가 '노무현 정부 비리의 저수지'라고 규정했다. "저수지에서 물을 빼다보면 그 안에 큰 고기도 있고 작은 고기도 있을 것"이라는 그의 말은 표적 수사가 아니라는 주장이었다.[43]

『경향신문』은 「노 전 대통령의 해명을 듣고 싶다」는 사설에서 "이제 노 전 대통령이 국민을 향해 직접 해명하는 게 필요하다. 이번 사건과 관련해 자신이 알고 있는 모든 것을 밝히고 검찰 수사에 협조하는 게 좋겠

---

43) 임철순, 「접대의 시작과 끝」, 『한국일보』, 2009년 4월 3일.

다. 검찰이 살아 있는 권력보다 죽은 권력에 수사의 초점을 맞춘다는 비판이 있는 것도 사실이지만, 주변 인사들의 비리 정황이 뚜렷이 드러나고 있는데도 그저 '정치 보복이다' 는 식으로 대응하는 것은 의혹만 키울 뿐이다. 전직 대통령으로서 진솔한 해명과 함께 책임질 부분이 있다면 당당하게 책임지는 모습을 보여야 할 것이다" 고 했다.[44]

4월 6일, 2008년 12월 노 전 대통령을 명예훼손 혐의로 고소한 남상국 전 대우건설 사장의 유족들은 이 사건을 조사 중인 서울 중앙지검에 수사 촉구서를 제출했다. 남 전 사장의 부인인 김선옥 씨 등 유족들은 수사 촉구서에 "노 전 대통령의 형 건평 씨는 '봉하대군(大君)' 으로 불리며 온갖 이권(利權)과 인사, 선거에 개입하는 등 지난 정권 실세 역할을 했다는 사실이 속속 밝혀지고 있다" 며 "노 전 대통령을 조사하게 된다면 남 전 사장 명예훼손 혐의에 대해서도 같이 수사해달라" 고 촉구했다. 유족들은 "노 전 대통령은 남 전 사장이 노건평 측으로부터 연임 제의를 받고 어쩔 수 없이 돈을 건네준 사실도 충분히 인식할 수 있는 지위에 있었다" 면서 "진실이라고 믿을 만한 상당한 이유도 없이 형의 비리를 비호하기 위해 의도적으로 허위 사실을 유포했다" 고 주장했다.[45]

『경향신문』은 "노 전 대통령의 해명을 듣고 싶다" 고 했지만, 해명이 가능한 상황이 아니었다. 아무리 선의로 해석해도 앞서 지적한 노무현의 정실주의와 치정주의, 이게 최악의 상태로 곪아터진 사건이었으니 어찌 해명이 가능했겠는가. 그래서 사태는 점점 더 비극적인 방향으로 치닫게 된다.

44) 「노 전 대통령의 해명을 듣고 싶다(사설)」, 『경향신문』, 2009년 4월 4일.
45) 류정, 「노(盧), 남상국 자살 사건 사과해야」, 『조선일보』, 2009년 4월 9일.

노무현은 MB와 강부자의 프락치다
굿바이 노무현

성수대교가 무너진 것 같은 충격

2009년 4월 7일 노무현 전 대통령은 정상문 전 청와대 총무 비서관이 박연차 태광실업 회장의 100만 달러를 청와대에 전달하고 그와 별도로 3억 원을 받은 혐의로 검찰에 전격 체포되자 자신의 홈페이지에 글을 올려 "그 혐의는 정 비서관의 것이 아니고 저희들의 것"이라고 밝히고, "미처 갚지 못한 빚이 남아 있어서 저의 집에서 부탁해 그 돈을 받아서 사용한 것"이라고 말했다. 노 전 대통령 측은 "'저의 집'이란 것은 경상도에서 부인을 일컫는 말"이라면서 "노 전 대통령 부인 권양숙 씨가 정 비서관을 통해 박연차 회장의 돈을 받아 썼다는 뜻"이라고 말했다. 노전 대통령은 조카사위 연철호 씨가 박 회장에게 받은 500만 달러에 대해서는 박 회장이 연 씨 사업에 투자한 것이라고 주장했다. 노 전 대통령은 "나와 내 주변의 돈 문제로 국민의 마음을 불편하게 해드리고 있다"면서 "송구스럽기 짝이 없다", "면목이 없다", "깊이 사과드린다"고 했다.

4월 8일 민주당 최고위원 회의에서 정세균 대표는 "국민이 원하지 않는 역사가 반복됐다"고 개탄했다. 박주선 최고위원은 "성수대교가 무너진 것 같은 충격이다"고 했다. 비공개 회의에서는 "이런 식으로 가면 4·29 국회의원 재선거는 정상적으로 치를 수 없다"는 우려가 쏟아진 것으로 전해졌다. 민주당 관계자는 "현 정권 심판장이 돼야 할 재선거가 전 정권 심판이나 야당 지도부 심판으로 가지 않도록 고심하고 있다"고 말했다.[46)]

　4월 8일 송영길 민주당 최고위원은 노무현 전 대통령의 사과문과 관련해 "남상국 전 대우건설 사장 자살 사건에 대해서도 정중한 사과가 필요하다"고 말했다. 송 최고위원은 이날 국회 대표실에서 열린 최고위원 회의에서 "남 전 사장 자살 사건을 통해 우리가 느낀 것은 당시 대통령이 형을 일방적으로 옹호하고 문제의 책임을 상대에게 전가해 상당히 국민 정서에 어긋난 태도를 보였다는 것"이라면서 이같이 주장했다.[47)]

　4월 8일 노무현 전 대통령의 홈페이지 '사람 사는 세상'과 '민주주의 2.0'에는 「힘내세요」, 「노 대통령을 끝까지 믿습니다」 같은 글들이 줄을 이었다. 이날 올라온 댓글 1,000여 건 대부분은 노 전 대통령이 재임 기간 박연차 씨의 돈 10억 원을 받았다는 사실을 알면서도 그에 대한 변함없는 지지를 표시한 것들이었다. 아이디 '진주아줌마'는 "당신에 대한 내 사랑은 이 정도에 흔들리지 않는다"고 썼다. 아이디 '공주님처럼'은 "우리가 한두 해 지켜보고 '노짱'을 지지하느냐"며 "(사과문을 냈지만) 그럼에도 더 멋지게 보이는데 어쩌냐. 나의 안위보다 아랫사람을 더 걱

---

46) 정시행, 「민주 "성수대교 무너진 듯한 충격"」, 『조선일보』, 2009년 4월 9일.
47) 류정, 「"노(盧), 남상국 자살 사건 사과해야"」, 『조선일보』, 2009년 4월 9일.

제10장 2009년: 노무현의 몰락과 부활 **263**

정하는 사과 글. 역시 노짱답다"고 했다.

"대통령 5년에 빚밖에 남은 게 없다니, 국민을 위해 봉사했을 뿐 자신을 위해 챙긴 것은 없는 사람", "대통령까지 하신 분이 그 정도밖에 돈이 없다니. 그래서 당신은 바보 노무현", "그렇게 싹싹 뒤져도 겨우 (액수가) 그것밖에……. 그대 얼굴만 보면 너무 사랑스럽다"는 글도 있었다. "대통령님 사진을 붙여놓고 아들 낳아달라 기도했다. 항상 존경하고 사랑한다"(러뷰 무현)는 지지자도 있었다. 일부 지지자는 심지어 '노 전 대통령의 빚을 우리가 대신 갚아주자'며 모금 운동을 제안하기도 했다. 반면 아이디 '일화'는 "정말 실망스러운 건 노 전 대통령이 아니라 여기 계신 분들 같다"며 "어떻게 그분의 모든 입장을 이해한다, (노무현) 흠집 내기다 이런 류의 글들밖에 없나요?"라고 썼다.[48]

노 전 대통령, 국민 가슴에 대못 박았다

『중앙일보』는 "노 전 대통령의 뒤늦은 사과문은 최측근 정상문 전 비서관이 전격 체포되자 마지못해 내놓은 듯하다. 변명처럼 들리고 궁색해 보인다. 정 전 비서관은 노 전 대통령의 어릴 적 친구로 노 정권 초기인 2003년부터 청와대 총무 비서관으로 근무하면서 공적·사적 살림살이를 책임져온 핵심 인물이다"며 다음과 같이 말했다.

"노 전 대통령은 재임 중 도덕성을 유난히 강조했기에 국민이 느끼는 충격과 배신감은 더하다. '이권이나 청탁에 개입하면 패가망신시키겠

---

48) 황대진, 「노사모 "대통령 하신 분이 빚밖에 없다니…… 당신에 대한 사랑 변치 않아요"」, 『조선일보』, 2009년 4월 9일.

"이제 노 전 대통령 자신과 부인까지 검찰의 조사를 받아야 할 처지가 됐으니, 본인에게도 불행한 일이요, 이걸 지켜봐야 하는 국민도 정말 못할 일을 겪는 것이다."(『조선일보』, 2009년 4월 8일)

다'고 큰소리치지 않았던가. 노 전 대통령이 그동안 검찰의 조사에 침묵해온 점에 분개하는 이도 많다. 모든 의혹이 노 전 대통령 본인을 둘러싸고 일파만파로 번져왔는데도 그동안 전혀 진실을 밝히지 않았다. 사실을 밝히고 사죄하기는커녕 노 전 대통령 측은 거꾸로 사실을 은폐하고 증거를 인멸하려는 듯한 움직임을 보여왔다. 박연차 회장에 대한 검찰의 수사가 시작되자 형 건평 씨가 나서 이명박 정권의 실세로 통하던 추부길 전 홍보기획 비서관을 만나 '박연차는 대통령 패밀리(family)다. 서로 패밀리까지는 건드리지 않기로 하자'며 수사를 방해하려고 했다."[49]

『조선일보』는 "노 전 대통령 자신이 진 빛이 아니라면, 권 여사는 무

---

49) 「노 전 대통령 이 정도 사과로 국민이 납득할까(사설)」, 『중앙일보』, 2009년 4월 8일.

슨 일로 얼마나 빚을 졌기에 남편의 대통령 재임 중에 후원자의 돈을 얻어서 이 빚을 갚아야 했을까. 작년 퇴임 후 노 전 대통령의 재산은 재임 5년 사이에 5억 원 증가한 것으로 공개되었다. 대통령은 청와대 총무 비서관이 영부인의 돈 심부름을 하러 다닌 사실을 보고 받지 못했는지, 아니면 대통령 자신이 알고 있었는지도 의문이다. 청와대 비서관이 왔다 갔다 하며 수억 원의 돈 심부름을 할 정도인데, 다른 공직자나 기관에 인사나 이권 같은 것을 부탁하는 심부름은 하지 않았을까"라면서 다음과 같이 말했다.

"노 전 대통령은 임기 내내 과거의 정치를 더럽고 기회주의적이며 정의(正義)를 저버린 정치로 규정하면서, '특권과 반칙 없는 정치'를 표방해왔다. 바로 그 시대에, 청와대 안방과 비서실에서는 이런 석연치 않은 일이 저질러지고 있었다니 도저히 믿기지가 않는다. …… 이제 노 전 대통령 자신과 부인까지 검찰의 조사를 받아야 할 처지가 됐으니, 본인에게도 불행한 일이요, 이걸 지켜봐야 하는 국민도 정말 못할 일을 겪는 것이다."[50]

같은 날 『한겨레』는 「노 전 대통령, 국민 가슴에 대못 박았다」는 사설에서 "노 전 대통령은 분명히 기억할 게 있다. 앞으로 무슨 말을 해도 신뢰를 받기 힘들다는 것을 말이다. 퇴임 뒤 형 노건평 씨의 검은돈 거래가 거듭 제기됐을 때도 그는 알쏭달쏭한 말로 피해 가기만 했다. 자신이나 부인을 둘러싸고 혐의가 제기될 때도 전직 대통령의 예우 등 무언가 기대를 하는 듯 '지켜보자'고만 했다. 조카사위 연철호 씨의 500만 달러가

---

50) 「노무현 전 대통령의 사과문을 읽고서(사설)」, 『조선일보』, 2009년 4월 8일.

사설

노 전 대통령, 국민 가슴에 대못 박았다

오랫동안 침묵을 지키던 노무현 전 대통령이 어제 입을 열었다. 불행하게도 첫머리는 사과였다. 그동안 끈질기게 제기되던 여러 혐의 가운데 일부를 시인하며 국민과 지지자들에게 잘못을 빈 것이다.

모든 고백은 나름의 진정성을 인정받는다. 하지만 그의 시인은 오히려 국민을 참담한 심정에 빠뜨렸다. 자존심에 회복할 수 없는 상처를 입었다. 무모할 정도로 저돌적이었지만, 청렴성만큼은 믿고 싶어 했던 사람들의 가슴엔 대못을 박았다. 게다가 그는 한 오라기의 진정성도 인정받을 수 없었다. 자신의 집사라 할 정상문 전 총무비서관이 검찰에 체포되고, 그를 통해 또다른 문제가 드러날 즈음에야 시인한 것이다. 기만당한 국민의 분노만 자극할 뿐이다.

노 전 대통령은 분명히 기억할 게 있다. 앞으로 무슨 말을 해도 신뢰를 받기 힘들다는 것을 말이다. 퇴임 뒤 형님 노건평씨의 검은돈 거래가 거듭 제기됐을 때도 그는 알쏭달쏭한 말로 피해 가기만 했다. 자신이나 부인을 둘러싸고 혐의가 제기될 때도 전직 대통령의 예우 등 무언가 기대를 하는 듯 '지켜보자'고만 했다. 조카사위 연철호씨의 500만달러가 나왔을 때도 알고 있는 바를 털어놓지 않았다. 확인되거나 확인될 가능성이 있는 것만 털어놓았던 것이다. 이번도 마찬가지다.

이제 전직 대통령으로 마지막 자존심을 지킬 수 있는 건 진실의 고백뿐이다. 형은 '돈 먹는 하마'에 '막가는 브로커'로 확인됐다. 자신도 비록 차용증을 썼다지만 파렴치한 기업인한테서 돈을 빌려 썼고, 부인 역시 그에게서 돈을 받아 썼다. 그의 오른팔 왼팔 하는 측근들도 지저분한 돈을 받은 혐의로 구속됐거나, 이미 실형을 살았다. 이제 더 지킬 것도 없는 셈이다. 떳떳하게 진실을 고백함으로써 국민의 자존심만이라도 살려줘야 하는 것이다.

사실 부인이 수억원을 빌렸다고 한 것도 의심스럽다. 퇴임 당시 그의 재산은 9억원이 넘었다. 그 정도는 갚을 수 있었다. 온갖 추문의 근원이었던 '노무현 재단'도 그렇다. 그동안 그렇게 많은 이야기가 오갔다면 그 자신이 모를 리 없다. 박연차씨의 50억원, 강금원씨의 70억원도 이 때문에 제기됐다. 검찰에 나가서 밝힐 게 아니다. 지금 낱낱이 소명해야 한다. 더는 그처럼 불행한 대통령이 나오지 않도록 하기 위해서도 모든 것을 당장 털어놓기 바란다.

"노 전 대통령은 분명히 기억할 게 있다. 앞으로 무슨 말을 해도 신뢰를 받기 힘들다는 것을 말이다."(『한겨레』 2008년 4월 8일)

나왔을 때도 알고 있는 바를 털어놓지 않았다. 확인되거나 확인될 가능성이 있는 것만 털어놓았던 것이다. 이번도 마찬가지다"며 다음과 같이 말했다.

"이제 전직 대통령으로 마지막 자존심을 지킬 수 있는 건 진실의 고백뿐이다. 형은 '돈 먹는 하마'에 '막가는 브로커'로 확인됐다. 자신도 비록 차용증을 썼다지만 파렴치한 기업인으로 돈을 빌려 썼고, 부인 역시 그로부터 돈을 받아 썼다. 그의 오른팔 왼팔 하는 측근들도 지저분한 돈을 받은 혐의로 구속됐거나, 이미 실형을 살았다. 이제 더 지킬 것도 없는 셈이다. 떳떳하게 진실을 고백함으로써 국민의 자존심만이라도 살려줘야 하는 것이다. 사실 부인이 수억 원을 빌렸다고 한 것도 의심스럽다.

퇴임 당시 그의 재산은 9억 원이 넘었다. 그 정도는 갚을 수 있었다. 온 갖 추문의 근원이었던 '노무현 재단'도 그렇다. 그동안 그렇게 많은 이 야기가 오갔다면 그 자신이 모를 리 없다. 박연차 씨의 50억 원, 강금원 씨의 70억 원도 이 때문에 제기됐다. 검찰에 나가서 밝힐 게 아니다. 지 금 낱낱이 소명해야 한다."[51]

『경향신문』은 "'반칙과 특권 없는 세상'이라는 기치를 내걸었던 노 전 대통령의 위선을 보는 것 같아 말문이 막힌다"며 다음과 같이 말했 다. "노 전 대통령은 이제 스스로 밝혔듯이 검찰 조사에 성실히 임하여 한 치 의혹도 없이 진상을 밝히고 이에 대해 당당하게 책임을 져야 한다. 그것이 바로 전직 대통령으로서 한때 그를 성원했던 지지자들과 국민에 게 진정으로 사죄를 구하는 일이다. 혹여 이번 고백이 측근 세력을 비호 하기 위한 정치적 고려라면 노 전 대통령은 두 번 죄를 짓는 것이다."[52]

검찰에 앞서 국민에게 고해성사하라

4월 9일 박은주 『조선일보』 엔터테인먼트부장은 「노무현식 시골 화법 (話法)의 노림수」라는 칼럼에서 "노무현 전 대통령의 화법은 7일 또다시 현란한 면모를 드러냈다. 대국민 사과문을 내면서 노 전 대통령은 '저의 집에서 부탁하고 그 돈을 받아서 사용했다'고 밝혔다. 최소 수억 원의 큰돈 받은 일을 두고, '(난 모르고) 집사람이 한 일'이라는 식으로 얘기하 는 고위 공직자는 너무 자주 봐서 이젠 식상할 정도다. 그러나 좀 더 무

51) 「노 전 대통령, 국민 가슴에 대못 박았다(사설)」, 『한겨레』, 2009년 4월 8일.
52) 「노무현 전 대통령의 고백, 국민은 참담하다(사설)」, 『경향신문』, 2009년 4월 8일.

게를 두고 생각해봐야 할 것이 있다면, 그 순박한 듯한 '사투리' 화법이다"며 다음과 같이 말했다.

"아무리 그의 고향 지역에서 부인을 '집'이라고 표현한다 한들, 이처럼 중대한 문제에 대한 사과문을 작성하면서 집이라는 두루뭉술한 표현을 쓰는 건, 단순히 '입에 붙은 고향 말'의 힘은 아닐 것이다. 그가 법조인 출신이라는 점에서 더욱 그렇다. 게다가 언제, 얼마나 받았는지에 대한 구체적인 언급은 없다. 그러니까 그의 결정을 두고, '꼬리 자르기'라는 의심이 나온다. '미처 갚지 못한 빚'이라는 말도 애매하다. …… 그 화술은 통치자로서의 무능을 인정하는 대신 자신의 '청렴' 이미지만은 더 강조하는 방식이다. …… 아니나 다를까, 어떤 노사모들은 '대통령 5년에 빚밖에 남은 게 없다니, 자신을 위해 챙긴 것은 없는 사람', '그 정도 돈밖에 없다니 당신은 바보 노무현'이라는 글을 남겼다."[53]

같은 날 『한겨레』는 사설 「검찰에 앞서 국민에게 고해성사하라」에서 "노 전 대통령의 최대 장점은 누가 뭐래도 '거침없음'과 '솔직함'이었다. 대통령 재임 시절 아무도 예기치 않은 파격적인 언행으로 주변을 깜짝 놀라게 한 적도 많았다. 하지만 유감스럽게도 노 전 대통령의 요즘 모습은 그런 기개나 파격, 솔직함과는 동떨어져 있다. '아내'를 뜻하는 수많은 단어를 놓아두고 굳이 '집의 부탁'이라는 애매모호한 표현을 쓴 것부터가 구차하다"며 다음과 같이 말했다.

"이번 사건의 심각성은, 그 여파가 노 전 대통령이나 참여정부의 도덕성 훼손 차원에 머무르지 않는다는 데 있다. 변화와 개혁, 깨끗한 사회를

---

53) 박은주, 「노무현식 시골 화법(話法)의 노림수」, 『조선일보』, 2009년 4월 9일.

갈망하는 우리 사회 구성원 전체에 치유하기 힘든 깊은 상처를 안겨준 게 숨길 수 없는 현실이다. 이미 물은 엎질러졌다. 이제 노 전 대통령에게 남은 과제는 한 가지다. 그나마 뒷마무리라도 정직하고 의연하게 하는 일이다. 그것이 자신을 지지했던 유권자, 그리고 진보·개혁 세력 전체의 기대를 배반한 데 대한 최소한의 속죄다."[54]

언제까지 구차한 변명만 할 텐가

2009년 4월 8일 밤 노 전 대통령은 자신의 홈페이지 '사람 사는 세상'에 올린 두 번째 글에서 '제가 알고 있는 진실과 검찰이 의심하고 있는 프레임이 같지는 않을 것'이라고 주장했다. 그리고 자신은 '허물을 이미 사과한 처지'라면서 '좀 지켜보자'고 덧붙였다.

이에 『중앙일보』는 '노 전 대통령 언제까지 구차한 변명만 할 텐가'라로 제목을 단 사설에서 "노 전 대통령은 마치 검찰이 어떤 틀(프레임)을 정해놓고 억지로 끼워 맞춘다는 듯한 주장을 하고 있다. 노 전 대통령이 '응분의 법적 평가'를 받겠다는 말도 맞지 않다. 마치 무죄를 주장하는 듯하다. 이미 혐의는 이런 주장을 할 정도를 지난 지 오래다. 노 전 대통령이 받아야 할 것은 법적 평가가 아니라 책임이나 처벌이다"며 다음과 같이 말했다.

"노 전 대통령은 국민 앞에 나서 진실을 밝혀야 한다. 봉하마을에 숨어 측근들과 벌을 피하기 위한 대책 회의를 하고, 사이버 공간에 숨어 애

---

54) 「검찰에 앞서 국민에게 고해성사하라(사설)」, 『한겨레』, 2009년 4월 9일.

4월 9일 노무현 전 대통령의 오랜 후원자 창신섬유 강금원 회장이 회사 돈을 횡령한 혐의로 구속되었다.

매한 표현으로 사실을 호도하는 행태는 국민들을 더욱 실망시킬 뿐이다. 홈페이지에 몰리는 지지자들만 국민이 아니다."[55]

4월 9일 창신섬유 회장 강금원 씨가 회사 돈 266억 원을 횡령한 혐의로 구속되었다. 안희정 민주당 최고위원은 자신의 홈페이지에 올린 글에서 "의리 때문에 우리들을 도와주다 숱한 시련을 당하는 강 회장에게 죄송하고 감사하다"고 했다. 그러면서 "우리가 만들고자 하는 민주주의도 결국은 사람의 의리와 바른 도리가 그 사회의 상식이 되고 국가의 법과 제도가 되는 세상일 것"이라고 주장했다.

---

55) 「노 전 대통령 언제까지 구차한 변명만 할 텐가(사설)」, 『중앙일보』, 2009년 4월 10일.

노건호, 미국 유학 중 월세 3600달러 고급주택가서 살아

(당시 환율로 360만원)

스탠퍼드대 유학 자금 출처 의혹

노무현 전 대통령의 아들 노건호(36세)가 미국 유학 중이던 지난해 봄 실리콘밸리의 고급주택으로 이사했던 것으로 9일 확인됐다. 노씨는 편지의 주택에서 이 집에 대해 "렌트했던 것으로 월세는 3600달러(당시 환율로 360만원, 현재 환율로는 480만원이다)"고 밝혔다. 노씨는 스탠퍼드대 경영대학원(MBA) 2년차이던 지난해 4월에 학교 기숙사에서 이 집으로 이사했다. 노씨는 주변 사람들에게 "빨리 아이가 태어나 더 넓은 공간이 필요하다"며 MBA 과정도 끝나가서 이 문제 집을 옮겼다고 말했다.

아이들에 따르면 노씨는 한두 달 전까지 이 집에 거주했다. 그는 현재 회사인 LG전자의 미국법인이 있는 샌디에이고에 살고 있다.

그가 살았던 집은 스탠퍼드대에서 승용차로 10~15분 거리에 있는 마운틴 뷰 지역의 고급주택 단지에 있는 2층집이다. 1, 2층을 합한 내부 면적은 약 250m². 정원 면적은 약 300m²다. 방은 세 개이며, 화장실도 세 개다. 현재 집은 비어 있는 상태다. 부동산 중개업소에 따르면 집값은 약 110만 달러(약 15억원)다.

노씨는 "중개업소를 거치지 않고 인터넷을 통해 직접 집을 구했다. 비교적 월세가 싼 집이었다"고 말했다. 이 집의 소유주는

LG전자 무급 휴직계 내고 떠나
투아렉·그랜저 승용차 2대 소유
노씨 "한국 집 전세비 빼서 썼다"

한국인 이모씨와 안모씨로 등록돼 있었다. 현재 한국의 한 인터넷 업체에서 근무하고 있는 이씨는 노씨에게 세를 준 적이 없다고 주장했는데, 이씨는 "집은 내 것이 맞다. 하지만 노건호씨가 누구인지 모른다"고 말했다. 주변 사람들에 따르면 노씨는 이 집에 살 때 두 대의 차가 있었다. 한 대는 폴크스

바겐 투아레이었고, 나머지는 현대 그랜저 TG였다. 투아레이은 한국에서 고급 사양의 경우 가격이 1억원이 넘는다.

스탠퍼드대 유학생들 중 많은 노씨가 다른 학생들과 골프 치러 가는 모습을 자주 목격했다. 동반자는 주로 동부 분야를 전공하는 유학생들이었다. 한 유학생은 "학교 내 골프장은 1인당 그린피가 25달러 정도 하는데 노씨는 120달러가 넘는 골프장도 다녔다"고 말했다.

노씨는 LG전자에서 휴직계를 내고 유학 온 경우에 대해 "한국에서 쓴 돈이 없었다. 그는 유학 경비에 대해 "미국으로 가지고 와 있는데, 돈은 좀 남았다"고 말했다. 스탠퍼드대 MBA 과정은 1년 수업료가 약 5만 달러인데 재 환율로 6000만원된다. 수업료 외 드는 동반의 생활비를 포함하면 1년에 최소 3억원의 유학비용이 든다는 게 학생들의 설명이다. 글로 윤설희ㆍ이재ㆍ이찬주 기자
megonews@joongang.co.kr

노건호씨가 지난해 봄부터 최근까지 임대해 살았던 미국 실리콘밸리 지역의 주택의 외부 모습. 월세는 3600달러.

『중앙일보』는 "노무현 전 대통령의 아들 노건호 씨가 미국 유학 중이던 지난해 봄 실리콘밸리의 고급 주택으로 이사했던 것으로 확인했다"고 보도한다.

　　이에 『동아일보』는 "안 최고위원은 아마 이런 말을 하고 싶었을 것이다. 순수한 의도에서 의리 때문에 서로 금전적 도움을 주고받은 것이 무슨 잘못이냐고. 그 정도는 사회적으로, 또 법적으로 포용해줘야 하는 것이 아니냐고. 의리의 공사(公私) 구분이 불분명한 이런 의식은 노무현 유형의 사람들에게서 비슷하게 발견되는 현상이다"며 다음과 같이 말했다.

　　"노 전 대통령도 마찬가지다. 그는 측근 비리가 보도될 때마다 두둔하기에 바빴다. 최도술 총무 비서관의 기업 비자금 수수 의혹이 불거졌을 땐 재신임을 묻겠다며 대통령직을 걸었고, 총선을 앞두고 자신의 정당을 도와달라고 발언했다가 탄핵 사태를 맞았다. 공무원의 정치적 중립을 규정한 헌법을 '그놈의 헌법'이라며 거추장스럽게 여겼다. 공직자라

면 사적 의리가 아무리 소중하더라도 이를 결코 공적 영역으로 끌어들이지는 않음을 제1의 신조로 삼아야 한다. '빗나간 의리'는 패가망신과 망국으로 이끄는 지름길이다."[56]

『중앙일보』는 「노건호, 미국 유학 중 월세 3,600달러 고급 주택 가서 살아: 스탠퍼드대 유학 자금 출처 의혹」이라는 기사에서 "노무현 전 대통령의 아들 노건호 씨가 미국 유학 중이던 지난해 봄 실리콘밸리의 고급 주택으로 이사했던 것으로 9일 확인됐다. 노 씨는 본지와의 통화에서 이 집에 대해 "렌트했던 것으로 월세는 3,600달러(당시 환율로 360만 원, 현재 환율로는 480만 원)였다"고 밝혔다"며 다음과 같이 말했다.

"노 씨는 LG전자에 휴직계를 내고 유학했다. 회사에서 받는 돈은 없었다. 그는 유학 경비에 대해 "한국에서 집 전세비 등을 빼서 약 2억 원을 미국으로 가지고 와 썼는데, 돈은 좀 남았다"고 말했다. 스탠퍼드대 MBA 과정은 1년 수업료가 약 5만 달러(현재 환율로 6,700여만 원)다. 수업에 필요한 활동비와 생활비를 포함하면 1년에 최소 8만 달러(1억 700여만 원)는 든다는 게 학생들의 설명이다."[57]

뇌물현 · 노구라 · 돈짱 · 뇌사모

2009년 4월 10일 한나라당 홍준표 원내대표는 최고위원 회의에서 검찰의 박 회장에 대한 정관계 로비 수사를 거론하면서 "검은돈에 전 가족이

---

56) 이진녕, 「빗나간 義理」, 『동아일보』, 2009년 4월 14일.
57) 이진주, 「노건호, 미국 유학 중 월세 3600달러 고급 주택 가서 살아: 스탠퍼드대 유학 자금 출처 의혹」, 『중앙일보』, 2009년 4월 10일.

동원된 '노무현 게이트'"라며 "노 전 대통령은 옛날 미국 드라마 제목대로 '600만 불의 사나이'가 됐다"고 꼬집었다. 한나라당 주성영 의원은 이날 국회 교육·사회·문화 분야 대정부 질문에서 김경한 법무부 장관에게 "'완쇼남'이라는 말을 들어봤느냐. '완전 쇼하는 남자'라는 뜻"이라며 "노 전 대통령이 국민을 상대로 쇼를 하는 게 아닌가 싶다"고 주장했다. 친박연대 김을동 의원은 이날 대정부 질문에서 "집권 내내 청렴함을 내세웠던 노 전 대통령도 결국 부패한 정치인과 다를 바 없었다"며 "부정부패를 저지른 정치권에 돌아가신 아버지 김두한 의원을 대신해 다시 한 번 오물이라도 끼얹고 싶은 심정"이라고 말했다.

인터넷상에도 노 전 대통령의 이중성과 그의 지지자들을 풍자하는 신조어가 누리꾼들 사이에 오르내렸다. 노 전 대통령의 이름을 패러디해 '뇌물현', 평소 도덕적 청렴성을 강조하다 뒤늦게 본색이 드러냈다며 '노구라'라고 일컬었다. 또 지지자들이 노 전 대통령을 가리켜 '노짱'이라고 부르던 것을 빗대 '돈짱', '노사모'(노무현을 사랑하는 사람들의 모임)를 변형한 '뇌사모'(뇌물을 사랑하는 사람들의 모임)라는 표현도 나왔다.[58]

『조선일보』는 "노무현 전 대통령과 그 주변 인사들은 박연차 태광실업 회장이나 강금원 창신섬유 회장의 돈은 마음만 먹으면 언제든 손을 댈 수 있다고 여긴 듯싶다. 과거 뇌물(賂物) 수수나, 불법 정치자금 사건에선 권력이 기업을 어르고 달래고 팔을 비튼 끝에 불법 자금을 뜯어내거나, 대가를 약속한 뒤에 돈을 받았다. 그런데 노 전 대통령 측에선 박 회장의 금고(金庫) 안에 있는 돈을 마치 자신들이 맡겨 놓은 것인 양 찾

---

58) 홍수영, 「600만 불의 사나이… 돈짱… 완쇼남…」, 『동아일보』, 2009년 4월 11일.

아가곤 했다"며 다음과 같이 말했다.

"노 전 대통령과 박 회장은 '권력 금고'와 '돈 금고'를 함께 쓰는 동업자(同業者)였다. 이런 식으로 한 나라의 대통령과 수상쩍은 장사꾼이 돈 금고와 권력 금고를 함께 사용한 경우는 세계 역사에서 드물 것이다. 검찰 수사는 지금 노 전 대통령과 그 주변이 박 회장 금고에서 꺼내 쓴 돈에 대해 집중돼 있지만, 박 회장이 대통령의 '권력 금고'에서 뭘 꺼내 무엇을 챙겼는지도 밝혀내야 한다."[59]

4월 11일 노무현 전 대통령의 부인 권양숙 씨가 부산 지방검찰청에 소환돼 조사를 받은 데 이어 12일 아들 건호 씨가 대검찰청 중앙수사본부(중수부)에 소환됐다. 4월 12일 노 전 대통령은 홈페이지에 올린 글에서 "아내가 한 일로 나는 몰랐다"며 "사실과 다른 이야기가 언론에 보도되는 데 대해 방어하고 해명하겠다"고 했다. 그리고 "'아내가 한 일이고 나는 몰랐다'고 말하는 것이 부끄럽고 구차하지만 사실대로 가기로 했다"며 "박 회장이 사실과 다른 이야기를 하지 않을 수 없는 무슨 특별한 사정을 밝히는 데 최선을 다할 것"이라고 했다.[60]

4월 12일 노무현은 '해명과 방어가 필요할 것 같습니다'라는 제목을 단 세 번째 글에서 "그동안 계속 부끄럽고 민망스럽고 구차스러울 것입니다. 그래도 저는 성실히 방어하고 해명할 것입니다. 어떤 노력을 하더라도 제가 당당해질 수는 없을 것이지만, 일단 사실이라도 지키기 위해 최선을 다하겠습니다"라고 말했다.

59) 「노무현·박연차는 '권력 금고'와 '돈 금고' 함께 쓴 동업자(사설)」, 『조선일보』, 2009년 4월 11일.
60) 「어제는 대통령 부인, 오늘은 대통령 아들(사설)」, 『조선일보』, 2009년 4월 13일.

노무현은 MB와 강부자의 프락치

『경향신문』은 "연일 터져 나오는 '참여정부 부패 스캔들'이 충격을 더하고 있다. 검찰 수사가 진행되면서 노무현 전 대통령의 일가와 친·인척, 측근들 중 거론되지 않은 사람을 찾아보기 어렵다. 청와대 내부에서 거액의 '돈가방'을 직접 받고, 이 돈을 대통령이 해외에 나갈 때 '외교 행낭'을 통해 반출했다는 의혹까지 제기되는 지경에 이르렀다. 모두가 '사상 초유의 일'로 기록될 정도로 충격적이다보니, '타락과 부패의 끝이 어디냐'는 자조 섞인 한탄이 야권에서조차 나오고 있다"며 다음과 같이 말했다.

"드러나고 있는 부정부패 수법도 믿기 힘든 '초유의 일'이 다반사다. 특히 청와대 경내에서 100만 달러가 든 돈가방이 전달됐다는 것은 가히 충격적이다. 청와대에 돈가방이 들어간 시점(2007년 6월 말)과 노 전 대통령 부부의 출국 시점이 묘하게 맞아떨어지면서 이 돈이 건호 씨에게 외교 행낭 등을 거쳐 전달됐을 가능성마저 흘러나오고 있다. 대통령 전용기는 검색하지 않는 관례를 이용했을 가능성도 나온다. 노 전 대통령 부부는 돈가방이 청와대로 들어간 직후 남미 순방을 떠나면서 미국 시애틀을 경유했다. 이때 건호 씨를 만나 돈을 건넸다면 참여정부의 도덕성은 뿌리째 뽑혀나갈 수밖에 없다."[61]

『조선일보』는 "전직 대통령이라면 과거의 체통을 생각해서라도 진실을 행동과 판단의 근거로 삼아야 한다. 그러나 노 전 대통령은 '진실' 대신 '증거'를 붙들고 그 뒤에 숨으려 하고 있다. '노무현 전 대통령' 자리

---

61) 이인숙, 「"참여정부 부패 끝이 어디냐"」, 『경향신문』, 2009년 4월 13일.

보다는 '변호사 노무현'의 입장에 서는 것이 법망(法網)을 피하는 데 유리하다고 판단한 것이다"며 다음과 같이 말했다.

"노 전 대통령은 인터넷에서 '사실대로 가는 것이 원칙이자 최상의 전략'이라면서도 '검찰 프레임은 나의 진실과 다르다'고 빙빙 둘러대는 소리만 하고 있다. 박 회장한테 받은 돈으로 누구한테 진 빚을 언제 갚았다고 사실을 사실대로 밝히는 게 그렇게 두려운 모양이다. 박 회장은 2007년 6월 27·28일 직원 130명을 동원해 김해 일대 금융기관에서 10억 원의 돈을 100만 달러로 바꿔 29일 청와대로 전달했다. 노 전 대통령은 6월 30일 IOC 총회 참석차 과테말라로 가면서 7월 1일 경유지인 미국 시애틀에 들렀다. 이때 샌프란시스코에서 유학 중이던 아들 건호 씨를 만나지 않았겠느냐는 얘기가 있다. 누가 봐도 100만 달러의 행방과 관계가 있을 듯한 일정이다. 그때 건호 씨는 다니던 직장을 무급(無給) 휴직으로 쉬면서 2006년 6월부터 2008년 8월까지 수업료만 연 5만 달러가 드는 MBA 과정을 다니고 있었다."[62]

4월 14일 박상주 『미디어오늘』 논설위원은 「노무현 전 대통령께」라는 글에서 "먼저 저잣거리에서 술꾼들끼리 나누던 이야기 하나 전해드립니다. '노무현은 MB와 강부자의 프락치다.' 황당하게 들리십니까? 그렇다면 술꾼들이 나눴던 나머지 이야기를 전해드리지요. 도대체 노통(님을 이렇게 칭하는 건 알고 계시지요?)이 잘한 게 뭐야? 입에 달고 살던 도덕성, 청렴성은 완전한 위선이고 사기였잖아. 그러고 보니 MB 당선시키고, 강남 집값 몇 배로 올려놓고, 사설 학원들 재벌 만들어준 일 빼놓고

62) 「'노무현 전 대통령'에서 '변호사 노무현'으로(사설)」, 『조선일보』, 2009년 4월 14일.

는 노동이 한 일이 없잖아. 왼쪽 깜빡이 넣고 우회전이나 하고, 사회 양극화도 최고조에 달했고……"라면서 다음과 같이 말했다.

"어디 그뿐입니까? 이제 그들의 말에 제 말을 보태겠습니다. 님께서는 퇴임 후에도 이명박 대통령을 가장 많이 돕고 있습니다. 시계 바늘을 수십 년씩이나 거꾸로 되돌려놓고 있는 MB 정부의 폭압 정치에 항거해야 하는 이 중차대한 시점에 국민들의 시선이 어디로 쏠려 있습니까? 하루가 멀다 하고 쏟아지는 검찰의 시리즈물 '노무현 패가망신 잔혹사'를 구경하느라 온통 정신이 팔려 있습니다. 그런 사이 제2롯데월드 건설 허용과 신경민 문화방송(MBC) 앵커 교체 등 재벌 특혜 정책과 언론 장악 시나리오는 이때다 싶게 진행되고 있습니다. 도덕적 가치관과 사회정의에 대한 국민들의 냉소가 늘어나고, 거리의 촛불이 시들해진 것도 상당 부분은 님의 책임으로 돌릴 수밖에 없겠습니다. …… 국민들 앞에 석고대죄하십시오. 다 까발리고, 다 털어놓으시고, 용서를 구하십시오. 죽을 때 죽더라도 하찮은 하이에나 떼에 물려 죽지 마시고, 지도자답게 산화하십시오. 당신이 죽어야 이 땅의 민주주의와 사회정의가 부활합니다."[63]

굿바이 노무현

『조선일보』는 "요즘 국민은 '도덕성' 운운하던 노 전 대통령이 청와대에서 버젓이 '뒷돈'을 받아 챙겼다는 사실에 분노하고 있다. 그뿐 아니라 법적인 책임을 면할 요량으로 부인 뒤로 숨는 '비겁한 남편'의 모습

---

63) 박상주, 「노무현 전 대통령께」, 『미디어오늘』, 2009년 4월 14일.

에서 허탈함마저 느끼고 있다. 어쩐지 범죄를 저지른 뒤 "나 대신 네가 가면 형량도 줄고, 잘하면 처벌을 면할 수도 있다"는 식으로 해결하는 조직폭력배들의 수법과 닮은 것 같아 입맛이 더욱 씁쓸하다"고 했다.[64]

검찰 수사 결과 창신섬유 회장 강금원 씨가 노무현 전 대통령의 측근 20여 명에게 수십억 원을 뿌린 것으로 드러났다. 강 씨는 노 전 대통령의 오른팔 노릇을 해온 386 측근 안희정 민주당 최고위원에게 10억여 원, 여택수 전 청와대 행정관에게 7억 원, 윤태영 청와대 대변인에게 1억 원, 명계남 전 노사모 대표에게 5400만 원 등 정권 실세들에게 뒷돈을 대줬다는 것이다. 이에 안 최고위원은 "형과 아우 사이의 극히 사적(私的)인 거래에 불과하다"고 했고, 윤 전 대변인은 "자서전을 대필해주기로 하고 원고료 1억 원을 선불로 받은 것"이라고 했다. 이병완 전 청와대 비서실장은 자신이 이사장을 지냈던 '참여정부평가포럼'에 강 씨 돈 6000만 원이 들어온 것에 대해 "대가성은 전혀 없다"고 했다. 김우식 전 비서실장도 자신이 운영하는 연구소 사무실에 강 씨가 임대 자금 3억 5000만 원을 대준 데 대해 "내가 받은 게 아니다"라고 했다.

『조선일보』는 "강 씨가 빼돌린 회사 돈으로 정권 실세들이 돈 잔치를 벌인 꼴이다. 강 씨에게서 돈을 받은 사람들은 응당 받아야 할 것을 받았다는 식이거나 공직을 떠난 뒤 받은 돈이라 문제될 게 없다는 태도를 보이고 있다. …… 하루살이가 고달픈 국민들로선 이들이 뒷돈을 받은 사실 못지않게 이런 식 해명에 울화가 치민다"며 다음과 같이 말했다.

"노 전 대통령과 그 수하 패거리들은 바깥에 대고는 세상에 깨끗한 사

---

64) 조정훈, 「비겁한 남편」, 『조선일보』, 2009년 4월 15일.

람은 자기들밖에 없다는 듯이 큰소리치면서 뒤에선 중소기업을 운영하는 강 씨에게 사업 자금과 용돈을 받아 쓰며 그를 '부통령'처럼 떠받들었다. 노 전 대통령 측 인사들은 검찰 수사에서 노 전 대통령 쪽에 준 600만 달러를 실토한 박연차 태광실업 회장과 달리 강 씨가 '의리를 지키고 있다'고 평가하고 있다고 한다. 5년간 대한민국을 이끌었던 집권 세력이라는 그들의 도덕성이나 의식 세계가 딱 길거리 건달 수준이다."[65]

4월 16일 이대근 『경향신문』 정치 · 국제 에디터는 「굿바이 노무현」이라는 칼럼에서 "노무현은 범죄와 도덕적 결함의 차이, 남편과 아내의 차이, 알았다와 몰랐다의 차이를 구별하는 데 필사적이다. 그러나 그런다고 달라지지 않는다. 참여정부의 실정으로 서민들이 가난해지는 동안 노무현 패밀리는 부자가 되었다는 사실은 변하지 않는다. 재벌 개혁을 다짐하고는 삼성에 국정을 의탁하고, 특권 없는 사회를 만들겠다고 하고는 스스로 특권층이 되고, 시장 개혁 대신 시장 만능의 우상을 퍼뜨림으로써 노무현을 통해 세상의 낡은 질서를 바꾸려 했던 그 열정을 싸늘한 냉소로 바꾸어놓고, 절망 속에 빠진 서민을 버려두고 자기들은 옥상으로 피신해 헬기 타고 안전지대로 탈출하려 했다는 사실은 조금도 변하지 않는다"며 다음과 같이 말했다.

"민주화운동을 배경으로 집권한 그는 민주화운동의 인적 · 정신적 자원을 다 소진했다. 민주화운동의 원로부터 386까지 모조리 발언권을 잃었다. 그를 위해 일한 지식인들은 신뢰와 평판을 잃었다. 민주주의든 진보든 개혁이든 노무현이 함부로 쓰다 버리는 바람에 그런 것들은 이제

---

65) 「강금원 '부통령' 모시며 뒷돈 받던 친노(親盧) 건달들(사설)」, 『조선일보』, 2009년 4월 16일.

굿바이 노무현

아침을 열며
이대근 정치·국제에디터

"내가 잘못한 게 뭐가 있습니까. 한 번 꼽아 보세요." 그가 이렇게 말했을 때 어떤 잘못을 상기시키는지 그가 승복할까 잠시 고민했지만, 그만두었다. 아니 그럴 필요가 없었다. 그는 비정규직·양극화 문제, 북핵문제 외에는 잘못한 게 하나도 없다고 했다. 그는 퇴임 1년4개월을 남겨 놓은 시점에 이미 자기평가를 다 끝내고, 그럼 몇몇 언론인을 초청한 자리에서 막 선언하는 순간이었다. 갑자기 머릿속에 하얗게 지워지는 것이 느껴졌다. 그가 무슨 잘못을 했는지 하나도 생각나지 않았다. 다행히 그는 자신이 얼마나 부당한 평가를 받고 있는지 설명하는 데 열중하느라 자기가 질문을 던졌다는 사실을 잊은 듯했다. 그는 점차 진지해지고 얼굴은 붉어져갔다. 담배를 꺼내 물었다. 어느새 목소리가 높아지고 빨라졌다. 의자를 옆으로 비스듬히 돌렸다. 손 움직임이 커졌고, 말은 더 거칠어졌다.

"김영삼은 자기도 모른 상태에서 벼랑으로 뛰어갔고, 김대중은 임동원 해임건의 문제로 레임덕에 빠지고 게이트에 휘말렸습니다. 나는 더이상 떨어질 곳이 없어요. 난 소통령도 없고, 게이트도 없습니다." 그러나 노무현이 그 말을 할 때는 그의 형이 박연차와 함께 농협을 먹잇감 삼아 돈을 챙긴 지 1년 지난 뒤였다. 그리고 그 말을 한 지 10개월 뒤 박연차는 대통령 지시를 받고 100만달러가 든 가방을 대통령 관저에 가져다 주었다고 한다. 또 그 말을 한 지 1년4개월 뒤에는 노무현의 아들과 조카가 500만달러를 요구하자 박연차는 대통령의 부탁이기에 그냥 주었다고 한다.

돈받은 본질은 달라지지 않아

누가 돈을 줬다고, 누가 돈을 썼는지 지금 알 수는 없지만, 분명한 것은 지시하고 전달하고 받은 이들은 모두 노무현의 가족이라는 점이다. 남편·부인·형·아들·조카. 그리고 그들을 돕는 가족과 다름없는 사람들. 그들이 한 일이다. 노무현 패밀리가 한 일이다. 그런데 노무현은 범죄와 도덕적 결함의 차이, 남편과 아내의 차이, 알았다와 몰랐다의 차이를 구별하는 데 필사적이다. 그러나 그런다고달라지지 않는다. 참여정부의 실정으로 서민들이 가난해지는 동안 노무현 패밀리는 부자가 되었다는 사실은 변하지 않는다. 재벌 개혁을 다짐하고는 삼성에 국정을 의탁하고, 특권 없는 사회를 만들겠다고 하고는 스스로 특권층이 되고, 시장 개혁 대신 시장 만능의 우상을 퍼뜨림으로써 노무현을 통해 세상의 낡은 질서를 바꾸려 했던 열정을 싸늘한 냉소로 바꾸어 놓고, 절망 속에 헤매는 서민을 버려두고 자기들은 옥상으로 피신해 헬기 타고 안전지대로 탈출하려 했다는 사실은 조금도 변하지 않는다. "대통령 패밀리끼리는 건드리지 않기로 하자"고 했다던가. 그들에게는 정권교체가 패밀리 교체, 아니 이권 교체로 보였던 모양이다. 그랬기에 수많은 절박한 이들의 구원의 손길을 뿌리치고 그 마지막 헬기를 함께 손내민 한 사람만이 세상으로 떠나려 했을 것이다. "우리 쪽 패밀리에는 박연차도 포함시켜 달라." 우리는 이제 민주화 세력이 아닌, 의리·이권·혈연으로 뭉친 이 패밀리가 진정한 집권세력이었음을 인정하지 않을 수 없다. "나는 몰랐다"는 점을 노무현이 더 설득력 있게 해명한다 해도, 자기 정권의 존재 이유였던 개혁을 포기하면서도 그토록 지키려 했던 패밀리의 안전과 그들이 축적한 부를 지키기는 어려워 보인다. 물론 그는 쉽게 포기하지 않을 것이다. 5년간 되풀이 했던 그 신물 나는 〈노무현의 투쟁〉 속편을 끝까지 보여주고야 말 것이다.

자신이 뿌린 씨앗 거두고 가길

민주화 운동을 배경으로 집권한 그는 민주화 운동의 인적·정신적 자원을 다 소진했다. 민주화 운동의 원로부터 386까지 모조리 밑천을 잃었다. 그를 위해 일한 지식인들은 신뢰와 평판을 잃었다. 민주주의든 진보든 개혁이든 노무현이 함부로 쓰다 버리는 바람에 그런 것들은 이제 흘러간 유행가처럼 되어 버렸다. 낡고 따분하고 믿을 수 없는 것이 되었다. 그 이름으로는 다시 시민들의 열정을 불러 모을 수가 없게 되었다. 노무현이 다 태워버린 재 속에는 불씨조차 남은 게 없다. 노무현 정권의 재앙은 5년의 실패를 넘는다. 다음 5년은 물론, 또 다음 5년에도 영향을 미칠 것이다. 그렇다면, 노무현 당선은 재앙의 시작이었다고 해야 옳다. 이제 그가 역사에 기여할 수 있는 일이란 자신이 뿌린 환멸의 씨앗을 모두 거두어 장엄한 낙조 속으로 사라지는 것이다.

"노무현이 다 태워버린 재 속에는 불씨조차 남은 게 없다. 노무현 정권의 재앙은 5년의 실패를 넘는다. 다음 5년은 물론, 또 다음 5년에도 영향을 끼칠 것이다."(『경향신문』 2008년 4월 16일)

흘러간 유행가처럼 되었다. 낡고 따분하고 믿을 수 없는 것이 되었다. 그 이름으로는 다시 시민들의 열정을 불러 모을 수가 없게 되었다. 노무현이 다 태워버린 재 속에는 불씨조차 남은 게 없다. 노무현 정권의 재앙은 5년의 실패를 넘는다. 다음 5년은 물론, 또 다음 5년에도 영향을 끼칠 것이다. 그렇다면 노무현 당선은 재앙의 시작이었다고 해야 옳다. 이제 그가 역사에 기여할 수 있는 일이란 자신이 뿌린 환멸의 씨앗을 모두 거두어 장엄한 낙조 속으로 사라지는 것이다."[66]

4월 17일 허남진 『중앙일보』 논설 주간은 "청와대 경내에서 달러 뭉치가 건네졌는데도 '집사람'을 핑계로 자신은 모르는 일이라고 잡아떼

---

66) 이대근, 「굿바이 노무현」, 『경향신문』, 2009년 4월 16일.

고, 증거를 대라는 식으로 교묘하게 빠져나가려는 행태는 작은 동정심마저 달아나게 만든다. 특히 청렴과 도덕성을 내세우던 청와대 시절을 떠올리면 배신감이 더욱 커진다. 혼자만 깨끗한 척하던 모습이야말로 '지킬과 하이드'의 이중인격을 극적으로 부각시키는 핵심 요소다"며 다음과 같이 말했다. "한국판 '지킬과 하이드'에서 드러난 노 씨 패밀리의 잘못은 크게 두 가지다. 하나는 겉으론 깨끗한 척하면서 뒤론 호박씨를 깐 위선적 행태 그 자체요, 다른 하나는 감당하지도 못할 청정·평등·인권의 구호를 남발함으로써 결과적으로 사회 전체를 위선의 늪에 빠트렸다는 점이다."[67]

4월 17일 정세균 민주당 대표는 국회에서 연 의원총회에서 "현직 대통령도 의혹이 있다면 수사를 해야 한다. …… 법 잣대는 죽은 권력이든 산 권력이든 공평할 때 국민이 수긍한다"며 이명박 정권을 조준했다. 정 대표는 특히 "(이명박 대통령 측근인) 천신일 10억 수수설, 30억 대납설, (한상률 전 국세청장) 기획 출국설 등 3대 의혹에 대해 진상 조사가 필요하다"고 강조했다. 그는 "누가 봐도 지금 수사는 이명박 정부의 무능함을 숨기기 위한 선거용 수사"라며 "이명박 정권은 재·보궐선거를 위한 선거용 수사를 중단하라"고 촉구했다.

이에 윤상현 한나라당 대변인은 논평을 내 "노 전 대통령 위선과 정동영 후보 배신에 뺨 맞았다고 이명박 대통령에게 화풀이하는 건 보기 민망하다"며 "부정부패의 저수지 노무현 패밀리 게이트에 대한 수사는 선거와 상관없이 원칙대로 진행되어야 한다"고 말했다.[68]

---

67) 허남진, 「지킬 & 하이드」, 『중앙일보』, 2009년 4월 17일.
68) 송호진 외, 「민주 "이 대통령 의혹도 수사하라" 반격: '3대 의혹' 제기」, 『한겨레』, 2009년 4월 18일.

영남 개혁 세력 '정치적 사망 선고'

『한겨레21』(2009년 4월 17일)은 「영남 개혁 세력 '정치적 사망 선고'」라는 기사에서 "'영남 개혁 세력'이 초토화 지경에 이르렀다. 2009년 4월 7일 이들의 구심이자 대표였던 노무현 전 대통령이 박연차 태광실업 회장한테서 돈을 받았다고 시인한 사과문은 '한 줌'이나마 명맥을 유지했던 영남 개혁 세력에겐 '정치적 사망 선고'나 다름없었다"며 "특히 노 전 대통령이 그토록 줄기차게 내세웠던 지역주의 청산은 '영남 패권주의'로 변질되면서 스스로의 기반을 뒤흔들었다"는 진단을 내렸다.

이 기사에서 임원혁 한국개발연구원 연구 위원은 다음과 같이 말했다. "'전라도 머슴살이' 발언(3권 제6장 「영남 민주화 세력의 한」 참조)에서도 드러났듯이 노 전 대통령을 비롯해 (민자당 대신) 민주당 쪽으로 간 영남 개혁 세력의 의식 세계엔 독재 세력을 향한 반감 말고도 영남 패권주의가 있었다. 이들은 2002년 대선 때 유권자들이 지역주의를 넘어 이념과 가치를 중심으로 정계를 개편할 여건을 만들어줬지만, 정서적으로 편한 영남의 지지에 기대어 세력화를 시도했다."

이 기사는 2005년 노 전 대통령이 한나라당에 제안한 '대연정'은 대표적인 영남 패권주의의 발로로 꼽힌다고 했다. 노무현은 "새로운 정치 문화"를 대연정의 이유로 들었지만, 열린우리당 대구시당 위원장을 지낸 김태일 영남대 정치외교학과 교수는 "한나라당 세력에 자리를 내줄 테니 대구·경북 지역에서 적당히 섞여 잘 지낼 수 있는 틀을 만들자는 것이 대연정의 요체"라고 반박했다. 정체성이 다른 한나라당에 손을 내민 것은 '기득권 세력과의 제휴 전략'으로, 정치적 입지를 확보하는 쉬운 길이었다는 얘기다. 김 교수는 "대연정은 지역주의의 벽에 구멍을 낸 것이 아니라, 거꾸로 이 지역에서 지역주의와 대치하고 있는 개혁 전선에 구멍을 내고 말았다. 한나라당과 싸우는 최전방이라 할 대구·경북의 개혁 세력들은 망치로 뒤통수를 크게 한 방 얻어맞은 기분이었다. 이처럼 기득권 세력과 제휴하겠다는 전략은 이 지역에서 개혁적 지지 기반을 약화시키는 데 기여했다"고 평가했다.

이와 함께 노무현 정부에서 검사장·군 장성·총경 이상 등 고위직 인사의 영남 편중이 심해졌다는 점도 지적되었다. 민주당의 한 전직 의원은 "김대중 정부에서 주요 인사의 지역 안배 비율은 영남 대 호남 비율이 대략 4 대 2였는데, 노 전 대통령은 부산·경남을 영남에서 분리해 호남 대 대구·경북 대 부산·경남을 1 대 1 대 1로 만들었다. 부산 쪽 인사들은 늘 '과잉 지분'을 행사했다. 영남 개혁 세력의 붕괴는 노 전 대통령 때 이들이 호의호식하면서 자초한 것이나 마찬가지"라고 말했다는 것이다.

노무현 정부의 보수적인 정책은 영남 지역의 보수 성향 유권자를 염두에 뒀기 때문이라는 분석도 제시되었다. 임원혁 연구 위원은 "열린우리당은 자신들이 한나라당을 대체할 건전한 보수 정당이라는 점을 부각해 영남의 지지를 얻으려고 했다. 개혁적인 대선 공약에 반하는 이런 행동에 국민은 사기당했다고 생각했기 때문에 노 전 대통령과 열린우리당의 지지도가 떨어지고, 5·31 지방선거를 비롯해 선거에서 불만을 표출한 거다. 초심으로 돌아가 개혁적인 정책을 펴겠다고 하면 됐을 텐데, 노전 대통령은 그럴 생각이 없었다"고 주장했다.

중앙에서 이런 일이 벌어지는 동안, 지역에선 자리와 각종 지역 민원 해결 등의 '특혜'로 '지지'를 사려는 시도가 끊이지 않았다는 말도 나왔다. "지역에 남아 있던 개혁 세력들은 이전보다 더욱 외로웠다"라고 김태일 교수는 당시를 이렇게 기억했다. "옆에서 지켜본 노 전 대통령 주변 인사들의 행동은 너무나 실망스러웠다. 대통령 권력과 결합된 에이전트들만 활동했다. 이들은 고급 공무원들의 뒤를 봐주거나 자리를 주고, 서민·중산층과 무관한 토목공사 예산을 따오는 방식으로 지역에 자리를 잡으려고 했다. 지역 토호·언론·관료로 이뤄진 '지역 성장 연합'과 결합하고 교육, 주거, 일자리 등 서민·중산층의 요구에는 관심이 없었다. 한나라당과 다를 바가 없었다." 정당 조직의 기초 체력을 닦아 개혁 세력 유권자들을 밑바닥부터 끌어안는 노력 대신, 한나라당 지지층의 '해결사' 노릇을 했다는 이야기다.[69]

저를 버리셔야 합니다

검찰 조사 결과, 노무현 전 대통령의 부인 권양숙 여사는 3억 원을 받아 빚 갚는 데 쓴 게 아니었다. 정상문 전 비서관이 자신이 잘 아는 사람의 계좌에 넣었다가 양도성 예금증서(CD)로 바꿔 보관하고 있었던 것으로 밝혀졌다. 이와 관련, 『조선일보』는 "권 여사 진술과 노 전 대통령의 해명은 거짓이었다. …… 전직 대통령과 그 부인은 왜 자기들이 빌리지 않았던 돈을 자기들이 받아 썼다고 했을까. 여기에서도 변호사였던 노 전 대통령의 법정(法廷) 전략이 느껴진다"며 다음과 같이 말했다.

"노 전 대통령 부부의 거짓말은 돈 심부름을 도맡아 해온 정 전 비서

---

69) 조혜정·이태희, 「영남 개혁 세력 '정치적 사망 선고'」, 『한겨레21』, 제756호(2009년 4월 17일).

관이 구속돼 검찰의 수사를 받다 노 전 대통령 측의 또 다른 비밀을 말할지도 모른다고 염려했기 때문일 수 있다. 그래서 정 전 비서관이 한 일을 권 여사가 했다고 나섬으로써 정 전 비서관에게 은혜를 베풀어 다른 비밀에 대해 입을 다물도록 유도하려 한 것일 가능성도 있다. 그런 의미에서 정 전 비서관의 차명 계좌에서 새로 발견됐다는 10억 원의 돈이 누구 돈인지 주목된다. 노 전 대통령은 '중요한 건 증거'라고 했다. 그러면서 거짓말을 통해 증거 조작을 시도했다. 이제 검찰이 아니더라도 그가 한 말을 정말로 믿기는 어렵게 됐다."[70]

4월 21일 정상문 전 청와대 총무 비서관이 박연차 태광실업 회장과 정대근 전 농협 중앙회장에게서 뇌물을 받은 것 외에 대통령 특수 활동비 명목의 청와대 공금 12억 5000만 원을 횡령한 사실이 드러나 구속, 수감됐다. 정 전 비서관은 이 돈을 노무현 전 대통령이 퇴임한 뒤 주려 했다면서 "노 전 대통령은 전혀 모르는 일"이라고 말했다.

이에 『경향신문』은 "노 전 대통령이 몰랐다 해도 면책될 수는 없다. 노 전 대통령은 재임 중 국정 운영의 시스템을 누차 강조한 바 있다. 청와대에 문서 결재 시스템 e지원을 도입해놓고 모든 결정 사항을 전 직원들이 공유하게 됐다고 자랑하기도 했다. 그런데 이제 와서 코앞에서 이뤄진 세금 도둑질을 까맣게 몰랐다고 한다면 무책임하기 짝이 없다. 고양이에게 생선 가게를 맡겨놓고 큰소리쳤다는 얘기 아닌가"라면서 다음과 같이 말했다.

"이번 공금 횡령건은 검찰이나 감사원이 어떤 제보나 단서를 갖고 추

70) 「권(權)양숙 여사는 왜 비서관의 뇌물을 자기가 받았다 했나(사설)」, 『조선일보』, 2009년 4월 21일.

적해서 밝혀낸 게 아니다. 박연차 회장이 노 전 대통령 측에 건넨 돈의 행방을 좇는 과정에서 예상치 않게 드러난 것이다. 만약 박연차 사건이 불거지지 않았다면 영원히 묻혀버렸을지도 모른다는 얘기다. 청와대 예산 편성 및 집행 과정 어디에 구멍이 뚫려 있는지를 찾아내 유사 사건의 재발을 예방하는 노력은 이명박 정부에도 필요한 일이다."[71]

4월 22일 검찰은 노무현 전 대통령에게 서면 질의서를 보냈다. 노 전 대통령은 박연차 태광실업 회장에게 2007년 6월 100만 달러, 2008년 2월 조카사위 연철호 씨를 거쳐 아들 건호 씨 사업 자금으로 들어간 500만 달러, 부인 권양숙 여사가 받았다고 밝힌 3억 원, 회갑 선물로 받은 1억 원짜리 피아제(Piaget) 시계 두 개 등 70억 원가량을 수뢰(收賂)한 의혹을 받고 있었다.[72]

4월 22일 검찰의 서면 질의서가 발송된 날 노무현은 자신의 홈페이지 '사람 사는 세상'에 올린 글에서 "도덕적 신뢰가 바닥이 나 아무 말도 할 수 없다. 이제 할 일은 국민에게 고개 숙여 사죄하는 일이다. 제가 말할 수 있는 공간은 오로지 사법 절차 하나만 남아 있는 것 같다"며 홈페이지상의 절필(絶筆)을 선언했다. 그는 "더 이상 노무현은 여러분이 추구하는 가치의 상징이 될 수 없다"며 "이미 민주주의, 진보, 정의, 이런 말을 할 자격을 잃어버렸다. 저는 이미 헤어날 수 없는 수렁에 빠져 있고, 여러분은 저를 버리셔야 한다"고 토로했다.[73]

71) 「권력의 심장부에서 이뤄진 세금 도둑질(사설)」, 『경향신문』, 2009년 4월 23일.
72) 「노 전 대통령 불구속 상태로 재판받게 해야(사설)」, 『조선일보』, 2009년 4월 24일.
73) 조수진, 「盧 "사죄할 일만 남았다"…… 도덕성 파산 이어 정치 파산 선언?」, 『동아일보』, 2009년 4월 23일; 이정애, 「노 전 대통령 누리집 폐쇄 선언 "저를 버려달라"」, 『한겨레』, 2009년 4월 23일.

노 전 대통령 불구속 상태로 재판받게 해야

검찰이 22일 노무현 전 대통령에게 서면 질의서를 보냈다. 검찰은 노 전 대통령측이 이번 주말까지 답변서를 보내오면 이르면 다음 주 중 노 전 대통령을 소환 조사할 계획이라고 한다. 검찰은 노 전 대통령에 대해 특정범죄가중처벌법 상의 '포괄적 뇌물죄'를 적용할 방침이라고 한다. 포괄적 뇌물죄는 직무 범위가 넓은 대통령이나 정치인들에게 적용된다. 전두환·노태우 전 대통령도 이 혐의로 1997년 대법원에서 각각 무기징역과 징역 17년이 확정됐다.

노 전 대통령은 박연차 태광실업 회장으로부터 2007년 6월 100만달러, 2008년 2월 조카사위 연철호를 거쳐 아들 건호씨 사업자금으로 들어간 500만달러, 부인 권양숙 여사가 받았다고 밝힌 3억원, 회갑 선물로 받은 1억원짜리 시계 2개 등 70억원가량의 수뢰(收賂) 의혹을 받고 있다. 대부분 우리 돈이 아니라 달러로 주고받았고 그 장소도 대통령 관저 안방이었다. 다른 공직자였다면 검찰은 백발백중 구속영장을 청구했을 것이고 법원 역시 틀림없이 영장을 발부했을 사안이다.

권양숙 여사는 지난 9일 정상문 전 비서관의 3억원 수뢰 혐의에 대한 영장실질심사 때 법원에 팩스를 보내 "그 돈은 내가 받은 것"이라고 주장했고 노 전 대통령도 홈페이지에 똑같은 주장을 올렸다. 노 전 대통령 부부의 이런 주장이 감안돼 정 전 비서관은 일단 풀려났으나 그후 이 돈은 정 전 비서관의 차명계좌에 그대로 있는 게 드러났다. 전직 대통령과 그 부인이 거짓말과 입 맞추기로 대한민국 사법 절차를 공공연히 방해했다는 혐의까지 받게 된 것이다. 정 전 비서관은 청와대 예산인 특수활동비 12억5000만원도 빼돌린 게 밝혀져 구속됐다.

노 전 대통령측은 박 회장과 오간 돈 거래에 대해 "퇴임 후에 알았다", "최근에야 알고 크게 화를 냈다", "집(부인 권 여사)에서 빌렸다"는 식으로 말해왔다. 노 전 대통령의 아들들은 해외의 조세피난처에 세운 유령회사 등을 이용해 500만달러를 받은 혐의를 완강히 부인하고 검찰이 증거를 들이대면 증거를 댄 만큼이나 시인하는 태도를 보여왔다. '증거 인멸과 조작의 가능성'이란 측면에서도 구속을 피하기 힘든 행태를 보였다.

국민들은 대한민국의 전직 대통령, 그것도 부패와 부정의 역사를 청산하고 새 시대를 열었다고 자임(自任)해 온 대통령이 부패 혐의로 수의(囚衣)를 입고 수갑을 찬 채 다시 법정에 서는 모습을 봐야 하는 현실에 참담해하고 있다. 전 세계의 안방에 이런 망신스러운 모습이 비친다는 것만 생각해도 자존심이 상한다.

노 전 대통령은 22일 홈페이지에 올린 글에서 "더 이상 노무현은 여러분이 추구하는 가치의 상징이 될 수 없다. 저를 버리셔야 한다"고 했다. 지금 노 전 대통령의 처지라면 누구라도 그렇게 느꼈을 것이다. 그런데도 상당수 국민은 노 전 대통령이 탄압받는 약자(弱者)의 모습을 연출함으로써 모종의 법정 드라마를 준비하는 것은 아닌지 하는 의심을 갖고 있기도 하다.

검찰은 지금까지 박연차 게이트 관련 피의자를 상대로 숱하게 계좌추적과 압수수색을 벌였으면서도 노 전 대통령 부부의 계좌에 대해선 추적을 하지 않았고 봉하마을 집에 대한 압수수색도 하지 않았다. 전직 대통령에 대한 예우이기도 하고 무리하게 몰아붙이는 수사로 비칠 경우, 뇌물비리 사건이라는 이 사건의 본질이 왜곡될 수도 있다는 우려 때문일 것이다.

지금 국민들은 대한민국 법률의 엄정함을 보이고 최고 권력자 일족의 윤리적 타락의 실상을 만천하에 공개함으로써 현재의 권력에 대해서도 교훈을 주면서 세계 속에서 대한민국의 위신을 더 이상 땅에 떨어뜨리지 않는 방법은 없을까를 고민하고 있다. 노 전 대통령 수사를 엄정하게 하되 불구속 상태로 재판을 받게 하고 법원이 그 죄를 판단하도록 하는 방안도 그래서 나오는 것이다.

검찰의 박연차 게이트 수사가 노 전 대통령의 구속 여부에 모든 것을 거는 듯한 양상으로 진행되는 것도 바람직하지 않다. 박연차씨에게서 돈을 받았다는 현 정권의 실세로 꼽히는 사람, 현 정권에서 청와대 수석을 했던 사람. 검찰의 검사장, 법원 고법부장 판사, 경찰 고위간부에 대해서도 철저하게 추궁해 진실을 드러내도록 해야 한다. 특히 '살아있는 권력'에 대해서 가차 없이 수사를 벌여야 한다. 검찰은 자신의 비리(非理)를 포함한 대한민국의 부패구조를 낱낱이 파헤쳐 공개함으로써 대한민국을 업그레이드하는 계기를 마련해야 한다는 이번 수사의 목적을 명심할 일이다.

『조선일보』 4월 24일자 사설은 노 전 대통령을 불구속 상태로 재판을 받게 하자고 제안한다. 대한민국의 위신이 살리기 위해서라고 소개한다.

600만 달러가 생계형 범죄?

2009년 4월 23일 조기숙 전 청와대 홍보 수석은 라디오 인터뷰에서 "노 전 대통령이 얼마나 재산이 없고 청렴했으면 옆에서 참모(정상문 전 비서관)가 안타까운 마음에 이런 일을 했을까 싶어 나도 안타까운 마음"이라고 했다. 그는 비리에 연루된 전직 대통령들을 언급하면서, "생계형 범죄에 연루된 사람을 조직적 범죄를 진두지휘한 사람과 같다고 하는 것은 상식에 어긋난 일"이라고 했다.[74] 조 교수는 "현재 검찰 수사는 '먼지 날 때까지 털겠다'는 '먼지 털기'식 수사이자 명백한 정치 보복으로 전임 대통령과 그를 지지했던 국민에 대한 모욕이자 도전"이라며 "조직적 범죄도 아닌데 마치 큰 범죄인 양 검찰이 이용하고 있다"고 주장했다.

이에 대해 한나라당 윤상현 대변인은 "노 전 대통령이 재임 내내 강조했던 '반칙과 특권 없는 사회'가 이런 사고방식을 뜻하는 것이었나"라고 반문했다. 민주당 노영민 대변인은 "노 전 대통령의 공과 과는 있는 그대로 역사에 남겨놓고 퇴장하는 것이 노 전 대통령을 돕는 일일 것"이라고 말했다. 민주당의 한 386 원외 위원장은 "생활고로 벼랑 끝에 내몰린 서민들이 '생계형 범죄' 운운하는 말에 공감할지 의문"이라며 "노 전 대통령 주변 인사들의 궤변에 대해서는 대꾸하기도, 생각하기도 싫다"고 말했다.[75]

『동아일보』는 "'600만 달러'가 생계형 범죄라면 조 교수의 한 달 생계비는 얼마나 되는지 궁금하다. 그는 검찰 수사를 '정치 능멸'이라고 주장했다. 부패가 정치의 본질이라도 된다는 소리인가. 유시민 전 보건복지부 장관도 최근 검찰 수사를 '전임 대통령 모욕 주기 공작'이라고 주장했다. 한때 '노무현 심기(心氣) 관리자'라는 말까지 듣던 사람다운 사실 왜곡이다"며 다음과 같이 말했다.

"노 전 대통령 부부가 박 회장에게서 1억 원이나 하는 시계를 회갑 선물로 받은 사실이 알려지자 문재인 전 대통령 비서실장은 '검찰이 사건의 본질과는 아무 상관없는 일로 망신 주겠다는 것'이라는 반응을 보였

---

74) 정우상, 「조기숙, 노(盧) 전(前) 대통령 언급하며 "생계형 범죄"」, 『조선일보』, 2009년 4월 24일.
75) 조수진, 「"盧, 얼마나 청렴했으면…… 생계형 범죄"」, 『동아일보』, 2009년 4월 24일.

다. 1억 원짜리 시계가 '사건의 본질'(뇌물)과 무관하다는 인식이 과연 정상인가. 노 전 대통령은 국민 앞에 진실을 고백하고 진심에서 우러나오는 사죄를 하면서 '살아 있는 권력'에 반면교사 역할이라도 해야 한다."[76]

이튿날 『중앙일보』는 "대통령의 권력형 비리를 생계형이라고 주장한다면, 진짜 생계를 위협받는 서민들은 복장이 터진다. 그토록 도덕과 청렴을 주장하던 사람들이 이제 와 '전두환·노태우보다 액수가 적다'는 군색한 핑계로 동정을 사려는 것인가. 액수는 적을지 몰라도 깨끗한 척하며 뒤론 검은돈을 챙긴 위선적 행태에 더 큰 비난이 쏟아지고 있다. 노전 대통령 쪽 사람들은 그들이 경멸했던 특권 의식에 푹 빠져 스스로 죄의식을 상실한 것으로 보인다"고 했다.[77]

『조선일보』는 "조 전 수석은 노 전 대통령 재임 시 '대통령은 21세기에 계시는데, 국민은 독재 시대 사고를 못 벗어났다'고 탄식했었다. 그랬던 그가 이제는 20년 세월 간격을 둔 '21세기 수뢰'와 '독재 시대 수뢰'를 금액으로 단순 비교하며 면죄(免罪) 논리를 펴고 있다"고 했다. 김일영 성균관대 교수는 '노무현 정치가 그래도 상대적으로 깨끗했다'는 평가에도 동의하지 않았다. 그는 "3김 시대를 이끌었던 YS(김영삼), DJ(김대중)도 돈을 받았다. 그러나 그때는 계보를 관리하기 위한 정치자금이었다. 노 전 대통령 경우는 '패밀리'들끼리 돈을 챙긴 것이다. 계보 정치만도 못한, 말 그대로 부패"라고 규정했다.[78]

76) 「'노무현 도덕성 파산 선언' 국민 심정 참담하다(사설)」, 『동아일보』, 2009년 4월 24일.
77) 「'생계형 범죄'라니…… 서민들 복장 터진다(사설)」, 『중앙일보』, 2009년 4월 25일.
78) 김창균, 「위선과 독선…… 허상(虛像)으로 가득했던 '노무현 정치'의 종말」, 『조선일보』, 2009년 4월 30일.

4월 26일 김창룡 인제대 언론정치학부 교수는 "참여정부 시절 청와대 홍보 수석을 지낸 마당에 이 정도 옹호도 할 수 없느냐는 항변은 '자기네끼리' 모여 있을 때는 가능할 수도 있다. 그런 의식과 말이 '바보 대통령'의 눈과 귀를 가렸다는 비판이 나오는 것과는 별개의 문제다. 그런데 이런 말을 방송사에 출연하여 공공연하게 주장한다는 것은 국민에 대한 예의가 아니다. 조 전 수석은 자주 '상식에 어긋나는 일', '몰상식한 일'이라는 식으로 상식을 거론하는데 '상식'마저 강간하는 것이 아닌가"라면서 다음과 같이 말했다.

"우선 대통령이 무슨 앵벌이도 아니고 대통령이 연루된 것으로 의심받는 사건에 대해 생계형 범죄라고 주장하는 근거가 무엇인가. 도대체 생계형 범죄의 정의를 무엇으로 규정하고 있는지 길거리 시민들의 상식을 물어보라. 재임 기간 공직자 중 최고액의 봉급과 대우를 받고 퇴임 후에는 '전직 대통령에 대한 예우'를 규정한 법에 따라 국민 세금으로 봉급과 별도로 비서와 경호 등이 딸린 호사스런 예우를 받고 있는 것을 몰라서 그런 소리를 하고 있는 것인가. '얼마나 재산이 없고 청렴했으면 참모가 안타까운 마음에 그런 일을 했겠느냐'는 부분도 시민의 울화통을 뒤집어놓는다. 이런 말은 자신의 일기장에 적어놓을 수는 있지만 공개적으로 방송에서 떠들어댄다는 것은 국민에 대한 예의가 아니다. …… 국민은 이런 소리까지 들어야 하는데 억장이 무너진다."[79]

---

79) 김창룡, 「[김창룡의 미디어창] 국민을 모독하는 최근 두 사건」, 『미디어오늘』, 2009년 4월 26일.

노 전 대통령 수사 본질은 정치적 보복인가?

2009년 4월 27일 김대중 『조선일보』 고문은 "이제 '노무현'은 우리에게 별 의미가 없어졌다. 전직 대통령의 명예도, 정치인으로서의 긍지도, 좌파 리더로서의 존재 가치도 사라졌다. 그래서 노 씨 스스로 홈페이지에서 국민에게 자신을 버려달라고 했다. 우리는 이제 그의 요청을 받아들였으면 한다. 그를 버리자는 것이다. 어떻게 하면 버리는 것인가? 개인적 생각으로는, 그를 기소하지 말고 법정에 세우지도 말고 빨리 '노무현'을 이 땅의 정치에서 지우자는 것이다"며 다음과 같이 말했다.

"우리 국민이 노무현 씨를 국민적 차원에서 사면키로 하는 데는 한 가지 분명한 전제 조건이 있다. 노 씨를 버리되 철저히 '버리는' 것이다. 그래서 그가 정치적 사회적 목적을 가진 일체의 움직임에 연루되는 일 없이 조용히 지내는 것이다. 그가 또 다른 어떤 계기에 그 어떤 사건을 가지고 '국민' 앞에 나서서 그의 번잡한 언변을 늘어놓는 것을 다시는 보고 싶지 않다. 그가 국민 앞에 자신의 마지막 성실성을 보이려면, 그래서 자신이 바라는 대로 국민의 용서를 받고 싶다면 검찰에 출두하는 방법에서도 장난을 치거나 사안을 이벤트화(化)하지 말 것이며, 검찰에서 진술하는 과정에서도 보다 겸손하고 피의자다워야 한다. 더 이상 '노무현'이 언론에 오르내리는 것을 보고 싶지 않다."[80]

4월 28일 김근태 민주당 고문은 "노무현 전 대통령에 대한 검찰 수사의 본질은 정치 보복"이라고 말했다. 김 고문은 노 전 대통령 검찰 소환을 이틀 앞둔 이날 성명을 내 "현실 권력 치부에 대해 눈감고 있는 검찰

---

80) 김대중, 「노무현 씨를 버리자」, 『조선일보』, 2009년 4월 27일.

의 수사는 노 전 대통령의 허물에도 불구하고 치졸한 정치 보복이라는 비판을 면할 수 없다"며 "노 전 대통령은 검찰권을 검찰에 돌려줬으나 현 검찰은 돌려받은 검찰권을 다시 이명박 대통령에게 헌납했다"고 비판했다. 김 고문은 "검찰이 진실을 좇는 디케의 의무를 충실히 수행하는지 의문"이라며 "노 전 대통령 수사가 최소한의 정당성을 인정받으려면 현 권력 실세들에 쏟아지고 있는 의혹과 이명박 대통령의 대선 자금에 대해서도 진상을 규명해야 한다"고 주장했다.[81]

김근태 고문은 "검찰과 이명박 정부는 노 전 대통령 수사를 철저하게 선거운동에 이용하고 있다"고 했는데, 선거란 다름 아닌 4·29 재·보선이었다. 재·보선은 이명박 정부의 중간 평가 성격이 짙은 만큼 "정부 여당에게 따끔한 경고를 보내줘야 한다"는 주장과 "집권 2년 차인데 그래도 힘을 실어줘야 한다"는 논리가 맞설 것이라는 전망에 오래전부터 큰 의미가 부여된 선거였다.[82]

4·29 재·보선

4·29 재·보선은 4월 10일 정동영 전 장관이 민주당 탈당과 무소속 출마를 선언하면서 후끈 달아올랐다. 정동영은 자신에게 전주 덕진 재선거 공천을 주지 않는 민주당을 탈당하는 회견문을 읽어 내려가면서 "제 정치 인생 13년은 온전히 민주당원으로서의 삶이었습니다", "제 몸속에는 민주당의 피가 흐르고 있습니다", '반드시 다시 돌아와 민주당을 살

81) 송호진, 「김근태 "노 전 대통령 수사 본질은 정치적 보복"」, 『한겨레』, 2009년 4월 29일.
82) 최문선, 「해머 국회·용산 참사·법안 전쟁… 설 연휴 데울 '사랑방 정담'」, 『한국일보』, 2009년 1월 24일.

4 · 29 재 · 보선에서 정동영, 신건 두 사람은 쉽게 당선됨으로써 민주당에 큰 충격을 안겨주었다.

려내겠습니다. 민주당을 사랑합니다"라고 했다. 그는 중간 중간 말을 잇지 못했고, 눈에는 눈물이 글썽였지만, 그에겐 적잖은 비난이 쏟아졌다.

4월 15일 신건 전 국정원장이 전주 완산 갑 국회의원 재선거 후보로 등록했다. 이른바 정동영-신건 무소속 연대 출마설이 현실이 되는 순간이었다. 4월 16일 출정식에서 정동영은 "이명박 정부의 방향을 바꾸려면 제1야당이 강하고 야당 구실을 해야 하는데 지금 민주당으로는 불가능하다"며 "현 정부를 심판해야 할 선거를 '정동영 죽이기' 선거로 만든 민주당이야말로 바뀌어야 할 대상"이라고 주장했다.

4 · 29 재 · 보선에서 정동영, 신건 두 사람은 모두 쉽게 당선됨으로써 민주당에 큰 충격을 안겨주었다. 정 후보는 득표율 72.27%(5만 7,423표)를 기록해 민주당 김근식 후보(12.93%, 1만 279표)를 압도적인 표차로 눌

렀으며, 신 후보는 50.38%(2만 3,307표)를 얻어 민주당 이광철 후보 (32.25%, 1만 4,919표)를 제치고 당선된 것이다. 민주당은 2008년 10·29 재·보선에서 여수시의원을 민주노동당에 내준 데 이어, 4·29 재·보선에선 호남 지역의 국회의원 두 곳(전주 덕진·완산 갑), 광역 의원(전남 장흥), 기초 의원(광주 서구) 등 네 곳을 모두 잃었다. 전남 영암군의원 한 명만 무투표 당선됐을 뿐이었다.

그러나 민주당의 패배보다 더 화제가 된 것은 한나라당의 '0 대 5 참패'였다. 『조선일보』는 "이명박 대통령은 0 대 5 참패, 특히 경주의 패배를 무겁게 받아들이고 있는 것으로 전해졌다. 공천 전인 3월부터 이 대통령이 제일 신경 썼던 곳이 경주다. '박근혜 문제'가 걸려 있는 곳이기 때문이다"며 다음과 같이 말했다.

"일부 주류 의원들이 '박 전 대표 진영과의 협력이 불가피하다. 갈라져서는 선거도 지고 여권의 정국 장악력도 떨어진다'고 건의했으나, 이 대통령은 묵묵히 듣기만 했던 것으로 전해졌다. 그런 탓인지 친박(親朴) 정수성 후보나 제3후보를 영입해 박 전 대표와 화해하는 계기로 삼자는 안(案)은 여권에서 이내 자취를 감췄다. 주류 핵심인 정종복 전 의원을 재공천해야 한다는 것이 주류의 자존심이요, 정 전 의원의 승리를 통해 박 전 대표 진영의 기(氣)를 꺾자는 것이 주류의 전략이었다. …… 그러나 정 전 의원이 앞선다는 장밋빛 여론조사는 정 전 의원의 1만여 표 차 (9.4%) 대패로 뒤집혔다. 이런 결과가 청와대에 보내는 메시지는 박 전 대표와의 매듭을 풀지 않고는 힘 있게 국정을 이끌고 가는 것이 불가능하다는 점이다."[83]

김형준 명지대 교수는 "한나라당의 입장에서 보면 이번 선거는 외형상 지기 힘든, 더없이 좋은 환경 속에서 치러졌다. 이 대통령의 국정 운영 지지도가 40%대에 육박할 정도로 상승세를 타고 있고, 최악의 경기 침체 국면이 지속되리라는 전망을 뒤엎고 상승 무드가 형성되는 추세였다. 야당인 민주당은 정동영 전 장관의 무소속 출마로 분열되었고, 지지도는 10%대에 정체되어 있다. 더구나 노무현 전 대통령의 비리 의혹 수사로 진보 세력의 도덕성이 붕괴되었다. 그런데도 한나라당이 예상보다 큰 차이로 패배한 근본 원인은 당내 분열 때문이다. 지난해 18대 총선 때와 같이 공천을 둘러싸고 친이-친박 간 해묵은 갈등이 재연되었기 때문이다"고 했다.[84]

과연 "노 전 대통령 수사 본질은 정치적 보복"인가? 우문(愚問)이었다. 진짜 문제는 그게 아니라 '그렇다 하더라도'로 나가면서 제3의 사고를 하는 것이었건만, 어느덧 정국은 이분법 구도로 바뀌고 있었다. "노무현은 MB와 강부자의 프락치다"에서부터 "노무현은 진보가 보수에 주는 선물"이라는 말까지 듣게 된 노무현의 심정은 어떤 것이었을까? 노무현의 검찰 소환 이후의 과정을 계속 살펴보기로 하자.

83) 주용중, 「MB의 피할 수 없는 숙제 '박근혜 끌어안기'」, 『조선일보』, 2009년 5월 1일.
84) 김형준, 「재·보선을 보면 장래가 보인다」, 『한국일보』, 2009년 5월 2일.

노무현은 진보가 보수에 주는 선물
노무현의 검찰 소환

노무현의 검찰 소환

2009년 4월 30일 오전 7시 57분 경남 김해시 봉하마을에 있는 노무현 전 대통령의 사저. 노 전 대통령이 현관 밖으로 모습을 드러냈다. 사실상 4·29 재·보선으로 연기된 검찰 소환에 응하기 위해서였다. 전날부터 몰려든 노사모 회원 200여 명과 마을 주민들은 '노란 풍선과 노란 장미'를 흔들며 노 전 대통령의 결백을 외쳤다.[85] 유시민 전 장관은 기자들에게 "졸렬한 정치 보복"이라고 외쳤다. 측근들은 검찰로 향하는 노 전 대통령을 향해 주먹을 치켜들고 "파이팅!"을 외쳤다.[86] 노 전 대통령을 태운 버스가 고속도로로 접어들었다. 앞뒤로 경호차가 따라붙었다. 취재 차량 20여 대가 뒤를 이었다. 하늘에는 경찰과 언론사의 헬기가 떴다.

---

85) 강인식·이정봉, 「논쟁 즐기던 달변가 "면목이 없습니다" 도덕적 실패 자인: 노무현 전 대통령 '가장 긴 하루'」, 『중앙일보』, 2009년 5월 1일.
86) 「전직 대통령 부부는 검찰 수사 이런 식으로 받나(사설)」, 『조선일보』, 2009년 5월 2일.

서울 서초구 대검찰청 주변도 어수선했다. 오전 10시께 반핵반김국민협의회 등 보수 단체 회원 300여 명이 먼저 대검 정문 앞에 도착, 청사를 바라보고 오른편에 진을 쳤다. 참여정부 시절부터 거리 투쟁에 나선 이른바 '아스팔트 우파'들은 '노무현 즉각 구속' 등이 쓰인 플래카드 다섯 개를 가로수에 내걸고 "노무현 일가, 측근들의 권력 비리 부정부패 철저히 수사하라" 등의 구호를 외쳤다.

노사모 회원들도 오전 11시 20분께부터 왼편 인도에 속속 모여들었다. 이들은 노 전 대통령의 사진과 '당신과 있을 때 국민이 대통령입니다'라고 적힌 대형 플래카드를 걸고, 지하철 2호선 서초역 6번 출구부터 대검 청사 정문까지 150m에 걸쳐 노란 풍선을 매달았다. 노사모 회원 이 아무개 씨는 "내가 아는 노 대통령은 절대 이런 죄를 저지를 사람이 아니다"며 "현 정부의 정치적 보복은 즉각 중단돼야 한다"고 주장했다.

노 전 대통령 일행 도착이 임박한 오후 1시 무렵 양측의 갈등은 최고조에 이르렀다. 400여 명으로 불어난 노사모 회원들이 보수 단체 회원들을 둘러싸면서 양측 간에 "처자식도 관리 못하는 X이 무슨 대통령이냐", "이빨 빠진 늙은 X들만 수두룩하네" 등 험한 말이 오갔고, 급기야 몸싸움과 주먹다짐이 벌어졌다. 충돌이 격해지자, 정문 앞에 배치돼 있던 전경 1개 중대가 투입돼 양쪽을 떼어놓았다.[87] 오후 1시 19분 노 전 대통령이 탄 버스가 대검 청사로 들어섰다. 지지와 비난으로 나뉜 시위대 800여 명이 몸싸움을 벌였다.

노무현은 1120호 특별 조사실에서 조사를 받았다. 아들 건호 씨가 이

---

87) 장재용 외, 「노무현 전 대통령 소환…… 반노·친노 대검 앞 대립」 盧 탄 버스 도착하자 신발 등 날아들며 아수라장」, 「한국일보」, 2009년 5월 1일.

4월 30일 노무현 전 대통령이 조사를 받기 위해 서초동 대검찰청 청사에 들어서고 있다.

미 거쳐 간 곳이었다. 노 전 대통령은 특조실에서 밤늦게까지 조사를 받았다. 담당 검사들이 번갈아 들어와 조사를 했다. 노무현 자신이 임명한 임채진 검찰총장은 특조실과 연결된 CCTV로 조사 장면을 모니터링했다.[88] 노무현은 이튿날 새벽 2시께 풀려났다.

비굴이냐, 고통이냐

2009년 4월 30일 밤 KBS는 〈뉴스 9〉 넷째 꼭지 '권양숙 여사, 아들·사위에 송금'에서 "검찰이 노 전 대통령 조사를 위해 준비한 비장의 카드인 (권 여사가 받은) 100만 달러 사용처(와 관련해) 아들, 사위가 30만 달러

---

88) 강인식·이정봉, 「논쟁 즐기던 달변가 "면목이 없습니다" 도덕적 실패 자인: 노무현 전 대통령 '가장 긴 하루'」, 「중앙일보」, 2009년 5월 1일.

를 송금받은 정황을 확보했다"며 "이들의 미국 계좌 내역을 확인한 결과, 권 여사에게서 30만 달러를 송금받은 사실을 확인했다"고 단독 보도했다. KBS는 이튿날인 1일 〈뉴스 9〉 열셋째 꼭지 '권 여사, 50만 달러 아들·딸에 송금'에서는 "검찰이 건호 씨가 (권 여사에게) 2007년 미국 회사에 투자한 10만 달러 등 20만 달러를 추가로 받아 쓴 사실도 확인했다"며 "(검찰은 이 같은) 50만 달러가 박 회장이 건넨 100만 달러의 일부로 보고 있다"고 전했다.[89]

김종구 『한겨레』 논설위원은 「비굴이냐, 고통이냐」는 칼럼에서 "노 전 대통령의 앞날과 관련해 주목되는 여론의 흐름 하나는 불기소론이다. 법치를 포기하는 한이 있더라도 그를 감옥에 보내지 말자는 일부 보수 논객들의 호소는 눈물겹다. 주된 근거는 국가의 위신이다. 나라의 품격이 떨어지는 것을 막고, 국가적 차원의 모욕감을 피하기 위해서란다"며 다음과 같이 말했다.

"야속하게 들릴지 모르겠지만, 봉하마을 집 주변에 가시나무 울타리를 치고 '위리안치' 되는 신세나, 옥중에 갇히는 생활이나 오십보백보다. 지금이야말로 그의 예전 장기였던 '사즉생 생즉사'의 자세가 필요한 때다. '나를 욕되게 하지 말고 깨끗이 목을 베라'고 일갈했던 옛 장수들의 기개를 한번 발휘해볼 일이다. 그가 한때 탐독했던 책이 마침 『칼의 노래』가 아니던가. '사즉생'을 말하는 것은 노 전 대통령 개인의 부활을 뜻하는 게 아니다. 노 전 대통령이 선언한 대로 그의 정치생명은 이미 돌아올 수 없는 강을 건넜다. 하지만 그는 죽더라도 그의 시대가 추구

89) 조현호, 「KBS 노무현 혐의 파헤치기 적극 주도」, 『미디어오늘』, 2009년 5월 6일.

했던 가치와 정책, 우리 사회에 던져진 의미 있는 의제들마저 '600만 달러'의 흙탕물에 휩쓸려 '동반 사망'하는 비극은 막아야 한다. 그의 '마지막 승부수'는 아직도 남아 있다."[90]

『조선일보』는 "검찰이 초점을 두는 것은 100만 달러의 용처(用處)다. 국민도 그 돈을 어디에 썼기에 노 전 대통령 부부가 그걸 대답할 수 없다고 저렇게 떼쓰듯 버티나 해서 더 궁금하다. 박 회장은 노 전 대통령 부부가 외유(外遊)를 떠나기 전날인 2007년 6월 29일 청와대로 100만 달러를 전달했다. 권양숙 여사는 '빚을 갚으려 했지만 무슨 빚이 있었는지, 왜 달러로 받았는지는 말할 수 없다'고 했다. 검찰과 상당수 국민은 노 전 대통령 부부가 미국을 방문했을 때 그 돈을 유학 중이던 아들에게 전달했을 거라고 보고 있다"며 다음과 같이 말했다.

"이런 의심을 해명하려면 100만 달러로 무슨 빚을 갚았는지 밝히면 된다. 노 전 대통령 측은 그렇게 하지 않고 있다. 노 전 대통령 측은 왜 아들에게 돈을 전했다는 것만은 인정하지 않으려 하는 것인가. 미국을 방문했을 때 아들을 만나 돈을 전달했다면 그 사실을 권 여사만 알고 노 전 대통령은 몰랐다는 게 너무 부자연스럽기 때문일 것이다. 노 전 대통령이 100만 달러 존재를 알았다면 사법 처벌을 피할 수 없다. 국민이 보기엔 그 이유 때문에 노 전 대통령 측이 권 여사가 100만 달러를 받아 빚을 갚았고 노 전 대통령은 그걸 몰랐다고 설명하고 있는 걸로 보인다. 노 전 대통령 측이 이런 꾀로 법의 그물을 피해갈 수 있을지는 몰라도 국민 마음을 풀어줄 수는 없다."[91]

90) 김종구, 「[아침햇발] 비굴이냐, 고통이냐」, 『한겨레』, 2009년 5월 1일.
91) 「전직 대통령 부부는 검찰 수사 이런 식으로 받나(사설)」, 『조선일보』, 2009년 5월 2일.

노무현은 진보가 보수에 주는 선물

2009년 5월 2일 KBS 〈뉴스 9〉는 일곱째 꼭지인 '국정원도 알았다'에서 "노 전 대통령의 아들 건호 씨가 박연차 회장의 돈 백만 달러의 일부를 미국에서 쓴 사실을 당시 김만복 국정원장이 보고 받았던 것으로 (단독) 확인됐다"며 "건호 씨는 권 여사에게서 건네받은 50만 달러의 일부를 미국 벤처 회사에 투자하거나 생활비로 사용했으며 당시 미국 샌프란시스코 영사관에서 대통령 자녀 관련 업무를 맡았던 국정원 직원은 건호 씨가 출처가 불분명한 돈으로 투자를 한 내역 등을 모두 파악했다"고 보도했다.[92]

5월 3일 KBS 〈취재파일4321〉은 '면목 없습니다' 편에서 권해수 한성대 행정학과 교수의 말을 인용해 "노무현 대통령이 재임 중에 측근들을 중심으로 나타난 비리에 대해 굉장히 관대한 태도를 취했을 뿐 아니라 심지어 그런 문제를 제기하는 집단에 상당히 공격적인 자세를 취했고 측근을 비호하는 듯한 발언을 많이 함으로써 오히려 측근을 둘러싼 비리가 조장된 측면이 있지 않느냐"고 전했다.[93]

5월 4일 김진 『중앙일보』 논설위원은 "노무현은 이중성의 인간이다. …… 노무현의 박연차 소동이 불쾌하고 씁쓸한 것은 이중성의 침전물이 다시 일어나기 때문이다"며 다음과 같이 말했다. "노무현은 후보 시절 '반미면 어때'라고 했고, 효순·미선 양 반미 촛불로 대통령이 되었다. 그런 대통령의 아들은 스탠퍼드에서 부자 되는 법을 열심히 공부했다. 대통령이 모르는 사이 대통령의 부인은 박연차로부터 수십만 달러를 받

---

92) 조현호, 「KBS 노무현 혐의 파헤치기 적극 주도」, 『미디어오늘』, 2009년 5월 6일.
93) 서정보, 「상황 따라 바뀐 지상파 방송 '盧 전 대통령 보도」, 『동아일보』, 2009년 6월 4일.

아 아들에게 보냈다고 한다. 아들은 박연차의 또 다른 돈으로 투자 실습까지 했다. 힘없는 시골 노인이라는 대통령 형은 누구보다 솜씨 좋은 자본주의 브로커였다. 정말 허공 속에 묻고 싶은 이중(二重) 드라마다."[94]

그러나 노사모의 노무현 사랑엔 변함이 없었다. 황상민 연세대 심리학과 교수는 "노무현이라는 사람을 자신들의 정치적 열망과 꿈을 대변해준 존재로 보기 때문에 노 전 대통령에게 벌어지는 모욕과 고통을 자신들에 대한 고통과 모욕으로 느끼는 것"이라고 분석했다. 현택수 고려대 사회학과 교수는 "1990년대에 들어서면서 이전과 달리 연예인들이 부도덕한 일을 벌여도 팬클럽을 중심으로 적극적으로 보호하는 문화가 생겼는데 노사모도 비슷하다"며 "노사모의 중심 연령층인 20·30대가 당시 대중문화의 향유층이었던 데서 연결 고리를 찾을 수 있다"고 분석했다.[95]

5월 5일 강병태 『한국일보』 논설위원실장은 "내 가까운 친구 가운데도 노무현 전 대통령을 변함없이 지지하는 이가 있다. 그가 유행시킨 말처럼 아무리 깽판을 쳐도, 대통령이 된 것만으로 이미 세상을 바꾼 때문이라고 한다. 그야말로 별 볼 일 없는 성장 배경과 학력 등을 지닌 인물이 세상의 편견과 모순에 맞서 이기는 모범을 보였다는 것이다. 내 친구는 유복한 가정 출신에 좋은 학교를 나왔다. 노 전 대통령의 부침과 얽힌 세속적 이해관계도 없다. 다만 인간 노무현의 도전과 성공이 사회를 정의롭게 변화시키는 큰 디딤돌을 놓은 것으로 믿는 듯했다"고 말했다.[96]

---

94) 김진, 「노무현의 허공」, 『중앙일보』, 2009년 5월 4일.
95) 유성운, 「"해명 필요 없다… 언제나 노짱 편" 노사모 현상 왜」, 『동아일보』, 2009년 5월 4일.
96) 강병태, 「'현인 대통령'이 필요하다」, 『한국일보』, 2009년 5월 5일.

그러는 사이에 노건호 씨의 미국 집 구입을 국정원이 도왔다는 의혹이 제기되었다. 5월 5일 문재인 전 청와대 비서실장은 "국정원 직원이 건호 씨의 미국 주택을 물색해준 것은 사실이지만 박연차 회장의 돈 100만 달러와는 전혀 관계가 없다"며 "대통령 아들은 엄정한 관리 대상이다. 친·인척을 관리하는 청와대 민정 수석실이 해외에 지부가 없으니 국정원이 대신하는 것은 당연한 일이다"고 말했다.[97]

5월 6일 조국 서울대 교수는 "노 전 대통령은 재판의 진행과 별도로 국민에게 통절한 사과를 해야 한다. 그는 자신의 가족과 측근 문제로 한때나마 노무현이라는 이름과 동일시되었던 시대정신과 가치마저 하수구에 버려지는 현실에 대해 무거운 책임을 느껴야 한다. 조갑제 씨는 '노무현은 진보가 보수에 주는 선물'이라고 비아냥거리고 있지 않은가"라고 말했다.[98]

반칙과 특권의 연대기

2009년 5월 7일 박제균 『동아일보』 영상뉴스팀장은 노무현이 저질렀다는 '반칙과 특권의 연대기'를 다음과 같이 제시했다. 보수파가 왜 노무현에 대해 분노하는지 그 속내를 이해하는 데에 도움이 될 만한 근거로 볼 수 있다.

2004년 1월, 노 대통령은 연두 기자회견에서 "정치와 권력, 언론·재

---

97) 박홍두, 「문재인 "美 유학 건호 씨 국정원 관리는 당연"」, 『경향신문』, 2009년 5월 6일.
98) 조국, 「기획시론 ③ 노무현 구속은 정치적 망신 주기일 뿐: '노무현 딜레마' 해법은?」, 『중앙일보』, 2009년 5월 6일.

계 간 특권적 유착 구조는 완전히 해체될 것"이라고 공언했다. 그러나 그해 노 대통령의 형 노건평 씨는 알선수뢰 혐의로 유죄판결을 받았다. 사실상 반칙과 특권의 부패 커넥션이 똬리를 튼 집권 2년 차였다.

2005년 7월 29일, 노 대통령은 중앙 언론사 정치부장 간담회에서 "스스로가 연루된 정치자금 문제, 불투명성의 문제, 이런 것을 청산하기 위해 정말 힘겹게 2년을 노력했다"고 주장했다. 하지만 그해부터 정상문 비서관이 '노 대통령 퇴임 후에 주겠다'며 청와대 예산에서 빼돌린 돈이 무려 12억 5000만 원에 이른다.

2006년 8월 21일, 노 대통령은 국무회의에서 "게이트는 전혀 걱정하지 않아도 된다"고 큰소리쳤다. 바로 그달, 정상문 비서관은 박연차 회장에게 3억 원을 받았다. 다음 달인 9월, 노 대통령 회갑 때 대통령 부부는 박 회장에게 1억 원짜리 스위스제 보석 시계 두 개를 선물 받는다. 그러고도 노 대통령은 그해 12월 "부동산 문제 말고는 꿀릴 게 없다"고 호언했다.

2007년 6월, 당시 노무현 대통령의 입은 무척 바빴다. 그는 6월 2일 강연에서 대선 후보들을 마구잡이로 깎아내리자 중앙선관위가 선거법 위반이라고 했다. 노무현 대통령은 엿새 뒤인 8일 원광대 특강에서 이를 반박했다가 또다시 선거법 위반 경고를 받았다. 그러자 21일에는 선거법이 위헌이라며 헌법 소원을 제기했다. 같은 달, 노 대통령의 집사 격인 정상문 대통령 총무 비서관은 자신의 사무실에서 박연차 태광실업 회장의 돈 100만 달러를 받아 권양숙 여사에게 전달했다. 현직 대통령이 '거세된 정치인'이라며 헌소를 제기해 희생자 이미지를 연출하는 동안 부인은 청와대에서 당시 환율로도 9억 2500만 원에 이르는 거액을 챙겼다.

2007년 11월, 노 대통령은 "정경유착, 반칙과 특혜가 없는 사회를 만들었다"며 "성적이 나쁘지 않을 텐데요"라고 자랑했다. 하지만 바로 그 이튿날, 아들인 노건호 씨와 조카사위 연철호 씨가 박연차 회장을 찾아가 500만 달러를 요구했다.

2008년 3월, 퇴임한 노 전 대통령은 박 회장에게서 15억 원을 빌렸다. 올해 3월 19일까지 갚기로 했으나 아직도 갚지 않고 있다.

박제균은 "돌이켜보면 '반칙과 특권의 시대는 끝나야 한다'고 취임 일성을 터뜨렸던 노무현 정권은 뒤로는 '더티 머니'를 챙기며 철저하게 반칙과 특권을 누린 5년이었다"며 다음과 같이 말했다. "'진짜 거짓말쟁이는 자신까지 속인다'는 말이 있다. 1억 원짜리 보석 시계 두 개를 선물 받고도 '나는 깨끗하다'고 자신을 속이는 능력(?)이 없었다면 그토록 '반칙과 특권이 없는 사회'를 부르짖을 수 있었을까."[99]

『동아일보』는 사설「전직 대통령 부부의 '잡범' 같은 말 바꾸기」에서 "전직 대통령 부부가 거짓말을 했다가 검찰이 용처와 관련한 증거를 제시하자 말 바꾸기를 하는 것을 보면서 다른 진술인들 믿을 수 있겠나 싶어진다. 노 전 대통령은 '피의자의 방어권'을 내세우며 불리한 진술은 거부할 수 있다고 했는데, 거짓말도 방어권이라고 생각하는지 모르겠다"며 다음과 같이 말했다.

"5년이라는 세월 동안 국정 최고 책임자로 대한민국을 이끈 인물이 거짓말을 늘어놓고 말을 바꾸는 것을 지켜보면서 스스로 '잡범(雜犯)' 수준으로 전락했다는 느낌을 버릴 수 없다. 검찰 수사가 진행되며 치욕

---

99) 박제균, 「반칙과 특권의 연대기」, 『동아일보』, 2009년 5월 7일.

을 당하는 것은 전직 대통령의 명예가 아니라 국민의 자존심이라는 생각마저 든다. …… 노무현식 '도덕성 장사'는 이미 파산했다. 법망을 벗어나기 위해 군색하고 역겨운 거짓을 더 늘어놓지 말고, 이제라도 진실을 털어놓고 국민에게 사죄할 일이다. 그것이 전직 대통령으로서 국민의 자존심에 상처를 덜 입히는 길이다."[100]

1억 원짜리 피아제 시계 파동

2009년 5월 12일 검찰은 박 회장이 노 전 대통령 측 요청으로 40만 달러를 추가로 보낸 시점은 "아들 노건호의 집 사줄 돈이 필요하다"는 노 전 대통령 요구로 100만 달러를 보낸 지 불과 2개월여 만이었다고 공개했다. 이와 관련, 『조선일보』는 "검찰은 140만 달러가 모두 노건호 씨에게 풀장이 있는 고급 아파트를 사주기 위해 조달된 것으로 보고 있다. 노 전 대통령의 뇌물 수수 혐의가, 적어도 그의 집권 시절 청와대 참모의 말대로 "청렴해서 저지른 생계형 범죄"는 아니라는 것을 보여주는 증거들이다"며 다음과 같이 말했다.

"검찰은 2007년 9월 박 회장의 홍콩 APC 비자금 계좌에서 노 전 대통령 딸인 정연 씨가 잘 아는 뉴욕 맨해튼의 한인(韓人) 부동산 업자 계좌로 송금된 40만 달러 역시 노 전 대통령이 요구한 것으로 보고 있다. 40만 달러는 뉴욕에 있는 고급 아파트 계약금으로 사용됐는데, 이보다 두 달 전 '아들 집 사주게'라고 해서 받았던 100만 달러와 결국 한 묶음이 아

---

100) 「전직 대통령 부부의 '잡범' 같은 말 바꾸기(사설)」, 『동아일보』, 2009년 5월 11일.

니냐는 것이다. 160만 달러짜리 아파트 매매 계약은 뉴욕 현지에서 유학 생활을 하던 정연 씨의 명의가 사용됐지만, 실제로는 건호 씨 집이라고 검찰은 판단한다. 또 40만 달러 수수 과정에도 600만 달러와 마찬가지로 노 전 대통령의 집사였던 정상문 전 청와대 총무 비서관이 개입한 것으로 조사됐다."[101]

5월 13일 노무현 전 대통령이 박연차 회장에게서 2006년 9월 회갑 선물로 받은 개당 1억 원짜리 피아제 시계 두 개를 "봉하마을 집 근처에 버린 것으로 안다"고 진술한 것으로 밝혀졌다. 노 전 대통령의 딸 노정연 씨 부부도 2007년 5월 미국 뉴저지의 160만 달러짜리 주택을 사기 위해 계약금으로 먼저 5만 달러를 지불하고 작성한 계약서를 검찰 수사가 시작되기 전에 찢어 버렸다고 한 것으로 알려졌다. 검찰은 시계를 버리고 계약서를 파기한 게 사실인지, 사실이라면 증거인멸 행위에 해당하는지 검토하고 있다고 했다.[102]

5월 14일 포털 사이트 네이버 카페, 다음 아고라 등에는 "(경남 김해시 진영읍) 봉하마을 논두렁에 보물 시계를 찾으러 가자"는 글들이 속속 올라왔다. 한 누리꾼은 "이 불경기에 1억 원이나 하는 시계를 미련 없이 논두렁에 버린 것이 사실이라면 오리 농법 논두렁으로 달려가자"고 주장했다. 또 다른 누리꾼은 "집 없는 서민들 봉하마을 논두렁에 빠진 시계 주우러 가라"는 등의 글을 올렸다. 이날 봉하마을에서 일부 관광객은 취재진에게 "노 전 대통령의 사저에서 가까운 논두렁이 어디냐"고 묻는 등 명품 시계에 관심을 드러내기도 했다.[103]

---

101) 이명진, 「딸마저 연루… 박연차는 '가문의 금고'」, 『조선일보』, 2009년 5월 13일.
102) 최우열 · 전지성, 「權 여사는 2억 시계 버리고, 딸은 美 아파트 계약서 찢고」, 『동아일보』, 2009년 5월 14일.

『경향신문』은 "돈의 실체를 둘러싼 논란과 별개로 노 전 대통령 측이 밝힌 경위는 절망감마저 안겨준다. 노 전 대통령 측 인사는 '권양숙 여사가 미국 유학 중이던 건호 씨가 돌아와 전직 대통령의 아들이라는 명예를 지고 사는 것보다는 미국에서 살면 좋겠다는 생각이 강했다'고 말했다. 노 전 대통령은 일찌감치 퇴임 후 환경운동 차원에서 고향으로 내려가는 것을 포함해 새로운 전직 대통령상을 세우겠다고 공언했다. 그런 노 전 대통령의 부인이 무슨 연유인지 모르지만 아들의 '정치적 망명'이라도 꾀했다는 말인가"라면서 다음과 같이 말했다.

"후속 설명도 가관이다. 박 전 회장이 100만 달러를 전액 국내에서 전달한 것처럼 진술했는데 해외 송금이었고, 딸이 연루돼 있어서 미리 털어놓지 못했다고 설명했다. 검찰과 국민을 상대로 숨바꼭질하는 듯한 전직 대통령의 모습이 안쓰럽기조차 하다. 노 전 대통령이 검찰 조사에서 100만 달러의 용처를 스스로 밝히겠다고 했을 때만 해도 억울한 구석도 있겠거니 하는 추측을 자아내기도 했다. 30일 넘게 집요하게 파고드는 검찰 수사의 정치적 의도가 의심받기도 했다. 하지만 뉴욕 집에 대한 새로운 의혹과 노 전 대통령 측 대응을 보노라니 '그래도 전직 대통령인데……' 하는 기대마저 허물어져가는 듯하다. 이러고도 자신은 몰랐다는 말만 되풀이할 셈인가." [104]

5월 14일 서울 중앙지방법원은 농협의 세종증권 인수 과정에 개입해 수십억 원을 받은 혐의로 구속 기소된 노무현 전 대통령의 형 노건평 씨에게 징역 4년에 추징금 5억 7000만 원을 선고했다. 노 씨는 정대근 당시

103) 최우열, 「"盧 측 버린 2억 시계 주우러 가자" 포털 누리꾼 들끓어」, 『동아일보』, 2009년 5월 15일.
104) 「'전직 대통령의 아들' 명예 때문이라니(사설)」, 『경향신문』, 2009년 5월 14일.

농협 회장에게 세종증권을 인수하라는 청탁을 했고, 그 대가로 노 전 대통령 고교 동기인 정화삼 씨 형제와 함께 29억 6000여만 원을 받은 혐의로 기소됐다. 재판부는 "노 씨가 현직 대통령의 형이라는 '특수 지위'를 이용해 범행을 했고 거액을 받았다"고 밝혔다.[105]

반미 장사와 허드슨 강 호화 아파트

2009년 5월 19일 박성원 『동아일보』 논설위원은 「반미(反美) 장사와 허드슨 강 호화 아파트」라는 칼럼에서 "미국 뉴저지 주 웨스트뉴욕의 고급 아파트 단지인 허드슨 클럽에서 창문을 열면 유유히 흘러가는 허드슨 강물과 멀리 맨해튼의 고층 빌딩이 바라보인다. 아파트 경내에는 스파가 딸린 수영장과 대형 헬스클럽, 20석 규모의 소극장이 있다. 노무현 전 대통령 측이 미 스탠퍼드대에서 유학 중이던 아들 건호 씨의 LG전자 뉴저지 지사 복귀에 대비해 딸 정연 씨 명의로 계약했다는 아파트가 이 단지 안에 있다"며 다음과 같이 말했다.

"침실 세 개짜리 복층 구조로 돼 있는 이 아파트의 가격은 160만 달러(약 20억 원). 미국 사회에서 웬만큼 성공한 교포가 아니라면 엄두를 낼 수 없는 집이다. 대통령 아들이 이 정도 집에는 살아야 하지 않겠느냐고 한다면 할 말이 없지만. 노 전 대통령 측은 2007년 박연차 전 태광실업 회장에게서 받은 100만 달러 가운데 40만 달러를 포함한 45만 달러를 계약금으로 지불했으며 이후 계약이 잠시 보류된 상태라고 주장한다. 그

105) 「"대통령의 형은 특수 지위"라는 법원 판결을 보고(사설)」, 『조선일보』, 2009년 5월 15일.

러나 검찰은 40만 달러가 단순히 계약금이 아니라 잔금일 가능성도 있다고 보고 있다."

이어 박성원은 "반미 정서에 기대 대선에서 이긴 노 전 대통령 부부가 아들을 2006년부터 미국에 유학시키고, 국가정보원의 도움을 받아 살 집을 물색해주고, 허드슨 강변의 고가(高價) 아파트 매입을 위해 수십만 달러를 송금해주었다니! '노짱'에게 열광했던 반미 · 친북 진영 일각에선 "배신당했다"는 탄식이 나올 만하다"며 다음과 같이 말했다.

"'반미 상인(商人)'들의 이중적 대미(對美) 자세는 새삼스러운 일도 아니다. '한국의 주적(主敵)은 북한이 아니라 미국'이라고 말한 강정구 전 교수는 장남이 미국의 대형 법률 회사에 취업하고 차남은 주한 미군 배속 카투사로 군 복무를 마쳤다. 지난해 미국산 쇠고기 수입 반대 시위를 주도한 한상렬 한국진보연대 공동대표는 부인이 목회학 박사 학위를 받기 위해 미국에서 5년간 유학한 적이 있다. 미국 생활을 해본 사람들은 "애들 영어 때문에……"라며 자녀를 데리고 미국에 온 이유를 멋쩍게 설명하는 반미 단체의 간부를 더러 만나봤을 것이다. …… '사회적 프레임'으로 '박연차 게이트'를 바라볼 때 노 전 대통령의 죄목 1호는 '이 땅에서 신뢰라는 사회적 자본을 까먹고 정치 허무주의를 확산시킨 죄'라는 것이 나의 생각이다."[106]

그러나 그렇게 생각하지 않는 사람들도 있었다. 5월 21일 노사모 홈페이지를 보면 노사모는 6월 13일부터 이틀 동안 충북 충주시의 한 리조트에서 10회 정기총회를 열기로 했다. 노사모는 총회 참가 인원을 1,000명

---

106) 박성원, 「반미(反美) 장사와 허드슨 강 호화 아파트」, 『동아일보』, 2009년 5월 19일.

정도로 예상하고, 이 리조트의 객실 150개를 예약했다. 이곳은 2003년 초 '노무현 대통령 당선 축하 대번개'가 열린 장소였다. 노사모는 총회 공고글에서 "봉하마을(노 전 대통령)을 향한 기득권 세력들의 비열한 창끝이 파상 공세를 멈추지 않고 있다"며 "비열한 창날을 녹여버릴 용광로인 범노사모 식구들이 총회에 참석해 용광로에 불을 지필 것"이라고 밝혔다.[107]

노 전 대통령에 대한 검찰의 사법 처리가 임박한 상황에서 열리는 모임이라 '세 과시'를 위해서라는 시각도 있었지만, 그 이유가 무엇이었건 이런 모임 자체가 노무현에게 더 큰 부담으로 작용하지 않았을까? 참여정부 시절 대북 송금 특검으로 구속, 수감된 민주당 박지원 의원은 노무현의 불구속 기소를 위한 서명운동을 추진해 5월 21일까지 50명이 넘는 민주당 의원들의 동의를 받아냈다고 했는데,[108] 이 또한 노무현에게 견딜 수 없는 고통을 준 건 아니었을까? '반미 장사와 허드슨 강 호화 아파트'라는 비난은 또 어떠했으랴. 5월 23일 새벽 노무현은 잠을 이루지 못한 채 수많은 회한과 상념에 사로잡혀 있었다.

---

107) 김영화, 「노사모, 내달 총회 1000명 결집…… "檢 수사 중 勢 과시" 비난도」, 『한국일보』, 2009년 5월 22일.
108) 김회경, 「'훈남' 박지원, 악연 뒤로 하고 '盧 불구속 기소' 서명운동: 민주 의원 50여 명 서명 동의」, 『한국일보』, 2009년 5월 22일.

'소용돌이 영웅'의 탄생
노무현 서거

노무현 서거

2009년 5월 23일 이른 새벽 노무현 전 대통령이 컴퓨터에 유서를 남기고 뒷산 봉화산 부엉이바위에서 투신해 스스로 목숨을 끊었다. 오전 6시 40분쯤이었다. 노무현 전 대통령은 경남 양산 부산대병원으로 옮겨졌으나 의식을 되찾지 못하고 오전 9시 30분쯤 운명했다. 노 전 대통령은 투신에 앞서 사저에서 평소 사용하던 컴퓨터에 14줄 분량으로 유서를 작성했다. 유서는 아래아 한글 파일로 작성됐으며 파일명은 '나로 말미암아 여러 사람의 고통이 너무 크다'였다. 최종 저장 시간은 이날 오전 5시 21분이었다.

"너무 많은 사람들에게 신세를 졌다. 나로 말미암아 여러 사람이 받은 고통이 너무 크다. 앞으로 받을 고통도 헤아릴 수가 없다. 여생도 남에게 짐이 될 일밖에 없다. 건강이 좋지 않아서 아무것도 할 수가 없다. 책을 읽을 수도 글을 쓸 수도 없다. 너무 슬퍼하지 마라. 삶과 죽음이 모두 자

5월 23일 이른 새벽 노무현 전 대통령이 뛰어내린 부엉이바위. 노 전 대통령은 '너무 많은 사람들에게 신세를 졌다'며 집 가까운 곳에 아주 작은 비석 하나만 남겨달라는 말을 마지막으로 남겼다.

연의 한 조각 아니겠는가? 미안해하지 마라. 누구도 원망하지 마라. 운명이다. 화장해라. 그리고 집 가까운 곳에 아주 작은 비석 하나만 남겨라. 오래된 생각이다." [109]

5월 23일 오후 2시쯤 경남 양산 부산대병원에 도착한 안희정 민주당 최고위원은 "전직 대통령의 명예를 훼손하고, 시정잡배로 만들었다"면서 "이는 노 전 대통령에 대한 모욕이 아니라 대한민국 전체를 모욕한 것"이라고 검찰과 이명박 정부를 비난했다. 김두관 전 행정자치부 장관은 "이명박 정부가 너무 잔인하다"고 비난했다. 한편 이 병원에 모여든

109) 염강수, 「노무현 前 대통령 서거」, 『조선일보』, 2009년 5월 24일.

노사모 회원 등 노 전 대통령 지지자들은 일부 언론사 기자와 몸싸움을 벌이며 바닥에 뒤엉켜 나뒹구는 등 험악한 분위기를 연출했다. 노 전 대통령 지지자들은 "조중동은 썩 물러가라", "방송들도 똑바로 해라"고 주변 기자들에게 거친 언사를 퍼붓기도 했다.[110] 노 전 대통령의 시신은 오후 6시 30분쯤 봉하마을로 운구돼 마을회관에 안치됐다.

이튿날 『한겨레』는 "그는 우리 사회의 비주류였다. 그리고 그의 비극의 원천은 여기에 있었다. 탐탁지 않은 비주류 권력의 출현에 대한 기득권 세력들의 공격은 집요했다. 그 공격은 대통령 재임 기간에도, 퇴임 뒤에도 변함이 없었다. 보수 세력과 보수 언론들은 국민의 손으로 뽑힌 대통령의 권위조차 인정하지 않고 헐뜯고 공격했다. 그를 죽음으로 몰아간 박연차 씨 금품 수수 의혹 사건에서도 보수 언론은 그를 무자비하게 난도질해 만신창이로 만들었다. 그의 비참한 죽음은 어느 면에서는 우리 사회 주류의 견고한 성벽을 다시 한 번 확인해준 것이기도 하다"며 다음과 같이 말했다.

"그는 자신의 물리적 육체를 벼랑 끝으로 내던짐으로써 자신의 '존재 이유'였던 이런 정신적 가치들이 죽는 것을 막고 싶었던 것은 아닐까. 물론 죽은 자는 말이 없다. 하지만 민주주의와 진보, 정의 등의 깃발이 시대의 광풍에 휩쓸려 스러져가는 것을 막아야 할 당위성만큼은 분명하다. 바보 노무현의 죽음이 결코 바보짓만은 아니게 만드는 길이 무엇인지 곰곰이 생각해볼 때다. 고인의 명복을 빈다."[111]

---

110) 김학찬 외, 「[盧 前 대통령 서거] 안희정 "現 정권 원한 게 이런 거냐" 김두관 "MB정부 너무 잔인하다"」, 『조선일보』, 2009년 5월 24일.
111) 「노 전 대통령의 죽음을 애도함(사설)」, 『한겨레』, 2009년 5월 24일.

전국언론노조는 5월 24일 성명에서 "검찰과 조중동이 앞서거니 뒤서 거니 하면서 도덕적 흠집 내기에 혈안이었다"며 "노 전 대통령의 서거 는 이명박 대통령과 검찰·조중동이 만들어낸 정치적 타살"이라고 규 정했다. 민주언론시민연합도 "시민들이 노 전 대통령의 서거를 놓고 이 명박 정권, 검찰뿐 아니라 조중동에 대해서도 분노하고 있다"며 "자신 들이 그토록 공격했던 전직 대통령이 서거한 순간까지 악의적 왜곡과 모욕 주기를 중단하지 않은 행태는 심판받을 것"이라고 밝혔다.[112]

국화꽃 행렬 2km, 보통 사람들의 '바보 연가'

2009년 5월 24일 고인을 애도하는 추모 행렬이 전국 각지에서 이어졌다. 경남 김해시 진영읍 봉하마을을 비롯해 서울·광주·부산·수원 등 전 국의 주요 도심과 사찰 등엔 전날 밤부터 추모 행렬이 꼬리를 물었다. 밤새 빈소를 지킨 봉하마을 주민들과 노사모 회원들은 비통함과 분노를 삭이지 못했다. 이들은 빈소를 찾은 여권 인사들의 조문을 "무슨 염치로 문상을 오느냐"며 격렬하게 막아섰다.

서울 덕수궁 대한문 앞에 차려진 '시민 분향소'는 발 디딜 틈이 없었 다. 전경 버스가 분향소 주변을 겹겹이 둘러쌌지만 추모 발길은 시간이 지날수록 더 불어났다. 이날 오후 조문 행렬은 시청역 지하보도를 거쳐 청계광장을 돌아 프레스센터까지 1km가량 이어져, 분향까지 세 시간이 넘게 걸리기도 했다.[113]

---

112) 이지선, 「언론들 '망신 주기' 보도 "盧 서거 책임" 비난 여론」, 『경향신문』, 2009년 5월 27일.

덕수궁 대한문 앞 시민 분향소를 찾는 조문 행렬은 1km가량 이어졌다. 분향까지 세 시간이 넘게 걸리기도 했다.

인터넷 공간에서도 고인에 대한 추모와 애도의 글이 이어졌다. 주요 포털 사이트와 언론사들은 '노 전 대통령 서거' 특집 코너를 만들고, 추모 게시판을 열어 누리꾼들이 글을 올릴 수 있도록 했다. 친노 인터넷 매체인 『서프라이즈』에는 글마다 사진 대신 검은 배너가 붙었고, 애도와 함께 '응징하자'는 등의 주장도 이어졌다. 노 전 대통령의 지지 단체 노무현을 사랑하는 사람들의 모임 누리집(www.nosamo.org)은 이용자 폭주로 접속이 어려웠다.

추모글만이 아니라, 이 사태에 대한 정부와 검찰, 보수 언론의 책임을 묻는 글들도 쏟아졌다. 대검찰청 누리집과 보수 언론 사이트의 게시판

---

113) 길윤형·박수진, 「국화꽃 행렬 2km… 보통 사람들의 '바보 연가' : 시민들 애도 물결」, 『한겨레』, 2009년 5월 25일.

김형오 국회의장 일행은 성난 마을 주민과 일부 조문객이 막아서는 바람에 쫓겨났다가 새벽에 '도둑 문상'을 해야 했다.

등에는 격앙된 누리꾼들의 글이 올라왔다. 대검 홈페이지는 이용자가 폭주해 게시판이 잘 열리지 않는 현상이 이어졌지만, 올라온 글 대부분은 '미필적 고의에 의한 살인 아니냐', '권력의 개들 축하한다' 등 검찰 수사를 비난하는 내용이었다. 일부 누리꾼은 "현 정부가 노무현 전 대통령을 죽인 것이나 마찬가지", "정부와 보수 언론에 의한 정치적 타살"이라며 분노를 드러내기도 했다.[114)]

5월 24일 오후 조문을 위해 봉하마을에 도착한 김형오 국회의장 일행은 마을 주민과 일부 조문객들이 막아서는 바람에 쫓겨났다가 새벽에 '도둑 문상'을 했다. 물벼락과 함께 험한 욕설 세례를 받아야 했다. "살려내면 조문하게 해주겠다"는 절규도 있었다. 노 전 대통령의 측근인 문

114) 구본권 외, 「뜨거운 온라인: '봉하마을' '노사모' '아고라' 등 애도 물결」, 『한겨레』, 2009년 5월 24일.

재인 변호사가 아무리 설득해도 막무가내였다. 박근혜 전 한나라당 대표와 이회창 선진당 총재도 문상을 못 하고 돌아섰다.

이에 『중앙일보』는 "이명박 대통령도 직접 문상을 하겠다는 뜻을 밝혔지만 일부에선 봉변을 우려해 말리고 있다"며 다음과 같이 말했다. "더욱 우려되는 것은 추모 열기를 정치적으로 이용하려는 듯한 일부 행태다. 덕수궁 분향소 옆에선 '이명박 탄핵 서명운동'이 벌어지고 있다. 그 옆엔 '그냥 가지 말고 꼭 촛불을 들자', '낮엔 국화, 밤엔 촛불' 등이 적힌 피켓이 서 있다. 한쪽에선 '미친 소'를 외치는 연사를 둘러싼 일군의 무리가 웅성거리고 있었다. 노 전 대통령을 추모하는 일과는 무관한 것들이다."[115]

지상파 방송 3사는 23, 24일에 방송 특보를 각각 열아홉 개와 열네 개 제작해 서거 소식을 집중 보도했다. 5월 24일 SBS는 주말 황금 시간대의 예능 프로그램을 대신해 추모 특집 방송을 내보냈고, MBC는 〈시사매거진 2580〉을 노무현 관련 특집으로 방송했다. 이들 프로그램은 '바보 노무현', '서민 대통령', '퇴임 후 소탈한 시민' 등 노 전 대통령에 대해 그동안 쌓인 부정적 이미지를 씻어내는 내용을 집중적으로 내보냈다. MBC는 5월 24일 〈뉴스데스크〉에서 "노무현은 원칙에 대한 결벽증 환자였습니다. '바보 노무현'의 결벽증에 가까운 원칙과 도덕에 대한 집착……" 이라면서 "인생을 승부 속에 살아온 노 전 대통령이 생의 끝에 던진 마지막 승부수가 수많은 사람들의 슬픔 속에 전개되고 있다"고 말했다.[116]

---

115) 「노 전 대통령 추모 열기 정치적으로 변질되지 말아야(사설)」, 『중앙일보』, 2009년 5월 26일.
116) 신동흔, 「상황 따라…… 2578분간 추모 특집…… 방송 3사 '노무현 찬가'로 돌변」, 『조선일보』, 2009년 6월 6일.

방송사들은 국민장 결정 이후 29일까지 모든 예능 프로그램의 방송을 취소하고 드라마 재방송과 특선 영화 등으로 대체 편성했다.

보수 성향 단체들은 "특집 방송의 양이 지나치게 많다"고 비판하고 나섰다. 방송개혁시민연대는 26일 성명을 내고 서거 특집 방송에 대해 "형평성을 크게 벗어난 과도한 편성"이라며 "특집 방송이 국민 감정을 자극해 특정 세력이 정치적으로 이용할 우려가 있다"고 주장했다. 방송개혁시민연대는 "2006년 최규하 전 대통령 국민장 때 방송 3사는 추모 특집을 단 한 편도 방송하지 않았는데 이번엔 대대적으로 특집 프로를 만들었다"며 "특히 MBC는 23일에만 무려 7시간 50분 동안 특집 뉴스 등을 내보냈을 정도"라고 말했다.

반면 진보 쪽에서는 주로 KBS와 SBS가 "적극적으로 추모 현장을 보도하지 않았다"고 주장했다. 민주언론시민연합은 "24일 봉하마을 조문 행렬을 보도하면서 KBS는 조문객 수를 300명이라고 축소했고, 또 KBS와 SBS는 덕수궁 인근에서 경찰이 조문객을 몰아낸 일을 단신으로 보도하는 등 올바른 보도를 하지 않았다"며 "검찰 수사를 받아쓰기 보도한 데 이어 조문 상황을 제대로 보도하지 않는 모습은 실망스럽다"고 밝혔다.[117]

상복은 검고 국화는 희다

노 전 대통령의 서거에 대해 애도와 추모의 열기가 전국을 소용돌이처럼 강타하면서 정부에서 만든 분향소 81곳, 전국 사찰과 각종 사회단체

---

117) 양홍주, 「보수 "과도한 편성 국민 감정 자극" 진보 "KBS · SBS 축소 지향 보도": 방송 3사 노무현 前 대통령 서거 특집 보혁 엇갈린 평가」, 『한국일보』, 2009년 5월 28일.

등이 만든 분향소가 200곳 가까이로 늘어났다. 이틀 동안 무려 15만 명이 다녀간 김해 봉하마을뿐만 아니라 전국 곳곳에 설치된 분향소마다 조문객들의 발길이 끊이지 않았다. 반면 이 대통령·한나라당 지지율은 20%대로 추락했다.[118] 서거 닷새째인 27일 조문객 수가 300만 명(국민장 장의위원회 공식 발표)에 근접했으며, 인터넷 추모글도 100만 건을 돌파했다.[119] 고인의 빈소가 차려진 경남 김해 봉하마을을 찾은 추모객만 5월 27일로 70만 명을 넘어섰다.[120]

5월 28일 문부식 전 『당대비평』 편집위원은 「애도의 시간, 성찰의 시간」이라는 『경향신문』 칼럼에서 " '당신의 국민으로 살았던 5년은 행복했습니다' 라고 나는 차마 말하지 못하겠다. 그가 실현하고자 했던 개혁이 그의 '국민' 중 다수의 무너져가는 삶과 그다지 관련을 맺지 못한 실례를 적잖이 목격했으므로. 자신의 진정성을 걸고 내민 극단적 비움의 선택지들이 시급한 사회적 의제들을 덮어버리는 현실을 많이 안타까워했으므로. 그러므로 그의 시대를 기억하는 태도와 경로가 이전과는 많이 달라야 한다고 나는 생각한다" 며 다음과 같이 말했다.

"지금은 애도의 시간. 나는 '순결한 개인 대 사악한 세계' 라는 구도로 구성되어가는 애도의 서사를 경계하자고 말하고 싶다. 봉하마을을 순교자의 성지로 만들고 부엉이바위를 골고다언덕으로 만들려는 몸짓도 마찬가지다. 우리가 기억해야 할 한 아름다운 정치가는 자신을 심판하는 길을 선택해 새벽 산에 올랐다. 그 새벽의 시간은 삶과 죽음이 자연의 한

118) 이지선, 「극우 논객 잇단 막말 논란」, 『경향신문』, 2009년 5월 28일.
119) 김광호 외, 「[뉴스분석] 막힌 소통 푸는 추모의 場」, 『경향신문』, 2009년 5월 28일.
120) 「노 전 대통령 추모 행렬이 말하는 것(사설)」, 『경향신문』, 2009년 5월 28일.

조각으로 합체되는 순간이었을 것이다. 하지만 여전히 우리는 벌거벗은 욕망의 질서가 인간의 삶을 위협하는 현실 속에서 전전긍긍하면서 살아가야 할 한두 가지 이유라도 붙들기 위해 헤매고 있다. 논어의 한 구절이다. '아직 삶도 채 모르는데 어찌 죽음을 알겠는가.' 그의 죽음이 삶을 위한 성찰이 되어야 할 까닭이다."[121]

5월 28일 박은주『조선일보』엔터테인먼트부장은 "어떤 이는 울음을 삼키고 어떤 이는 자책하고 어떤 이는 다른 이를 비난하고 있다. 그 방식은 다르고, 사람에 따라 동의하거나 그렇지 못할 수 있지만, 그게 '인간 노무현'에 대한 안타까움에서 출발했다는 걸 우리는 인정해야 한다. 그러나 그를 떠나보내는 살아 있는 사람들의 태도는 또다시 적잖은 소용돌이를 일으킨다"며 다음과 같이 말했다.

"26일 인터넷의 주요 검색어 중 하나는 '진중권 자살세'였다. 진보 논객 중 하나인 진중권 씨의 2004년 인터뷰에서 나온 얘기다. '정몽헌 현대아산 회장의 자살에 대해 '사회적 타살'이라는 의견이 많았고……'라는 질문에 '자살할 짓 앞으로 하지 않으면 되는 거예요.(웃음) 그걸 민주열사인 양 정권의 책임인 양 얘기를 하는데, 그건 말도 안 되고, 앞으로 자살세를 걷으면 좋겠어요. 왜냐면 시체 치우는 것 짜증 나잖아요.(웃음)'라고 답했다. 자살한 남상국 전 대우 사장에 대한 발언도 도마에 올랐다. '그렇게 명예를 중시하는 넘이 비리나 저지르고 자빠졌습니까?…… 검찰에서 더 캐물으면 자살하겠다고 '협박'하는 넘들이 있다고 합니다. …… 검찰에서는 청산가리를 준비해놓고, 원하는 넘은 얼마든지

121) 문부식, 「애도의 시간, 성찰의 시간」, 『경향신문』, 2009년 5월 28일.

셀프서비스 하라고 하세요.' 위악과 독설이 진중권 씨 글이나 말의 힘이라 해도, 이건 말이 아니었다. 자살한 두 사람이 그의 기준에서 아주 '아닌' 사람들이었다 해도 말이다. 그것도 웃으면서. 그러니 노 전 대통령의 서거에 대해 그가 비통해하는 마음까지 '정파적'이라고 비난받는 상황이 생겨난다."

이어 박은주는 "김동길 연세대 명예교수의 과거 글이 논란이 된 데 이어, 뉴라이트 연합 상임의장을 지낸 김진홍 목사는 '감당할 자질이나 능력이 없으면 굳이 지도자에 오르려 들지 말라'는 표현을 썼다. 군사 전문가 지만원 씨는 '무대 뒤로 사라졌던 역대 빨갱이들이 줄줄이 나와서 마치 영웅이나 된 것처럼 까불어대는 모습도, 감옥에 있던 노무현 졸개들이 줄줄이 기어나와 얼굴을 반짝 들고 설쳐대는 모습도 참으로 꼴불견들'이라고 했다"며 다음과 같이 말했다.

"이런 분들은 대부분 우리 국민이 망자 앞에서 유난히 너그럽고 감정적이 된다고 비난하고 있다. 그러나 살기 힘든 우리 땅에서 살아내고, 그리고 세상을 뜬 사람에 대한 '예외 없는 부의(賻儀)'라고 생각해야 할 일이다. 어쩌면 이런 분들 발언의 바탕에는 망자에 대한 애도가 어떤 집단이나 권력에 '이용'될 수 있다는 우려가 있을지도 모른다. 실제로 어떤 세력들은 애도를 '증오 에너지'로 바꾸고 싶어 한다. 그러나 그건 그 상황이 닥치면 헤쳐나가야 할 일이다. 그런 이유로 망자에 대한 순수한 연민과 애도에 상처를 내는 건, 진정한 보수의 길, 사람의 태도와는 거리가 멀다. 누구의 상가에서든, 상복은 검고 국화는 희다."[122]

---

122) 박은주, 「상복은 검고 국화는 희다」, 『조선일보』, 2009년 5월 28일.

『한겨레』 · 『경향신문』에 대한 비난

2009년 5월 28일 부인 이희호 여사와 함께 서울역 분향소를 찾은 김대중 전 대통령은 "노무현 전 대통령이 좀 견뎌야 했다는 심정도 있지만 그가 겪은 치욕과 좌절, 슬픔을 생각하면 나라도 그런 결단이랄까, 할 것 같다는 생각도 든다"고 말했다. 김 전 대통령은 29일 열릴 경복궁 영결식에서 추도사를 하려 했으나 정부가 막아 못하게 됐다는 사실도 기자들에게 공개했다. 한명숙 전 총리가 추도사를 부탁해와 승낙했으나 정부가 "여러 전직 대통령이 참석하는데 김 전 대통령만 추도사를 하면 형평성에 문제가 있고 전례가 없다"는 이유로 반대했다는 것이다.[123]

5월 28일 진보적인 사회 인사 102인은 '노무현 전 대통령의 죽음, 누가 책임을 져야 하는가—현 시국에 대한 사회 인사 100인 선언'을 발표했다. 이들은 선언문에서 정부의 반민주적 통치가 국가적 비극을 가져왔다고 밝혔다. 그러면서 이명박 정부의 대국민 사과, 검찰 기획 수사 진실 규명 및 책임자 처벌, 내각 총사퇴를 전제로 한 국정 쇄신, 언론 반성 등 4개 항을 요구했다. 이들은 "노 전 대통령의 서거를 계기로 이명박 정부는 단절과 억압의 일방 독주 체제에서 벗어나야 한다"며 "그렇지 않으면 우리 사회는 더 이상 인간의 삶이 보장되는 사회, 민주주의와 평화가 유지되는 사회를 만들어낼 수 없을 것"이라고 경고했다.[124]

그 바람에 노무현의 과오에 대해 일정 부분 비판적이었던 진보적인 신문들마저 호된 비난에 휩싸이게 되었는데, 이 신문들은 반성하는 모

---

123) 백일현, 「서울역 분향소 찾은 DJ "그가 겪은 치욕 생각하면 나라도 그런 결단"」, 『중앙일보』, 2009년 5월 29일.
124) 강병한, 「"내각 총사퇴로 국정 쇄신" 촉구······ 100인 시국 선언」, 『경향신문』, 2009년 5월 29일.

습을 보였다. 5월 28일 시민 편집인(옴부즈맨) 이봉수는 『한겨레』에 쏟아진 그런 비난을 소개하면서 『한겨레』도 노무현의 흠집 내기에 일조했다는 진단을 내린 뒤 다음과 같이 아프게 반성할 것을 촉구했다.

"진보 언론의 맏형인 『한겨레』에 대해 느꼈을 노 전 대통령의 실망감은 '브루투스 너마저도……'를 외치며 죽어간 카이사르의 그것이었는지도 모른다. 그는 '먼 산을 바라보고 싶어도 카메라가 지키고 있어 그 산봉우리를 바라볼 수 없다'며 한탄했다. 왕조 시대 위리안치도 마당에 나갈 수는 있었는데 언론에 의해 방 안에 유폐돼 있다가 우울증을 키웠으리라. 그리고 끝내 홈페이지 '사람 사는 세상'에 '죽음의 말'을 남기고 고립무원의 심정으로 기자들이 없는 새벽녘에 부엉이바위에 올라 몸을 던졌으리라."[125]

같은 날 『한겨레』는 사설 「노 전 대통령 서거 '언론 책임론' 무겁게 여겨야」를 통해 "이 점(검찰의 입에서 나온 이야기에 전적으로 의존했다는 등)에 관한 한 보수 언론이나 다른 언론뿐만 아니라 『한겨레』도 자유롭지 못하다"고 인정하면서 "언론계는 이번 사태를 계기로 취재 관행의 문제점을 재검토하고, 피의자나 사회적 약자 보호 및 진실 규명을 위해 충분한 노력을 다하고 있는지 점검해야 한다"고 언론계의 반성을 촉구했다. 『경향신문』 또한 5월 29일 사설에서 "『경향신문』도 그 (언론) 책임론에서 자유로울 수 없다는 지적을 겸허하게 새기고자 한다"고 썼다.

이에 변희재 실크로드CEO포럼 회장은 "지금 언론계가 시급히 개혁해내야 할 과제는 노 전 대통령의 수뢰 혐의 사건과 관련한 보도 태도가 아

---

125) 이봉수, 「[시민편집인의눈] 문제는 다시 언론…… '노무현 보도' 반성해야」, 『한겨레』, 2009년 5월 28일.

니다. 가장 심각한 문제는 하나의 보도 원칙이나 관점이 정략적 이해관계에 따라 수시로 뒤바뀌면서 스스로 신뢰를 잃어버리고 있다는 점이다"며 다음과 같이 말했다. "지금 '피의자의 인권을 보호하자', '노 전 대통령의 죽음을 헛되이 하지 말자' 고 주장하는 사람들에게 간단한 질문을 하고 싶다. 노 정권 당시 자살한 사람들에 대해 '자살을 미화하지 말라' 며 호통을 쳤던 그 주장은 여전히 유효한가? 이 질문에 대해 정직하게 답해야만 한국 언론의 신뢰 회복과 진정한 개혁이 가능할 것이라고 나는 믿는다."[126]

박제균『동아일보』영상뉴스팀장은 "노무현 전 대통령의 비극이 정치 보복 때문이라고? 그렇게 보는 사람도 있겠지만, 문제의 본질은 그게 아니다. 왜 노 전 대통령의 가족과 친지, 집사와 측근, 후원자 등이 거액의 금품 수수와 청탁에 연루됐음에도 재임 당시에는 전혀 드러나지 않았을까? 거기에 노 전 대통령 일가뿐 아니라 한국 정치의 비극이 담겨 있다는 게 내 생각이다"며 다음과 같이 말했다.

"적어도 김영삼 김대중 대통령 때는 비록 임기 말이기는 했지만, 최고 권력자도 자식들이 감옥에 들어가는 모습을 지켜봐야만 했다. 노 전 대통령 때 그만한 자정(自淨) 시스템도 작동하지 못한 것은 한국 정치의 퇴보를 의미한다. 10여 년을 정치부 기자로 일하면서 든 확신은 한국 정치의 생산성이 갈수록 급락하고 있다는 것이다. 더구나 작금의 상황을 보면 '이런 정치는 없었다' 는 생각마저 든다."[127]

---

126) 변희재, 「좌파 매체들, 지난날 뭐라고 보도했던가」, 『동아일보』, 2009년 5월 29일.
127) 박제균, 「이런 정치는 없었다」, 『동아일보』, 2009년 5월 29일.

노제가 열린 서울광장은 노란 바다였다. 노란색 풍선이 내걸렸다. 시민들은 노란색 두건을 두르고, 노란 리본을 달았다. 검은 넥타이 대신 노란 넥타이를 맨 이들도 적지 않았고, 노사모에서는 노란 종이 모자를 나눠줬다.

영결식과 노제

2009년 5월 29일 오전 11시 노무현 전 대통령의 영결식이 부인 권양숙 씨 등 유족들과 전·현직 대통령, 각 당 대표, 국회의원, 외교 조문단 등 3,500여 명이 참석한 가운데 서울 경복궁 앞뜰에서 열렸다. 운구 행렬은 이날 낮 12시 20분께 경복궁에서 영결식을 끝낸 뒤 곧바로 출발했으나 오열하는 추모 인파에 막혀 예정보다 30여 분 늦게 노제 장소에 도착했다.

노제가 열린 시청 앞 서울광장과 세종로 네거리 곳곳에는 노란색 풍선이 내걸렸다. 그를 상징하는 '노란색'을 몸에 두른 사람들로 광장은 '노란 바다'가 됐다. 시민들은 노란색 두건을 팔과 손목에 두르고, 노란 리본을 가슴에 달았다. 양복을 입은 사람들 가운데는 검은 넥타이 대신 노란 넥타이를 맨 이들이 적지 않았다. 얼굴에는 저마다 노란색 스티커

를 붙였다. 노무현을 사랑하는 사람들의 모임에서는 노란색 종이 모자를 나눠줬다.[128]

"바보 대통령, 그러나 자랑스러웠던, 앞으로도 영원히 마음속에서 자랑스러울 대한민국 16대 대통령 노무현 대통령님을 맞이하겠습니다." 오후 1시 20분, 방송인 김제동 씨의 말과 함께 서울시청 앞 광장을 가득 메운 시민 50여만 명이 일제히 자리에서 일어났다. 노제는 노제 총감독을 맡은 김명곤 전 문화관광부 장관의 초혼으로 시작됐다. 엄숙하고 침통한 분위기 속에서 국립 무용단이 향로를 들고 '혼맞이 소리'를 하며 영구차를 한 바퀴 돈 뒤 무대에 올랐고, 이어 국립 무용단의 '진혼무'가 이어졌다. 안도현 시인은 떨리는 목소리로 조시 「미안해요, 고마워요, 일어나요」를 낭송했다.

뛰어내렸어요, 당신은 무거운 권위주의 의자에서/사람이 사람답게 사는 세상으로/뛰어내렸어요, 당신은 끝도 없는 지역주의 고압선 철탑에서/버티다가 눈물이 되어 버티다가/뛰어내렸어요, 당신은 편 가르고 삿대질하는 냉전주의 창끝에서/깃발로 펄럭이다 찢겨진, 그리하여 끝내 허공으로 남은 사람/고마워요, 노무현/아무런 호칭 없이 노무현이라고 불러도/우리가 바보라고 불러도 기꺼이 바보가 되어줘서 고마워요/아, 그러다가 거꾸로 달리는 미친 민주주의 기관차에서/당신은 뛰어내렸어요, 뛰어내려 으깨진 붉은 꽃잎이 되었어요/꽃잎을 두 손으로 받아주지 못해 미안해요/꽃잎을 두 팔뚝으로 받쳐주지 못해 미안해요/꽃잎을 두 가슴으로 안아주지 못해 미안해

---

128) 정유경 외, 「끝없는 인파, 노란색 물결, 눈물의 진혼곡: 촛불집회 때보다 많은 시민들 거리로」, 『한겨레』, 2009년 5월 30일.

운구 행렬이 노제를 치르기 위해 서울광장으로 이동하고 있다.

요/저 하이에나들이 밤낮으로 물어뜯은 게/한 장의 꽃잎이었다니요!/저 가증스러운 낯짝의 거짓 앞에서 슬프다고 말하지 않을래요/저 뻔뻔한 주둥이의 위선 앞에서 억울하다고 땅을 치지 않을래요/저 무자비한 권좌의 폭력의 주먹의 불의 앞에서 소리쳐 울지 않을래요/아아, 부디 편히 가시라는 말, 지금은 하지 않을래요/당신한테 고맙고 미안해서 이 나라 오월의 초록은 저리 푸르잖아요/아무도 당신을 미워하지 않잖아요/아무도 당신을 때리지 않잖아요/당신이 이겼어요, 당신이 마지막 승리자가 되었어요/살아남은 우리는 당신한테 졌어요, 애초부터 이길 수 없었어요/그러니 이제 일어나요, 당신/부서진 뼈를 붙이고 맞추어 당신이 일어나야/우리가 흐트러진 대열을 가다듬고 일어나요/끊어진 핏줄을 한 가닥씩 이어 당신이 일어나야/우리가 꾹꾹 눌러둔 분노를 붙잡고 일어나요/피멍 든 살을 쓰다듬으며 당신이 일어나야/우리가 슬픔을 내던지고 두둥실 일어나요/당신이 일어나야 산하가 꿈틀거려요/당신이 일어나야 동해가 출렁거려요/당신이 일어나야 한반도가 일어나요/고마워요, 미안해요, 일어나요, 아아, 노무현 당신!

이어 도종환 시인이 제관(사회)을 맡은 가운데 장시아 시인의 유서 낭독, 안숙선 명창의 조창이 이어졌다. 도 시인이 "당신을 영원히 기억하겠습니다. 당신을 사랑합니다"라고 목 놓아 외쳤다. 안타까움 사이로 다시 오열이 터져 나왔다.

노제를 마무리 지으며 노 전 대통령의 애창곡인 '사랑으로'가 울려 퍼졌다. 시민들은 '임을 위한 행진곡', '솔아 솔아 푸르른 솔아' 등을 부르며 마지막 가는 노 전 대통령을 배웅했다. 운구 행렬은 서울역을 향했지만 노랗게 물든 추모 인파가 도로를 가득 메워 쉽게 앞으로 나아가지 못했다. "깨치고 나아가, 끝내 이기리라." 노 전 대통령과 함께한 마지막 자리에서 시민들은 가수 양희은 씨의 목소리에 맞춰 '상록수'를 불렀다.[129]

서거 방송 논란

2009년 5월 29일 KBS 「뉴스 9」는 "노 전 대통령이 추구한 세상은 모두가 더불어 잘사는, 그래서 하루하루가 신명 나게 이어지는 '사람 사는 세상'이었다"며 "적어도 분하고 서러워서 스스로 목숨을 끊는 일은 없는

---

129) 길윤형 외, 「세종로~태평로 노란 물결······ "끝내 이기리라" 합창」, 『한겨레』, 2009년 5월 30일.

세상을 만들고자 외쳤지만 그의 노력은 비극적 결말 속에 열매를 맺지 못한 채 미완의 도전으로 남게 됐다"고 말했다. KBS 〈추적 60분〉은 5월 29일 '추모 특집, 노무현 떠나다'에서 "노 대통령께서 순교자적인 행동을 취했고, 그 결과로서 우리 대한민국이 배려와 화합, 통합의 정치 문화 …… 지역, 계급, 세대의 벽을 뛰어넘어 같이 더불어 할 수 있는 대한민국 정치를 위해서 스스로 희생한 것 아닌가 생각이 든다"는 문정인 연세대 교수의 발언을 전했다.[130]

나중에 보수적인 공정언론시민연대(공언련)가 노 전 대통령 서거 전(3월 30일~5월 16일)과 서거 후(5월 23~29일)의 지상파 3사 메인 뉴스를 분석한 결과를 내놓았다. 그 자료를 보면, MBC는 전체 기사 349건 중 서거 후 7일간 관련 기사를 248건(71.1%), 하루 평균 35.4건을 내보냈다. KBS는 같은 기간 331건 중 188건(56.8% · 평균 26.8건), SBS는 269건 중 144건(53.5% · 평균 20.6건)을 보도했다.

공언련은 "서거 전까지 노 전 대통령과 가족의 뇌물 수수 의혹을 지속적으로 제기해 노 전 대통령이 도덕성에 치명상을 입었다던 방송사들이 서거 후 돌변해 그의 서민적 이미지와 기득권에 맞서 싸우려고 했다는 의지를 높게 평가했다"며 "방송사들이 서거 후 노 전 대통령의 정치철학과 역정을 반복 방영해 고인의 공과(功過)를 있는 그대로 보여주지 않고 미화하지 않았나 생각해야 한다"고 지적했다.

여기에 공언련은 2002년 이회창 당시 대통령 후보 아들의 병역 비리 의혹 사건(병풍)과 2007년 이명박 당시 대통령 후보의 BBK 의혹 사건 보

---

130) 신동흔, 「상황 따라…… 2578분간 추모 특집…… 방송 3사 '노무현 찬가'로 돌변」, 「조선일보」, 2009년 6월 6일.

도와 비교할 때 서거 전 노 전 대통령 비리 관련 보도가 특별히 많았다고 할 수 없다고 지적했다. MBC의 경우 병풍 관련 보도는 72건, 하루 평균 1.8건, BBK 보도는 106건, 하루 평균 3.21건이었고 노 전 대통령 뇌물 수수 의혹 사건 보도는 105건, 하루 평균 2.19건이었다. KBS도 병풍 1.8건, BBK 2.57건, 노 전 대통령 관련 보도 2.75건이었다. 공언련은 "이 같은 자료로 볼 때 노 전 대통령의 비리 의혹이 유난히 많이 보도돼 굴욕감과 모욕감 등으로 자살에 이르렀다는 주장은 설득력이 떨어진다"고 밝혔다.[131]

노무현 신화 만들기

『한겨레』와 『경향신문』도 '자책감' 때문이었는지, 반성을 넘어서 노무현의 자살을 미화하는 등 '노무현 신화 만들기'에 앞장섰다. 『경향신문』은 "노무현 전 대통령이 서거한 뒤 7일 동안 500만 명 이상의 조문객이 떠나는 노 전 대통령을 기렸다. 국민장 기간에 노 전 대통령을 추도한 이들은 지난 1년 반 동안 잊고 있었던 인권, 민주주의, 탈권위, 특권 없는 세상이라는 노무현적 가치를 떠올렸다. 사람들은 부끄러워했고, 지켜주지 못해 미안해했다. 미안한 마음에 국화를 바치고 절을 올린 이들은 고인의 원칙과 용기를 되살려냈다. 그래서 위대한 7일이었다"고 전했다.[132]

같은 날 『한겨레』 사설은 "장례 기간 시민들이 그렇게도 가슴을 쳤던

131) 서정보, 「"서거 후 돌변, 서민적 이미지로 미화": 盧서거 前 48일간 검찰 측 보도 MBC 68건~KBS 60건」, 『동아일보』, 2009년 6월 8일.
132) 이용균, 「조문객 수 400만 · 쌀 900여 가마…… '위대한 7일'의 기록」, 『경향신문』, 2009년 5월 30일.

것은 이런 그의 꿈이 외면당하고 배척당하는 데 일조한 것 아니냐는 자책과 무관하지 않다. 같은 길을 가는 이들도 작은 차이를 부각해 적대하고, 비난하고, 갈등하고, 분열했다. 그는 언제나 좌우 양쪽의 몰매를 각오하며 살아야 했다. 사람보다 돈을 섬기는 권력, 상생과 공존보다 경쟁과 배제를 중시하는 집단이 득세한 것은 그로 말미암은 치명적 결과 가운데 하나일 것이다"며 다음과 같이 말했다.

"평화와 연대는 갈등과 분열로 이어졌고, 가난한 이들은 더욱 가난해졌다. 의를 실천하던 이들은 잇따라 핍박당하고 희생됐다. 미망 속에서 빠져나오게 한 것은 역설적이게도 그의 죽음이다. 그의 죽음은 끝이 아니라 새로운 시작을 알리고 있다. 그의 죽음과 함께 꿈은 되살아나고, 그의 꿈은 바로 우리의 꿈이 되고 있다. 이제 그것은 밀려드는 어둠을 밝히는 촛불이 되어 광장에서, 가난한 이들의 가슴에서, 의로운 이들의 두 손에서 타오를 것이다."[133]

그러나 '공정'과 '균형'을 강조하는 목소리도 있었다. 김종철 『녹색평론』 발행인은 『한겨레』 칼럼에서 "마음이 몹시 아프다. 밥도 못 먹고, 잠도 못 자고, 아무것도 못할 지경이 되었다고 하지 않았는가. 하기는 선물로 받은 시계를 수사가 시작될 때 버렸다는 참으로 치욕스러운 얘기까지 나오는 것을 보고 나는 자존심 강한 사람이 저 모욕을 어떻게 견딜까 하는 생각을 하지 않은 게 아니다. 아무리 꺾어버리고 싶은 정적(政敵)이라도 그렇지 자신의 전임자에게 이런 모질고 야만적인 공격을 해댄다는 게 과연 문명한 사회에서 가능한 일인가"라고 개탄하면서도 다

---

133) 「몸은 보냈어도, 당신의 꿈은 지키렵니다(사설)」, 『한겨레』, 2009년 5월 30일.

음과 같이 말했다.

"지금 특히 평범한 사람들이 친근감을 느꼈던 전직 대통령의 비상한 죽음을 깊이 슬퍼하고 안타까워하는 것은 당연한 일이다. 그리하여 그를 추모하고 애도하는 말과 글들이 폭포처럼 쏟아지는 것은 극히 자연스럽다고 할 수 있다. 그러나 책임 있는 지식인들에 의한 공식적인 추도문은 공정하고 균형 잡힌 것이어야 한다. 아무리 고인에 대한 추모의 감정이 간절할지라도 사사로운 개인이 아니라, 공적 인물에 대한 추도문이라면 충분한 예를 갖추되 그 생애와 업적에 대한 묘사는 엄정한 것이 되지 않으면 안 된다."

이어 김종철은 "사실 공적 인간의 죽음을 기록하는 방식은 그 사회의 문화적 수준을 가리키는 지표라고 할 수 있다. 이른바 서구 선진사회의 언론들이 주요 인물의 부음을 전할 때 거의 반드시 짧지 않은 추도문을 게재하여 그 인물에 대한 때로는 냉정하기까지 한 평가를 기술하는 것은 공적 공간에서의 인간 행동이 갖는 의미의 무거움을 깊이 인식하고 있기 때문이다"며 다음과 같이 말했다.

"개인 노무현과 그의 이상은 여러모로 매력적이고 찬탄할 만한 것이었다. 그러나 현실의 정치 지도자로서 그는 좀 더 신중하고 지혜로워졌어야 할 대목이 많았다. …… 그뿐만 아니라, 본심이야 어쨌든 그는 서툴고 경솔한 일처리 방식으로, 아마도 역사상 최악의 정권으로 판명될 가능성이 큰 정권의 탄생에 기여했고, 그 때문에 마침내 자신도 희생되는 비극이 발생한 것이다. 고인의 명복을 빈다."[134]

---

134) 김종철, 「문명사회는 아직 멀었다」, 『한겨레』, 2009년 5월 30일.

이 칼럼에 대해 격한 비난이 쏟아진 것은 『한겨레』와 『경향신문』이 과거의 비판적 논조에 대해 이렇다 할 설명이나 해명도 없이 '무조건 반성'에 이어 '노무현 신화 만들기'에 앞장선 이유와 무관치 않았다. '죽이기'와 '살리기'의 양극단을 치닫는 한국 사회 특유의 '쏠림'과 '소용돌이'가 만들어낸 현상이었으리라. 그런 의미에서 노무현은 '소용돌이 영웅'이었던 셈이다. 소용돌이에 따라붙기 마련인 기회주의도 극성을 부렸다.

민주당의 기회주의인가?
노무현 정신 계승을 외친 민주당

'노무현 정신 계승'을 외친 민주당

2009년 5월 30일에 실시된 『한겨레』 여론조사에서 민주당의 정당 지지율이 4년 8개월 만에 한나라당의 지지율을 앞선 것으로 나타났다. 민주당 측은 "열린우리당, 대통합민주신당, 통합민주당 등으로 당명 변경과 당 해산, 탈당, 창당 등 별의별 짓을 다해도 꿈쩍 않던 지지율이 이번에 움직였다"며 지지율 상승에 놀라움을 표시했다.[135]

놀랄 만도 했다. 두 정당의 지지율은 그간 '민주당 10% 중반 대 한나라당 30% 초반'이었는데, 노무현 전 대통령의 '서거 국면'이 지속되면서 여론이 요동치기 시작했다. 5월 25일 조사해 27일 발표한 한국사회여론연구소 여론조사 결과, 민주당 대 한나라당 지지율은 각각 20.8%, 21.5%를 기록하며 민주당이 오차 범위 안에서 한나라당의 지지율을 추

---

135) 박창식, 「민주, 4년 8개월 만에 한나라에 지지율 앞서」, 『한겨레』, 2009년 6월 2일.

격했는데, 5월 30일에 조사해 6월 1일 발표한 『한겨레』와 리서치플러스의 여론조사 결과에서 민주당과 한나라당은 27.1% 대 18.7% 지지율을 기록한 것이다. 바로 다음 날인 5월 31일 조사해 6월 1일 발표한 윈지코리아컨설팅 여론조사 결과에서도 민주당 대 한나라당은 27.3% 대 20.8%로 6.5%p 차이를 보이며 오차 범위를 벗어난 뚜렷한 우열을 기록했다.[136]

5월 31일 민주당은 노무현 전 대통령의 죽음에 대한 책임론을 제기하며 이명박 대통령의 사죄와 법무부 장관, 검찰총장, 대검 중수부장의 파면을 요구했다. 또한 노무현과의 결별을 시도했던 이전과는 달리 "민주당은 '노무현 정신'을 이어가겠다"고 선언했다.

이에 『동아일보』는 "당내에서조차 '고인에 대한 당의 태도에 일관성이 없다'는 얘기가 나온다"며 다음과 같이 말했다. "민주당은 노 전 대통령의 검찰 수사 과정에서도 '노 전 대통령과 선 긋기'를 시도했다. 올해 4월 초 노 전 대통령이 정상문 전 대통령 총무 수석 비서관에게서 부인 권양숙 여사가 돈을 받은 사실을 시인하자 민주당은 "철저한 수사가 필요하다"고 주장했다. 물론 정 대표를 비롯한 지도부는 검찰 수사가 편파적이고 정치 보복 성격이 짙다고 여러 차례 주장했다. 그러나 사실상 '노무현 지우기'에 나선 것이라는 게 당 안팎의 관측이었다. 이 때문에 민주당이 다시 노 전 대통령의 서거 이후 '노무현 정신'을 들먹이는 것은 '감탄고토(甘呑苦吐, 달면 삼키고 쓰면 뱉는다)의 정치'라는 지적이 나온다."[137]

---

136) 양문석, 「민주당 지지율 상승, 그 함의」, 『미디어오늘』, 2009년 6월 3일.
137) 민동용·유성운, 「민주 '노무현 정신 계승' 태도 변화 논란」, 『동아일보』, 2009년 6월 1일.

민주당 당원 게시판에는 노 전 대통령과 친노(親盧) 세력과 결별해야 한다고 주장하다 절대적 칭송 모드로 표변(豹變)한 사람들에 대한 비판이 친노와 비노(非盧) 양쪽에서 올라왔다. "죽음을 정치적으로 활용하다 역풍을 맞는다", "노 전 대통령에 대한 당의 이지매(집단 괴롭힘)를 만회하려고 오버하는 것은 오래가지 못한다"는 지적도 있었다.[138]

누가 '정치적 타살'을 주장하는가

2009년 6월 1일 김동길 연세대 명예교수는 자신의 홈페이지에 올린 글에서 "부정과 비리에 연루돼 검찰의 조사를 받던 전직 대통령이 자살한 그 순간부터 성자(聖者)가 되는 그런 나라가 지구 상에 어디에 있겠는가"라고 했다. 김 교수는 '이게 뭡니까라는 말이 저절로'라고 제목을 단 글에서 "언론이 자살한 노무현 전 대통령을 성자로 만들며 국민을 오도하고 있다"라며 이렇게 주장했다. 그는 "(언론이) 국민장 기간에 고인의 명복을 빈다는 취지에서 훌륭했던 점과 잘한 일을 골라 시청자들에게 알려주는 일은 참을 만하다"면서도 "방송사들은 왜 노사모파와 반노사모파가 TV에서 한번 붙어 국민 앞에서 누가 옳은지 밝힐 수 있는 기회를 마련하지 않는 것이냐"고 했다.[139]

6월 2일 박정훈 『조선일보』 사회정책부장은 「누가 '정치적 타살'을 주장하는가」라는 칼럼에서 "장례식이 끝나자 '출정식(出征式)'이 시작

138) 정우상, 「노(盧) 떼어낼 땐 언제고……" 낯 뜨거운 민주」, 『조선일보』, 2009년 6월 2일.
139) 신은진, 「"비리 연루된 전(前) 대통령이 자살한 순간부터 성자(聖者)가 되는 나라가 지구 상에 어디 있나"」, 『조선일보』, 2009년 6월 2일.

됐다. 온 국민의 비통한 추도 행렬이 퇴장하자, 정치 · 이념 진영이 나와 투쟁의 깃발을 올렸다. 정치권 · 노동계 · 시민운동권 · 언론 등에 포진한 이들 그룹은 국민적 추모 에너지에 올라타 반(反)정부 투쟁과 개혁 입법 무력화를 시도하려 한다. 흥미로운 것은 이들이 노무현 전 대통령의 비극적 죽음을 '정치적 타살'로 규정하는 데서 투쟁의 실마리를 찾고 있다는 점이다. 검찰이 표적 수사하고, 메이저 신문들이 과장 보도해 전직 대통령을 죽음으로 몰았다는 것이다"며 다음과 같이 말했다.

"이들의 주장이 옳은지 그른지는 물론 각자가 판단할 몫이다. 다만 우리가 자신 있게 말할 수 있는 것이 하나 있다. 기세등등하게 '정치적 타살론(論)'을 펴는 그룹 중 그럴 자격조차 없는 사람이 많다는 사실이다. 이들이 과거 어떤 입장을 취했고 어떤 말을 했는지를 우리는 알고 있기 때문이다. '성역 없는 수사를 통해 노 전 대통령이 받은 돈이 채권 · 채무 관계인지 …… 객관적으로 밝혀져야 한다.' 이것은 민주당의 최고위원이 두 달 전쯤 공식 회의에서 한 발언이다. 지금 민주당은 '노무현 정신의 계승자'임을 자처하지만, 노 전 대통령이 서거하기 전까진 사정이 달랐다. 혹시라도 파편이 튀어올까봐 조심하며 노 전 대통령과의 선 긋기에 여념이 없었다. 불과 얼마 전까지만 해도 '박연차 게이트'의 철저한 수사를 촉구하는 것은 여야나 보수 · 진보를 가리지 않았다."

이어 박정훈은 "이른바 '진보 매체'들은 어땠을까. 이들 역시 노 전 대통령이 '국민 가슴에 못을 박았다'(『한겨레』, 4월 8일)고 통탄하고, '날개 꺾인 도덕성'(MBC, 4월 7일)에 분노했으며, '박연차 50억, 한 점 의혹 없게 파헤쳐라'(『경향신문』, 4월 1일)고 촉구했다. 그랬던 사람들이 이제 와서 '정치적 타살' 운운하니 어색하기만 하다. 이들이 '타살론'을 주장하는 또 하나의 논거가 피의(被疑) 사실 공표다. 검찰과 메이저 신문이 입증되지 않은 노 전 대통령의 혐의 사실을 알렸다는 것인데, 사실 원칙적으론 옳은 말이다"며 다음과 같이 말했다.

"그러나 사회적 파장이 큰 사건이라면 당연히 예외다. 클린턴의 '지퍼 게이트', 오자와(일본 민주당 전 대표)의 정치자금 스캔들 때 미국·일본의 어느 언론이 침묵하고 있었던가. 정도 차가 있을진 몰라도, '박연차 게이트'의 각종 의혹을 보도한 것은 '진보 매체' 역시 마찬가지다. 피의 사실 공표 문제라면 도리어 이들이 할 말 없을 법하다. 멀게는 2002년 병풍(兵風), 가깝게는 2007년 BBK 파동 때 '아니면 말고' 식의 의혹을 유포한 사람이 누구인가. 또한 지난해 미국 쇠고기 파동 때 얼토당토않은 주장으로 여중생에서 주부까지 온 국민의 불안감을 부추긴 이가 누구인가. 그때 근거 없는 폭로전에 나섰던 정당·노동단체·시민운동가·언론은 지금 노 전 대통령의 '정치적 타살'을 주장하는 그룹과 정확하게 일치한다. 똑같은 사람, 똑같은 단체가 이슈만 바꿔가며 검증되지 않은 허위 사실을 유포해왔던 셈이다. 이들은 지금 검찰이 박연차의 '입'에만 의존해 노 전 대통령의 혐의를 퍼뜨렸다고 주장한다. 하지만 이들이야말로 2년 전엔 김경준, 7년 전엔 김대업의 입에만 의존했고, 희대의 사기꾼들에 놀아난 셈이 됐다. 그렇지만 이들 중 어느 누구도 병풍이나 BBK나 쇠고기 문제에서 잘못을 인정하고 사과했다는 얘기는 들어보지 못했다. 자기 잘못은 시치미 떼고 '누가 노 전 대통령을 죽였나'라고 외치는 이들에겐 '표변(豹變)'이란 말이 딱 어울린다."[140]

---

140) 박정훈, 「누가 '정치적 타살'을 주장하는가」, 『조선일보』, 2009년 6월 2일.

그러나 표변이건 급변이건 민심이 소용돌이치고 있다는 사실이 6월 2일에 실시한 『시사IN』의 차기 서울시장 선거 관련 여론조사에서도 드러났다. 『시사IN』은 "서울에 '노무현 후폭풍'이 상륙했다. 한나라당과 민주당을 가릴 것 없이 휩쓸어버릴 기세다. 『시사IN』과 여론조사 기관 리얼미터가 공동으로 실시한 2010년 서울시장 선거 여론조사에서, 민주당의 서울시장 예비 후보군 1, 2, 3위를 유시민, 한명숙, 강금실 등 '친노 인사'가 싹쓸이했다. 그간 한손에 꼽기도 썰렁했던 야권의 서울시장 후보군이 돌연 풍성해졌다"며 다음과 같이 말했다.

"현역인 오세훈 서울시장(한나라당)을 상대로 실시한 여섯 차례의 가상 대결에서도 범야권 예비 후보 여섯 명 중 세 명이 오 시장을 꺾는 것으로 나타났다. 현재 한나라당의 최고 카드를 상대로 우세를 보이는 범야권 카드가 세 장이나 있다는 얘기다. 노 전 대통령 서거 이전까지는 상상도 못하던 결과다. 인지도에서 압도적이기 마련인 현직 자치단체장이 선거를 1년이나 앞두고 '3승 3패'라는 위태로운 성적표를 받아드는 것은 극히 이례적이다. 인물난을 겪는 민주당과의 본선보다 당내 경선을 더 신경 쓰던 오 시장도 이제는 재선 전략을 수정해야 할 처지가 됐다."[141]

그의 죽음을 '정치 마케팅'하지 말라

2009년 6월 3일 서울대 교수 124명이 "노무현 전 대통령에 대한 검찰 수사 과정은 이전 정권에 대한 정치 보복 의혹을 불러일으키기에 충분했

---

141) 천관율, 「'친노 투톱' 둔 야권 두려울 게 없다?」, 『시사IN』, 제91호(2009년 6월 9일).

다"며 정부의 사죄를 요구했다. 여기에 이들은 촛불시위 참가자 사법 처리, 대운하 변칙 추진, 대북 정책 위기, 용산 참사 등으로 민주주의가 위기로 몰리고 있다며 야당과 시민단체를 국정 동반자로 받아들이고, 표현·집회·결사 자유를 보장하며, 용산 참사 피해자에게 보상하라고 주장하는 시국 선언문을 발표했다.

이에『조선일보』사설은 "노 전 대통령 사건은 두 가지 부분으로 구성돼 있다. 한 부분은 노 전 대통령과 그 가족이 박연차라는 기업인과 가졌던 복잡한 금전 거래다. 노 전 대통령 일가는 박 회장에게서 현금으로만 100만 달러, 500만 달러, 40만 달러 등 모두 640만 달러를 받았고, 이 돈의 상당 부분은 자녀의 주택 구입 또는 자녀가 대주주로 있는 회사 경영 자금으로 쓰였다. 노 전 대통령 측 주장처럼 이 돈거래가 갚을 필요가 없다는 '자연 채무' 또는 '투자'였느냐, 아니면 검찰 주장처럼 '포괄적 뇌물'이냐에는 논란이 있다. 노 전 대통령 사건의 또 다른 부분은 검찰이 노 전 대통령 일가의 이런 돈거래를 밝혀내는 수사 과정이 정상적이었느냐, 무리를 범했느냐 하는 것이다"며 다음과 같이 말했다.

"세상사를 논리적으로 분석하고 가르치는 것이 본분인 교수들의 선언문이라면 노 전 대통령 사건의 이런 두 가지 구성 요소에 대한 분명한 도덕적·법적 가치판단을 담고 있어야 한다. 노 전 대통령의 금전 거래는 전두환, 노태우 전 대통령처럼 군부 출신 대통령들의 부패 액수에 비하면 아무것도 아닌 금액이니 무시하고 넘어가자거나, 아니면 대한민국의 발전 정도나 수준으로 보면 대통령이 그 정도 돈을 만지는 것을 불법이라 할 수 없다고 밝혀야 한다. 그게 아니라면 대한민국이 법치국가인 이상 대통령의 불법적 돈거래는 어떤 경우에도 법의 심판에서 예외가 돼서는 안 된다고 분명한 입장을 밝혀야 마땅하다. 다음으로 검찰 수사 과정의 편법(便法), 탈법(脫法), 무법(無法) 요소가 있다면 그것이 무엇인가를 정확히 지적하고 대통령의 사과나 검찰 수뇌부의 인책을 요구할 일이다."[142]

박두식 『조선일보』 논설위원은 「그의 죽음을 '정치 마케팅' 하지 말라」는 칼럼에서 "정상적인 사회라면 정치와 종교 분야의 지도자가 자살을 선택했다면 그들에겐 애초부터 그런 자유가 없다는 원칙이 강조됐을 것이다. 사회가 그들을 필요로 하는 이유는 자살 같은 일을 막기 위해서인데, 거꾸로 그런 일에 앞장선 모양이 된 것을 그냥 덮어두고 지나가면 훗날 엄청난 사회적 비용을 지불할 수도 있기 때문이다"며 다음과 같이 말했다.

"그러나 한국 사회는 감히 이런 이야기를 꺼내기 힘든 분위기다. 대신, 노 전 대통령의 선택을 '마지막 승부수', '죽음으로 모든 걸 지고 가려는 희생' 등의 표현을 동원해가며 극화(劇化)하려는 일부의 주장들만 부각되고 있다. 전직 대통령의 죽음이 준 충격이 큰 만큼, 이를 정치적으로 다시 해석하거나 그 과정에서 공방이 벌어질 수는 있다. 그러나 죽음을 선택한 것 자체를 두둔하거나 미화(美化)하는 일은 없어야 한다. 정치 마케팅에도 지켜야 할 도리(道理)가 있는 법이다."[143]

6월 4일 김지하 시인도 케이블 채널 환경TV의 〈책 읽는 금요일〉 녹화 방송에 출연해 "대통령은 민족을 대표하는 권위고, 삶의 태도고, 윤리적인 인생관 그 자체고, 책임져야 된다"며 "특히 그 사람 젊은 애들한테 영

---

142) 「서울대 교수 선언문이 드러낸 법적·도덕적 허무주의(사설)」, 『조선일보』, 2009년 6월 4일.
143) 박두식, 「그의 죽음을 '정치 마케팅' 하지 말라」, 『조선일보』, 2009년 6월 3일.

향력을 많이 끼치려고 애를 쓰고, 끊임없이 인터넷으로, 노사모에 대해서……. 그런데 자살을 한 거야"라고 비판했다. 또 "절대로 모방 자살이 일어나면 안 된다"며 "그런 죽음을 존중하는 전통은 우리 민족에겐 없다"고 말하기도 했다.[144]

유훈 정치인가?

2009년 6월 4일 민주당은 서울 양재동 교육문화회관에서 정세균 대표 등 의원 80명이 모여 워크숍을 열고 강경 투쟁하기로 결의했다. 워크숍의 기조는 '노무현 정신 계승'이었다. 참석 의원 전원이 백색 와이셔츠와 흑색 하의로 상복 차림을 한 가운데 워크숍의 첫 순서는 노 전 대통령 추모 동영상 상영이었다.

이강래 원내대표는 "6월 국회는 노 전 대통령 서거와 관련된 국회가될 수밖에 없다"며 "강경한 자세로 투쟁하고 싸울 것"이라고 강조했다. 사회를 맡은 장세환 의원은 "6월 국회는 노무현 국회, 오늘 워크숍도 노무현 워크숍"이라고 했고, 주요 당직자들도 "노무현 전 대통령의 유지(遺志)를 받드는 길", "노무현 가치의 재발견" 등의 말로 '노무현 따르기'를 외쳤다. 한 의원은 "500만 국민이 추모하고 민주주의 복원이라는 국민적 합의가 도출된 이 정국을 1cm라도 이동하는 것처럼 바보 같은 일은 없다"고도 했다.

그러나 김성순 의원은 "(노 전 대통령의) 공은 공이고, 과는 과"라며

---

144) 김태훈, 「김지하 시인, 노무현 전(前) 대통령 투신 비판」, 『조선일보』, 2009년 6월 4일.

"민주당이 계승한다는데 왜 죽은 다음에 하나. 진작부터 계승하지"라고 비판했다. 김영진 의원도 "민주당이 '노무현 그림자'를 지우려고 노력할 때는 언제고, 이제 와서 정치적 도구화를 하느냐는 지적에 변명 대신 석고대죄의 심정으로 통렬히 자기반성부터 해야 한다"고 지적했다.[145)

이에 『조선일보』는 '남쪽에서도 '유훈(遺訓) 정치' 펴겠다는 민주당'이라고 제목을 단 사설에서 "지금 민주당은 검찰 수사를 '정치 보복'이라 비난하고 있지만, 대통령 가족이 청와대 관저에서 100만 달러의 현금 가방을 전달받고 500만 달러가 아들이 대주주로 있는 회사로 들어가고 다시 40만 달러가 자녀의 집 사는 데 흘러들어간 걸 검찰이 수사하지 말았어야 한다고는 말하지 못할 것이다. 그걸 보복 수사라며 하지 말았어야 할 수사라고 한다면 어떻게 지금 살아 있는 권력에 대한 의혹을 수사하라고 할 수 있겠는가"며 다음과 같이 말했다.

"노 전 대통령의 죽음 이틀 뒤에 터진 북한의 2차 핵실험에 대해 민주당 대변인이 다음날 '어제로 이미 끝난 뉴스'라며 의미를 축소했고, 원내대표는 국정원이 북한의 후계자 선정에 관한 정보를 국회 정보위원회 여야 의원들에게 알려준 것에 대해 '서거 정국을 북풍 정국, 대북 정국으로 바꾸려' 한 것이라고 비난했다. 만일 민주당이 지금 집권당이라 해도 이렇게 나올 수 있겠으며, 국민이 그런 정당에 국가를 맡겨도 되겠다고 안심할 수 있겠는가."[146)

장명수 『한국일보』 고문은 "'장례 후폭풍'은 순수하지 못하다. 그의 죽음에서 덕을 보거나 그의 죽음을 계기로 소리를 높이려는 계산이 두드

145) 강찬호·백일현, 「전원이 상복 차림 한 민주당 "노무현······ 투쟁······",」, 『중앙일보』, 2009년 6월 5일.
146) 「남쪽에서도 '유훈(遺訓) 정치' 펴겠다는 민주당(사설)」, 『조선일보』, 2009년 6월 6일.

러진다. 장례를 치른 후 지지율 상승에 고무된 민주당은 이명박 대통령의 사과와 수사 책임자 처벌을 요구하고, 6월항쟁 계승·민주 회복을 위한 범국민대회에 참가하여 장외투쟁에 나서겠다고 벼르고 있다. 민주당이 정당인지 운동단체인지 헷갈릴 뿐 아니라 언제 그렇게 노무현을 존경하고 사랑했는지 보는 사람들의 낯이 간지럽다"며 다음과 같이 말했다.

"검찰이 노 전 대통령을 자살로 몰고 갔다는 정치 공세 속에서 임채진 검찰총장이 두 번째 사표를 냈는데, 수사가 끝나기도 전에 검찰총장이 스스로 물러난 것은 직업적인 자살이다. 검찰의 업무 중에는 이번 경우와 같은 불상사와 그로 인한 정치적·사회적 압력, 인간적인 고뇌 등을 이겨내야 하는 어려움이 포함돼 있다. 그것이 '칼'을 쥔 직업의 숙명인데, 총장이 못 이겨내면 후배들은 어떡하란 말인가. 이번에 검찰의 사기가 꺾이면 권력층 부패 추방 의지는 저 멀리 후퇴할 것이다. …… 장례는 끝났다. 권력형 비리를 반드시 뿌리 뽑아서 대한민국이 두 번 다시 이런 비극을 겪지 않도록 해야 한다는 것이 이번 사태의 교훈이다." [147]

6월 6일 조국통일범민족연합(범민련) 남측 본부 초대 의장을 지낸 강희남 목사가 "제2의 6월 민중항쟁으로 살인마 리명박을 내치자"는 유서를 남기고 자택에서 목매 자살했다. 강 목사는 5월 1일 현 정부의 대북정책에 항의하는 단식에 들어가면서 "양키 추방과 련방제 통일만이 이 민족의 살길이라는 신념 하나로…… 내 집을 양키 대사관 앞이라 여겨 입 대신 몸으로 말하려고 이 길을 간다"며 자살을 예고했다.

이에 『조선일보』는 "노무현 전 대통령이 택한 비극적 결말을 계기로

---

147) 장명수, 「장례는 끝났다」, 『한국일보』, 2009년 6월 5일.

야당과 노동운동권, 시민단체 등이 대대적인 6월 반정부 투쟁을 예고하고 있는 상황이다. 강 씨의 자살이 사회를 더 극심한 혼란과 분열로 몰아넣는 불씨가 되지 않을까 우려된다"며 다음과 같이 말했다.

"이미 야당 등에서는 '긴장뿐인 남북 관계와 정권의 비민주적 통치에 대해 마지막 남은 육신마저 저항과 희생의 뜻을 담아 스스로 던져버리신 것'이라며 강 씨 죽음을 미화하고 나섰다. 안 그래도 우리 사회는 OECD 국가 중 최고의 자살률을 기록하며 생명 경시 풍조가 심화되고 있다. 어린 학생들이 성적 비관이나 감상적 허무주의에 빠져 스스로 목숨을 버리는 일도 심각한 터에 자살까지 정치의 수단으로 삼으려는 '죽음의 굿판'이 사회를 휩싸지 않을까 걱정된다."[148]

교수 시국 선언, 93개 대학 4,500명

2009년 6월 10일 500여 개 시민·사회·노동단체와 민주당·민주노동당·창조한국당·진보신당·사회당 등 다섯 개 야당, 4대 종단(불교·천주교·개신교·원불교) 등이 주최한 '6월항쟁 계승·민주 회복을 위한 범국민대회(문화제)'가 시민 10만여 명이 참석한 가운데 서울광장에서 열렸다. 이날 대회에서 정세균 민주당 대표 등 야당 대표들과 이강실 한국진보연대 상임대표, 백승헌 민주사회를 위한 변호사모임 회장 등이 시국 연설을 했으며, 노동자와 농민, 학생, 여성, 학계, 언론계 대표자들이 '국민은 민주 회복과 전면적 국정 기조 전환을 염원한다'는 제목의 결

---

148) 「목숨을 이념의 수단으로 삼는 풍조가 걱정된다(사설)」, 『조선일보』, 2009년 6월 8일.

의문을 낭독했다.

이들은 결의문에서 "이명박 정부는 노무현 전 대통령 서거에 대해 국민에게 사과하기는커녕 민주주의를 질식시키고 소통 없는 일방적 국정 운영 기조를 오히려 강화하고 있다"며 "이 대통령이 국민적 요구를 무시하고 일방통행을 멈추지 않는다면 광범위하고 지속적인 국민 행동에 나설 것"이라고 밝혔다. 이들은 이명박 대통령의 사과와 강압 통치 중단, 근본적인 국정 기조 전환, 서민 살리기 정책의 최우선 시행, 남북 간 평화적 관계 회복 등을 담은 '민주 회복 4대 요구안'을 제시하고, 노무현 전 대통령의 49재인 7월 10일까지 범국민 서명운동을 벌이겠다고 밝혔다.[149]

6월 11일 원광대와 아주대 교수 164명이 시국 선언에 동참함으로써, 지난 3일 서울대에서 시작된 교수 시국 선언 참여자는 전국적으로 93개 대학, 4,500명을 헤아리게 됐다. 교수들의 시국 선언문은 한결같이 이명박 정부가 집회·시위의 자유, 표현의 자유 등 헌법적 가치를 훼손하는 등 지난 20여 년간 일구어놓은 민주주의를 일거에 퇴행시키고 있는바, 국민과 소통하는 방향으로 국정 운영을 쇄신하라는 촉구를 담았다.[150]

김종수 『중앙일보』 논설위원은 "고 노무현 전 대통령의 자살 이후 벌어지고 있는 일부 대학교수들의 릴레이 시국 선언은 우리 사회의 지식인이라는 사람들이 얼마나 쉽게 선동에 휘둘리고 미망에 빠질 수 있는지 여실히 보여준다"며 다음과 같이 말했다.

---

149) 홍석재 외, 「광장의 외침 "이 대통령, 일방통행 멈춰라": 6·10 범국민대회 서울광장서 개최」, 『한겨레』, 2009년 6월 11일.
150) 박수진, 「시국 선언 교수, 민교협 회원의 5배: 이념 넘어 "민주주의 퇴행" 공감…… 원광대·아주대 164명 동참」, 『한겨레』, 2009년 6월 12일.

"전임 대통령의 자살이 '정치 보복에 의한 타살'로 규정되고, 곧장 민주화의 후퇴라며 정권 퇴진 요구로 이어진다. 인터넷에선 노 전 대통령의 죽음이 정조 독살설에 빗대어지고, 정권에 의한 음모론적 타살 의혹마저 사실인 양 퍼져나간다. 노 전 대통령의 자살이란 객관적 사실은 몇 차례의 상징조작과 논리 비약을 거쳐 이제 반정부 투쟁의 대의로 탈바꿈했다. 사실과 논리에 근거해야 할 교수들마저 이런 무책임한 선동에 휩쓸려 시국 선언이란 걸 줄줄이 내놓고, 여기서 빠지면 흡사 지식인 축에 끼지 못할까 안달이니 딱한 노릇이다. 여기다 야당과 반정부 세력은 거리에서 반정부 투쟁의 불씨를 지피느라 여념이 없다."[151]

행동하지 않는 양심은 악의 편

2009년 6월 11일 김대중 전 대통령은 6·15 남북 정상회담 9주년 기념 강연에서 "독재자에게 고개 숙이고 아부하지 말자. 이 땅에 독재가 다시 살아나고 있고 빈부 격차가 사상 최악으로 심해졌다"며 "우리 모두 행동하는 양심으로 들고 일어나야 한다"고 말했다. 그는 "피맺힌 심정으로 말한다. 행동하지 않는 양심은 악(惡)의 편"이라고 했다. 또 그는 "나와 노무현 전 대통령이 해놓은 6·15와 10·4(남북 정상회담 합의)를 반드시 지켜야 남북문제가 풀린다"고 했고, "김정일 위원장에게 말하고 싶다. 억울한 점이 있지만 북한이 미국에 인내심을 갖고 교섭을 요구해야지 핵무기로 하는 것은 옳지 않다"며 북한의 핵 포기를 촉구했다.

---

151) 김종수, 「지식인을 경계하라」, 『중앙일보』, 2009년 6월 10일.

이에 이동관 청와대 대변인은 "국민 화합에 앞장서고 국론을 올바른 방향으로 이끌어야 할 전직 국가원수가 국민을 혼란스럽게 하고 오히려 분열시키는 것은 참으로 안타까운 일"이라는 논평을 내놨다. 덧붙여 이 대변인은 수석 비서관 회의 분위기가 "대체로 (DJ 발언은) '지나치다', '어이없다'는 반응이 주조였다"고 전하면서 회의 참석자들의 발언을 소개하는 형식으로 DJ의 주장을 조목조목 반박했다. 이 대변인은 "오늘날 북한이 핵실험과 미사일 발사를 한 것은 김대중 전 대통령 때부터 원칙 없는 퍼주기 지원을 했기 때문이 아니냐. 특히 북의 핵 개발은 6·15선언 이후 본격 시작된 일"이라고 주장했다.

한나라당 박희태 대표는 "수십 년 전에 있었던 일들을 생각하다가 환각을 일으킨 게 아닌가 여겨진다"며 "이제 김 전 대통령은 휴식이 필요한 것 같다"고 했다. 조윤선 대변인은 "20년 전 투쟁가로서 환상 속에 살고 있다"며 "그들만의 잔치로 끝난 6·10 행사 이후 국민들이 모두 반정부 투쟁에 가담하지 않는 데 대한 넋두리성 선동에 불과했다"고 논평했다. 장광근 사무총장은 "독재자에게 아부하지 말고, 들고 일어나야 한다는 대목에서는 내전이 벌어지고 있는 아프리카 후진국 반군 지도자의 선동 발언을 듣는 것 같다"고 비난했다.

이회창 자유선진당 총재도 가세해 "그는 입이 열 개라도 독재를 말할 자격이 없다"며 DJ를 공격했다. 그는 "국정원이 대대적인 불법 도청을 해서 정치 공작을 한 김대중 정권 시절이 과연 그가 말하는 민주주의 시대고, 지금은 독재 시대인가"라고 했다. 김영삼 전 대통령도 성명을 내 "나라와 국민은 안중에도 없고 틈만 나면 평생 해오던 요설로 국민을 선동하는 것을 더 이상 묵과해서는 안 된다"며 "이제 그 입 다물라"고 했다.

반면, 민주당과 민주노동당, 진보신당은 김대중 전 대통령을 적극 옹호하고 나섰다. 민주당 정세균 대표는 긴급 기자 간담회를 열고 "구구절절 틀린 말씀이 하나도 없었다"며 "국가 원로의 충언을 경청하고 실천해야지, 청와대와 여당이 나서 일제히 비난한 것은 참으로 가관"이라고 했다. 김유정 대변인도 "전직 대통령 죽이기 광풍에 휩싸인 청와대와 한나라당을 결코 용서할 수 없다"고 반발했다. 민주노동당 우위영 대변인은 구두 논평에서 "김 전 대통령의 발언은 국민 다수의 마음을 대변한 것"이라고 했고, 진보신당 이지안 부대변인은 "남북 관계 악화와 현 시국 상황을 걱정하는 김 전 대통령의 연설은 한마디도 틀린 게 없다"고 했다.[152]

이에 『동아일보』는 "DJ는 민주 선거로 국민이 선출한 대통령을 멋대로 독재자라고 규정하면서 국민이 들고 일어서야 한다고 선동함으로써 스스로 민주의 가면을 쓴 반민주주의자임을 보여줬다. 이명박 대통령이 정권을 보전하기 위해 도청과 인권 유린이라도 했단 말인가. DJ 집권 시절 국가정보원장 두 명은 불법 도청 사건으로 노무현 정부 때 유죄 판결을 받았다. 이런 국가 범죄야말로 반민주다. DJ는 노 전 대통령 수사에 대해 전직 대통령 예우에 어긋난다고 주장했다. 전직 대통령 비리는 수사하지 않는 게 민주주의인가. 그의 아들 세 명은 모두 권력형 비리로 유죄 판결을 받았다. 대통령과 그 가족 비리에 대해 DJ가 함부로 말해서는 안 되는 이유다"며 다음과 같이 말했다.

"DJ가 '행동하지 않는 양심은 악의 편'이라고 하면서 북을 비호한 것

---

152) 정시행, 「청와대 "북(北) 세습엔 침묵하면서 멀쩡한 나라 분열 선동 말라"」, 『조선일보』, 2009년 6월 13일; 신승근, 「여권 "DJ는 반군 지도자······ 김정일 대변자······"」, 『한겨레』, 2009년 6월 13일.

은 자기모순의 극치다. 김일성에 이어 김정일이 3대째 권력 세습을 하려는 것이 북의 비(非)정상적 대외 전략의 근인(根因)이다. 그럼에도 DJ가 이에 대해 침묵하니 스스로 악의 편임을 보여주는 것 아닌가. 실패한 좌파 정권의 실패한 대북 정책을 답습하라고 이명박 정권에 강요하며, 국민이 만들어낸 현 정권을 공격하는 일에 모두 일어서라고 민중을 선동하는 것은 민주화 역사를 역류하는 죄짓기임을 DJ는 깨달아야 한다."[153]

세상은 '640만 달러'를 잊었을까

2009년 6월 12일 대검 중수부는 '박연차 게이트' 수사 결과를 발표하고 7개월 동안 해온 수사를 종결했다. 검찰이 기소한 사람은 전직 국회의장 두 명, 현직 국회의원 다섯 명, 전 청와대 비서관 세 명, 전 행자부 차관, 전 김해시장 두 명, 전 경찰청장, 검사 등 스물한 명이었다.

『동아일보』는 "대검 중앙수사부의 '박연차 로비 의혹 사건' 수사 결과 발표는 많은 국민의 기대를 저버렸다. 핵심 사항인 노무현 전 대통령의 혐의에 대해서는 640만 달러라는 뇌물액과 수사 경위, 처리 결과 말고는 일절 함구하면서 검찰 수사에 대한 항간의 각종 비난에 대해 해명하는 데 급급했다. 결국 노 전 대통령에 관한 진실은 검찰의 수사 기록 창고에 묻히게 됐다"며 다음과 같이 말했다.

"우리는 노 전 대통령의 포괄적 뇌물 수수 혐의에 대한 수사 내용과 증거를 구체적으로 발표해야 한다고 촉구한 바 있다. 수사 대상자의 사

---

153) 「'민주' 탈 쓰고 反민주 부추긴 DJ의 정권 타도 선동(사설)」, 『동아일보』, 2009년 6월 13일.

망에 따른 '공소권 없음' 결정은 피할 수 없더라도 권력형 부패 재발 방지와 역사적 평가를 위해 공개가 필요하다. …… 검찰은 노 전 대통령 일가(一家)에 대한 수사 내용 공개를 다시 고려해보기 바란다. 민주당이 주장하는 국정조사와 특검 수사도 정쟁으로 흐르지 않고 '노무현 수사의 진실'을 밝히는 데 초점을 둔다면 검토할 만하다. 전직 대통령이라는 '역사의 일부'에 대한 국민의 알 권리를 박탈해서는 안 된다."[154]

권순택 『동아일보』 논설위원은 칼럼 「세상은 '640만 달러'를 잊었을까」에서 "640만 달러는 81억 원이 넘는 거액이다. 일부 친노(親盧) 인사들은 '생계비' 수준이라고 비호했지만 서민 대통령을 자임한 사람에 대한 모독이 아닐 수 없다. 또 전직 대통령에겐 보통 국민의 생계비 이상인 월 1000만 원꼴의 종신 급여가 세금에서 지급된다. 640만 달러가 노 전 대통령의 주장대로 빌린 돈이나 사업 투자금이었다면 박 씨에게 돌려줘야 한다. 그러나 박 씨가 '사업을 잘 도와 달라는 뜻으로 줬다'고 했으니 뇌물 성격의 돈이라 박 씨가 돌려받기도 어렵다. 국고 환수 대상이라고 할 수 있는 성격의 돈이다"며 다음과 같이 말했다.

"결국 640만 달러는 노 전 대통령 가족이 떠안은 '숙제'가 될 수밖에 없다. 노 전 대통령 가족도 이 돈을 어떻게 처리해야 할지 몰라 고민하고 있을 것이다. 세간에는 노 전 대통령이 자신이 죽으면 법률적으로 사건이 종결된다는 걸 알고 극단적 선택을 했을 것이라는 추측도 있었다. 그렇다면 그는 640만 달러가 살아남은 가족의 몫이 돼야 한다고 생각했을까. 대통령까지 지내고 그의 죽음에 수백만 명이 조문이나 분향을 했을

---

154) 「盧 전 대통령 '수사의 진실' 암흑 속에 묻어버리나(사설)」, 『동아일보』, 2009년 6월 13일.

정도의 인물이 그런 얄팍한 계산 때문에 목숨을 버렸을 것으로 믿고 싶지는 않다. 640만 달러에 관해서 노 전 대통령은 14줄짜리 짧은 유서에 아무런 말도 남기지 않았다."

이어 권순택은 "노 전 대통령 일가와 박 씨는 이제 불구대천(不俱戴天)의 관계나 마찬가지일 것이다. 박 씨의 돈 때문에 남편과 아버지를 사별한 가족은 박 씨와의 모든 관계나 거래를 정리해야 할 것이다. 그렇다면 가족은 640만 달러에 대한 미련을 버리고 노 전 대통령의 뜻에 따라 서민적 삶을 지향하는 것이 바람직하다"며 다음과 같이 말했다.

"자식들이 아비를 죽음에 이르게 한 구차한 돈으로 마련한 미국 아파트에 들어가 편히 살 수야 없지 않겠는가. 그런 돈이 들어간 사업을 계속할 수도 없지 않은가. 그렇다면 국가가 몰수할 수 없게 된 그 돈을 국가나 사회에 환원하는 것은 어떨까. 환원할 방법이야 얼마든지 있을 것이다. 그 돈이 노 전 대통령이 사랑했다는 서민들을 위해 쓰인다면 그 또한 좋지 않겠나. 노 전 대통령 가족과 측근들이 경황이 없어 아직까지 640만 달러의 처리 방법을 생각하지 못했을 수는 있다. 그러나 세상이 그 돈에 관해서 모른 척해주거나 잊어주길 기다리고 있어선 안 될 것이다. 이 문제는 노 전 대통령과 가족의 명예와 도덕성과도 깊은 관계가 있는 만큼 현명하게 처리할 필요가 있다."[155]

"세상은 '640만 달러'를 잊었을까?' 물론 잊었다. 아니, 좀 더 정확히 말하자면, 그건 이명박 정권이 저지른 죄악에 견주면 무시해도 좋을 만큼 매우 사소한 문제라고 보았다. 한국인 250여 명을 인터뷰해가면서 한

155) 권순택, 「세상은 '640만 달러'를 잊었을까」, 『동아일보』, 2009년 6월 23일.

국인을 연구한 미국의 정치학 교수 C. 프레드 앨퍼드는 한국인의 '수치심 문화'에 주목했다. 한국인은 악(惡)을 오직 관계의 관점에서만 이해한다는 것이 그의 주장이다. 앨퍼드는 수치심 문화의 사람들은 그 문화의 가치들을 죄의식으로 내면화할 수 없으며, 오직 부정이 폭로된다든가 하는 공개의 수모를 당했을 때에만 반응을 보인다고 했는데,[156] 이런 설명이 '640만 달러' 문제를 이해하는 데에 도움이 될지도 모르겠다.

---

156) C. 프레드 앨퍼드, 남경태 옮김, 『한국인의 심리에 관한 보고서』(그린비, 2000).

조문 정국은 오래가는 숯불인가?
한국은 '휩쓸리는 사회'

조문 정국은 오래가는 숯불인가?

2009년 6월 중순 들어 이른바 '조문 정국'이 사그라들기 시작했다. 이에 대해 강원택 숭실대 교수는 "애도는 감정을 분출하는 것이라 오래가기 어렵고, 작년 미국 쇠고기 수입 논란 때처럼 정부에 요구할 뚜렷한 목표가 없기 때문에 조문 정국 분위기를 지속할 동인이 없다"고 말했다. 송호근 서울대 교수는 "국민들이 자신과 비슷한 처지인 서민 대통령의 죽음을 슬퍼하고 인간적인 측면에서 조문할 순 있지만, 노무현 정부에 대한 과거의 실망감 때문에 조문 정국이 정치화되는 것은 꺼리는 것"이라고 말했다. 황상민 연세대 교수는 "민주당이 조문 정국을 이어가려는 불쏘시개를 들고 나왔기 때문에 정당성을 상실했다"고 했다.

임성호 경희대 교수는 "집회 피로증이 누적돼 국민들이 지쳤기 때문"이라고 봤다. 이정희 한국외국어대 교수는 "효순·미선 양 추모 등 다른 이슈까지 개입되면서 혼란스러워지자 시민들이 자제해야겠다는 생각을 하게 된 것 같다"고 했다. "1987년 이후 민주화 경험을 통해 국민들은 이제 어느 정도가 적정 수준인지 판단할 수 있는 역량을 갖추게 됐다"는 것이다. 장훈 중앙대 교수는 "현 정부에도 불만이고 진보 야당과 정치에 대해 실망하는 등 제도권 정치 전체가 불신당하고 있는 상황"이라며 "정치권이 조문 정국에서 드러난 민심을 읽지 못하고, 국회를 통해서 국민들의 멍든 가슴을 풀어주지 못하면 광장의 정치는 언제든지 재개될 수 있다"고 했다.[157]

민주당은 조문 정국이 식었다는 분석 자체에 강한 반감을 표시했다. 민주당 등 야권은 노무현 전 대통령의 죽음에 따른 조문 정국은 작년 촛불시위처럼 확 타오르는 '횃불'이 아니라 오래가는 '숯불' 같은 것이라는 시각이었다. 윤호중 전략기획위원장은 6월 15일 "장례식 이후 국민들이 거리로 뛰쳐나와 무슨 일이 벌어지지 않았다고 여권이 안심한다면 대단한 착각"이라며 "국민들이 받은 상처는 구조적이고 내면화된 것"이라고 했다. 수백만 조문객들의 가슴 속에 남은 것은 행동으로 당장 이어지는 분노가 아니라 정신적 상처라는 것이다. 강경 투쟁을 주도하고 있는 최재성 의원은 "10월 재·보선과 내년 지방선거 때까지 국민들은 투표 용지를 주머니에 숨겨둔 채 투표라는 행위로 일거에 표출할 것"이라고 했다.[158]

어찌 됐건 '조문 정국'의 퇴조는 정당 지지율에서도 나타나고 있었다. 윤호중 민주당 전략기획위원장은 17일 최고위원·시도당 연석회의에 참석해 전날 당에서 실시한 여론조사 결과를 공개하며 "한나라당 지

---

157) 강인선, 「사그라지는 '조문 정국'」, 『조선일보』, 2009년 6월 16일.
158) 정우상, 「민주당 "조문 정국은 오래가는 숯불"」, 『조선일보』, 2009년 6월 16일.

지율은 26.7%, 민주당은 35.3%"라고 주장했지만, 한나라당은 전날 "자체 조사 결과 한나라당이 30.4%, 민주당이 24.3%였다"고 주장했다.

외부 기관의 조사에선 두 당이 팽팽한 접전을 벌이고 있었다. 여론조사 기관 윈지컨설팅코리아가 6월 12일 경기도 지역 성인 남녀 1,000명을 대상으로 전화로 설문 조사를 벌였을 때는 정당 지지율이 민주당 31.9%, 한나라당 31.7%로 나왔고, 한국사회여론연구소가 6월 15일 전국 1,000명에게 벌인 자동 응답(ARS) 조사에서도 한나라당과 민주당은 똑같이 23.8%를 기록했다. 한귀영 한국사회여론연구소 수석 연구 위원은 "민주당 지지도가 급상승한 데는 거품이 끼어 있었기 때문에 시간이 지날수록 빠질 수밖에 없고, 위기의식을 느낀 한나라당 지지층들은 결집하고 있어 양쪽의 지지율이 비슷해진 것"이라고 풀이했다.[159]

한국은 휩쓸리는 사회

2009년 6월 15일 이대근 『경향신문』 정치·국제 에디터는 "노무현이 영웅으로 다시 태어나자 모두 어리둥절해한다. 참여정부에 좌절하고 그 실패가 불러들인 이명박 정부의 실정에 또다시 절망하고, 이제는 삶의 위기로까지 내몰린 서민들로서는 혼란스럽다. 노무현이 이명박의 안티테제가 되면서 노무현 사랑이 깊을수록 이명박에 대한 미움은 배가된다. 노무현과 관련한 모든 것을 사랑해버리는 것이 이명박에게 복수하는 길이라도 되는 양 노무현에게 몰입한다. 노무현의 정신, 치적은 물론

---

159) 이유주현, 「한나라~민주 '지지율 전쟁' : 각당 자체 여론조사 공개…… 서로 "앞섰다"」, 『한겨레』, 2009년 6월 18일.

그의 과거, 가족, 측근까지 사랑한다. 그들 가운데는 타임머신을 타고 과거로 돌아가 노무현 비판자를 공격하는 것으로 사랑의 정을 표현하는 이들도 있다"며 다음과 같이 말했다.

"노무현의 과거를 제거하거나 혹은 실패에 성공의 옷을 입혀 새 우상을 만들어서는 안 된다. 허구로 구축한, 실재하지 않는 노무현으로 기념물 혹은 신화를 만들 수는 있다. 하지만 그렇게 금박 입힌 노무현은 현실의 가랑잎 한 잎도 흔들 수 없는 의식(儀式) 그 자체로 남을 것이다. 그의 죽음은 그렇게 박제될 성질의 것이 아니다. 일부의 과도한 미화는 그를 살리는 게 아니라 다시 죽이는 일이다. 지금 그를 기념할 때가 아니라, 기억해야 할 때이다. 그는 한국 정치, 사회에 성찰할 기회를 주었다."[160]

6월 17일 김영명 한림대 정치행정학과 교수는 「휩쓸리는 사회」라는 칼럼에서 "이런 저런 사태들을 보고 한국 사회의 이념적 양극화와 분열 양상을 우려하는 목소리가 높다. 그러면서 언제나 하는 말이 정치인들이 국민의 높아진 기대와 수준을 따라가지 못한다는 말이다. 나는 이런 말을 하는 지식인들이 얼마나 그 말을 스스로 믿고 있는지 의아할 때가 있다. 내가 보기에 우리나라든 다른 나라든 국민의 수준이 별로 높아 보이지 않기 때문이다"며 다음과 같이 말했다.

"그 국민에서 그 정치가 나오고 그 대통령이 나온다. 이명박 대통령을 누가 뽑아주었는가? 국민들이 '압도적으로' 뽑아주었다. 그런데 왜 몇 달도 지나지 않아 등을 돌리고 촛불집회를 열고 사과하라고 난리를 치는가? 그럴 걸 왜 뽑아주었나? 그를 대통령으로 뽑아준 까닭은 경제를

---

160) 이대근, 「노무현의 마지막 선물」, 『경향신문』, 2009년 6월 15일.

살려주겠다고 해서였는데, 그러면 경제가 엉망이라서 국민들이 등을 돌렸나? 아니다. 대통령이 국민과 소통을 안 하고 강압적으로 나가서 그렇단다. 민주주의를 위협하기 때문이란다. 그러면 그들은 이 대통령이 한국 민주주의를 한 걸음 더 앞서게 만들어줄 줄 알았다는 말인가? 아니, 그건 그만두고 이 대통령이 집권하면 정말 그럴 줄 전혀 몰랐단 말인가?"

이어 김영명은 "노무현 대통령에게 진저리를 치다가 그 허점을 파고든 이명박 후보에게 표를 몰아준 유권자들이 노 전 대통령이 비극적으로 서거하자 '지켜주지 못해서 미안합니다'라고 하면서 그를 영웅으로 만들고 있다. 미안할 일을 왜 했나? 그들 중 얼마나 많은 사람들이 정말 노무현을 지켜주고 싶어 했을까? 노무현 바람, 노무현 죽이기, 경제 살리기 바람, 이명박 바람, 그리고 이제 노무현 추모 바람. 이리 쏠리고 저리 쏠리는 한국인의 변덕스러운 정치 문화가 이보다 더 잘 드러날 수는 없다"며 다음과 같이 말했다.

"한국은 휩쓸리는 사회다. 그게 꼭 부정적이지만은 않다. 이 휩쓸리는 열기가 엄청난 경제성장을 이루고 민주화도 이루었다. 하지만 민주주의의 성숙에는 걸림돌이 될 가능성이 크다. 정당정치가 제자리를 못 잡고 거리 정치에 휘둘리고 인물 정치에 휘둘리는 것도 휩쓸리는 한국 사회의 특징이다. 변덕스러운 국민, 바람의 정치, 포퓰리즘, 추모 열기, 붉은악마의 함성, 모두 같은 문화 현상이다. 같은 종족이 좁은 공간에서 옹기종기 모여 사는 '단일 사회'이기 때문에 그렇다는 것이 내 지론이다. 휩쓸리는 것은 그렇다손 치더라도 무지한 것은 하루빨리 극복해야 한다." [161]

---

161) 김영명, 「휩쓸리는 사회」, 『한국일보』, 2009년 6월 17일.

민주주의 이상과 우상

2009년 6월 17일 양승태 이화여대 정치외교학과 교수는 '민주주의 이상과 우상'이라고 제목을 단 『한국일보』 칼럼에서 "그의 유서에는 사법적 심판을 받게 될 상황에 대한 진지한 해명이나 책임감을 피력한 흔적이 없다. 자신의 삶의 정점이었던 대통령직 수행에 대한 역사적 성찰의 편린도 나타나 있지 않다. 그토록 자신만만하게 천명했던 정치적 신념을 최종적으로 정리하는 기술도 발견되지 않는다. 무엇보다 그토록 위한다고 했던 삶에 지친 서민들에 대한 따뜻한 위무의 말도 없이 오직 자신의 지친 삶을 빨리 끝내고 싶다는 언어가 있을 뿐이다"며 다음과 같이 말했다.

"죽음 자체는 무조건 억울하고 슬퍼해야 하고, 모든 허물을 가릴 수 있으며, 산 자는 무조건 죄인이라는 듯한 애도의 분위기가 정치적 제전이 되어 정치 과정 전체를 파행시키고 있다. 그 제전 속에서 고인은 피의자의 신분에서 해방되어 '민주주의의 순교자'가 되고, 어제까지 그를 버렸던 정치인들과 지식인들이 갑자기 참회의 고해성사를 하면서 그 죽음의 제전을 이끌고 있다. 그가 진정으로 이러한 사태의 반전을 기대하고 마지막 정치적 승부수를 던졌다고 믿고 싶지는 않다. 그의 죽음에는 나름대로 진실함이 있기 때문이다. 그런데 이 죽음의 제전에는 어떠한 진실성이 있는가."

이어 양승태는 "현 정권이 보인 국정 운영의 미숙함이나 실용이라는 이름의 속물주의 등은 비판받아야 한다. 그러나 그것에 대해 '독재'나 '반민주' 등으로 공격하는 것은 시대착오적이고 설득력도 없는 작위적인 정치적 수사에 불과하다. 스스로 입안한 정책에 대한 소통과 설득을 확신을 가지고 일관되게 추구하지 못한 무능력은 비판받아 마땅하다.

한국시론

민주주의 이상과 우상

양승태
이화여대
정치외교학과 교수

전직 대통령의 자살이 촉발한 정국의 흥미가 계속되고 있다. 소위 좌우 대립이 대학사회마저 분열시키고 있다. 과연 이런 흥미와 분열이 진정 의미 있는 것인지, 사태의 근본을 돌아볼 때이다.

정치인의 자살은 자신의 공적 행위에 대한 강렬한 책임감의 표현일 수 있다. 자신에 대한 심판을 당대의 법정이 아닌 역사의 법정에 맡기려는 결단의 행동일 수도 있다. 삶을 스스로 마감하는 행위는 분명히 하나의 결단이다.

시대착오적 '독재·반민주' 공세

그러나 공인의 경우 그것이 어떠한 성격의 결단인지, 최후의 행위로서 정당성이나 책임감 또는 역사의식이 표현되어 있는지를 엄정하게 심판되어야야한다. 모든 죽음은 안타까울 수 있지만 공인의 죽음은 단순히 슬픔이나 애도의 대상이 아닌 것이다.

그가 남긴 '삶과 죽음은 자연의 일부'라는 말은 죽음에 임하는 담담한 심경을 토로한 것으로 보인다.

그러나 그의 유서에는 사법적 심판을 받게 될 상황에 대한 진지한 해명이나 책임감을 피력한 흔적이 없다. 자신의 삶의 정점이었던 대통령직 수행에 대한 역사적 성찰의 편린도 나타나 있지 않다. 그토록 자신만만하게 천명했던 정치적 신념을 최종적으로 정리하는 기술도 발견되지 않는다.

무엇보다 그토록 위한다고 했던 삶에 지친 서민들에 대한 따뜻한 위무의 말도 없이 오직 자신의 지친 삶을 빨리 끝내고 싶다는 언어가 있을 뿐이다. 왜 그렇게 모진 행동을 해야만 했는지, 그 결단의 의미 자체를 모호하게 만드는 감상적 언어가 있을 뿐이다. 그것이 최고의 공직을 지낸 인물의 자살이 일반인들의 그것과 크게 다를 바 없다는 안쓰러움을 남긴다.

죽음 자체는 무조건 억울하고 슬퍼해야 하고, 모든 허물을 가릴 수 있으며, 산 자는 무조건 죄인이라는 듯한 애도의 분위기가 정치적 제전이 되어 정치과정 전체를 파행시키고 있다. 그 제전 속에서 고인은 피의자의 신분에서 해방되어 '민주주의의 순교자'가 되고, 어제까지 그를 비판했던 정치인들과 지식인들이 갑자기 참회의 고해성사를 하면서 그 죽음의 제전을 이끌고 있다. 그가 진행되고 이러한 사태의 반전을 기대하고 마지막 정치적 승부수를 던졌다고 믿고 싶지는 않다. 그의 죽음에는 나름대로 진실함이 있기 때문이다. 그런데 이 죽음의 제전에는 어떠한 진실성이 있는가.

현 정권이 보인 국정운영의 미숙함이나 실용이라는 이름의 속물주의 등은 비판받아야 한다. 그러나 그것에 대해 '독재'나 '반민주' 등으로 공격하는 것은 시대착오적이고 설득력도 없는 작위적인 정치적 수사에 불과하다. 스스로 압인한 정화에 대한 소통과 설득을 확산을 가지고 일관되게 추구하지 못한 무능력은 비판받아 마땅하다. 그러나 스스로 주도한 민주화 투쟁을 통해 확립된 근대 민주주의의 제도적 원칙들을 이해관계에 따라 자의로 취사선택하여 일방적으로 강요하면서 소통과정을 처음부터 폭력적으로 봉쇄한 측은 민주주의적 소통 자체를 운위할 자격이 없다.

위선적 우상 숭배의 해악

국민장은 우리 국민의 그 깊은 정과 특유의 열정을 일깨웠다. 무능한 정부·여당은 그 소중한 국민적 에너지를 새로운 국정비전의 제시를 통해 승화시키지 못했다. 그러나 무정견한 야당세력도 그것을 시대착오적 방식으로 이용했다. 이 때문에 결국 국민장은 죽음의 정치적 제전이 되고 말았다.

그러는 사이 민주주의의 숭고한 이상은 맹목적이고 통속적인 우상으로 변질되고 있다. 우상 숭배의 해악은 그것이 언제나 위선과 부도덕과 탐욕의 온상일 수 있다는 것이다. 이 착한 국민에게 그러한 해악이 돌아가야 하겠는가.

"그러는 사이 민주주의의 숭고한 이상은 맹목적이고 통속적인 우상으로 변질되고 있다. 우상 숭배의 해악은 그것이 언제나 위선과 부도덕과 탐욕의 온상일 수 있다는 것이다."(「한국일보」 2009년 6월 17일)

그러나 스스로 주도한 민주화 투쟁을 통해 확립된 근대 민주주의의 제도적 원칙들을 이해관계에 따라 자의로 취사선택하여 일방적으로 강요하면서 소통 과정을 처음부터 폭력적으로 봉쇄한 측은 민주주의적 소통 자체를 운위할 자격이 없다" 며 다음과 같이 말했다.

"국민장은 우리 국민의 그 깊은 정과 특유의 열정을 일깨웠다. 무능한 정부·여당은 그 소중한 국민적 에너지를 새로운 국정 비전의 제시를 통해 승화시키지 못했다. 그러나 무정견한 야당 세력도 그것을 시대착오적 방식으로 이용했다. 이 때문에 결국 국민장은 죽음의 정치적 제전이 되고 말았다. 그러는 사이 민주주의의 숭고한 이상은 맹목적이고 통속적인 우상으로 변질되고 있다. 우상 숭배의 해악은 그것이 언제나 위선과 부도덕과 탐욕의 온상일 수 있다는 것이다. 이 착한 국민에게 그러한 해악이 돌아가야 하겠는가."[162]

6월 19일 임지현 한양대 역사학과 교수는 "자신의 존재를 건 궁극적인 결단이라는 점에서 '자살'은 아마도 소통 불가능의 상태에서 내밀한 진정성을 표현하는 한 방식일 것이다. 노무현 전 대통령의 그 마지막 결단에 대해 안타까움을 넘어 차마 뭐라 말하기 어려운 것도 그 때문이다. 정치인 노무현에 대해 냉정하게 비판적 거리를 유지해온 내 경우에는 더욱 그러하다. 그러나 노 전 대통령의 죽음을 읽는 한국 사회의 정치적 독법에 대해서는 '아니다!'라고 말하고 싶다"며 다음과 같이 말했다.

"'누구도 원망하지 말라'는 고인의 유언을 빌미로 비판의 목소리를 억누르고 정치 위기를 넘기려는 집권 세력의 술수는 물론이고, 수사 관련 책임자 처벌을 요구하면서 정권 타도의 목소리를 드높이는 일부 비판 세력의 독해에 대해서도 아니라는 느낌을 지울 길이 없다. 집단적 감상주의로 노무현을 기념비화하려는 시도도 불편하다. 노 전 대통령의 처연한 결단에 담긴, 소통 불가능한 진정성은 그만의 내밀한 영역으로 남겨두는 게 고인에 대한 인간적 예의일 것이다. 섣부른 정치적 독해는 그의 죽음을 도구화하고 그 결단에 담긴 내밀한 진정성을 박탈하기 때문이다."[163]

---

162) 양승태, 「민주주의 이상과 우상」, 『한국일보』, 2009년 6월 17일.
163) 임지현, 「[금요논단]문화적 정의(正義)를 되새기며」, 『경향신문』, 2009년 6월 19일.

타도할 정권이란 없다

2009년 7월 3일 김대중 전 대통령은 "노무현 전 대통령은 억울한 일을 당해 몸부림치다 저 세상으로 갔다"면서 "나도 억울하다. 목숨 바쳐 지켜온 민주주의가 위기에 처해 억울하고 분하다"고 밝혔다. 김 전 대통령은 『노무현, 마지막 인터뷰』란 책의 추천사를 통해 "어떻게 만든 민주주의냐. 독재 정권, 보수 정권 50여 년 끝에 국민의 정부, 참여정부가 10년 동안 이제 좀 민주주의를 해보려고 했는데 어느새 되돌아가고 있다"며 이같이 말했다.

김 전 대통령은 "행동하는 양심이 돼야 이길 수 있고 위기에 처한 민주주의를 살려낼 수 있다"며 "그 길은 어려운 게 아니라 바르게 투표하고 민주주의 안 하는 정부는 지지 못한다고 하는 등 자신이 할 수 있는 범위 내에서 행동하면 된다"고 강조했다. 노 전 대통령 서거 소식에 '내 몸의 반이 무너진 것 같다'고 밝힌 데 대해 "민주주의가 다시 위기에 처해지는 상황을 보고 아무래도 우리 둘이 나서야 할 때가 머지않아 있을 것 같다고 생각하던 차에 돌아가셔서 그렇게 말한 것"이라고 설명했다.[164]

7월 8일 황영식 『한국일보』 논설위원은 「타도할 정권이란 없다」는 칼럼에서 "지금 이명박 대통령을 바라보는 사회 일각의 시선에서는 대통령의 '민주적 정당성'에 대한 인식을 찾아볼 수 없다. 시위대는 걸핏하면 'MB OUT', '정권 퇴진'을 외친다. 시위대만이 아니다. 민주노동당 강기갑 대표는 며칠 전 '이명박 정권을 국민의 힘으로 끌어내려야 한

---

164) 최우규, 「김대중 전 대통령 "민주주의 위기 억울하고 분해"」, 『경향신문』, 2009년 7월 4일.

다'고 주장했다. 그는 지난달 말 스스로 본부장이 되어 당 안에 '이명박 정권 퇴진 운동본부'까지 만들어두었다. 이미 국회에서 그가 보인 '저품위 행동'이나 당의 영향력으로 보아 약간의 희극성까지 느껴진다"며 다음과 같이 말했다.

"이런 희극성은 제1야당인 민주당이 중부권 시국 대회에 참가, 그동안 지도부나 의원 개개인의 입에서 간간이 나오던 '정권 퇴진' 주장을 반쯤 공식화한 데서 더욱 커진다. 무슨 일이든 '정권 퇴진', '독재 타도'를 외쳐온 과거의 습관에 의존한 결과, 낡은 갑옷과 투구를 걸치고 등장한 돈키호테 모습이다. 당내에 법률가가 수두룩하고, 공수 양쪽으로 갈려 '탄핵 사태'를 겪기도 한 민주당이 '정권 퇴진' 주장에 정말로 무게를 실었을 리는 없다. 국회가 장기 공전을 하고 있어 마땅히 매달릴 일이 없는 마당에 적극적 정치 공세로 내년의 지방선거, 나아가 다음 총선과 대선 가도를 다듬겠다는 것이다."[165]

7월 9일 이대근 『경향신문』 정치·국제 에디터는 "이명박 덕분에 우리는 한국 사회가 십수 년 전, 혹은 20년 전으로 돌아간 것 같은 기분을 충분히 느끼고 있다. 그러나 이명박 혼자서 이 사회를 과거로 끌고 가는 것은 아니다. 이 과거로의 여행에는 동반자가 있다. 바로 이명박과 싸우는 세력들이다. 김대중은 이명박 정권을 독재라고 했다. 속 시원하게 해준다. 민주노동당은 '정권 퇴진 운동본부'라는 기구를 만들고 탄핵 서명을 받겠다고 했다. 민주적 절차가 아닌 다른 수단으로 끌어내리자는 뜻이다. 이해찬은 의사 파시즘이라고 했다"며 다음과 같이 말했다.

---

165) 황영식, 「타도할 정권이란 없다」, 『한국일보』, 2009년 7월 8일.

"이명박 정권에 대해 누가 더 선명하고 강하게 비판하는지 목소리 높이기 경쟁을 하는 양상이다. 만일 이런 정권 성격이 타당하다면 우리 시대의 과제는 독재 대 반독재, 민주 대 반민주의 대결이 되어야 한다. 이건 한마디로 이명박과 그 반대 세력이 공동으로 한국 사회 앞으로 부친, 과거로 가는 초대장이나 다름없다. 이 대결 구도에서는 반대 세력이 머리를 쓸 일도 고민할 것도 별로 없다. 저항하고 투쟁만 하면 된다. 물론 청와대는 그런 투쟁에 아랑곳하지 않을 것이다. 그가 강력한 독재자라서가 아니라, 민주주의 후퇴에도 불구하고 그의 권력 행사는 물론 그를 반대하는 방법에도 일정한 제약이 있기 때문이다. 사실 그는 독재자이기는커녕 겨우 공권력으로 이 세상 전체와 맞서는, 이길 수 없는 전쟁을 지휘하는 요령부득의 무능한 권력자에 불과하다. 이 약점을 놓쳐서는 안 된다. 그렇지 않으면 이명박이 아니라 과거와, 혹은 망령과의 헛된 싸움이 될 수 있다."

이어 이대근은 "진정 이명박 정권을 바꾸고 싶다면 화염병·보도블록이 아니라 대안을 준비해야 한다. 정권 교체 뒤 자유주의·진보 세력이 화두로 잡았던 것은 시민들이 선택할 수 있는 대안은 무엇인가였다. 그러나 노무현 사후 조성된 반이명박 정서에 너도 나도 편승, 반이명박 전선으로만 몰려들면서 이 화두를 놓치고 있다. 이명박이 아니면 모두 하나이고 선이며 정당하고 옳은가. 그렇지 않다. 정권 교체에 대해 뼈아픈 반성을 해야 할 세력들이 목소리를 높인다고 과오가 사라지지 않는다. 노무현 부정에서 계승으로, 친노 축출에서 친노 영입으로 시시각각 변신하는 그런 야당의 한계 역시 이명박 공격에 앞장선다고 감춰지지 않는다. 운이 좋아 이들이 다시 권력을 잡는다고 치자. 무엇이 달라질 것 같은가"라면서 다음과 같이 말했다.

"내일이면 노무현 49재다. 이제 노무현 추모 정국의 반사이익과 그 거품 위에 안주하는 자세를 버리고 스스로 미래를 준비할 때가 왔음을 알리고 있다. 대안의 가치·조직·노선·인물을 만드는 결코 수월치 않은, 고통스러운 작업을 시작해야 한다. 구멍 난 배를 부여잡고 있을 때가 아니다. 분명히 하자. '~에 대한 반대'가 아니라, '~을 위한 반대'를 해야 한다. 왜 정권을 잡으려 하는지, 정권을 잡으면 무엇을 할지 번지르르한 말로써가 아니라, 섬세하고 정교하면서도 치밀한 대안을 조직해 눈앞에 보여주어야 한다. 무조건 호랑이 등 위에 올라타는 것이 목적이 되어서는 안 된다는 교훈을 우리는 지난 정권의 실패를 통해 알았다. 호랑이를 조련해 원하는 방향으로 갈 수 있는가. 이게 문제다. 그걸 위해서라면, 지금과 같은 과거 세력 대 과거 세력의 대결이 아니라, 과거 세력 대 미래 세력의 대결 구도로 가야 한다."[166]

박연차 유죄 판결과 노 전 대통령 일가의 문제

2009년 9월 16일 서울 중앙지법은 뇌물과 탈세 혐의로 기소된 박연차 전 태광실업 회장에게 징역 3년 6월에 벌금 300억 원을 선고하고 정대근 전 농협 중앙회장에게는 징역 10년을 선고하는 등 '박연차 게이트' 관련 인사 다섯 명에게 유죄를 선고했다.

이에『동아일보』는 사설「박연차 유죄 판결과 노 전 대통령 일가의 문

---

166) 이대근, 「이명박과 손잡고 과거로 가는 반대 세력」, 『경향신문』, 2009년 7월 9일.

제」에서 "검찰은 박 씨가 노무현 전 대통령과 그 가족에게 뇌물을 준 혐의에 대해서는 기소하지 않았다. 노 전 대통령 일가는 박 씨로부터 640만 달러(약 78억 원)를 수수한 혐의를 받고 있었다. 또한 박 씨는 노 전 대통령 부부에게 1억 원 상당의 피아제 시계 두 개를 선물했다. 박 씨가 다른 정관계 인사들에 대해서만 사실과 부합하는 진술을 하고 노 전 대통령 일가에 대해서는 거짓으로 무고(誣告)를 했다고 볼 수는 없을 것이다. 노 전 대통령이 자살하는 바람에 법정에서 진실을 가릴 기회가 사라졌지만 그가 뇌물 수수 혐의로 기소됐다면 이번 판결 취지에 비추어 유죄 판결을 받았을 것으로 추정된다"며 다음과 같이 말했다.

"일부 세력은 신문과 방송이 노 전 대통령의 혐의를 중계하듯 보도해 그를 억울한 죽음으로 몰고 갔다고 주장했다. 이번 판결을 보더라도 노 전 대통령이 근거 없는 모함을 당한 것은 아니다. 전직 대통령의 비리 혐의는 국민적 관심사라는 점에서 언론이 신속 정확한 보도를 위해 노력하는 것은 당연하다. 노 전 대통령과 천수이볜 대만 전 총통은 어려운 가정에서 태어나 변호사가 됐고 퇴임 후 검찰 수사를 받는 등 닮은 점이 많다. 천 전 총통은 재임 중 뇌물 수수죄, 국가 기밀비 횡령죄 등으로 이달 11일 타이베이 지방법원에서 무기징역형을 선고받았다. 그는 법정에서 '아내가 직접 뇌물을 받고 관리해 나는 모른다'라고 진술했지만 중형을 피할 수 없었다. 국정 최고 책임자는 퇴임 후 어떤 식의 검증을 당하더라도 떳떳하도록 자신과 주변을 관리해야 한다. 이는 한국과 대만의 두 사건이 남긴 교훈이기도 하다."[167]

167) 「박연차 유죄 판결과 노 전 대통령 일가의 문제(사설)」, 『동아일보』, 2009년 9월 17일.

언론 책임론 방향 잘못됐다

이제 '노무현 서거'에 관한 이야기를 총정리 해보자. 앞서 보았듯이, 노무현을 지켜주지 못했다며 후회와 참회의 목소리가 폭포수처럼 쏟아졌으며, '열병과도 같은 눈물의 행렬'이 전국을 휩쓸었다.[168] 조문객은 500만 명에 이르렀고, 수많은 시위가 시도되었다. '노무현 신화 만들기'엔 진보적 지식인들도 적극 가세했지만, 이들은 나중에 다른 진보적 지식인들에게 '지식인의 정신적 패배'라거나 '생각하는 일들을 포기해버린 듯한 지식인'이라는 비판을 받았다.[169]

노무현을 죽음으로 내몬 장본인으로 지목된 이명박 정권과 이 정권의 반대편에 있던 사람들도 서거 전의 노무현에 대해 실망과 분노와 좌절을 드러냈다. 이미 그때에도 검찰 수사의 문제를 몰랐던 게 아니었다. 그걸 충분히 감안한다 해도 부정부패에 대해 '패가망신'을 외치며 도덕적 우월감을 과시했던 노무현 측이 "해도 너무 했다"는 정서였다. 그러나 노무현의 서거로 모든 게 일순간에 역전되었다. 그의 자살이 '정치적 보복에 의한 타살'로 규정되면서 이명박 정권에 대한 반감과 분노가 하늘을 찔렀고, 이런 상대적 관점이 모든 판단을 지배했다.

언론 책임론이 무더기로 쏟아져 나오자 박경신 고려대 법대 교수는 『미디어오늘』(2009년 6월 10일)에 「언론 책임론 방향 잘못 됐다」는 글을 기고했다. 이 글에서 박경신은 "노 전 대통령은 우리의 슬픔의 크기만큼이나 공적인 인물이었고 그의 임기 중 비리 혐의에 대한 정보는 국민들

---

168) 이계삼, 「평형감각을 되찾기 위하여」, 『녹색평론』, 제107호(2009년 7·8월), 181쪽.
169) 박경미, 「'국가의 마법'과 지식인의 상상력」, 『녹색평론』, 제107호(2009년 7·8월), 171~178쪽; 이계삼, 「평형감각을 되찾기 위하여」, 『녹색평론』, 제107호(2009년 7·8월), 179~187쪽.

에게 중요한 것이었고 검찰이 이 정보들을 공개하는 한 언론은 이를 보도할 의무가 있었다. 노 전 대통령이 임기 중에 아무리 적은 액수의 돈이라도 이를 임기 중에 '잘나가는' 기업인으로부터 받았는지를 확인하는 것은 매우 공적인 일이었고 편파적이거나 추측성일지라도 일부 부정확한 점이 있더라도 보도는 이루어지는 것이 마땅했다"며 다음과 같이 말했다.

"특히 일부 진보 매체들의 경우 '친한 사람일수록 엄정한 것이 언론의 정도'라는 굳은 결의를 가지고 아픈 속을 다스리며 노 전 대통령에 대해 공격적인 글들을 쓴 것으로 알고 있다. 노 전 대통령이 서거하였다고 해서 이제 와서 이런 자세를 포기한다는 것은 당시 아픔을 견뎌내었던 데스크와 기자들의 영혼을 파는 일이다. 이러한 원칙적인 입장이야말로 노 전 대통령이 한국 사회에 보여주려고 했던 모습이며 언론이 앞으로 나아가야 할 길이다. …… 혹자는 노 전 대통령의 사인으로 치욕적인 검찰 출두보다도 검찰의 피의 사실 공표를 꼽는다. 하지만 검찰의 피의 사실 공표가 금기시되어야 하는 이유는 추후에 그 사건을 맡을 판사나 배심원에게 편견을 가지도록 하거나 여론을 통해 압력을 넣어 공정한 비판을 받을 권리를 해하기 때문이다. 그러므로 피의 사실 공표가 피의자가 공인인 경우 등의 최소한으로 한정되어야 함은 불문가지이다. 사실 지금 '참회'하는 상당수 언론사들이 검찰의 피의 사실을 전달하는 나팔수 역할을 한 것에 대해 집중적으로 참회하고 있다. 하지만 언론사의 참회도 '피의자가 공정히 재판받을 권리를 침해하지 않도록 주의해야 한다'는 선에서 그쳐야지 '유죄 확정 전까지는 범죄 수사에 대해 드러난 단서들의 보도는 공인이라 할지라도 자제해야 한다'는 범위까지

확대되는 것은 곤란하다." [170)]

누가 죽음을 미화하는가?

왜 우리는 죽음을 앞에 놓고서도 편을 갈라야만 하는가? 왜 제3의 목소리
는 없는가? 땅바닥을 치며 처절하게 애도하면서도 죽음을 미화하거나 정
치적으로 이용해선 안 된다는 주장은 왜 나오지 않은 것인가? 2004년 억
대 뇌물을 받은 혐의로 구속, 수감된 안상영 부산시장이 구치소에서 자살
한 사건이 있었다. 그때 한나라당은 안 시장의 죽음을 '권력에 의한 살
인'으로 규정했고, 곧이어 치러진 선거에서 한나라당은 여유 있게 승리
했다. 의사이자 시인인 서홍관은 2007년 3월 13일 『한겨레』에 기고한 「누
가 죽음을 미화하는가?」라는 칼럼에서 그런 사례들을 지적한 바 있다.

서홍관은 "우리 사회는 죽은 자를 지나치게 존중하는 사회다. …… 이
런 죽음의 미화에 언론사들의 책임도 만만치 않다. 누가 되었건 이들이
죽음을 선택한 뒤에는 '주변 사람들에게 억울하다고 말했다'느니, '오
죽했으면 자살했겠느냐'는 식의 동정론에 입각하여 보도하기 때문에
원래 사건의 본질은 쉽게 사라지고 만다"며 다음과 같이 말했다.

"성인들은 그러한 보도에 영향을 덜 받겠지만 청소년들은 이러한 암
시에 민감하기 때문에 자칫 인생을 충분히 알지 못한 상태에서 힘든 고
비를 만날 때마다 어렵고 먼 길을 택하기보다 손쉬운 죽음을 택하려고
할지도 모른다. 우리 사회는 더 성숙해야 한다. 성숙한 사람이 된다는 것

---

170) 박경신, 「언론 책임론 방향 잘못됐다」, 『미디어오늘』, 2009년 6월 10일, 2면.

은 자신의 행동에 책임을 지는 것을 말한다. 자신의 잘못이 있다면 처벌과 비난까지도 감수하고 반성하는 용기가 필요한 것이고, 만약 부당한 혐의와 비난을 받고 있다면 그에 맞서서 싸우는 용기 또한 필요하다. 언론에서는 사회적 명사든 연예인이든 죽은 자라고 해서 모든 책임을 면해주고 미화하는 일은 이제 삼갔으면 한다. 자살이 자신에 대한 모든 비난과 억울함을 해결해주는 가장 손쉬운 길처럼 오해되어서는 안 된다. 자살이 지난 10년간 두 배 이상 증가했던 것에는 분명히 이유가 있었다."

우리는 어떤 일에서건 만족스럽지 못한 결과를 얻었을 때 어떤 자세를 보이는가? "우리가 좀 더 잘할 수 없었을까"라고 성찰하기보다는 "누가 우리를 이렇게 만들었는가"라는 '남 탓'과 '원망'의 담론에 익숙하다. 예컨대, 개혁·진보 세력은 한나라당이 대선과 총선에서 압도적 승리를 거두었음에도, 그 어떤 배움과 성찰도 충분히 시도하지 않은 채 이명박 정권에 대한 투쟁 모드로 전환하고 말았다. 김대호 사회디자인연구소장이 『창작과 비평』 2009년 여름호에 기고한 글에서 다음과 같이 지적했듯이 말이다.

"현재 범진보 진영의 지적 풍토는 참여정부라는 골치 아픈 기억은 대충 덮어버리고, '촛불'의 아름다웠던 기억은 끊임없이 재생한다. 단적으로 작년과 올해에 걸쳐 벌어진 범진보 진영의 토론회를 돌아보면, 수많은 타산지석의 교훈을 제공해주는 '노무현 시대'와 관련된 토론은 거의 없고, 약간의 위안과 연대 투쟁 의지를 불러일으키는 '촛불'이나 이명박 정부의 실정 관련 토론은 넘쳐난다."

그렇게 하는 것도 그 나름의 의미는 있겠지만, 문제는 그렇게 해선 결코 이길 수 없다는 데에 있다. 끊임없이 '더 나쁜 쪽'과 비교함으로써 자

4·19혁명 뒤 철거되는 이승만 동상.

기 정당성을 확보하려는 방식으론 이길 수 없다는 게 이미 충분히 입증되었음에도 우리가 그런 습속에서 빠져나오지 못하는 건 어인 이유에서일까? 한국인은 '바람의 민족'이기 때문인가? 아닌 게 아니라 '노풍(盧風)'이 노무현 서거 당시엔 '폭발'의 수준에까지 이르진 못했지만, 1년여가 지난 2010년 6·2 지방선거에까지 큰 영향을 끼칠 정도로 강한 지속성을 보였다.

죽음으로 소통하는 사람들! 이는 오랜 역사를 자랑한다. 고종 승하 후 40일 만에 3·1 만세운동이 일어났고, 순종 승하 후 45일 만에 6·10 만세운동이 일어났다. 3·15 부정선거 후 비겁할 정도로 잠잠했던 한국 사회는 1960년 4월 11일 마산 앞바다에서 교복 차림을 한 10대 소년 김주열의 시체가 눈에 최루탄이 박힌 채 발견되면서 4·19혁명으로 돌입했다. 1987년 6·10 민주항쟁은 1987년 1월 서울대생 박종철의 고문 치사 사건에 이어, 1987년 6월 9일 연세대에서 시위하던 학생 이한열이 경찰이 쏜 직격 최루탄에 맞아 사실상 사망 상태에 이르면서 불같이 일어났다.

민주화 이후에도 수많은 죽음이 있었다. 어떤 죽음은 외면되었고, 어떤 죽음은 범국민적인 촛불집회로 추모되었다. 우리는 곧잘 '죽음에 대한 예의'를 말하지만, 우리는 결코 그런 예의에 투철한 사람들은 아니다. 매년 200명이 넘는 어린 학생들이 자살을 하고, 철거민들과 비정규직 노동자들이 수시로 자살해도 우리는 눈길 한번 주지 않는다. 죽음에 대한 우리의 철학은 정치 과잉이다. '편 가르기' 원리에 따라 자신이 마땅치 않게 보았던 사람이 자살을 하면 조롱을 하는 불경까지 서슴없이 저지르는 사람들도 많다. 같은 편에서 그걸 꾸짖는 사람도 없다. 우리는 지금 노 전 대통령의 서거 국면에서도 그런 일들이 수없이 벌어지고 있음을 목격하고 있다. 아, 죽음에까지 침투한 이 무서운 '죽음의 정치학'이여!

족벌 신문 특혜법인가, 미디어 선진화인가?
미디어법 논란

미디어법 논란

2009년 7월 22일 오후, 2008년 12월 국회에 제출된 이래 정국 긴장과 사회적 논란을 부른 미디어 관련 3법(방송법, 신문법, 인터넷멀티미디어 방송 사업법) 등이 여야 의원들의 거친 몸싸움 속에 국회 본회의를 통과했다. 수정을 했다곤 하지만 '무늬만 바꾼' 수정안이라는 말을 들을 정도로 주요 내용은 바뀌지 않았다.

방송법의 경우, 대기업과 신문이 지상파 방송과 종합 편성·보도 전문 케이블 채널을 소유할 수 있도록 조건을 완화하는 것이 핵심 내용이었다. 통과 법안은 신문과 대기업의 지분 참여 한도를 지상파 방송 10%, 종합 편성 채널 30%, 보도 전문 채널 30%로 정했다. 또 2012년까지 신문·대기업의 지상파 방송 겸영은 유예하되, 지분 참여는 허용키로 했다. 방송사에 대한 1인 지분 한도를 현행 30%에서 40%로 올렸다. 법안은 구독률이 20%를 넘는 신문의 방송 진출을 불허키로 했다. 방송 사업자의 시청 점유율이 30%를 넘으면 광고 제한 등의 방식으로 '사후 규제'에 나선다는 내용도 포함했다. 여기에 신문의 방송 소유 · 겸영 시 신문 구독률을 10% 범위 내에서 시청 점유율로 환산하는 '매체 합산 시청 점유율' 제도를 도입했다.

신문법의 경우, 일간신문과 뉴스 통신사의 상호 겸영 금지를 폐지하고 지상파, 종합 편성, 보도 전문 방송의 겸영 역시 허용한 것이 골자였다. 대기업은 일간신문에 한해 지분의 50%를 초과해 취득 또는 소유할 수 없도록 했다. 또 일간신문 · 뉴스 통신 · 방송사의 일간신문사 주식 및 지분 취득 제한을 없애, 일간신문 지배주주가 여러 신문 소유를 가능토록 했다. 게다가 신문 지원 기관인 신문발전위원회와 한국언론재단을 통합해 '한국언론진흥재단'을 신설하고, 신문 유통을 신설 재단에 맡기도록 했다. 그러나 통합 재단 이사장의 임면권을 문화체육관광부 장관이 갖도록 해 정부 지배력을 높이기 위한 일환이라는 비판을 받았다.

인터넷멀티미디어 방송사업법(IPTV법)은 대기업이나 신문 · 통신사가 IPTV의 종합 편성 · 보도 전문 방송 채널 사용 사업자(PP)의 지분을 30%까지 소유할 수 있게 했다. 외국 자본은 종합 편성 PP는 20%, 보도 전문 PP는 10%까지 출자나 출연을 할 수 있게 했다.[171]

7월 23일 민주당 의원 84명은 민주노동당 · 창조한국당 의원들과 공동으로 헌법재판소에 방송법 권한쟁의 심판을 청구하고 효력 정지 가처분 신청도 제기했다. 민주당의 법률단장인 김종률 의원은 "22일 방송법 1차 표결은 실질적 표결 절차가 모두 이뤄졌다. 의결정족수 부족으로 명

---

171) 안홍욱, 「조중동의 신문 · 방송 · 통신 무제한 확장 길 터줘」, 『경향신문』, 2009년 7월 23일.

7월 22일 여야 의원들의 거친 몸싸움 속에 미디어법이 국회 본회의를 통과했다.

백히 부결된 것"이라며 "그 뒤 다시 재투표를 한 건 동일 회기에 같은 법안을 재표결할 수 없다는 국회법상 일사부재의 원칙에 따라 무효"라고 주장했다.

민주당은 전날 주장한 한나라당 의원들의 대리투표 의혹도 강도 높게 제기했다. 박주선 최고위원은 라디오 인터뷰에서 "김 아무개·임 아무개 의원 등 한나라당 의원 10여 명이 다른 의원 좌석에서 찬성 투표하는 모습이 언론사 카메라에 잡혔다"며 "이번 투표는 원천 무효"라고 주장했다. 민주당은 채증반을 구성하고 본회의장 CCTV 녹화 자료 보전 신청을 내는 등 대리투표 의혹을 계속 따지고 들었다. MBC 사장 출신인 최문순(비례대표) 의원은 이날 "언론 악법을 막지 못한 책임을 지고 의원직을 사퇴한다"고 선언했다.

그러나 한나라당 장광근 사무총장은 "민주당의 의혹 제기는 적반하

미디어법이 통과됐지만, 조중동은 반응이 제각각이었다. 이를 두고 표정 관리용이란 해석, 기대에 미치지 못했기 때문이라는 해석이 나왔다.

장"이라고 일축했다. 장 총장은 최고위원 회의에서 "한나라당 의원들이 (의장석) 단상을 지키다 (투표하려고) 순차적으로 자기 자리로 갔는데 민주당 의원 수십 명이 한나라당 의원석에서 닥치는 대로 (반대 버튼을) 눌러버려 이를 취소하고 다시 버튼을 눌러야 했다"고 말했다. 장 총장은 "본회의장 전광판에 빨간불(반대)이 들어왔다 파란불(찬성)로 바뀐 건 그 때문이며, 이야말로 민주당 폭거의 증거"라고 말했다.[172]

'조중동 권력'을 위한 반민주 악법

『한겨레』는 ''조중동 권력'을 위한 반민주 악법'이라고 제목을 단 사설

---

172) 강찬호·선승혜, 「야당, 방송법 효력 정지 가처분 신청/한나라 "민주당, 여당 자리서 투표 버튼"」, 『중앙일보』, 2009년 7월 24일.

에서 "이들 법은 법의 처음부터 끝까지 모두 조중동의 이익을 지키고 보장하는 내용으로 채워졌다. 중앙·지역의 지상파 텔레비전에서 케이블의 종합 편성 채널과 보도 전문 채널에 이르기까지 거대 신문이 큰 어려움 없이 방송에 진입할 수 있도록 문을 활짝 열어놓았다. 지분 참여 상한을 몇 퍼센트 낮추고, 중앙 지상파의 소유는 인정하되 경영 참여만 2년 남짓 유보한 것 따위가 큰 장애가 되진 않을 것이다"며 다음과 같이 말했다.

"한나라당이 여론 독과점 방지 장치라며 내놓은 조항은 더욱 기만적이다. 어제 강행 처리한 방송법은 구독률 20% 이상인 신문의 방송 진입을 사전에 금지하고, 방송 진입 이후에도 신문·방송 겸영 기업의 시청 점유율을 30%로 제한하겠다고 했다. 하지만 이 법이 정한 구독률은 신문을 구독하는 가구 가운데 특정 신문을 보는 가구의 비율이 아니라 전체 가구에 대한 비율이다. 분모가 커지니 어느 신문도 그 기준에 걸리지 않는다. 시청 점유율 제한도 마찬가지다. 기존 민영 방송의 시청 점유율도 10%대라니, 누구도 잡을 수 없는 성긴 그물이다. 게다가 시청 점유율에 합산하는 신문 구독률은 10% 이상 반영하지 않도록 했다. 제한을 뒀다는 알리바이일 뿐, 사실상 아무런 규제도 하지 않겠다는 얘기다. 이러니 협잡, 사기란 비난을 피할 길 없다."[173)]

같은 날 『경향신문』 사설은 "한나라당의 날치기는 보수 신문과 재벌에 방송 주기 논란을 넘어 독재 우려를 키우고 있다. 국회 경위들이 국회 본회의장까지 들어와 집권 여당의 날치기 통과를 육탄 방어한 것은 군

---

173) 「'조중동 권력'을 위한 반민주 악법(사설)」, 『한겨레』, 2009년 7월 23일.

사독재 정권 때도 보기 힘들었던 일이다. 한나라당은 절차에서나, 내용에서 의회 민주주의를 정면으로 짓밟은 것이다"며 다음과 같이 말했다.

"족벌 신문들의 방송 진출을 허용해 장기 집권에 유리한 환경을 조성하려는 이명박 정권의 간계를 파악했다. 사악한 논리를 동원해 오로지 사익과 자본의 이익 추구에 골몰한 족벌 신문들의 실체도 확인했다. 무엇을 할 것인가. 불퇴전(不退轉)의 각오로 흔들림 없이 언론 자유와 민주주의 수호를 위한 투쟁에 나설 것이다. 이 정권이 미디어법 개악 정도로 국민의 눈과 귀를 틀어막는 데 성공했다고 자축이라도 한다면 큰 착각이다. 이미 시민사회에서는 '제2의 민주항쟁'에 대한 경고까지 나오고 있다."[174]

미디어 산업, 장벽 허물고 미래로 도약한다

반면 『조선일보』는 "미디어법의 취지는 지상파 3사가 방송 시장의 80%, 여론 시장의 60%를 차지하는 독과점 구조를 허물어 세계적 추세인 디지털 시대를 헤쳐갈 수 있도록 경쟁력과 품질을 높이고 특정 이념에 편향된 방송계를 정상화하겠다는 것이었다. 이날 통과된 미디어법으로는 이런 목표를 상당 부분 접을 수밖에 없다. 더구나 기득권자의 권익을 유지시켜주고 각 정파(政派) 주장을 반영하다보니 법 논리와 법 조항이 모순 투성이가 돼버렸다"며 다음과 같이 말했다.

"1인 소유 지분 한도를 30%에서 40%로 높여 사실상 방송 1인 지배 시

---

174) 「언론 자유와 민주주의 유린한 미디어법 날치기(사설)」, 『경향신문』, 2009년 7월 23일.

대의 문을 열어주면서, 대기업과 신문사의 지분 참여는 지상파 10%, 케이블 30%로 제한한 것부터가 그렇다. 이 조항의 혜택은 지분 30%를 소유한 대주주에서 40% 지분의 실질적 지배주주로 경영권이 강화되는 SBS 대주주가 차지하게 됐다. 현재 SBS는 지분 30%를 지닌 지주회사 SBS미디어홀딩스가 사실상 지배하고 있고, SBS미디어홀딩스는 다시 태영과 태영 사주 윤세영 씨 부자가 63%를 소유한 형태로 돼 있다. …… 미디어법 통과는 어떤 분야든 '개방'과 '경쟁'이 상식인 글로벌 시대에 누구는 되고 누구는 안 된다는 구(舊)시대적 진입 장벽 하나가 일부라도 무너졌다는 상징적 의미가 있다. 그러나 어떻게 방송 독과점 구도를 해체해 여론의 다양성을 실현할 것이냐는 본질적 숙제는 그대로 남았다."[175]

『중앙일보』는 "여야 할 것 없이 본질은 제쳐놓고 특정 신문들의 방송 시장 진입을 막는 방법을 찾는 데만 골몰해 결국 당초 목적인 독과점 폐해 해소는 물 건너가버렸다. 각 당이 당리당략에 따라 숫자 놀음을 벌이는 과정에서 지분 참여 제한 등 규제적 요소들이 당초 안에 비해 훨씬 강화됐다. 그래서 일각에서는 개정법을 핵심 목표가 사라진 '누더기 법'이라고 비난한다. 이런 아쉬움에도 불구하고 미디어 산업 선진화를 위한 첫 단추를 꿰었다는 성과는 결코 폄하할 수 없다"며 다음과 같이 말했다.

"경제협력개발기구(OECD) 국가 중 신문·방송 겸업을 원칙적으로 금하는 나라는 우리뿐이었다. 법 개정으로 후진국형 산업 족쇄 하나를 풀고 글로벌 미디어 시장에서 선진국들과 경쟁할 계기를 마련한 것이다.

175) 「지상파 독과점 유지시킨 미디어법이 남긴 숙제(사설)」, 『조선일보』, 2009년 7월 23일.

미디어법 개정을 계기로 이제 소모적인 방송 산업 진입 논란을 끝내고 복합 미디어 그룹 육성에 매진해야 한다. 비록 선진국들에 비해 참여 시점은 뒤졌지만 우리에게는 세계 최고를 자랑하는 IT 기술이 있다. 후발 주자로 나서 불과 10년 만에 반도체 1등 국가가 된 경험도 갖고 있다. 정부와 기업이 힘을 모아 글로벌 미디어 산업을 키운다면 제2의 타임워너, CNN이 나오지 말라는 법이 없다. 타임워너 그룹의 경우 지난해 매출이 469억 8400만 달러에 이르며, 전 세계 직원 수도 8만 6,400명에 달한다. 일자리 창출이 곧 애국인 상황에서 단일 기업이 이런 경제 효과를 창출할 수 있다면 우리의 미래는 밝다."[176]

『동아일보』는 '미디어 산업, 장벽 허물고 미래로 도약한다' 는 제목의 사설에서 "미디어법 개정으로 우리나라에서도 시장 내 경쟁이 본격화할 것으로 기대된다. 신문과 방송 간의 수직적 · 수평적 결합으로 '미디어 빅뱅' 이 이뤄져 창의력 있는 젊은이들에게 일자리를 제공할 것이다. 방송 시장에 자본이 유입되고 경쟁력 있는 콘텐츠를 만들어내기 위해 선의의 경쟁이 벌어지면 글로벌 미디어 그룹의 토양이 조성될 수 있다" 며 다음과 같이 말했다.

"한나라당이 법안 저지를 노렸던 야당과 오랜 줄다리기를 하는 과정에서 당초 안에서 크게 후퇴했다. 이 법이 실제로 미디어 산업의 지각변동을 일으키고 지상파의 시장 및 여론 독과점을 완화하는 단계에까지 이를 수 있을지는 두고 봐야 한다는 시각도 있다. 미디어 산업의 육성과 뉴스의 다양성 확보라는 원래 취지를 살리기 위해 보완할 부분이 있다

---

176) 「공정하고 다양한 미디어를 향해(사설)」, 『중앙일보』, 2009년 7월 23일.

면 서둘러야 한다. 새로운 방송국이 등장하면서 경쟁 심화로 상업적 프로그램이 만연할 우려에 대해서는 엄격한 사후 규제를 통해 해결할 일이다. 수신료를 받는 KBS는 공영성 강화에 힘써 방송의 모범을 제시해 나갈 필요가 있다."[177]

헌재, 제 얼굴에 침 뱉었다

『경향신문』은 "미디어법이 날치기 통과된 이튿날인 어제 최대의 수혜자로 지목돼온 족벌 신문들은 의외로 불만 섞인 반응을 보였다"며 다음과 같이 말했다. "이런 반응은 두 가지로 해석된다. 하나는 미디어법이 '족벌 신문 특혜법'이라는 비판을 의식한 표정 관리 차원이고, 또 하나는 기대에 미치지 못했다는 실망의 표출이다. 따라서 '글로벌 시대'에 맞춰 지분 소유 등 규제를 더욱 확실하게 풀라는 주문이었다. 우리는 이 대목에 족벌 신문들의 끝없는 탐욕이 표현됐다고 본다. 이들이 환호한 대로 29년 만에 신문·방송 겸영 금지가 풀린 이상 앞으로 그 요구 수준이 높아질 것은 명약관화하다. 미디어법은 시종 족벌 신문들의 이익을 보장하는 내용으로 채워져 있지만 탐욕은 끝을 모르는 법이다. 이 정권이 미디어법을 날치기 처리했음에도 우리가 끝까지 포기해서는 안 될 부분이 이것이다."[178]

날치기 통과와 관련된 미디어법 논란은 헌법재판소로까지 이어졌는데, 헌재는 2009년 10월 미디어법에 대해 "절차는 위법이나…… 무효는

177) 「미디어 산업, 장벽 허물고 미래로 도약한다(사설)」, 『동아일보』, 2009년 7월 23일.
178) 「미디어법 날치기 통과 후 진보 진영의 과제(사설)」, 『경향신문』, 2009년 7월 24일.

헌법재판소가 미디어법에 대해 "절차는 위법이나 무효는 아니다"라는 결정을 내리자 야당과 시민단체, 언론노조에서 헌법재판소를 규탄하는 집회를 하고 있다.

아니다"라는 어중간한 결정을 내렸다. 이어 헌재는 2010년 11월 25일 미디어법 관련 2차 권한쟁의 심판 청구에 대해 재판관 4(각하) 대 1(기각) 대 4(인용)로 기각 결정을 했다. 헌재는 "미디어법 처리 과정에서 의원들의 권한을 침해한 위헌·위법성을 어떻게 제거할지는 국회 자율에 맡길 사안이며 헌재가 구체적인 실현 방법까지 선택해 (이를 어긴 경우) 무효로 할 수는 없다"고 밝혔다.

이에 『한겨레』는 '헌재, 제 얼굴에 침 뱉었다'라고 제목을 뽑은 사설을 통해 "위헌·위법 상태도 상관없고 헌재 결정을 따르지 않아도 괜찮다는 투의 궤변이다. 정치적 이유 말고 법률적으로 가능한 판단인지 묻게 된다. 이런 행태는 헌재의 존립 근거를 스스로 허무는 일이다. 헌법과 헌재의 장래를 걱정하지 않을 수 없다"고 했다.[179]

이어 종합 편성·보도 전문 방송 채널 승인을 둘러싼 뜨거운 논쟁이 지속된다. 누가 옳은가? "'조중동 권력'을 위한 반민주 악법"인가, 아니면 "미디어 산업, 장벽 허물고 미래로 도약한다"고 보아야 하는가? 누가 옳건 그르건, 이 문제는 '10 대 0'이나 '0 대 10'으로 볼 수 있는 사안은 아니었다. 어느 쪽이 더 크건 다 그 나름의 정당성과 명분을 갖고 있는 사안이었지만, 기존의 '승자 독식' 체제하에선 모든 문제들이 '10 대 0'이나 '0 대 10'의 사안으로 둔갑하곤 했다.

179)「헌재, 제 얼굴에 침 뱉었다(사설)」,『한겨레』, 2010년 11월 26일.

민주당은 'DJ 틀'에 갇혔나?
김대중 서거와 이명박 상승세

민주당은 'DJ 틀'에 갇혔나?

2009년 8월 5일 경기도 평택시 쌍용자동차 공장을 점거한 노동조합을 진압하는 과정에서 경찰이 '다중 폭동 진압용' 총기인 다목적 발사기를 사용해 '과잉 진압' 논란을 빚는 등 정국은 어수선하게 돌아가고 있었다. 그래서 개혁·진보 진영의 이명박 정권에 대한 분노는 극에 이르렀지만, 이택광 경희대 교수는 좀 다른 목소리를 냈다.

이택광은 "이명박 정부에 대한 비판이 드높다. 민주주의가 후퇴하고 있다는 개탄을 넘어 이제는 독재 정권이 부활했다는 말까지 나온다. 과연 이런 주장은 얼마나 실효성이 있을까? 문제는 이런 발언이나 주장에서 이명박 정부의 실체에 대한 진지한 성찰을 찾아보기 어렵다는 사실이다. 이명박 정부를 독재나 파시즘 같은 '절대악'으로 규정하고 비판하는 것은 복잡한 사안을 선명하게 만들 수는 있겠지만, 정작 중요한 사안을 덮어버릴 소지가 있다"며 다음과 같이 말했다.

쌍용자동차 노동조합이 회사의 정리해고에 반발해 공장을 점거했다. 회사와 정부는 노동자들을 진압하는 데만 몰두해 커다란 사회문제로 떠올랐다.

　　" '이명박 반대'라는 가시적 구호에 편승해서 여러 권력의 복합체이자 갈등의 구현체인 이명박 정부의 문제를 '이명박'이라는 '얼굴마담'의 흠결로 환원할 수 있을 뿐만 아니라, 나아가 이명박 정부가 출현할 수밖에 없었던 객관적인 맥락을 소홀히 할 수 있다는 것이다. …… 이명박 정부를 반민주 세력으로 포장하기에 급급해하기보다 이들이 말하는 민주주의가 누구의 민주주의이고, 어떤 민주주의인지를 문제 제기하는 방식으로 방향을 전환해야 한다. 이명박 정부의 문제는 한국 민주주의 제도자체의 한계일 수 있다는 사실을 인정하고 근본 대안을 제시하는 것이 지금 우리에게 주어진 과제일지도 모른다."[180]

180) 이택광, 「독재도 파쇼도 아닌 '이명박식 민주주의'」, 「시사IN」, 제99호(2009년 8월 3일).

『시사IN』 기자 고동우도 「이명박 정권이 하면 모든 게 '쇼' 인가」라는 기사에서 "진보·개혁 진영이 이명박 정부를 비판하는 주요 방식 중 하나는 모든 걸 '쇼'로 보는 것이다. '서민 쇼', '기부 쇼', '자전거 쇼' 등 야당과 시민·사회단체, 그리고 진보 언론의 주장에서는 어렵지 않게 이런 표현을 찾아볼 수 있다. 물론 사안을 세심히 뜯어보면 실제로 쇼 같은 요소가 발견되는 경우가 많다"며 다음과 같이 말했다.

"하지만 '이미지'로 먹고사는 정치인의 특성상 이로부터 자유로운 인사가 얼마나 될지 의문이며, 또 같은 방식의 비판이 부메랑처럼 돌아올 수 있다는 점에서 결과적으로 '자해 행위'가 되는 건 아닌지 의구심이 든다. 진보·개혁 진영은 이렇게 상대를 '모욕'하는 것만으로 자신이 할 일을 다한 것처럼 생각할 때가 종종 있는 듯하다. 한 진보 언론의 기사 제목을 보니 '2MB는 사기꾼, 생쥐, 바퀴벌레'다. 통쾌하신가? 하지만 이런 비판은 결국 자신을 비추는 거울이 될 수밖에 없다."[181]

장훈 중앙대 교수는 『동아일보』에 기고한 「'DJ 틀'에 20년째 갇힌 민주당」이라는 칼럼에서 "민주당이 20년 전 민주화운동의 프레임에 갇혀 있다"며 다음과 같이 주장했다. "2012년을 향해 가는 민주당의 현대화는 DJ의 영웅 신화를 넘어서면서 시작해야 한다. 노무현 전 대통령의 죽음 이후 DJ가 민주주의의 위기를 역설한 것은 적절하진 않았지만 민주화 영웅의 발언으로는 이해될 수 있다. 하지만 포스트 민주화 시대의 한 축을 책임질 민주당이 20년 전 민주화 투쟁의 프레임에 매달리는 한, 시대와 민주당의 불화는 계속될 수밖에 없다. 영웅의 신화를 기억하는 일

---

181) 고동우, 「이명박 정권이 하면 모든 게 '쇼' 인가」, 『시사IN』, 제99호(2009년 8월 3일).

과 영웅의 재림을 기다리는 일은 천양지차다."[182]

김대중 서거

2009년 8월 17일 오후 서울 신촌 세브란스병원 6층 예배실에서는 민주당 기독신우회 등의 주최로 김대중 전 대통령의 쾌유를 기원하는 기도회가 열렸다. 이희호 여사가 몸이 좋지 않아 둘째 아들인 김홍업 전 의원이 가족을 대표해 자리를 지킨 가운데 200여 명이 참석했다.

민주당 정세균 대표는 "김대중 전 대통령은 민주 개혁 진영의 가장 큰 지도자이자 어버이와 같은 어르신이다. 김대중 전 대통령이 없는 민주당은 생각할 수도 없고 어버이 잃은 고아와 같이 될 것"이라고 했다. 그는 최근 DJ의 비서실장인 박지원 의원을 당 정책위 의장에 임명했는데, 이를 놓고 "김대중 정부의 적통을 계승하고 있다는 점을 각인시키기 위한 카드 아니냐"는 해석도 있었다.

이강래 원내대표는 DJ를 "정치적인 아버지"라고 했다. 이 원내대표는 DJ 정부 시절 국정원 기획조정실장, 청와대 정무 수석 등을 지냈으나 2000년 총선 공천에서 탈락하면서 DJ와 소원해졌다. 4개월 전 재선거에 무소속으로 나서면서 "민주당이 승리해야 한다"는 DJ와 엇갈렸던 무소속 정동영 의원은 "김 전 대통령은 정치적 사부였다"고 말했다.

이에 『중앙일보』는 "DJ의 장기 입원으로 문병 정치가 이어지면서 민주당 안팎에서는 'DJ 적통 계승' 경쟁이 벌어진 것 아니냐는 말이 무성

---

182) 장훈, 「'DJ 틀'에 20년째 갇힌 민주당」, 『동아일보』, 2009년 8월 7일.

「미디어오늘」은 "김 전 대통령 재임 기간 당시 정부와 대립각을 세웠던 보수 신문들이 일제히 화합을 앞세우는 양상이다"고 했다.

하다. 병문안을 온 인사들이 저마다 DJ와의 인연을 강조하며 적통임을 자임하고 있어서다"고 했다.[183]

8월 18일 오후 김대중 전 대통령이 85년간의 파란만장한 일생을 뒤로 하고 세상을 떠났다. 이명박 대통령은 "큰 정치 지도자를 잃었다"며 "민주화와 민족 화해를 향한 고인의 열망과 업적은 국민들에게 오래도록 기억될 것"이라고 말했다. 한나라당은 "대한민국의 위대한 지도자 한 분을 잃었다"고 애도했고, 민주당은 "진정한 이 시대의 위대한 스승이었다"고 했다. 김영삼 전 대통령은 "나라의 큰 거목이 쓰러졌다"며 "아쉽고도 안타깝다"고 말했다.[184]

'행동하는 양심'과 '화해와 용서'. 언론이 김대중 서거를 애도하면서

183) 백일현, 「적통 계승 경쟁」, 『중앙일보』, 2009년 8월 18일.
184) 「김대중 대통령과 그의 시대(사설)」, 『조선일보』, 2009년 8월 19일.

던진 메시지였다. 『미디어오늘』은 "노무현 전 대통령 서거 때보다는 덜하지만 김대중 전 대통령 서거를 둘러싸고 그의 유지를 해석하는 방식이 신문들마다 차이를 보이고 있다. 특히 김 전 대통령 재임 기간 당시 정부와 대립각을 세웠던 보수 신문들이 일제히 화합을 앞세우는 양상이다"고 했다.[185]

그러나 화합은 민주당 내에서조차 기대하기 어려운 일이었다. 'DJ 유언'을 놓고 논란이 벌어졌기 때문이다. DJ 입장을 대변해온 민주당 박지원 의원은 "김 전 대통령이 '민주당은 정세균 대표를 중심으로 단결하고 야 4당과 단합하라'는 유언을 남겼다"고 했다. DJ의 정치적 후계 문제로 민감한 상황에서 박 의원의 발언은 큰 파장을 가져왔다. 당장 비주류를 중심으로 "박 의원이 DJ 국장(國葬)을 거치면서 '유언 정치'를 남용한다"는 반발이 나왔다. 권노갑, 한화갑, 한광옥 전 의원 등 동교동 가신 그룹에서도 박 의원에 대해 못마땅해하는 목소리들이 나왔다.

9월 1일 동교동 가신 그룹과 가까운 장성민 전 의원은 라디오에 나와 "DJ는 정치인 중에 거짓말하는 사람을 제일 싫어했다"며 "DJ의 유지를 이어가는 일에 사심이 개입돼선 안 된다"고 했다. 그는 『조선일보』와의 통화에선 "(박 의원이 전한 얘기는) DJ가 남긴 유언치고는 평소 정치철학과 생각에도 맞지 않는다"며 유언의 진위(眞僞)까지 문제 삼았다. 그는 "동교동계 민주화 선배들도 우려하고 있다"며 "지금 민주당으론 재집권이 어렵다. 정동영, 한화갑 등 모든 세력에게 당의 문호를 개방하고 경쟁해야 한다"고도 했다.[186]

---

185) 김원정, 「'행동하는 양심'에서 '화해와 용서'까지」, 『미디어오늘』, 2009년 8월 26일.
186) 정우상, 「'DJ유언' 놓고 싸움 난 민주당」, 『조선일보』, 2009년 9월 2일.

DJ · 노 사진 내건 민주당

2009년 8월 27일 민주당 정세균 대표가 조건 없는 정기국회 등원 방침을 발표함으로써 민주당 의원들이 정 대표에게 맡긴 의원직 사퇴서도 없던 일이 됐다. 미디어법 무효를 주장하면서 100일 장외투쟁에 나섰던 민주당이 방향을 바꾼 것은 김대중 전 대통령 서거로 지지층이 결집한 상태인데도 민주당 지지율에 변화가 없었기 때문인 것으로 해석되었다.

민주당 정 대표는 이날 "김 전 대통령 서거 후 화해와 통합을 이야기하는 것은 이상한 논리"라면서 "여야 관계는 화합의 관계가 아니라 견제와 경쟁 관계"라고 했다. 이에 『조선일보』는 "옳은 말이다. 그러나 지금의 여야 관계는 견제와 경쟁의 관계가 아니라 밀어붙이기와 무조건 반대가 사사건건 격돌하는 적대 관계라는 사실은 정 대표도 알 것이다. 지금 국민들이 언뜻 비치는 화해 분위기에서 위안을 얻는 것은 이 비정상적인 관계에 조금이나마 숨통이 트일까 하는 기대 때문이다"며 다음과 같이 말했다.

"우리 사회에서 제도적 차원에서 민주 대 반민주 구도는 대통령 직선제 개헌이 이뤄진 1987년에 이미 끝났다. 현실 정치에서도 민주화는 민주화 세력 출신인 김영삼 대통령이 당선된 1992년에 완성됐다고 봐야 한다. 이제 민주화의 한 구심점이었던 김대중 전 대통령 서거로 상징적인 차원에서도 민주화운동의 시대는 막을 내렸다. 그래도 민주당은 여전히 상대를 악(惡)과 적(敵)으로 규정하는 20년 전 사고방식에서 벗어나지 못하고 있다. 이런 낡고 비현실적인 태도는 민주당은 녹슨 정당이라는 인식을 키울 뿐이다. 아무리 한나라당 정권에 대한 비판이 커도 민주당이 그 대안이라는 주장이 대세를 이루지 못하는 이유가 무엇인지 민

정세균 대표는 "두 분 대통령이 당으로 돌아오셨다. 과거에 차별화라는 이름으로 기회주의 정치를 한 적이 있다. 여기에 대한 반성, 청산을 의미한다"고 말했다.

주당은 다시 한 번 생각해보기 바란다." [187]

　8월 28일 김대중·노무현 전 대통령의 사진이 민주당 여의도 중앙당사에 걸렸다. 민주당은 이날 여의도 당사 회의실에서 확대 간부 회의에 앞서 두 전직 대통령 사진 제막식을 열었다. 지도부는 사진들 위에 걸쳐 놓은 흰 종이를 함께 떼어내고는 '감개무량한 듯' 박수를 쳤다. 대표 좌석 바로 뒤에는 '행동하는 양심'(김 전 대통령), '깨어 있는 시민'(노 전 대통령)이라는 문구도 내걸었다. 정세균 대표는 "두 분의 대통령이 당으로 돌아오셨다"며 "과거에 '차별화'라는 이름으로 기회주의 정치를 한 적

187) 「민주당의 국회 등원 기사(사설)」, 『조선일보』, 2009년 8월 28일.

이 있다. 여기에 대한 반성, 청산을 의미한다"고 말했다. 안희정 최고위원도 "말할 수 없는 회한과 감동이 밀려온다"고 울먹이면서 "선거 때만 되면 유리하다면 자기가 만들어놓은 대통령도 '차별화'라면서 발로 걷어차는 역사는 반복돼선 안 된다"고 말했다.

이에 『경향신문』은 「DJ·노(盧) 사진 내건 민주당」이라는 기사에서 "두 전 대통령의 사진 게시는 '사후 복당'인 셈이다. 김 전 대통령은 2002년 5월 아들 비리 사건으로 새천년민주당을, 노 전 대통령은 2007년 2월 옛 여권 대통합 과정에서 '걸림돌이 된다'는 논란이 일자 열린우리당을 각각 탈당했다. 이후 민주당은 지난해 통합민주당으로 재출범하면서도 옛 민주당과 열린우리당 출신들 간 반목으로 사진을 내걸지 못했다. 18대 총선을 앞두고 '전 정권 심판론'이 거세자, 차별화를 통해 이전 정부와 거리를 둔 것도 작용했다"며 다음과 같이 말했다.

"결국 두 전직 대통령 서거 이후 전통적 지지층은 물론 민주 개혁 진영에서 '통합·화합론'이 제기되면서 '뒤늦게' 사진이 내걸리게 됐다. 민주당이 전국적 추모의 물결과 화해의 요구를 바탕으로 두 전직 대통령의 유지와 계승을 당의 진로로 설정하고 있는 것과 맥이 닿아 있다. 차별화가 아닌 '10년 민주 개혁 정권'의 발전적 계승자를 자임함으로써 정권 교체의 디딤돌을 쌓아가겠다는 다짐을 '사진 걸기'로 공식화한 셈이다." [188]

---

188) 최우규, 「DJ·盧 사진 내건 민주당」, 『경향신문』, 2009년 8월 29일.

이명박의 지지율 상승

그러나 이명박 대통령 지지율은 계속 오르고 있었다. 2008년 5월 이후 줄곧 20~30% 박스권에 머물러 있었지만, 8월 들어선 거의 모든 여론조사에서 '이 대통령이 일을 잘하고 있다'는 응답이 40%를 훌쩍 넘었다. 그 앞 조사보다 많게는 10‰p 넘게 올랐으니 뚜렷한 상승세였다. 이 대통령의 지지율이 오르기 시작한 것은 지난 6월 말 '중도 실용', '친(親)서민', '사회 통합'으로 국정 운영의 방향을 바꾸면서부터라는 것이 정치권의 해석이었다.

민주당은 이를 "이명박 정부의 위장 전술이 통한 탓"이라고 했다. "껍데기에, 면피용이고, 형식에 지나지 않는" 정부의 중도 실용 · 친서민 정책이 마치 내용이 있는 것처럼 국민에게 비치고 있기 때문에 대통령 지지율이 올라간다는 주장이었다. 그러나 최장집 고려대 교수는 "야당이 이명박 정부 비판에만 치중할 경우 정부가 조금만 잘하면 이를 높이 평가하는 심리적 현상이 생긴다"고 설명했다.[189]

『경향신문』에 따르면, "이 대통령이 '뜨고 있다'. 지지율은 40% 중반대로 치솟았고, 남대문 나들이에는 2000여 명의 시민이 몰려들어 환호를 보냈다. 대통령은 기념 촬영을 요청하는 시민들에게 손가락으로 'V'자를 펼쳐 보이며 흡족해했고, 재래시장 상품권으로 손녀 선물을 사기도 했다. 이튿날에는 강원도 홍천을 찾아 농민들과 고추를 수확했다. 17명의 국회의원들이 수행했다. 대선 캠페인의 분위기가 살아나는 것 같다고 참모들이 흥분할 만하다. 청와대는 홈페이지에 '대통령이 떴다'는

---

189) 여현호, 「[아침햇발] 블랙홀」, 『한겨레』, 2009년 9월 4일.

정운찬 총리 후보자에 대해 민주당 국회의원 박지원은 "연애는 민주당과 하고 결혼은 한나라당과 했다"고 꼬집었다.

동영상 블로그를 만들었다고 하니 그런 대통령의 모습을 더 자주 접하게 될 것 같다."[190]

신바람이 난 이명박은 매사에 자신감을 보이더니 총리 후보에 전 서울대 총장 정운찬을 지명했다. 인사 청문회를 앞두고 민주당 전 대변인 최재성은 '곡학아세', '불로소득 인생' 여부를 따져보자고 했고, 노영민 현 대변인은 '한복 바지에 양복 상의'라는 비유로 대통령과 총리 후보 조합을 조롱했다. 박지원은 "연애는 민주당과 하고 결혼은 한나라당과 했다"고 꼬집었다.

이에 곽병찬 『한겨레』 편집인은 "이 대통령의 정운찬 선택은 어쩌면 그의 협량을 극복하기 위한 노력일 수도 있다. 이에 반해 민주당은 연인이었던 사람이 등을 보였다고 온갖 비방을 떠들어댄다. 밴댕이 속이 커보인다. 김대중 전 대통령은 생전에, 떠나는 사람 나무라지 않고, 돌아오는 사람 막지 않았다. 가신 중엔 한번쯤 등을 보이지 않은 사람이 거의 없었다. 더군다나 그가 여당의 가짜 중도 서민 노선을 진짜 중도 서민 노선으로 바로잡으려 한다면 그건 응원할 일이지 복수할 일이 아니다"며

---

190) 김봉선, 「[경향의 눈] '홍보가 이겼다'」, 『경향신문』, 2009년 9월 15일.

다음과 같이 말했다.

"정권 창출의 기회는 정파적 관점이 아니라 국민적 관점에 설 때 온다. 병역 면제 의혹, 공무원의 겸직 금지 조항 위반 의혹, 탈세 의혹, 논문 중복 게재 의혹 등을 파헤치는 건 당연한 일이다. 다만 그것이 배반감, 복수심에서 나와선 안 된다는 것이다. 평소 그는 민주당과 마찬가지로, 국가가 시장의 잘못을 바로잡고, 경쟁에서 뒤처진 이들이 다시 뛰도록 지원하고, 교육·의료의 공공성을 강화하고, 사회 안전망을 강화해 양극화를 해소해야 한다고 했다. '고소영' 등 이른바 여권 본류가 그를 트로이 목마로 의심하는 이유다. 물론 '꽃가마 도령'이 자객 노릇을 할 리 없겠지만, 그의 소신을 펼치는 일 또한 이보다 쉽지 않은 것이다. 이런 상황에서 민주당이 할 일은, 그런 정운찬마저 수용하지 못하는 여권의 협량과 가짜 노선을 드러내는 것이다. 가진 것이 없다면 도량이라도 넓어야 할 것 아닌가."[191]

노무현 정권 시절 여권의 구애를 뿌리쳐온 정운찬이 이명박 정권의 총리직을 수락한 이유는 무엇이었을까? 정운찬은 총리에 내정된 직후인 9월 3일 "경제학자의 눈으로 보기에 (세종시 원안 추진은) 효율적 방안이 아니다"며 원안 재검토를 밝혔는데, 바로 이게 그의 '용도'는 아니었을까? 게다가 정 총리는 세종시(행정 중심 복합 도시) 예정 부지 인근인 충남 공주 출신이 아닌가. 민주당은 그런 의심을 하고 있었다. 이제 세종시 백지화를 둘러싼 한판 전쟁이 벌어지게 된다.

---

191) 곽병찬, 「[곽병찬 칼럼] 속줌은 '민주' 씨」, 『한겨레』, 2009년 9월 14일.

정운찬의 재발견
세종시 백지화 논란

정운찬은 안성맞춤 총리

2009년 9월 4일 정세균 민주당 대표는 확대 간부회의에서 "이명박 정권이 정운찬 전 서울대 총장을 총리로 내정한 것은 세종시를 후퇴시키기 위한 용도라는 의구심을 떨쳐버릴 수 없다"며 "세종시가 원안대로 추진되지 않을 경우 충청인이 용납하지 않을 것"이라고 목소리를 높였다.

양승조·박병석·홍재형·오제세 의원 등 충청 지역 민주당 의원들도 이날 성명을 내 "정 후보자가 어제 발언 내용을 번복해 세종시 원안을 다시 추진하거나 그것이 어렵다면 스스로 사퇴하기를 바란다"며 "그렇지 않을 경우 국회 인사 청문회에서 인준 반대는 물론 강력한 투쟁을 할 것"이라고 강조했다.

이회창 자유선진당 총재도 이날 당 5역 회의에서 "정 총리 후보자가 경제적 효용만으로 재단할 수 없는 세종시에 대해 깊이 파악하지도 못한 채 원안 추진이 어렵다고 말한 것은 참으로 무책임한 발언"이라고 지

행복중심복합도시 건설청이 제작한 세종시 조감도.

적했다. 류근찬 원내대표도 "이명박 정권이 세종시를 포기하려는 속내를 정 후보자 입을 통해 밝힌 것으로 보인다"고 주장했다.[192]

9월 21일 정운찬 국무총리 후보자는 국회 인사 청문회에서 오전만 해도 의원들의 말허리를 자르며 적극 해명하려고 공세를 취했으나, 오후부터 말을 더듬는 등 답변이 흐트러지기 시작했다. 세금 탈루가 추가로 드러난 데 이어, '스폰서 총장'이란 지적까지 받는 등 학자로서 수십 년 쌓은 명성이 고작 '반나절'만에 흠집이 난 탓이었다.

그럼에도 『동아일보』는 "충남 출신이고 국토의 균형 발전을 지지하는 경제학자이면서도 '세종시에 자족적 문제가 있어 보이니 논의를 해보

---

192) 이유주현, 「정운찬 "세종시 축소" 발언/청와대 '사전 교감' 있었나」, 『한겨레』, 2009년 9월 5일, 4면.

자' 고 운을 뗀 정 후보자의 자세는 돋보였다"며 "세종시 건설에 쓰일 사업비는 22조 5000억 원에 이른다. 이 돈으로 국가 차원에서 더 효율적이고 충남 발전에 기여하는 합리적 대안을 찾을 필요가 있다. 정 후보자가 충남 주민과 전문가 의견을 들어 세종시의 새 밑그림을 그리는 데 적임이라고 본다"고 했다.[193]

반면 같은 날 언론인 김선주는 「정운찬은 안성맞춤 총리다」라는 『한겨레』 칼럼에서 "전 서울대 총장 정운찬 씨가 국무총리로 지명되자 후배들이 물었다. '어떤 사람이에요'라고. '좀…… 구려……'라고 했다. 항상 모범 답안을 준비하고 있지만 말과 행동에 진정성이 결여되어 있는 듯, 가면을 쓴 듯, 좀체로 본색을 드러내지 않는 사람으로 비쳐서다. 그런 유형의 학벌 좋고 인맥 좋고 마당발인 저명인사들은 마음속에 깊은 뜻을 숨겨둔 채 내색을 안 하다가 누군가 추대를 하면 못 이기는 체 업혀가는 것을 숱하게 보아온 경험이 있기 때문이다"며 다음과 같이 말했다.

"정작 뚜껑을 열고 보니 어쨌든 병역 면제, 어쨌든 위장 전입, 어쨌든 탈세 등 어쨌든 그것도 능력이고 실력, 구린내가 진동하는 다른 장관 지명자들과 얼추 비슷하다. …… 어차피 그 밥에 그 반찬인데 그럴 줄 몰랐다느니 말할 게 없다. 정운찬 총리 지명자의 참모습이 빨리 드러날수록 좋다. 과대 포장된 물건은 빨리 껍질을 벗겨서 쓰고 버리는 게 상책이다. 자, 정운찬 씨. 이제 이명박 대통령의 안성맞춤 총리가 되어 당신의 소신대로 4대강도 살리고 3불 정책도 없애고 세종시도 어찌어찌하고 용산

193) 「정운찬 후보자, 세종시 '설계 변경' 소신 돋보였다(사설)」, 『동아일보』, 2009년 9월 22일.

참사의 원인인 화염병도 제거하시지요. 이 국면을 잘 헤쳐나가면 당신도 진흙탕에 구를 것이고 2007년도에 자의 반 타의 반 포기한 대권의 꿈도 움켜쥘 수 있으니까. 그 정도는 감수해야 하지 않습니까."[194]

10월 8일 『한겨레』는 사설에서 "정운찬 신임 국무총리를 둘러싼 도덕성 논란이 총리 취임 뒤에도 이어지고 있다. 의혹의 핵심은 정 총리가 서울대 교수 시절 하나금융경영연구소의 비상근 고문을 맡아 1억 원 가까운 연봉을 받았는데도 고문 겸직 사실을 숨긴 대목이다. 정 총리는 국회 인사 청문회 과정에서 학교 쪽의 허락 없이 인터넷 서적 쇼핑몰 고문을 맡은 사실이 드러나 말썽을 빚은 바 있는데 비슷한 사건이 뒤늦게 또 터진 셈이다. 이번 사안의 본질은 그가 국민을 상대로 진실을 말하고 있느냐에 모인다"며 다음과 같이 말했다.

"정 총리가 취임 뒤에도 여전히 도덕성 의혹의 수렁에서 헤어 나오지 못하는 현실은 본인에게나 국가적으로나 매우 안타깝고 불행한 일이다. 게다가 이번 사안의 핵심은 단순한 도덕적 하자 차원을 떠나 내각 총책임자의 '정직성'에 관한 문제다. 총리가 하는 말을 믿을 수 없을 때 국정 운영의 신뢰는 기대할 수 없다. 정 총리에게 지금 필요한 것은 있는 그대로의 진실을 말하는 용기다. 그다음 판단은 국민들의 몫이다."[195]

'백년대계'가 불지른 '세종시 전쟁'

정운찬이 일본의 정보·통신 기업 시에스케이(CSK)그룹 산하 지속성장

---

194) 김선주, 「정운찬은 안성맞춤 총리다」, 『한겨레』, 2009년 9월 22일.
195) 「정운찬 총리, 거짓말이 문제다(사설)」, 『한겨레』, 2009년 10월 8일.

연구소(CSK-IS)에서 이사로 재직했던 사실이 새로 밝혀져 논란을 빚었다. 이에『한겨레』는 "국회 인사 청문회가 끝난 지 20여 일이 지났는데도 정운찬 국무총리의 교수 시절 행적에 대한 각종 의혹이 '마르지 않는 샘물' 처럼 이어지고 있다. 까도 까도 끝없이 나오는 의혹 때문에 누리꾼들 사이에선 '양파 운찬' 이라는 말까지 나돌 정도다" 고 했다.[196]

10월 17일 이명박 대통령은 경기도 과천 중앙공무원교육원에서 열린 장차관 워크숍에서 "국가의 백년대계를 위한 정책에는 적당한 타협이 있어서는 안 된다" 며 세종시의 축소 또는 백지화 뜻을 내비쳤다. 이에 야권은 10월 20일 총력 투쟁을 선언했다. 박지원 민주당 정책위 의장은 이날 원내 대책 회의에서 여권의 세종시 원안 변경 방침과 관련해 "국민들은 행동하는 양심으로 저항해야 한다. 민주당이 앞장서겠다" 고 말했다. 이석현 의원도 "세종시에 대한 이명박 정권의 입장이 무엇인지를 분명히 밝혀야 한다" 고 말했다.

충청권 맹주를 자처한 자유선진당은 '당운이 걸렸다' 는 절박함 속에 전투 태세를 가다듬었다. 이회창 총재는 20일 국회에서 열린 의원총회에서 이 대통령을 향해 "세종시 문제를 두고 공개 토론을 하자" 고 제안했다. 평소 표현을 절제하던 이 총재는 이날은 '기만', '비겁', '거짓말', '우롱' 같은 강경한 단어를 주저 없이 쏟아냈다. 그는 "이 대통령은 세종시 문제에 관해 국민 여론 운운하며 비겁하게 장막 뒤에 숨지 말라" 며 "원안 수정이 대통령의 소신이라면 소신이라고 지금 떳떳하게 말하라. 이것은 비겁한 포퓰리즘" 이라고 목소리를 높였다.[197]

---

196) 이유주현, 「'양파 총리', 그제도 어제도 거짓말 논란…… 까도 까도 끝없이 의혹……」, 『한겨레』, 2009년 10월 15일.

박근혜 전 한나라당 대표는 세종시를 원안대로 추진해야 한다고 밝혀 청와대에 정면
으로 맞섰다.

10월 23일 박근혜 전 한나라당 대표가 세종시를 원안대로 추진해야 한
다는 입장을 밝혔다. "이런 큰 약속이 무너진다면 앞으로 국민에게 무슨
약속을 할 수 있겠나. 한나라당의 존립의 문제다"고 말했다. 부처 이전
규모를 줄이는 방안에 대해서도 "원안을 지키고 플러스알파를 해야 한
다"며 청와대·정부 측 의중에 정면으로 맞섰다. 친박근혜 의원이 60여
명에 이르는 상황에서 발언의 파장은 예사롭지 않았다. 앞으로 '세종시
정국'이 어디로 어떻게 흘러갈지 점점 더 알 수 없는 지경에 이르렀다.[198]

197) 이유주현 외, 「'백년대계'가 불 지른 '세종시 전쟁'」, 『한겨레』, 2009년 10월 21일.
198) 「박 전 대표의 세종시 발언과 국가 백년대계(사설)」, 『중앙일보』, 2009년 10월 24일.

10월 27일 연기군민들이 조치원역 광장에서 궐기대회를 열고 주민등록증 1,000여 장을 반납하는 퍼포먼스까지 벌였다. 한나라당 의원들은 10·28 국회의원 재·보선에서 여당이 수도권 두 곳과 충북 한 곳에서 완패(完敗)한 이유 중 하나로 세종시 논란을 꼽았다. 정부가 분명한 전략도 없이 누구 하나 책임 있는 자세를 보이지 않으면서 재·보선을 앞두고 이 문제를 들고 나와 여권 내부가 갈등과 혼란을 겪었던 게 패인(敗因)이라는 것이다.

10월 29일 정운찬 총리는 "박 전 대표는 행정도시법을 만든 주역이므로 정치의 요체는 신의와 약속이라는 말을 할 수 있지만 세종시 문제는 정치적 신뢰의 문제이기 전에 막중한 국가 이익이 걸린 대사(大事)"라고 말했다. 10월 30일 정운찬 총리가 취임 후 처음으로 충남 연기·공주의 세종시 건설 현장을 찾았다. 충청 민심을 향한 정면 돌파에 나선 것이다.

10월 31일 박근혜 전 한나라당 대표는 정운찬 국무총리를 겨냥해 "총리가 의회 민주주의 시스템에서 국민과의 약속이 얼마나 엄중한 것인지 잘 모르고 있다"며 "세종시 원안 추진을 저의 개인적 정치 신념이라고 폄하해서는 안 된다. 이것은 대한민국 국회가 국민과 충청도민들께 약속한 것"이라고 말했다. 박 전 대표는 정 총리가 자신을 직접 만나 설득하고 동의를 구하겠다고 한 것에 대해서도 "세종시 문제는 저하고의 개인적인 문제가 아니며, 설득하고 동의를 구한다면 국민과 충청도민에게 해야지 나에게 할 일이 아니다"라고 선을 그었다. 이후 보수 신문들이 박근혜의 '원칙'과 '신뢰' 강조를 비난하는 희한한 일이 벌어졌다.

정운찬의 재발견

2009년 11월 3일 정운찬 총리가 세종시 문제에 관한 대국민 담화문을 발표하고 세종시 수정 논의를 공식화했다. 4일 이명박 대통령이 행정 중심 복합 도시(세종시) 수정 방침을 공식화하면서 그 이유로 국가경쟁력 카드를 꺼내들었다.

정운찬 총리는 11월 5일부터 11일까지 열린 국회 대정부 질문에서 숱한 화제와 논란의 중심에 섰다. 『경향신문』은 '황당·발끈·모르쇠……'정운찬의 재발견'' 이라고 제목을 단 기사에서 "정 총리가 대정부 질문 기간 자주 했던 말은 '모르겠다' 였다. 특히 현안과 관련한 구체적이고 예민한 질문에서 빈도가 잦았다. …… '전도사' 를 자처하는 세종시 문제와 4대강 사업에 대해서도 '공부 부족' 에도 불구, 필요성만 거듭 강조해 '앵무새 총리' 라는 비판을 자초했다"며 다음과 같이 말했다.

"신중치 못한 발언으로 체면을 구긴 일도 있다. 지난 10일 서해교전 상황에 대해 '우발적 충돌' 이라고 설명했다가, 김태영 국방부 장관이 '총리가 상황 파악을 못하신 상태에서 그렇게 말씀하신 것 같다' 고 뒤집는 일이 벌어졌다. 제2차 세계대전 당시 만주에서 생체 실험을 자행한 일본의 731부대를 '항일 독립군 아닌가요' 라고 대답하는 등 '실수' 도 여러 번 있었다. 정 총리의 이 같은 답변과 태도는 야당으로부터 집중 공격 대상이었다. 민주당 박지원 정책위 의장은 '정 총리의 답변 태도는 초등학교 수준이고 오만불손함의 극치를 보여줬다' 며 '국정은 연습이 아니고 총리는 수습 기간이 없다' 고 꼬집었다. 선진당 박선영 대변인은 '총리는 세종시 말고 아는 게 뭐냐' 고 비아냥댔다."[199]

11월 17일 정 총리는 전경련 모임에서 "토지를 저가로 공급할 제도적 근거를 마련하고, 상당 수준의 행정 · 재정적 인센티브를 검토하겠다" 며 재벌 총수들에게 '관심과 참여' 를 요청했다. 18일 아침 한 모임에서는 "이름을 얘기하면 금방 알 만한 상당한 중견 기업이 오겠다고 90%, 95% 마음을 굳히고 있다" 고도 말했다. 정부가 '행정 중심' 세종시를 백지화하고 기업 도시로 만들겠다는 속내를 드러낸 뒤 앞뒤 안 가리고 기업 유치에 열을 올리기 시작했다. 일의 순서나 모양은 의식할 필요도 없고 부작용마저도 따질 계제가 아니라는 듯 물불 가리지 않는 모양새였다. 총리실과 한나라당은 '파격적인 인센티브', '대기업 다섯 곳 이전 검토' 등을 흘리며 바람을 잡고, 정운찬 총리는 아예 '세종시 세일즈맨' 으로 나선 꼴이었다.[200]

정부가 세종시 계획 변경 방침을 공식화하면서 이전 대상과 관련해 온갖 설이 난무하더니 서울대 제2캠퍼스론까지 등장했다. 교육과학기술부는 세종시에 서울대, 카이스트, 고려대 등 세 대학이 올 경우 6,000명까지 정원을 증원해줄 수 있다고 밝혔다. 이와 관련해 교과부는 서울대에 자체안을 내도록 촉구했고, 서울대 역시 대책 회의를 여는 등 바쁘게 돌아갔다.[201]

정부, 종편 통해 일부 언론 노예화

2009년 11월 22일 영산강에서 열린 4대강 살리기 사업 기공식에서 이명

199) 안홍욱 · 장관순, 「황당 · 발끈 · 모르쇠······ '정운찬의 재발견'」, 『경향신문』, 2009년 11월 12일.
200) 「막가는 세종시 기업 유치전(사설)」, 『경향신문』, 2009년 11월 19일.
201) 「세종시 풀자고 대학 정원 증원하나(사설)」, 『한겨레』, 2009년 11월 23일.

박 대통령은 "국민의 행복을 위한 미래 사업이 정치 논리에 좌우돼선 안 된다"며 "영산강은 (4대강 사업 중) 가장 시급한 곳이고 실질적인 성과를 보여줄 수 있는 곳이다. 이제 호남의 숙원이 풀리게 됐고, 4대강 중 영산 강을 가장 먼저 살려야겠다는 내 꿈도 이뤄지게 됐다. 영산강은 4대강 중에서 단위 면적당 가장 많은 비용을 들여 친환경적으로 복원하게 될 것"이라고 했다.

정부는 기공식을 먼저 호남 지역을 흐르는 영산강과 충청권을 흐르는 금강에서 열었다. 이를 두고 민주당은 "정치적 이간질"이라고 비판했다. 그러나 영산강 기공식에 참석한 민주당 소속 박광태 광주시장은 "광 주와 전남은 350만 시도민과 함께 영산강 살리기 사업에 혼신의 노력을 기울여 맑고 푸른 강물이 흘러넘치고 역사와 문화가 살아 숨 쉬는 물류 와 관광의 황금 벨트로 만들어가겠다"며 "오늘의 대역사로 새롭게 태어 나는 영산강은 녹색 성장의 든든한 기반이 되고 지역 발전의 큰 물줄기 가 될 것"이라고 했다. 역시 민주당 소속인 박준영 전남지사도 "논란이 있지만 영산강만큼은 오랫동안 뭔가를 하지 않으면 강으로서 기능을 할 수 없다는 의견을 다 함께 갖고 있었다. 영산강이 새로운 문명의 중심지 로 바뀔 것"이라고 했다.

민주당은 영산강을 포함한 4대강 살리기를 "대운하의 변종"이라면서 반대했지만, 지역의 현실이나 요구와 지역 정당의 정치적 이해관계가 서 로 어긋나는 상황이었다. 민주당 내에선 영산강 살리기에 나선 박 시장 과 박 지사를 2010년 지방선거 때 공천하지 않을 수도 있다는 식의 말들 이 나왔다. 그렇지만 민주당 의원 중에서 드러내놓고 말은 못해도 "영산 강을 이대로 둘 수는 없지 않으냐"고 생각하는 사람들이 적지 않았다.[202]

11월 25일 이회창 자유선진당 총재는 "지금 정부는 일부 언론을 종편 (종합 편성 채널)의 노예로 만들고 있다"고 주장했다. 이 총재는 이날 국회에서 열린 당 5역 회의에서 "지금 정부는 세종시 원안 수정을 위해 매우 무원칙하고 무책임한 짓을 하고 있다. (그런데) 지금 일부 신문은 이 정권의 세종시 원안 수정을 옹호하고 선동하기에 바쁘다"며 이렇게 말했다.

　그는 "과거 정권에서 일부 방송이 정권의 나팔수 노릇을 할 때 이 언론들도 이를 강하게 비판했다. (그런데) 지금 이 정권의 세종시 원안 수정에 대해서 찬반양론이 극명하게 대립되어 있는 마당에 원안 수정 반대론에는 귀를 기울이지 않고 오직 수정론만 대서특필하는 것은 정권의 나팔수가 아니고 무엇이냐"며 종편을 추진 중인 일부 보수 언론의 보도 태도를 강하게 비판했다. 이 총재는 "언론은 공정해야 한다. 그래야 소금 역할을 할 수 있다"고 꼬집었다. 또 이 총재는 정부가 기업·대학 등을 세종시로 유인하기 위해 각종 특혜를 검토하는 행태를 "그저 듬뿍 집어줄 테니 입 닫고 있으라는 식의 천박한 자본주의적 사고"라고 비꼬았다.[203]

세종시와 4대강에 매몰된 나라

2009년 11월 27일 밤 이명박 대통령이 서울 여의도 MBC에서 열린 특별

202) 「4대강 기공식 장면을 통해 본 세종시 문제(사설)」, 『조선일보』, 2009년 11월 24일.
203) 신승근, 「"정부, 종편 통해 일부 언론 노예화": 이회창 총재 '세종시 수정 옹호 보도' 비판」, 『한겨레』, 2009년 11월 26일.

© 연합뉴스

이명박 대통령은 〈대통령과의 대화〉에서 세종시 원안을 백지화하겠다고 밝혔다.

생방송 프로그램 〈대통령과의 대화〉에서 세종시 원안을 백지화하겠다는 뜻을 밝혔다. 세종시에는 행정 부처가 아니라 기업이 가야 일자리가 생긴다는 말로 '행정 중심 복합 도시' 를 폐기할 뜻을 분명히 했다. 세종시 원안 추진을 거듭 약속했던 것에 대해서는 "부끄럽고 후회스럽다" 고 말했다.

27일 밤 10시부터 100분간 진행된 〈대통령과의 대화〉는 지상파 TV, 케이블 TV, 지역 민방 등 전국 35개 방송사가 동시 생중계했다. 대한민국의 거의 모든 보도 채널이 나선 것이다. 황금 시간대인 금요일 밤에 드라마, 교양 프로그램 대신 이 대통령의 모습이 방송 화면을 '장악' 했다. 야당과 언론 단체는 "월드컵 4강 때도 없었던 싹쓸이" 라고 반발하는 등 전파 독점 논란이 일었다.[204]

정운찬 국무총리가 단식 농성을 벌이고 있는 연기군수와 연기군의원들을 만나기 위해 연기군청을 방문하자 행
정도시사수 연기군대책위원회와 연기군민 30여 명이 시위를 벌였다.

　　이 대통령이 세종시 수정 추진 입장을 밝히고 있는 동안, 충남 연기군
청 앞 광장에서는 지역 주민들이 "행정도시 백지화를 규탄한다"며 촛불
집회를 열고 있었다. 조선평 행정도시사수 연기군대책위 상임대표는
"대통령이 10여 차례 원안 추진 약속을 했는데 수년간 추진해온 국책 사
업을 갑자기 손바닥 뒤집듯 하는 게 말이 되느냐"고 반문한 뒤 "총궐기
해 끝까지 투쟁할 것"이라고 경고했다. 금홍섭 행정도시무산음모저지
충청권비대위 대전지역 위원장은 "국민을 기만하고 법에 따라 추진하
던 국책 사업을 뒤엎은 책임은 대통령이 져야 할 것"이라며 "정권 퇴진
운동도 불사하겠다"고 강력 반발했다. 비대위는 또 이 대통령의 유감 표
명에 대해 "겉으로는 사과의 형식을 빌리면서 설득하는 인상을 주고 싶
어 했지만 다시 한 번 국민을 우롱하고 지역민을 조롱하는 후안무치한

204) 강병한, 「전국 35개 방송 '온통 MB' …… 전파 독점 정권 홍보」, 『경향신문』, 2009년 11월 28일.

행위"라고 주장했다. 이두영 충북경실련 사무처장은 "대통령의 대국민 사기극이나 다름없다"고 주장하고 "이 같은 행위에 대해 강력한 저항운동을 펼칠 것"이라고 말했다.[205]

11월 30일 윤덕민 외교안보연구원 교수는 「'세종시'와 '4대강'에 매몰된 나라」라는 칼럼에서 "나라가 온통 세종시, 4대강에 매몰되어 있다. 커다란 선거판이 다가오고 있으니 대립적 이슈들이 각광을 받는 것은 어쩌면 당연한 일인지 모른다. 그런데 나라 밖의 정세를 보면 우리가 찬반으로 나뉘어 격한 대립을 할 만큼 한가롭지 않다. 경제 금융 위기로부터 벗어나려 하고 있지만, 두바이 사태에서 보듯이 여진이 만만하지 않다. 더욱이 금융 위기보다 더 무서운 태풍들이 우리 주변을 맴돌고 있다"며 "다가오는 선거의 계절에서 세종시나 4대강이 아니라 중산층 붕괴, 양극화, 빈곤 등의 문제에 관해 성공적인 대안을 놓고 고민하는 대립이 필요하다"고 했다.[206]

12월 1일 한나라당 소속인 이완구 충남지사는 한나라당 회의에 참석해 "도지사는 행정도 중요하지만 충청인의 영혼과 자존을 지키는 것도 대단히 중요하다"며 도지사 사퇴 의사를 밝혔다.

정부는 세종시 수정안도 나오기 전에 홍보에 열을 올렸다. 그 맨 앞에는 정운찬 국무총리가 있었다. 『한겨레』는 "정 총리는 지난 주말 취임 후 네 번째로 충청 지역을 방문했다. 겉으로는 '민심 탐방'이라고 하지만 주된 목적은 세종시 홍보에 있었다. 연말 각종 국정 현안이 산적한 상

205) 임도혁 외, 「[대통령과의 대화] 충청권 "원안 이외 대안 없어" …… 여(與) "이제 힘 모아야 길 있어"」, 『조선일보』, 2009년 11월 28일.
206) 윤덕민, 「'세종시'와 '4대강'에 매몰된 나라」, 『조선일보』, 2009년 11월 30일.

태에서 내각의 총사령탑인 총리가 세종시 홍보에만 온통 머리를 싸매고 있으니 딱한 노릇이다. 정 총리가 세종시에 보이는 열의의 반이라도 용산 참사에 쏟았으면 사태가 벌써 해결되고도 남았으리라는 아쉬움도 금할 수 없다"며 다음과 같이 말했다.

"세종시 여론 몰이에는 정 총리뿐 아니라 관계 부처 장관들이 총출동한 양상이다. 주호영 특임 장관은 요즘 거의 충청 지역에서 살다시피 하고 있고, 이달곤 행정안전부 장관, 정종환 국토해양부 장관 등도 앞다투어 충청 지역을 찾고 있다. 문제는 이들의 행보가 단순한 민심 다독이기 차원을 넘어섰다는 점이다. 권태신 국무총리실장은 얼마 전 "세종시 원안을 고집한다면 국제과학비즈니스벨트는 다른 지역에 줄 것"이라고 엄포를 놓았다. 그는 심지어 "우리나라는 '떼법'과 '배째라법'이 제일 먼저"라는 막말까지 했다고 한다. 고위 공무원의 자질을 의심하게 하는 상식 이하의 발언이다. 정부가 이렇게 고자세로 나오니 충청권 민심이 더욱 악화하는 것이다."[207]

세종시 수정안 국회 본회의 부결

2010년 1월 5일 정부가 내놓은 '세종시 투자 유치를 위한 제도적 지원 방안'은 정부의 세종시 원안 수정 작업이 얼마나 허점투성이인지를 여실하게 보여주었다. 세종시 문제를 근본에서부터 고민한 흔적은 전혀 없이 오직 일정표에 따라 '행정 도시 세종시'를 '백지화'하겠다는 정부

---

207) 「'세종시 홍보'에 매달리는 총리와 장관들(사설)」, 『한겨레』, 2009년 12월 21일.

의 의지만 담겨 있었다.[208]

2010년 6월 29일 세종시 수정안이 국회 본회의에서 부결됐다. 찬성 105표, 반대 164표, 기권 6표였는데, 어찌 보자면 '박근혜의 힘' 덕분이었다. 이명박 대통령은 수정안 부결 소식을 듣고 "심히 유감스럽게 생각한다"며 "국회의 결정에 대한 평가는 역사에 맡기고 국가 선진화를 위해 함께 나아가자"고 말했다. 이에 대해 『한겨레』는 "이 대통령의 이런 발언에는 여전히 오만함이 묻어나온다. 이제는 모든 것을 훌훌 털고 세종시 원안 추진에 매진하겠다는 다짐도 없다. '역사의 평가' 따위의 발언에서 여전히 자신이 옳다는 신념을 버리지 못하고 있음이 감지된다. 매우 유감스러운 태도가 아닐 수 없다"고 했다.[209]

결국 정운찬은 세종시 백지화의 소임을 다하지 못한 채 1년 만인 2010년 8월 총리직에서 물러나게 되지만, 이미 2010년 3월부터 새로운 긴급 현안이 국가적 의제로 부상하고 있었다. 2010년 3월 26일 천안함 침몰 사건, 2010년 11월 23일 연평도 포격 사건으로 남북은 전쟁으로도 갈 수 있는 일촉즉발의 위기 상황에 봉착하게 된다. 이는 10년 후인 '2010년대사'에서 자세히 살펴보기로 하자. '2000년대사'를 매듭짓는 마지막 사건으로 "노무현 정신으로 돌아가자"고 외친 친노 국민참여당의 창당을 들지 않을 수 없겠다.

---

208) 「자기모순 드러낸 세종시 '백지화' 계획(사설)」, 『경향신문』, 2010년 1월 6일.
209) 「독선·오만 사과하고 세종시 원안 추진에 매진하라(사설)」, 『한겨레』, 2010년 6월 30일.

노무현 정신으로 돌아가자
친노 국민참여당의 창당

국민참여당은 '유시민 정당'

2009년 11월 15일 친노 세력 내 신당파를 주축으로 하는 국민참여당이 창당 준비위원회 결성식을 하고 독자적 정치 세력화에 뛰어든다. 창당 준비위원장을 맡은 이병완 전 청와대 비서실장은 서울 수운회관에서 당원 등 1,000여 명이 모인 가운데 열린 결성식 인사말을 통해 "깨어 있는 바보들이 앞장서서 국민이 대통령인 국민 권력 시대를 열기 위해 국민참여당을 시작했다"고 밝혔다. 이병완 준비위원장은 이어 고 노무현 전 대통령의 유지 계승을 다짐하면서 "수십 년 국민의 피와 땀으로 힘겹게 세웠던 원칙과 상식의 기둥들이 뿌리째 뽑혀가고 있다"며 "약자와 가난한 사람들은 희망과 자신감을 갖고, 강자와 부자들은 배려와 사랑을 베풀어 사람 사는 세상, 살맛이 나는, 모두가 주인 되는 대한민국을 만들겠다"고 말했다.

국민참여당에는 유시민 등 참여정부 인사들이 대거 몸담았다. 창당

'풀뿌리 민주주의 희망 찾기' 좌담회에 두 번째 강연자로 나온 유시민은 야권 연대를 강조했다.

준비위 부위원장은 강혜숙·김영대 전 의원, 이백만 전 청와대 홍보 수석, 천호선 전 청와대 대변인 등 네 명이 맡았다. 또 국민참여당 정책을 주도할 국가정책 자문위원회는 이재정 전 통일부 장관을 위원장으로 분야별로 이정우 전 청와대 정책실장(경제정책), 김병준 전 청와대 정책실장(국가 전략), 권기홍 전 노동부 장관(사회복지 정책), 박기영 전 정보과학기술 보좌관(과학기술 정책) 등 열 명으로 구성됐다.[210)]

11월 23일 유시민은 진보·민중 단체가 모여 만든 '2010연대'가 마련한 '풀뿌리 민주주의 희망 찾기' 좌담회에 두 번째 강연자로 나와 "민주당은 집권 희망이 안 보여 괴롭고, 민주노동당과 진보신당은 둘로 나뉘어 전국 선거를 치를 힘이 없고, (최근 창당한) 국민참여당과 창조한국당

210) 안홍욱, 「"깨어 있는 바보들이 국민 권력 시대 열자": '국민참여당' 창당 준비위 결성······ 盧 정부 인사 대거 참여」, 『경향신문』, 2009년 11월 16일.

도 말할 나위 없다"며 "이런 상황에선 내년 지방선거에서 한나라당에 지는 게임이 된다"고 말했다. 그는 "야당들이 4대강 사업 저지, 부자 감세 반대를 말로만 할 게 아니라, '우리가 연대해서 후보 한 명 낼 테니 표를 찍어달라'는 구체적 행동을 국민 앞에 보여줘야 한다"고 말했다. 그는 민주·진보·개혁 진영의 '연대를 위한 4단계'를 제시했다. 첫째, 우선 서로 차이를 인정하고 갈등 요소를 덮어두자. 둘째, '한나라당과 대항하기 위해 모이자'가 아니라 공통의 요구를 찾아내 정책 연대를 하자. 셋째, 정책 연대 토대에서 선거 연대와 후보 연합으로 가자. 넷째, 연대 과정을 공개해서 누가 배신하고 누가 무임승차하려고 하는지 보여주자.[211]

그렇게 연대가 소중하다면 별도의 창당은 왜 한 것인가? 우문(愚問)이었다. 한국 정치의 본질이 '스타 정치'인 상황에서 유시민은 '스타'였던 반면, 민주당은 '스타 파워 부재'로 시달리고 있었다. 그런 점에서 국민참여당은 '유시민 정당'이라고 해도 과언이 아니었다.

강찬호 『중앙일보』 정치 부문 차장은 "올해 민주당의 성적표는 겉으론 나쁘지 않은 편이다. 지난 4월과 10월 두 번의 재·보선을 모두 이겼다. 지난해 10%대를 헤매던 지지율도 20%대로 올랐다. 그러나 국민들에게 민주당의 존재감은 여전히 빈약하다. '야당 성향 유권자들이 선거날 하루 빌려 쓰는 정당'이란 말까지 나온다. 당 지도부에 차기 대권 주자로 기대할 만한 간판급 정치인이 보이지 않는 점이 큰 이유다. 정세균 대표를 비롯해 지도부 인사들의 지지율을 몽땅 합쳐도 한나라당 박근혜 전 대표 한 명의 인기에 크게 못 미친다고 한다. 왜 이럴까. 우선 과거 야

---

211) 송호진, 「유시민 "지방선거 연대 못하면 모두 루저"」, 『한겨레』, 2009년 11월 24일.

권의 거물들처럼 누구나 이름만 대면 확 떠오르는 이미지를 가진 정치인의 부재를 들 수 있다"며 다음과 같이 말했다.

"민주당에서 스타급 인물을 찾기 힘든 가장 큰 이유의 하나는 결정적 순간 자신을 내던질 줄 아는 '사즉생(死卽生)' 정신의 소유자가 눈에 띄지 않는다는 점이다. 독재 정권에 목숨 걸고 맞선 YS와 DJ, 새천년민주당 간판으로 부산에서 출마하는 바보짓을 무릅쓴 노무현에게 국민은 감동했고, 그들은 카리스마를 얻었다. 지금의 민주당에선 지난 10월 수원 재·보선 공천을 사양하고, 무명 후보 당선을 위해 전력투구한 손학규 전 대표가 잠깐 그런 모습을 보여줬을 뿐이다. 이것만으론 부족하다. 정 대표를 비롯해 더 많은 민주당 의원이 야권의 혁신과 통합을 위해 기득권 포기를 무릅쓰는 모습을 보여줘야 한다. 이렇게 하지 않더라도, 민주당은 내년 지방선거에서 4년 전보다는 좋은 성적을 낼지 모른다. 그러나 반대 당(opposition party)에 머무를 뿐 대안 정당(alternative party)으로 자리 잡긴 어려울 것이다."[212]

국민참여당의 창당

2010년 1월 17일 국민참여당이 창당 대회를 열고 공식 출범했다. 참여당은 이날 3,000명 남짓한 당원들이 참석한 가운데 서울 장충체육관에서 창당 대회를 열고 단독 출마한 이재정 전 통일부 장관을 초대 대표로 뽑았다. 최고위원에는 천호선·이백만 전 청와대 홍보 수석과 김영대 전

212) 강찬호, 「민주당에서 스타가 나오려면」, 『중앙일보』, 2009년 12월 28일.

국민참여당 창당대회에서 이재정 초대 당 대표가 당기를 펼쳐 보이고 있다.

열린우리당 의원, 김충환 전 청와대 혁신 비서관, 오옥만 전 제주도의원
이 선출됐다. '노무현 가치'의 계승을 선언한 이 대표는 "지금 민주주의
원칙이 근본적으로 무너지고 오직 반칙으로 치닫고 있다"며 "우리가
2010년 벽두에 새로운 출발을 결심한 것은 노무현 대통령이 남겨준 '깨
어 있는 시민'으로서 우리 역사의 비극을 바로잡기 위한 것"이라고 말
했다.[213]

　행사 말미에 등장한 유시민 전 복지부 장관이 연설을 끝내자 당원
3,000여 명 대다수는 자리에서 일어나 '유시민'을 연호했다. 유 전 장관
은 "승리에 대한 확신이 있느냐", "옆에 있는 동지들을 믿느냐"는 등 질
문을 던지는 화법으로 분위기를 끌어올렸다. 그런 그가 "모든 이들이 이
익을 탐할 때 홀로 올바름을 추구했던 노무현 정신으로 돌아가자"고 외

213) 송호진, 「"노무현 정신 계승" 국민참여당 창당」, 『한겨레』, 2010년 1월 18일.

치자 청중의 환호는 절정에 달했다.[214)

국민참여당은 당비를 내는 '주권 당원'도 2만 5,000여 명 정도 모집했다. 천호선 최고위원은 지방선거 '야권 연대'와 관련해 "(연대를 한) 정당들이 지방정부를 함께 운영한다는 것을 전제로 해서 선거 연합을 추진할 것"이라며 "지방정부가 구성되면 연대 정당들이 지방의회 원내 교섭단체를 같이 구성해 지방정부를 운영한다는 구상을 갖고 있다"고 말했다. 그러나 국민 참여란 '직접 소통'의 정당 문화를 실험하는 것 외에 민주당이나 진보 정당과의 정책적 차별화를 통한 정체성을 뚜렷이 보여주지 못하면 '친노 정당', '유시민 정당'이란 울타리에 갇힐 수 있다는 지적도 나왔으며, 정당 문화 실험이란 측면에서도 과거 개혁당과 별로 다르지 않다는 목소리도 있었다.

국민참여당 창당에 줄곧 반대해온 이해찬, 한명숙 전 국무총리와 안희정 민주당 최고위원 등 주요 친노 인사들도 이날 창당 대회에 불참했다. 강원택 숭실대 정치외교학과 교수는 "민주당이 민주 개혁 지지층으로부터 폭넓은 지지를 못 받는 상황에서 대안을 표방한 정치 세력들이 나오는 건 당연하다"면서도 "참여당이 대안 집권 세력으로서 능력을 갖췄는지 의심스러우며, 수도권에서도 후보를 낼 경우 결국 야권의 분열적 요소로 작용할 가능성이 있다"고 짚었다.[215)

민주당과 일부 친노 인사들이 보내는 '야권 분열'이란 시선도 국민참여당에는 부담이었다. 노영민 민주당 대변인은 이날 논평을 내 "민주 개혁 진영 분열에 대한 우려에도 국민참여당이 창당되어 안타깝다"며 "가

---

214) 임장혁, 「유시민 "노무현 정신으로 돌아가자": 친노 국민참여당 창당」, 『중앙일보』, 2010년 1월 18일.
215) 송호진, 「"노무현 정신 계승" 국민참여당 창당」, 『한겨레』, 2010년 1월 18일.

치나 의미에 있어 민주당과 다른 것을 찾을 수가 없다"고 말했다.

또 하나의 야당이 필요한가

2010년 1월 18일 민주당 송영길 최고위원은 국회에서 열린 최고위원 회의에서 "노무현 전 대통령 서거 후 분열에 대해 반성해야 할 세력이 분열을 재촉해서야 되겠느냐"고 물었다. 그는 "노 전 대통령은 김대중 전 대통령과 민주당을 지키고, 불이익을 감수하며 부산에 출마하는 등 지역주의 극복을 위해 노력했다"며 "노 전 대통령 정신을 계승하려면 야권 통합으로 MB 정권을 심판할 수 있도록 힘을 모아야 한다"고 했다.

박주선 최고위원은 더 나아가 "정신을 못 차린 정치꾼들의 삼류, 지분 정치에 불과하다"며 "민주당에 기생하고, 특정인의 정치적 출세를 위해 만들어진 선거용 가설 정당"이라고 규정했다. 국민참여당 주요 인사인 유시민 전 보건복지부 장관을 겨냥한 것이다. 박 최고위원은 "민주당은 국민참여당을 포함해 제 정치 세력과 대통합을 할 수 있도록 실질적 행동을 보여줘야 하고, 그러한 통합 없이는 분열 세력인 국민참여당과는 연대도 해서는 안 된다는 원칙을 수립해야 한다"고 강조했다. 장상 최고위원도 "민주 개혁 세력의 정권 재창출을 꿈꾸고 있는데 국민참여당 창당은 통합을 위한 것이냐, 분열을 위한 것이냐"고 반문했다.[216]

『경향신문』은 「또 하나의 야당이 필요한가」라는 사설에서 "노 전 대통령 계승을 주장하지만, 노 전 대통령이 분열이 아닌 통합을 원했다는

---

216) 최우규, 「"참여당 분열 재촉" 몰아치는 민주」, 『경향신문』, 2010년 1월 19일.

것은 잘 알려져 있다. 또 '노무현 정신'을 잇는 적자(嫡子)인 듯 주장하지만, 노 전 대통령의 이름을 정치적으로 활용하는, 이른바 친노 정치 세력의 일부에 지나지 않는다. 당의 실질적 지도자인 유시민 전 의원이 얼마나 노무현 정신에 충실한지도 알 수 없다. 서울시장 출마 의사를 비치고 있는 그는 경기 고양에서 대구로, 대구에서 서울로 지역을 옮겨 다니는 행적만으로 이미 국회의원 배지를 버리고 부산으로 가서 낙선한 노 전 대통령과는 다르다. 국민참여당과 유사한 개혁당을 만들었다가 해체하고 열린우리당으로 당적을 옮겨 출마, 국회에 입성하는 정치적 수완 역시 노 전 대통령과 다르다"며 다음과 같이 말했다.

"선거 특수를 겨냥한 정당이 얼마나 오래갈 것인가는 개혁당의 경우가 아니더라도 이름 없이 사라져간 수많은 신생 정당의 역사가 잘 말해준다. 국민참여당만은 다를 것이라는 확신이 들지 않는다. 창당하자마자 불거지는 민주당과의 통합론이 보여주듯 과거 민주당의 일부였던 이 당의 미래는 정말 알 수 없다. 이것이 자기 정체성을 갖추지 못한 정당에 대한 일반적 시선이다. 물론 국민참여당은 민주당이 야당 대안이 되지 못한 결과라는 점에서 민주당의 다른 얼굴이기는 하다. 그렇다 해도 또 하나의 야당이 왜 필요한지는 여전히 알 수가 없다."[217]

『한겨레』는 "정당과 일반 시민 사이의 괴리가 적지 않은 우리 정당 문화에 비춰 볼 때, 이들이 표방하는 '참여 정치와 소통 실험'은 분명 주목할 측면이 있다. 하지만 정책 노선으로 볼 때 굳이 독자 정당을 만들 명분이 뚜렷한지는 다소 의문스럽다. '지난 10년 민주 정부의 성과' 계

217) 「또 하나의 야당이 필요한가(사설)」, 『경향신문』, 2010년 1월 19일.

승을 표방한다는 점에서 민주당과 큰 차이가 없어 보이기 때문이다. '노무현 정신 계승의 적통'을 주장할지 모르겠으나, 범노무현 세력으로 분류되는 인사들 가운데서도 이해찬 전 국무총리, 안희정 민주당 최고위원 등은 국민참여당과 거리를 두고 있다"며 다음과 같이 말했다.

"물론 민주당도 그동안 범야권의 맏형 노릇을 든든하게 하지 못한 까닭에 국민참여당을 향해 큰소리를 칠 자격이 떨어진다. 서로 다른 특장점을 표방하는 정당들이 다양하게 출현해 국민의 지지를 얻고자 경쟁하는 것 자체는 필요한 일일 수 있다. 그러나 우리 현실에서는, 평소에 경쟁을 벌이더라도 정권 평가 성격이 담긴 큰 정치 일정을 두고서는 큰 틀에서 힘을 모으는 연합 정치의 과제가 훨씬 중요하다. 이명박 정부의 독선·독주에 따른 국정 파행이 갈수록 심각해지고 지방선거가 넉 달 반 앞으로 다가온 지금 이런 필요성은 더욱 절실하다. 국민참여당은 그동안 야권 연대를 촉진하는 존재가 되겠다고 스스로 다짐해왔다. 앞으로 이런 자세를 충실히 지켜나가길 바란다. 물론 민주당을 비롯한 다른 야당들도 범야권 연대를 위해 성실하고 진지한 자세를 거듭 가다듬어야 할 것이다." [218]

국민참여당에게 "또 하나의 야당이 필요한가"라고 묻는 것은 우문(愚問)이었다. 국민참여당은 노무현 시절 민주당 분당의 연장선상에 놓여 있는 것이었기 때문이다. 따라서 유시민과 국민참여당이 "노무현 정신으로 돌아가자"고 외친 건 너무도 당연한 일이었다. 다만 '노무현 정신'의 실체를 둘러싼 해석이 다양할 뿐이었다. 그 실체를 '영남 민주화 세

---

218) 「야권연대 당위성과 국민참여당 창당(사설)」, 『한겨레』, 2010년 1월 18일.

력의 한(恨)'으로 보는 것은 유시민과 국민참여당을 열광적으로 지지하는 비(非)영남인들을 납득시키긴 어렵겠지만, 그러한 괴리는 머리말을 통해 역설한 "노무현은 한국인의 숨은 얼굴이었다"는 논지로 메워질 수 있을 것이다. 이제 맺는말로 '밥그릇 싸움'과 '승자 독식주의'를 넘어야 한국 사회가 보인다는 논지를 제시하고 싶다.

'밥그릇 싸움' 과
'승자 독식주의' 를 넘어서

'개혁 물신주의' 의 그늘

우리는 지금까지 「제1장 2000년: 남남 갈등과 지역주의 전쟁」, 「제2장 2001년: 한미 갈등과 언론 전쟁」, 「제3장 2002년: 노무현 바람과 월드컵 신드롬」, 「제4장 2003년: 민주당 분당, 열린우리당 창당」, 「제5장 2004년: 대통령 탄핵과 행정 수도 파동」, 「제6장 2005년: 영남 민주화 세력의 한」, 「제7장 2006년: 열린우리당의 몰락」, 「제8장 2007년: '노무현' 에서 '이명박' 으로」, 「제9장 2008년: 이명박 시대의 개막」, 「제10장 2009년: 노무현의 몰락과 부활」 등과 같이 10년에 걸친 역사를 '노무현 시대' 중심으로 살펴보았다.

두말할 필요 없이, '노무현 시대' 는 '김대중 시대' 의 산물이다. 김대중 정권 말기는 각종 비리가 얼룩지면서 정권 재창출의 가능성은 '폐허' 나 다를 바 없었다. 그 폐허에서 다시 꽃을 피우긴 어려웠다. 꽃을 피우려면 무언가 다른 '문법' 이 필요했다. 김대중 체제까지도 포함하는

'노무현 시대'는 '김대중 시대'의 산물이다. 김대중 정권 말기는 각종 비리가 얼룩지면서 정권 재창출 가능성은 폐허나 다를 바 없었다. 그러나 노무현은 그 폐허에서 꽃을 피웠다.

기득권 질서에 대한 새로운 파괴의 문법이 필요했다. 그 문법의 구현자가 바로 노무현이었다. 세상에 명암 없는 일이 어디 있겠는가. 노무현은 많은 이들에게 생산적 파괴의 희망을 안겨주었지만, 그는 모든 일을 파괴의 문법으로 대처하는 문제를 드러냈다.

그 과정에서 '개혁'은 '물신(物神)'이 됨으로써 이른바 '개혁 물신주의'가 노무현 시대를 지배했다. 개혁 물신주의란 무엇인가? 홍은주에 따르면, "인간은 생각을 표현하고 상황을 묘사하기 위해 언어를 만들었지만, 일단 생겨난 언어는 스스로의 생명력을 가지고 확산되기 시작해서 거꾸로 인간의 생각과 상황을 규정해버리는 힘을 지니는 경우가 있다. 특정 단어가 그 자체로 상황을 '절대적으로 옳게' 혹은 '절대적으로 부정적으로' 단정해버리는 현상이 생겨나는 것이다. 가령 '정의'니 '개혁'이니 '애국'이니 등의 단어는 방법론적 합리성이나 타당성은 일체 논외로 한 채 그 단어가 가지는 힘으로 상황을 구속해버리는 것이다. '개혁'이라는 꼬리표를 달고 어떤 정책을 시행할 경우 그 정책에 반대하면 반개혁적인 사람이 되어버리는 것이 전형적인 예이다."[219]

그렇다면 개혁 물신주의에선 무엇이 은폐되는가? 기회주의, 탐욕, 헤게모니 욕구, 인정 욕구, 관성적 행태 등일 것이다. 그래서 개혁 물신주의는 본말의 전도를 가져온다. 개혁은 개혁의 수혜 대상인 민중을 위한 것이라기보다는 개혁 주체의 권력과 이름을 빛내기 위한 것으로 전락한다. 그래서 개혁 주체가 겸손과 자기 성찰을 잃고 이중잣대를 남용하면서 늘 남을 향해 큰소리치고 호령하는 독선과 오만을 범하게 된다.

개혁 주체의 권력과 이름을 빛내기 위한 것이라 하더라도 민중을 위해 좋은 결과를 가져오면 그만 아니냐는 반론에도 일리는 있다. 그러나 개혁 물신주의에 오염된 개혁은 개혁의 지평을 협애하게 만들고 개혁의 비용을 높게 만들어 개혁을 망칠 수 있거니와, 개혁이라는 단어 자체에 대한 염증과 혐오를 불러일으켜 뒤에 이어질 개혁을 매우 어렵게 만드는 심대한 부작용을 초래할 수 있다. 그런 점에서 두렵게 생각해야 할 일이다. 더욱 두려운 건 개혁 물신주의에 빠진 사람들이 그걸 깨닫는 것이 매우 어렵다는 사실이다.

역대 정권들과의 과도한 차별화 의식, 자신들이 비교적 잘할 수 있는 일 위주의 개혁 의제 설정, 과거 정치 투쟁의 관성에 따른 승패우열(勝敗優劣) 중심의 정략, 이전의 '먹이사슬 구조'와 전혀 다를 바 없는 '개혁

---

219) 홍은주, 『경제를 보는 눈』(개마고원, 2004).

먹이사슬 구조'(연고주의, 정실주의, 줄서기, 낙하산 인사 등), 그런 먹이사슬 구조에 편입되고자 하는 기회주의적 개혁 참여자들의 탐욕과 그에 따른 '인정 투쟁형' 전투적 극단주의 등이 '싸움질' 자체를 개혁과 동일시하는 착각 또는 환각을 불러일으킨다는 가설이 성립될 수 있다는 것이다.

이념 투쟁으로 포장된 밥그릇 싸움

노무현 시대에 한국 사회에서 일어난 주요 분열 전선은 좌우(左右) 갈등이었나? 아니었다. 이념에 매몰된 사람이 없지는 않았지만 그들은 소수였다. 우리는 해방 정국을 극심한 좌우 이념 투쟁의 시기로 이해하는데 그 시절도 자세히 살펴보면 이념은 '밥그릇 싸움'을 포장하기 위한 용도로 동원된 경우가 많았다. 해방 직후 이념 투쟁 구도가 고착되기 전 소련군이 기차로 서울역에 온다는 소식이 알려지자 대대적인 환영 행사를 준비한 사람들 중엔 나중에 반공 투쟁의 선봉에 선 사람들도 많았다. 소련군이 서울역에 온다는 이야기는 오보로 밝혀졌지만, 어느 쪽에 줄을 서야 안전과 번영을 도모할 수 있을 것인지 전전긍긍하던 사람들에게 이념은 부차적인 것에 지나지 않았다.

한국 사회의 극심한 분열주의는 '승자 독식주의'에서 비롯된다. 승자 독식주의는 강한 연고·정실 문화로 증폭된다. 줄 한 번 잘못 서면 큰일 난다. 줄 서는 게 싫어서 점잖게 지내는 사람에게는 기회조차 오지 않는다. 줄 선 사람들끼리 다해 먹기 때문이다. 노무현 정권은 '지배 세력 교체'를 내세움으로써 승자 독식주의를 강화했으니, 그만큼 반발이 거세

지는 건 당연했다. 반대편의 입장에서 체면상 '밥그릇 타령' 을 할 수는 없으니 명분을 갖춰 욕하는 게 주로 '좌파 타령' 이었다. 노무현 정권은 승자 독식주의에 대한 반발을 '수구 기득권 세력의 저항·반동' 으로 규정함으로써 그런 구도를 강화하고 말았다.

노무현 정권의 '지배 세력 교체론' 과 그에 따른 코드인사는 타당한 면이 없는 건 아니었지만, 부작용이 장점의 가치를 훨씬 압도했다. 사회적 갈등 비용이 너무 높았고 타락의 경계를 넘나들었기 때문이다. 개혁을 사적 목적으로 이용하는 '개혁 상업주의' 도 적정 수준을 넘어섰다.

이른바 개혁이 서민의 민생과는 별 관련이 없다는 건 한국 사회를 '개혁 대 보수' 의 구도가 아니라 '엘리트 대 비엘리트' 의 구도로 이해하는 것이 더 옳을 수도 있다는 가능성을 암시해준다. 즉 개혁·보수의 구분을 넘어서 늘 재미 보는 건 엘리트뿐이지 않느냐는 항변에도 일리는 있다는 것이다.

'개혁 대통령' 이라고 해서 권력욕을 덜 만끽하거나 대통령 대접을 덜 받는 것도 아니다. '개혁 국회의원' 도 마찬가지다. '개혁' 은 자신들이 출세해 '코리언 드림' 을 이루고 누릴 것 다 누리기 위한 도구적 구호로 써먹는 면도 없지 않다는 것이다. 공기업에 낙하산으로 파견된 '개혁 임원' 들 중에 이렇다 할 개혁을 했다는 소리를 들은 적이 없다. 들려오는 건 자신의 연고·정실 네트워크에 포진한 사람들에게 무언가를 베풀었다는 이야기뿐이었다.

개인적으로 그렇게 재미를 보는 데다 '도덕적 우월감' 까지 누리면서 보수파를 향해 '수구 기득권 세력' 이라고 삿대질을 해대는 건 위선이었다. 정권이 논공행상과 보은을 위한 전리품 이상의 의미가 있는 것이라면, 승자 독식주의로 배제된 사람들이 엄청난 박탈감을 느끼지 않게끔 배려하는 일도 필요했다. 보수파는 물론 줄 서지 않았던 사람들을 찾아 나서야 했다.

꼭 개혁파가 맡아야 할 일이 있었을 것이다. 그걸 제외하곤 문호를 대폭 개방해야 했다. 개혁파가 수장으로 있는 조직에서 하는 모든 일을 개혁파에 줄 선 사람들이 독식하는 건 아닌지 살펴볼 필요가 있었다. 무슨 '개혁 유전자'가 따로 있는 것처럼 굴면 안 되는 일이었다. 전부는 아닐 망정 대부분은 '입장'에 따른 것이지 출세시켜주겠다는 데 개혁 완장을 마다할 사람이 있을 리 없었다.

선거가 밥그릇을 쟁취하기 위한 사생결단의 싸움이 되지 않게끔 많은 영역을 중립화하는 것이 진정한 개혁일 수 있다는 발상의 전환이 필요했다. 정권이 바뀌어도 변치 않는 시민사회의 상식으로 운영되는 영역이 넓어질 때에 비로소 민주주의가 성숙해지고 사회가 발전한다는 깨달음이 필요했다. 그러나 노무현 정권은 그렇게 하지 않았다. 가장 대표적인 예가 헌재 판결 이전 행정 수도 이전 문제를 둘러싼 정부 여당의 강공 드라이브였다.

'노무현 프레임'과 '조중동 프레임'

노무현 옹호자들은 노무현에게 도움이 되었는가? '노무현 옹호론'은 대부분 노무현을 도우려는 게 아니라 오히려 해를 끼치기 위해 쓴 것 같다는 느낌을 줄 정도로 자폐적이었다. 노무현이 그런 글을 읽고서 오히려 자신감을 갖고 한사코 자기 성찰을 거부했을 터이니, 그런 옹호론은 노 대통령에게 보약(補藥)이 아니라 독약(毒藥)이었다는 역설이 가능하다.

왜 한동안 노무현 지지도가 한 자릿수에서 10%대를 오락가락했던 걸까? 옹호론은 이 원인 규명을 소홀히 하면서 '보수 신문·야당 탓'을 했다. 그 밖에 제시되는 이유라는 것도 옹호자가 사소하게 생각하는 몇 가지일 뿐이고 그걸 사소하다고 명시적으로 주장함으로써 노 대통령의 낮은 지지도는 매우 부당하다는 논지를 폈다.

'상고 졸업' 운운하면서 노 대통령의 아웃사이더 위상·기질과 이와 관련된 유권자들의 심리 상태를 주요 이유로 드는 옹호론도 많았는데, 이는 사실상 '유권자 모독'이었다. 노 대통령을 지지했다가 돌아선 사람들에겐 해당되지 않는 주장이었기 때문이다. 이런 사람들의 규모가 전체 유권자의 30%가 넘었다.

노 대통령의 '말'이 문제라고 지적하면서도 그걸 사소하게 여기는 옹호론은 그 문제가 '거칠다'는 스타일이 문제가 아니라 '독선과 오만'이라는 알맹이가 문제라는 걸 외면했다. 우리 인간이 화를 내는 경우는 많지만, '소통 불능' 상태만큼 화를 끓어오르게 만드는 일도 드물다. 그것도 권력자가 도덕적 우월감을 앞세우며 자신의 과오를 인정하지 않은 채 모든 걸 '남 탓'으로 돌리면서 자기 정당성을 스스로 챙기는 언행을 집요하게 남발할 때엔 공정한 업적 평가는 뒷전으로 밀리게 된다. 이 경우에 누구를 먼저 탓해야 하고 무엇을 먼저 바로잡아야 하겠는가?

노무현 옹호론의 문제는 노무현의 지지도가 바닥을 헤맨 이유와 상통했다. 그건 바로 '소통 불능'이었다. 남을 이해해보려는 마음이 없이 자신이 미리 만들어놓은 정답에 따라 남과 세상을 평가하고 비판하는 습관이 낳은 비극이었다. 그러면서도 자신이 선(善)과 정의(正義)를 대변한다는 자세를 취했으니, 많은 사람들이 기가 질려 고개를 돌린 것이다. 그런 습관은 낮은 곳에서 자신이 손해를 보면서 발휘될 때엔 '아름다운 소신'일 수 있지만, 높은 곳에서 책임을 져야 하는 상황에서 발휘될 때엔 '파괴적인 아집'에 지나지 않는 것이었다.

'보수 신문 · 야당 탓'은 타당한가? 그건 사실상 많은 국민이 보수 신문 · 야당에게 놀아났다는 걸 전제하는 것으로 오히려 국민을 화나게 만드는 자해(自害)였다. 노 대통령의 지지도가 높았을 땐 보수 신문 · 야당이 죽었었나? 이라크 파병, 아파트 분양 원가 공개 번복, 한미 FTA 등 중대 사안들은 모두 보수 신문 · 야당의 뜨거운 지지를 받았는데, 오히려 그 지지가 문제였다고 비판하는 게 더 이치에 맞지 않았을까?

노무현 정권 시절 정권의 열성 지지자와 정치 이야기를 해본 사람이라면 '조중동 프레임'이라는 말을 한번쯤 들어봤을 것이다. 노 정권을 조금이라도 비판하면 지지자는 "아니, 당신마저 '조중동 프레임'에 걸려들다니"라고 말하면서 안타깝다는 표정을 지었다. 그게 무슨 말인가? 노무현 정권에 적대적인 『조선일보』, 『중앙일보』, 『동아일보』의 보도 · 논평 틀에 갇혀 노 정권을 평가하는 오류를 범하고 있다는 뜻으로 하는 말이었다.

'조중동 프레임' 개념은 타당한가? 물론이다. 분명히 '조중동 프레임'이라는 게 있었다. 그렇지만 동시에 노무현 정권이 그 개념을 오 · 남용했다는 점도 지적할 필요가 있겠다. 노 정권의 가장 큰 문제는 바꾸기 어려운 언론의 일반적 속성까지 '조중동 프레임'으로 간주함으로써 자기 성찰의 의무를 방기했다는 점이다.

노무현 정권이 늘 억울하게 생각했던 언론의 왜곡 보도라는 것도 자세히 뜯어보면 상당 부분 노 정권이 처음에 만든 이미지대로 가려는 언론의 속성 때문이지 노 정권에 무슨 악의가 있어서 그런 게 아니었다. 노무현 대통령의 '불안정한 이미지'를 만든 장본인은 노무현 대통령이지 언론이 아니다. 특히 조중동이 그런 '불안정 프레임'에 따라 노 대통령의 발언을 자주 왜곡한 건 분명하지만, 노 대통령은 그런 빌미를 주지 않게끔 조심하기보다는 오히려 오기로 대처했다. '언론 탓'도 좋지만 자신의 오기에 대한 책임도 지는 게 더 옳은 일이었다.

일개 지식인도 자신에 대한 언론 보도에 만족하는 법은 드물다. 기사는 학술 논문이 아니다. 자꾸 "맥락을 제거하고 특정 발언만 부각시켜 왜곡했다"고 분통을 터뜨릴 게 아니라 특정 발언이 자극적이지 않게끔 주의를 기울여야 했다. 노 정권은 '조중동 프레임'을 탓하기 전에 노 대통령이 스스로 만든 '노무현 프레임'에 대해 깊이 성찰했어야 한다. 그걸 하찮게 여겨 계속 그대로 가려면 '언론 탓'은 그만두었어야 한다. 언론 탓을 할 수도 없고 해선 안 될 일까지 언론 탓을 하는 건 언론 개혁 담론을 희화화해 오히려 언론 개혁을 망치는 일이었고, 그건 현실로 나타났다.

지역주의 해소 10대 방안

노무현 시대에 대한 이해를 위해선 지역주의에 대한 올바른 인식도 필요하다. 이 인식이 잘못되면 지역주의 문제가 모든 정치 행위의 알파이자 오메가였던 노무현 시대를 이해하는 일이 어려워지기 때문이다. 지난 20여 년간 지역주의를 주제로 한 토론회·세미나·강연회 등이 전국적으로 얼마나 열렸을까? 아마 수천 번이 넘을 것이다. 지역주의를 주제로 한 책·논문·칼럼 등은 얼마나 될까? 수천 건이 넘을 것이다. 수많은 사람들의 땀이 배어 있을 그 성과물들은 다 어디로 갔는가? 어디로 갔기에 우리는 지역주의 이야기만 나오면 그동안 아무런 논의도 없었다는 듯 처음부터 다시 시작해야 하는가? 지역주의보다는 지식·정보의 축적과 활용이 없는 문화가 훨씬 더 큰 문제가 아닐까? 그간 제시된 지역주의 해소책엔 대략 열 가지가 있었다는 걸 상기하면서 모두 다 이성을 회복하도록 애써보자.

첫째, 선거구제 개편이다. 지난 2005년 노무현 대통령이 정권마저 내주겠다며 밀어붙인 방안이다. 선거구제 개편의 효과는 크겠지만, 그건 지역주의 해소를 위한 올바른 출발점에 서는 것일 뿐이며 엄청난 부작용을 낳을 '대연정'을 정당화할 정도는 아니었다. 선거구제 개편은 착실하게 상호 신뢰와 진정성을 기반으로 추진해나갈 일이다.

둘째, 인사의 공정성이다. 정부 인사를 정권이 독식하는 건 당연하다 하더라도, 그렇게 해선 지역주의 해소는 영영 기대하기 어렵겠다는 게 분명해졌다. 선거에서의 승자 독식주의와 논공행상 때문이다. 대통령의 인사권 행사 방식에 대한 공론화가 필요하다.

셋째, 예산 배분의 공정성이다. 이는 인사의 공정성과 맞물려 있는 사안이다. 멀쩡하던 한국 유권자들이 선거 때만 되면 잠재돼 있던 '지역주의 유전자'가 발동하는 가장 큰 이유는 바로 이 예산 문제 때문임을 직시해야 한다.

넷째, 경로의 점진적 수정이다. 경로란 이미 굳어진 지역 간 불균형 발전 상태를 말한다. 바로 여기서 기득권·분노·한(恨)과 같은 지역주의 영양분이 공급된다. 경로 수정을 위한 장기 계획을 국민적 합의로 추진해야 한다.

다섯째, 지역 교류다. 사실 이게 그동안 가장 왕성하게 이루어진 지역주의 해소책이었다. 이는 지역 간 오해를 해소하는 수준의 효과밖엔 없지만, 그거나마 소중하게 여기면서 계속 추진해나가야 할 것이다.

여섯째, 언론 개혁이다. 언론은 구조적으로 지역주의 해소에 기여하기 어렵다. 지역주의 확대 재생산이 시장 논리화돼 있다는 뜻이다. 이는 정치인들이 지역주의에 영합할 때에 지지를 얻을 수 있는 것과 같은 이치다. 언론 개혁도 지역주의 해소책이다.

일곱째, 사회 개혁이다. 진보주의자들의 처방이다. '보수 정치' 보다는 '진보 정치' 가 지역주의 해소에 더 기여할 수 있다는 건 두말할 필요가 없지만, '진보' 만으로 지역주의를 해소할 수 없다는 것도 분명하다.

여덟째, 문화 개혁이다. 한국 사회에 만연돼 있는 '패거리 문화', '왕따 문화' 와 지역주의는 분리될 수 있는 게 아니다. 분리될 수 있다는 착각이 오히려 지역주의 해소를 어렵게 만든다. 인내심을 잃고 과격한 모험주의를 선호할 수 있기 때문이다.

아홉째, 교정적 리얼리즘(corrective realism)이다. 그간 대중매체는 '리얼리즘' 이란 미명하에 특정 지역에 대한 부정적 이미지를 확대 재생산해왔다. '교정적 리얼리즘' 은 대중매체가 현실 반영에만 머무르지 말고 그런 현실을 '교정' 하기 위한 노력을 보임으로써 '반영' 을 넘어선 '고발' 이 될 수 있게끔 해야 한다는 것이다.

열째, 행정구역 개편이다. 지난 2005년 4월 정치권은 전국 광역시와 도를 없애는 행정구역 개편안을 제시했는데, 이 방안의 문제는 효과 대비 비용 계산을 제대로 해보았느냐 하는 점일 것이다. 행정구역 개편은 이후에도 주요 현안으로 떠오르곤 했는데, 진정한 문제는 정치권에 대한 국민적 신뢰가 있는가 하는 점이다.

중앙정부 인사 · 예산의 투명성 · 공정성

그런데 우리는 이 열 가지 가운데 도대체 무엇을 얼마나 실천해왔는가? 우리는 과연 진정으로 지역주의 청산을 원하는가? 전 국민이 모두 주연과 관객을 겸하면서 스스로 속이고 속는 일을 저지르고 있는 건 아닌가?

지방에서 열리는 각종 선거를 유심히 살펴보자. 유권자들에게 가장 잘 먹혀드는 선거 구호는 무엇인가? 공식적으로 내건 구호와 더불어 민심의 바닥을 파고드는 설득 논리를 봐야 한다. 그건 바로 "중앙에 줄이 있다"는 '줄 과시론'이다. 중앙에 튼튼한 줄이 있어야 중앙정부 예산 끌어오기에서부터 기업 유치에 이르기까지 실력을 발휘할 수 있다는 것이다.

한국의 정치 저널리즘 · 평론은 서울 중심이라서 지방 유권자들이 가장 목말라하는 의제를 제대로 포착하지 못하고 있다. 중앙에선 거창한 정치적 당위 · 명분 · 원칙 등을 내세우지만, 지방민들의 주된 관심은 먹고사는 문제가 주는 공포에서 탈출하는 것이다.

지난 반세기에 걸쳐 지방민들의 뇌리에 각인된 한 가지 불멸의 법칙은 "우리 고향 사람 · 세력이 중앙에서 힘을 써야 지역 발전에 유리하다"는 것이다. 물론 이 법칙은 늘 현실로 입증되곤 했다. 이 경험 법칙을 깨려고 애쓴 정권이 단 하나라도 있었던가? 없었다!

노무현 정권이 외친 '지역 구도 타파'는 정치 질서의 재편을 신앙으로 삼았다. 쉽게 말해서, 지금과 같은 지역 정당 체제를 깨부수고 이념·정책 중심으로 질서를 재편성하자는 것이다. 이를 위해 노무현 정권은 '영남 공략'에 정권의 생명을 걸다시피 했다. 영남에서 열린우리당이 한나라당과 대등한 관계를 유지할 수 있을 만큼 세를 넓히고, 반대로 한나라당도 호남에서 그렇게 할 수 있다면, 그게 바로 지역 구도가 깨지는 것이고 앞으로 지역주의는 사라지지 않겠느냐는 발상이었다. 민주당 분당에서부터 대연정 제안에 이르기까지 노무현의 모든 파격적인 정치 행보는 바로 그런 발상의 산물이었다.

일부 사람들은 그런 발상을 '이상주의'라고 불렀지만, 그건 이상주의라기보다는 사상누각(砂上樓閣)이었다. 고향에서 배척당한 한(恨)이 사무친 나머지 판단이 흐려져 지역주의의 모든 원인·책임을 정당·정치인에 돌린 착각의 산물이었다.

문제의 핵심은 중앙정부의 인사와 예산이다. 이것에 대해 지역을 초월한 투명성·공정성을 보장하는 제도적 장치를 만들지 못하면 아무리 영호남 세력이 균형 있게 동거를 하는 정당을 세운다 해도 분열로 깨지게 되어 있다. 그런데 노 정권은 어떻게 했던가? 비록 선의에서 비롯된 발언일망정 스스로 '부산 정권'임을 내세우고 장관직을 포함한 고위 공직을 선거용으로 이용하는 등 중앙정부 인사·예산의 투명성·공정성을 되지도 않을 '지역 구도 타파'의 제물로 삼았다. 도대체 우리가 언제까지 대통령을 비롯한 정치 지도자들의 특별한 배려나 결단에 특정 지역의 발전이 크게 영향을 받는 방식이나 풍토를 지속해야 하겠는가? 그게 바로 지역주의를 키우는 것임을 정녕 모른단 말인가?

노무현 정권의 지역주의 해소책은 너무 정략적이고 편의주의적이었다. 원칙에 의한 정공법이 아니라 '떡을 주는' 구태의연한 수법으로 영호남 두 마리 토끼를 다 잡으려고 했다. 노 정권은 집권 기간 내내 전 유권자를 대상으로 '우리 고향 사람·세력'의 효용을 각인시키는 퇴행적인 학습 효과 생산에 진력한 셈이다.

'동진(東進)'이니 '서진(西進)'이니 하는 전략·전술 차원에서 이뤄지는 방식으론 지역주의를 해소할 수 없다. 가장 중요한 건 공평한 게임의 룰을 세우는 것이다. 지금도 전국의 모든 지역들이 앞다투어 자기 지역이 가장 못살고, 가장 차별받고, 가장 억울하다고 하소연한다. 이른바 '우는 아이 젖 더 주기 신드롬'이다. 지금 우리 사회에는 객관적이고 포괄적인 증거를 제시하면서 균형 발전의 순차적 청사진을 제시하고 국민을 설득할 수 있는 권위체가 없다.

그런 권위체를 키워나가려는 노력이 지역주의 해소책의 핵심이 되어야 한다. 그래서 정치 지도자들의 정략과 연고가 아니라 공정하고 객관적인 원칙과 기준을 바탕으로 지역 발전 전략을 수립하고 실행에 옮겨야 한다. 그런 신뢰의 메커니즘이 구축된다면, 선거 때마다 단골 메뉴로 등장하는 그 지긋지긋한 '차별 타령'도 완화될 수 있을 것이다.

물론 그런 신뢰의 메커니즘을 세우는 게 쉬운 일은 아니다. 중요한 건 지금 우리가 그 방향으로 돌아서지도 못한 채 엉뚱한 방향으로 달리면서 지역주의가 해소되기를 기대하는 어리석은 게임에 몰두하고 있다는 사실이다. 모든 걸 한 번에 뒤엎으려는 성급은 죄악일 수 있다. 시간이 오래 걸리더라도 "우리 고향 사람·세력이 중앙에서 힘을 써야 지역 발전에 유리하다"는 법칙을 깨는 게 진정한 진보다. 이 법칙이 깨져야, 지역주의 투표 행태도 완화되고 진보 정당도 클 수 있다.

'양반 증명서'를 쟁취하기 위한 투쟁

"우리가 남에게 손가락질을 할 때, 집게손가락은 상대편을 향하고 있지만 나머지 세 손가락은 나 자신을 향하고 있다는 것을 알아야 합니다. 우리는 남의 눈에 있는 티끌은 보면서 내 눈의 들보는 보지 못하는 것입니다. 다른 사람을 비난하기 전에 자신을 돌아보아야 함을 이 세 손가락이 보여주고 있는 것입니다."[220]

조헌용 경희대 교수의 말이다. 한국 유권자들이 명심해야 할 말이다. 유권자들은 투표를 권리로만 알지, 져야 할 책임이 있다는 건 생각하지 않는다. '민중 예찬론'을 펴는 사람들이 워낙 많은 탓인지 이 세상 잘못된 건 100% 지배층과 엘리트 잘못이랜다. 그러나 바로 그런 시각이야말로 진짜 민중 모독이다. 늘 민중을 춥고 배고픈 초등학생 수준으로 간주하는 그 오만한 시각 때문에 한국의 '정치 개혁'은 늘 '엘리트 물갈이' 또는 '밥그릇 교체'로만 끝나는 악순환을 보이고 있는 것이다.

한국 정치와 관련된 불멸의 진실 하나는 누굴 여의도에 갖다 놓아도 곧 손가락질 받는 한심한 인간으로 전락한다는 것이다. 그렇다면 그건 정치인 책임이 아닐 것이다. 뭔가 다른 데에 이유가 있을 것이다. 누적된 역사적 모순과 갈등으로 정치에 과부하가 걸려 있으며 정치가 다른 용도로 오·남용되고 있다는 게 문제의 핵심일 것이다.

사회디자인연구소장 김대호는 「한국 사회에 대한 새로운 통찰과 모색」이라는 글에서 조선 말기에 나타난 양반의 폭발적 증가 현상이 오늘날에도 지속되고 있다고 보았다. 오늘날의 '양반 증명서'는 고시 합격

---

220) 조헌용, 『우리말 깨달음 사전』(하늘연못, 2005).

증, 일류 대학 졸업장, 전문직 자격증 등이며, 1997년 이후 공무원·공기업 사원증, 교사 자격증, 언론사 사원증 등이 추가되었다는 것이다. 한국 학생이 미국에서 공부하는 외국 학생의 14%가 넘는, 세계 최고의 미국 유학률(인구 대비 일본의 5배, 중국·인도의 30~40배)을 기록한 것도 양반 증명서를 쟁취하려는 몸부림이라는 게 그의 주장이다.

그는 82%가 넘는 세계 최고의 대학 진학률도 그런 관점에서 보면서 "대학 졸업장이라는 수천만 원짜리 상품을 필수재처럼 만들어 실업계 학생과 학부모들 다수가 구매하도록 한 정책은 어쩌면 대학 재단, 직원, 교수들과 교육 관료들의 가장 조용하면서도 성공적인 약탈 정책일지도 모른다"고 했다.[221]

그러한 '약탈'은 한국 사회의 기본 체제와 관련돼 있다. 한국은 진보-보수의 구도가 설정되기 어려운 나라다. 모든 사람들이 이른바 '각개약진' 하는 식으로 양반 증명서를 획득해야 할 필요성이 모든 가치를 압도하기 때문이다. 진보의 최전선에서 싸우는 데에도 양반 증명서가 필요한 게 우리의 현실이다. 신현준의 표현을 빌리자면, "메이저 중에서도 메이저인 그 학교 출신은 '정치범'이 되어 감옥에 갔다 와도 마음만 바꿔 먹으면 평생이 보장되는 길을 걸을 수 있"기 때문이다.[222]

서구적 잣대로 한국 유권자들을 평가하는 건 어리석다. 서민은 양반 증명서를 요구하는 체제에 분노하고 절망하고 있는데, 그 판에 대고 진보-보수를 구분해달라는 게 무슨 의미가 있겠는가. 진보 세력은 양반 증

221) 김대호, 「한국 사회에 대한 새로운 통찰과 모색」, 사회디자인연구소 창립 기념 심포지움 '한국 사회를 다시 디자인한다', 2008년 7월 12일, 국회의원회관 1층 소회의실, 28~29쪽.
222) 신현준, 「서울대는 건재하다」, 『씨네21』, 2001년 1월 2일, 136면.

명서가 필요 없는 세상을 만들겠다고 주장하지만, '진보'라는 말이 등장한 이래로 그런 주장을 했던 이들의 삶에서 "믿을 수 없다"는 결론이 내려지고 말았다.

이런 정서를 공개적으로 가장 잘 표현한 이는 민주화운동에 헌신했던 농민운동가 천규석이다. 그는 『쌀과 민주주의』라는 책에서 "지나고 보니, 60~80년대까지의 그 풍성했던 민주화운동이란 것들도 잘난 놈들에게는 입신출세와 물질적 보상이라는 두 가지의 전리품을 동시에 거두어 갈 기회로 활용되었다"고 했다.[223] 그는 『유목주의는 침략주의다』라는 책에서도 민주·진보 인사들이 양반 증명서를 활용해 자기 기득권 챙기기에 들어갔다고 맹공을 퍼부었다.[224]

천규석의 주장을 논리적으로 반박하기는 쉬운 일이겠지만, 다수 민심은 그의 주장에 공감할 것이다. 선거 때에 가장 무서운 말이 "그 정도 했으면 많이 해먹었잖아"라는 유권자들의 평가다. 왜 무서운가? 일을 얼마나 잘했는가를 평가할 뜻조차 없다는 게 무섭다. 대중이 '공직=출세'로 여기는 한 그 어떤 이념적 차별화도 무의미해진다.

정치인들은 '교도소 담장 위를 걷는 사람들'이라는 말이 있다. 우리는 그걸 잘 알고 있다. 국회의원이 되려면 돈이 얼마나 필요한가? 주변에 세상 물정을 좀 안다는 사람이 있다면 물어보라. 똑같은 답을 들을 수 있다. 수십억 원이다! 그간 깨끗한 정치를 외쳤고, 이 점에서 노무현 시대가 어느 정도 기여를 한 게 분명하지만, 아직 그런 현실은 바뀌지 않았다. 실제로 수십억 원이 들어가는지 수억 원이 들어가는지 확인할 길은

---

223) 천규석, 『쌀과 민주주의』(녹색평론사, 2004), 240쪽.
224) 천규석, 『유목주의는 침략주의다』(실천문학사, 2006).

없지만, 그게 상식으로 통용되고 있는 건 분명한 사실이다. 정직하게 법정선거비용만 쓴 사람들도 없진 않겠지만, 중요한 건 유권자들의 전반적인 인식이다.

엄격한 선거법? 영악하면 안 걸리고 영악하지 못하면 걸린다. 영악하더라도 재수 없으면 걸리고 재수 있으면 안 걸린다. 여기에 권력의

일류 대학 졸업장이 '양반 증명서'로 기능하면서 일류 대학에 들어가려는 몸부림은 사뭇 전쟁을 방불케 했다.

농간까지 끼어든다. 정치자금을 받는 것도 마찬가지다. 법대로 하는 일이더라도, '정치 보복' 시비가 끊이지 않는 배경이다. 더욱 중요한 건 그렇게 '영악'과 '운'에 의존하는 것이 정치인들의 평소 의식과 행태에 미치는 영향이다. 한마디로 비겁해진다. 냉소적으로 변하고 정글의 법칙을 생활신조로 삼게 된다. 보신주의에 탐닉하고, 줄서기를 외면할 수 없게 된다. 소통이 쓰레기 취급을 받는다. 위선과 기만의 장식용으로 전락하는 소통 불능도 바로 여기에서 비롯된다.

권력 변화를 위한 몇 가지 의제

권력은 대통령에게서만 나오는 게 아니라 세상을 바라보는 대중의 시각에서도 나온다는 사실을 인정해야 한다. 노무현처럼 스스로 권력을 버리면서 탈권위주의를 실천하려고 애를 쓴 지도자도 없겠건만, 참여정부에서 일어난 청와대 사칭 사기 사건은 다른 역대 정부와 같거나 그 이상이었다는 게 좋은 증거가 아니겠는가. 문제의 핵심은 권력이 작동하는 방식과 권력을 대하는 우리의 자세에 있다. 이와 관련된 몇 가지 의제 겸 제안을 던져보겠다.

첫째, 중앙정부에서부터 기초 자치단체에 이르기까지 예산·인사의 투명성을 가급적 많이 확보하도록 애를 쓰자. 법과 제도뿐만 아니라 의식과 행태도 바꿔야 함은 두말할 나위가 없다. 예산·인사의 불투명성에 '권력의 단맛'과 '로비와 공작'이 있기 때문이다. 그래서 줄이 절대적으로 중요해진다. 지역주의도 바로 이 문제임을 직시하자. 지방에서 아무리 문제가 많다 해도 높은 벼슬 자리에 있었던 후보를 유권자들이 좋아하는 이유도 이와 관련돼 있다.

둘째, 권력을 가급적 많이 시민사회 영역에 이전하자. 권력에 줄 서는 이유를 줄이기 위해서다. 그렇게 할 수 있는 일들이 많다. 명실상부한 기관장 공모제가 가장 대표적인 사례다. 정권이 바뀌면 모든 사회 영역이 천지개벽하는 것처럼 뒤흔들리는 기존 질서로는 나라의 미래도 없을뿐더러 국민적 인성의 타락과 피폐화만을 가져올 뿐이다. 이 방안이 실현되면 대학교수들과 언론인들의 정치권 줄서기가 크게 줄어들면서 그들이 소통의 보루 노릇을 하는 효과도 기대할 수 있다. 정치에 줄을 대고자 하는 이른바 '폴리페서'나 '폴리널리스트'가 소통을 어렵게 만드는 한

손학규의 민생 탐방은 말이 좋아 탐방이지 실상은 중노동이었다. 그의 민생 탐방이 감동을 준 이유는 그것이 일과성 이벤트가 아니었기 때문이다.

이유가 되고 있기 때문에 이것만으로도 큰 변화다.

셋째, 정치인들의 자원봉사 활동을 '자율적 의무'로 해보자. '자율적 의무'라는 말은 모순되긴 하지만, 자원봉사를 법제화할 수는 없으니 그렇게라도 해보자는 것이다. 정당 지도자들부터 실천하고 그들이 나서서 선의의 압박을 가해보자는 뜻이다. 낮은 곳에서 서민들과 더불어 매주 1회 이상 자원봉사 활동을 하다보면 국민의 정치 불신·혐오를 약화시키는 건 물론이고 소통이 살아날 수 있다. 이 말이 별로 실감이 나지 않는다면, 한동안 많은 사람들을 감동시켰던 손학규 씨의 민생 탐방을 상기해보시기 바란다. 말이 좋아 탐방이지, 그건 중노동이었다. 그의 민생 탐방이 감동을 준 이유는 그것이 일과성 이벤트가 아니라 장기간에 걸쳐 이루어졌기 때문이다. 나는 그가 민생 탐방을 더 지속했더라면 그에게 훨씬 더 좋은 정치적 결과가 있었으리라 믿는 편이다.

넷째, 인물 중심 정치를 변화시켜보자. 우선 인물 중심으로 운영되는 정치 후원금 제도부터 바꾸면 좋겠다. 필요한 정치자금은 국고로 대주고 인물 중심 후원금 제도를 폐지하는 게 사회적 비용상 훨씬 더 싸게 먹힌다. 기존 방식은 바람직스럽지 못한 각종 유착과 부정부패를 낳고 소통을 죽이는 주요 이유가 되고 있기 때문이다. 지역에서 인물 중심으로 줄을 서고 이합집산(離合集散)을 하는 게 정치의 알파이자 오메가가 되고 있는 현실을 언제까지 방치할 셈인가.

다섯째, 그 연장선상에서 인물 중심 지지 모임의 변화를 시도해보자. 앞서도 말했지만, 한 정당 내에서 정치 지도자들의 지지 그룹들이 서로 싸우는 걸 본 적이 있을 것이다. 한숨이 절로 나올 만큼 이전투구 일색이다. 같은 정당 내에서도 그럴진대, 색깔이 다른 정당 지지자들끼리의 싸움이 어떠하리라는 건 뻔한 게 아니겠는가. 미국이 어떻다거나 유럽이 어떻다는 말은 할 필요도 없다. 그들의 정치도 엉망이지만, 우리처럼 '인물 추종주의'가 유난히 강한 사회에선 의도적으로 다양한 이슈 중심의 지지 단체를 육성할 필요가 있다.

이와 같은 다섯 가지 방안들은 정치를 '지옥 같은 터널'에서 구해낼수 있는 최소 요건일 뿐이지만, 이미 이것만으로도 일부 독자들을 허탈하게 만들기에 충분했으리라. 정치의 본질을 바꿔보자는 유토피아적 발상이라고 볼 수도 있기 때문이다.

정치에 참여하는 재미와 보람이 어디에 있는데, 이슈 중심으로 전환하란 말인가? 그렇다. 바로 그것이다. 감정의 몰입까지 수반하는 재미와 보람이 우선이며, 이슈와 대의에 대한 판단은 부차적이거나 지지하는 인물의 뜻에 따를 뿐이라는 것, 바로 이게 문제라는 것이다. 계속 이런 문제를 껴안고 가겠다면 할 말은 없지만, 다른 모든 지지자 단체들도 그렇게 함으로써 소통은 불능 상태에 빠질 수밖에 없다는 것도 생각해봐야 하지 않을까? 우리 문화가 인물을 키우지 않는 문화라고 말하는 이들이 많은데, 역설 같지만 이 또한 강한 인물 중심주의 문화의 산물이다. 저쪽 인물을 죽여야 이쪽 인물이 사는 제로섬게임임이기 때문이다.

사실 진정한 소통을 열망하는 사람들은 의외로 많다. 소통을 근거로 합리적·생산적 경쟁 체제를 꿈꾸는 사람들은 아무리 적게 잡아도 수백만 명은 넘을 것이다. 그러나 이들은 파편화돼 있으며, 조직화되기 어렵다. 동기부여에서 그런 염원은 비교적 소극적인 것이기 때문이다. 무엇보다도 참여에 대한 반대급부로 줄 게 없다. 공직을 줄 수도 없고, 다른 인정 욕구를 충족시켜줄 수도 없고, 통쾌하고 후련한 카타르시스도 주지 못한다. 특정 이념·노선·당파성을 내세워 지지자들의 피를 끓게 만드는 탁월한 논객들은 많지만, 이 방면의 논객이 없는 이유도 바로 여기에 있다. 정치에서 아무런 이익을 취하지 않으면서 소통을 열망하는 소통파를 어떻게 조직화할 것인가, 이것 역시 우리가 풀어야 할 숙제다.

이명박 정권은 '잃어버린 10년' 이라는 구호를 외치는 순간 그들의 판단력은 마비되기 시작했다. 복수욕과 탐욕이 그들을 지배했다. 오랫동안 굶은 사람들처럼 모든 공직을 무섭게 폭식했다. 이런 행태를 앞으로 계속 반복할 것인가? 다음 대선의 향방보다는 이런 '돌아가면서 뜯어먹기' 의 메커니즘을 바꾸는 것이 훨씬 더 중요하다. 우리는 늘 급하다는 이유로 문제의 본질을 외면함으로써 끊임없이 반복되는 좌절과 환멸의 수렁만 깊게 파온 것은 아닌가?

많은 이들이 앞으로 정치는 사양산업이 될 거라고 말하지만, 그건 천만의 말씀이다. 지금처럼 권력 지상주의와 승자 독식주의가 판치는 한 정치는 야심가들의 성장 산업이 될 게 분명하다. 설사 사양산업이 된다 한들 그게 좋은 것만도 아니다. 낮은 곳에 임하면서 사회를 위해 진실로 봉사하고 싶어 하는 사람들의 성장 산업이 되는 게 가장 바람직하다. 그럼에도 우리는 아직도 '밥그릇 싸움'을 위한 편가르기와 '승자 독식주의'의 습속을 버리지 못한 채 우리 편의 집권만이 살 길이라고 외쳐대고 있으니, 아직 갈 길이 먼 셈이다.